錢穆先生全集

錢穆先生全集

［新校本］

晚學盲言（上）

九州出版社

圖書在版編目（CIP）數據

晚學盲言：全2冊／錢穆著. -- 北京：九州出版社，2011.7（2021.7重印）
（錢穆先生全集）
ISBN 978-7-5108-0995-8

Ⅰ. ①晚… Ⅱ. ①錢… Ⅲ. ①比較文化－中國、西方國家 Ⅳ. ①G04

中國版本圖書館CIP數據核字（2011）第100599號

晚學盲言

作　　者　錢　穆　著
責任編輯　周弘博　周敏浩　郝軍啟
出版發行　九州出版社
裝幀設計　陸智昌　張萬興
地　　址　北京市西城區阜外大街甲35號
郵　　編　100037
發行電話　（010）68992190/3/5/6
網　　址　www.jiuzhoupress.com
印　　刷　三河市東方印刷有限公司
開　　本　635毫米×970毫米　16開
插頁印張　0.875
印　　張　95.25
字　　數　1070千字
版　　次　2011年7月第1版
印　　次　2021年7月第3次印刷
書　　號　978-7-5108-0995-8
定　　價　208.00元（全二冊）

錢穆先生

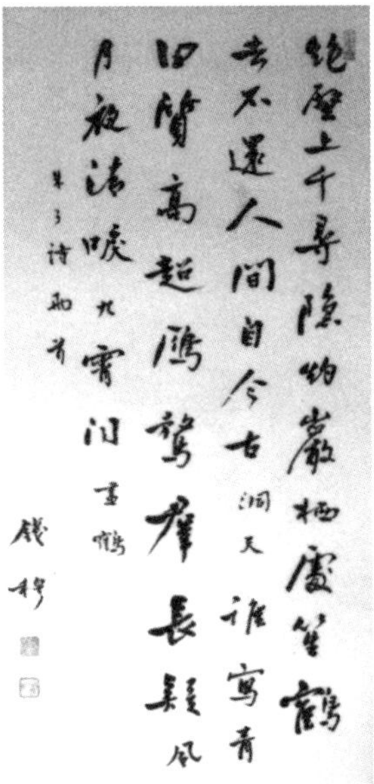

錢穆先生書法

新校本說明

錢穆先生全集，在臺灣經由錢賓四先生全集編輯委員會整理編輯而成，臺灣聯經出版事業公司一九九八年以「錢賓四先生全集」為題出版。作為海峽兩岸出版交流中心籌劃引進的重要項目，這次出版，對原版本進行了重排新校，訂正文中體例、格式、標號、文字等方面存在的疏誤。至於錢穆先生全集的內容以及錢賓四先生全集編輯委員會的注解說明等，新校本保留原貌。

九州出版社

出版說明

第二次世界大戰時，昆明西南聯合大學有若干教授曾創辦一雜誌，名為「戰國策」。彼等認為當時世界之大勢，正猶中國之先秦戰國，列強相爭，終則成東齊、西秦兩帝；最終則盡歸於秦之兼併一統。蓋卽謂當前一美一蘇，而將來之演變，世界必歸統一，惟歸美抑蘇未能遽定耳。同時錢賓四先生則反對此說，曾在民國三十一年撰戰後新世界一文，指出此下世界，應由合而分，決非由分而合之局；前此為歐洲帝國主義殖民政策所兼併支配之各民族各國家，均將在戰後獲得解放，重歸自由；故特為二次大戰定名為「解放戰爭」。已而大戰結束，而戰後新興國家如雨後新筍，不斷產生，果證先生先見之明，洵獨卓而不誣。經此戰役，先生乃愈知西方文化確有其病痛，而吾傳統文化亦自有其特長。其所為論著，在此之前，多在我國固有學術範圍內，並不牽涉西洋；而自此時期所作中國文化史導論一書以後，乃往往觸及中西文化之比較。亦可謂先生後半生精力，實集中在探討此一問題。晚歲雙目失明，仍就此時時思索，有意作為中西文化比較一書，分別就文化思想之各方面比論中西異同所在。以目不見字，撰述心得遂備極艱困。然八九年間，亦積得九十篇文稿，題曰「晚學盲言」，蓋先生晚年最後之著述也。

全書共分三部：上篇宇宙天地自然之部，凡十五篇；中篇政治社會人文之部，凡三十篇；下篇德性行為修養之部，凡四十五篇。觀其立目，若整體與部分、抽象與具體；群與孤、簡與繁；生與死、情與欲之類，多執其兩端而竭其底蘊；此一意態已顯見於前著之湖上閒思錄及雙溪獨語。要之，雖篇各一義，而相貫相承，宗旨則一；其宗旨則為討論中西雙方文化傳統之異同。自文化體系言，主要本於「和合」與「分別」作比較；自學術思想方面，則以「通」與「專」二字為其著眼點。至於中詳吾國傳統文化中「一天人，合內外」（或曰「通天人，合內外」）之精義，尤三致意焉。凡吾中華民族遞傳五千年廣土眾民達於十億以上人口，迄今一線相承，日廣日大，前途無限之所以然，悉已於各篇中分別闡詳。此皆有憑有據，非屬空言。凡吾國人平心讀之，亦可以明吾祖先之苦心孤詣，有未可輕蔑而忘棄者；是則讀此書，宜亦可於世道人心有所啓示。

本書編成於一九八六＊年秋，先生高齡九十二歲；交由臺北東大圖書公司於翌年八月初版。其所徵引古籍故事，惟賴記憶，偶有疏略；且全書篇幅頗大，凡逾七十萬言，排校工作繁重，不免頗有訛誤；今悉加校正，一般不另出注說明。又依全集例，加入私名號、書名號、引號等；引述古籍，則儘量提行別出。引文多經覆核，然亦有顯為先生所節錄以及約引其義，或略增數字以完文意者；在不

＊新校本編者注：原文為「民國」紀年。下同。

傷文義之前提下，皆不再改動。目次中有一題之下，分列數篇者（如㈠、㈡之類），殆先生就同一題目分撰成文，未必一時所作。另有一題之中，又細分小節（如一、二之類），而在目次中並未列出者，則多因本文篇幅過長，故予分節以清眉目；與前類之分篇性質有不同。今仍存原式，並略加說明，俾便參詳。排校工作雖力求慎重，惟疏漏之處在所難免，尚祈讀者不吝指正。

本書由何澤恆先生、張蓓蓓女士負責整理。

錢賓四先生全集編輯委員會　謹識

目次

中篇 政治社會人文之部

序

余八十生辰，即撰述八十憶雙親一文，嗣又續撰師友雜憶一書，畢生往事常在心頭者，幾若無遺。八十三、四歲，雙目忽病，不能見字，不能讀書，不能閱報，惟賴早晚聽電視新聞，略知世局。又以不能辨認人之面貌，稠人廣坐，酬應為難，遂謝絶人事，長日杜門。幸尚能握筆寫字，偶有思索，隨興抒寫。一則不能引據古典書文；二則寫下一字即不識上一字，遇有誤筆，不能改正。每撰一文，或囑內人搜尋舊籍，引述成語。稿成，則由內人誦讀，余從旁聽，逐字逐句加以增修。如是乃獲定稿。費日費時。大率初下筆，一小時得千字已甚多；及改定，一小時改千字亦不易；內人為此稿所費精力亦幾相等。余九十一生辰屢犯病，大懼此稿不得終迄。內人告余：「未讀稿已無多」，心乃大定。直迄於余九十二生辰後又百日，而全書稿乃定。

此稿共分三大部：一、宇宙天地自然之部，二、政治社會人文之部，三、德性行為修養之部。大率皆久存於心，偶爾觸發，漫無條理，又語多重複。儻能精心結撰，或當更多闡申，或宜更多删節，此則非盲目老年之所能從事矣。惟余之為此書，亦不啻余之晚學，爰題名為「晚學盲言」。又本書雖共分九十題，一言蔽之，則僅為比較中西文化異同。或深或淺，或粗或細，隨筆所書，得失難定，幸讀者有以正之。

一九八六年秋先總統蔣公百年誕辰紀念前十日錢穆自識於臺北市士林外雙溪之素書樓時年九十有二

上篇　宇宙天地自然之部

一　整體與部分

（一）

有「整體」，有「部分」。但應先有了整體，纔始有部分；並不是先有了部分，乃始合成為整體。如先有了「天」，乃始有春、夏、秋、冬，非是先有了春、夏、秋、冬，乃始合成一「天」。亦是先有了「地」，乃有山、海、川、谷，非由山、海、川、谷，合成一「地」。一個住宅，必有門、牆、窗、戶。非由門、牆、窗、戶，拼湊成一宅。人體亦先由身之整體來產生出耳、目、口、鼻、胸、腹、手、足各部分，非是由各部分來拼湊成身體。

西方人看重部分，中國人則看重整體。在醫學上，西醫更分別看重其身上之各部分，中醫則看重其各部分所合成之一整體。如西醫重視「血」，中醫重視「氣」。血是具體的，分別流行於身體之各部分。氣則不具體，不能從身體各部分中抽出一氣來，氣只是血之流通的一抽象功能。有了氣，血纔通；無氣則血不行；氣絶則人死。中醫重氣，西醫少提及。

如言心理學。西方人從「物理」談到「生理」，如目之視，耳之聽，西方心理學必先提及。其實這是「心」之部分功能。即如喜、怒、哀、樂，亦是「心」之部分表現。該有一整體的「心」，西方人較少重視。中國人言「心」，每指其整體，而頗不重視其部分。部分從整體生，不明其整體，即無法了解其部分。這是中國人觀念。

西方心理學家似主指揮全身者在腦，醫學家則認人身活動中心在心、肺。人之死，亦以心、肺部分定，不以頭腦部分定。但在心、肺與頭腦兩部分之上，應有一更高綜合機能；即人之心理與生理之上，當有一生命之總體存在，西方人在此方面似乎未加以深切之尋討。腦神經、心血管，具體可指，但只是部分存在。中國人則言「血氣」、「心氣」，又言「生氣」、「神氣」，亦言「體氣」。用一「氣」字，即指其生命總體之綜合存在。中國人言「心」，不指頭腦言，亦不指心、肺言，乃指一總體心，實即是「生命」。但生命又何在？此與西方心理學家與生理學家看法有不同。中國此一「心」字，只可抽象理會，難以具體指示。

如機器，亦有部分、有總體。但機器由人製造，亦可謂乃由部分配合成總體。非加入一指揮與使用者，機體自身無生命、無心靈，亦可説無血氣，不由自主，不能自動。人身則不像一架機器，有血氣、有生命，能自主、能自動，而且不當用外力來加以指揮使用。但西方人看人體，卻亦儼如一架機器般。即在西方的心理學家，亦在尋究人心如何由外力來加以支配與指使。如研究「制約反應」，即是一例。而對人心之自立自在、自動自發處，反不重視。所以他們並無像中國人所有的「人格觀」。他們的「人格」二字，只在法律上用，不在人的生命上用。中國人所謂人格，即人之生命，自動自發、自立自在，非由任何外力來支配使用。故孔子言「君子不器」。西方人則正要人來作一器用，故西方人生重「外力」。中國人生亦有一種外力，則曰「天」。實則「天」、「人」合一，仍非外力，乃「內力」。

中西觀念此一分別，最先應從其從事生產事業起。中國是一農業民族，耕種稻、麥、蔬、果，畜養牛、羊、鷄、豚，又鑿池養魚；在其觀念中，各業總為謀生，實成一體，無多分別。西方乃是一商業民族，觀念大不同。商人謀生，只從某部分著想，或賣布匹、或賣器皿，全從外面人所需來選擇從事。只從整體中選擇其部分，此是商人觀念。古希臘人心理，應即如此。

在此一觀念中，引生起中西文化體系之大不同。如言政治，此該是人群大總體活動中一主要項目，但希臘人無此觀念。雅典是雅典，斯巴達是斯巴達，各自為政。只是一「城邦」，不成為一「國」。在他們亦並非不知有一希臘民族之總整體，只是雅典人、斯巴達人都在部分上用力，結果合不成一希臘國之總體。

羅馬亦只是意大利半島中之一部分，由此一部分來統一意大利半島，又繼之征服地中海四圍，跨有歐、非、亞三洲，而創建一羅馬帝國。但乃由部分合成，不得謂是一總體。以植物譬之，羅馬如一大樹，蔭蔽廣土，其下尚多灌木叢草，然皆與此大樹不同根，亦非此大樹之枝葉。大樹開花結果，亦與其蔭蔽下之灌木叢草無關。此諸灌木叢草，亦或有花有果，但亦與此大樹無關。各有生命，非同一生命，不能融為一體。

又譬之動物，如蜘蛛吐絲張網，網上亦黏有蝴蝶、蒼蠅其他生物，未能飛去，蜘蛛乃可將之逐一吞噬。忽有人持竿打破此網，蜘蛛不見了，網上蝴蝶、蒼蠅獲得解放。此網不得謂是此諸生命之體，並亦不得謂是蜘蛛生命之體。故羅馬帝國雖有「體」，無「生命」，不得謂是一「生命體」。

然此乃中國人觀念；西方人並不如此看，如此說。亦如上述，因中國多農人，稻、麥、蔬、果，牛、羊、鷄、豚，長日與生命為伍，故常有一「生命」觀念，並抱有一生命總體觀。西方工商社會只有「器物觀」，非「生命觀」。其所創製，胥屬無生命之器物，即大至一國亦然。

中國自神農、黃帝以下，即由中國人摶成一中國。中國民族生命，即以此中國之摶成為其體。人之生命必有其「體」，即其「身」是也。推而大之為「家」，又推而大之為「國」。身之與家與國，體有大小，但同為一生命體。人之生命，亦有大小。「小生命」寄於身，「大生命」則寄於家與國。要之，有一生命總體之觀念存在人之心中，而表現出此一國大群之組織。證之史乘，可加闡明。

中國古代堯禪舜，舜禪禹，禹又以天子位禪之益。使益果登天子位，亦不傳其子。則中國君位世襲之制當早已消失。但當時之中國人，乃盡朝禹子啟而不朝益，於是乃成此下之夏、商、周三代。而更有秦漢以下兩千年來之繇延。其中乃有當時全民族大群生命之情感成分寓其間。王道不外乎人情，故中國之建立，乃成為中國全人群生命一總體。苟以近代西方部分功利觀念言，則當時中國人之不朝向益，而轉朝向啟，豈不成為政治上一大退步？

西方觀念則大不同，即如其現代國家，上面是「政府」，下面是「民眾」，統治階層與被統治階層，依然是部分對立，而不成一總體。民眾惟當納稅，即當兵亦無分。政府以傭兵來統治，民眾納稅來育養傭兵，成為統治自己的力量，而無可反抗。此所謂「君權」。「朕即國家」，國屬君，不屬民。「民權」興起，乃在爭稅額須先得納稅人之同意。故民權代表之選舉，亦僅納稅額高達某水準之民眾有其權，則仍是部分的，非總體的。

及選舉漸進於普選，乃又分黨競選。多數即勝利，少數即失敗。但多數仍屬部分，非總體。總之，西方政治乃如一架機器，非生命的。生命僅在於各人。政治乃權力相爭，而有一套法律規定，即認為是最高理想。中國人稱「政治」，「政者，正也」，合四隅成一方為正。「治」指水流，眾水滴依道流行。四隅之於一方，水滴之於一流，即部分、即總體。水其總體，水滴其部分，不失其自由、平等、獨立之地位，而相互間無所爭，乃能融成一總體。故中國人言「群而不黨」。西方人言政必重「權」，有黨有爭。中國政治重「職」不重權，無黨無爭。

中國政治亦有爭，所爭在「道義」之是非，而不在多少數。多數有不是，少數有是。部分間亦有是非，而主要所爭則在總體上。民眾由考試參加政治，政府規定一水準，但非由君主一人定。此制度、此水準，由政府隨宜改變，非可由君主一人來改變。惟有一大趨勢，考試日開放，錄取額日增添，如此而已。

政府由民眾參加，亦由民眾支持，主要有兩項：一納稅，一當兵。惟同樣有一大趨勢，即納稅額日見輕減，而兵役則日見優待。秦漢以下如此。秦、漢以前，唐、虞、夏、商、周，當時有貴族階級，但並非由某部落、某氏族來統治天下，亦非由各部落、各氏族來爭此天下，乃由各部落、各氏族共融為一體，以成此天下，而使此天下達於平治之境。此乃中國傳統政治一共有精神，乃有一生命之總體觀存其間。此乃與西方「尚權政治」一大不同所在。

不僅政治史為然，即學術思想史亦然。中國學術思想即為尋求此一生命總體而加以認識，並求加以充實發揮光大，此之謂「道」。道亦一「體」，而有生命性，故能不斷繼續有其生長與變化。此體亦有部分，但各部分仍相會通，非可獨立，更不容相爭。如古代經學，亦文、亦史、亦哲，有政治、有社會、有人生，共相會通。詩三百首即然。若專以文學或政治視詩經，則淺之乎其視詩經矣。詩然，易亦然，尚書、春秋亦然。倘疑春秋何得稱為文學，則春秋之一辭褒貶即其文學，讀公羊、穀梁兩傳可知。倘疑易經何得稱為史學，則「易言商、周之際」一語，便可證其為史學。然若謂春秋是文學，易經是史學，則又不然。要之，當觀其總體，不就部分論，乃庶得之。其他子、史、集三部亦然。但未有不「志於道」而能成其學者。「道」即人之總體生命所在。西方學術又不然。必分別為各部分，而不成為一總全體。如文學、如哲學、如科學皆然。至如史學，必會通各部分、各方面以成，故於西方學術史上屬最後起。又有政治學、社會學，亦各分別獨立。而中國又不然，寧有不通其他諸學，而可獨立自成為一套政治學與社會學？此可謂之不知「道」，亦不知「學」矣。

於是而論為人。人之為人，則是一總體，非部分。西方觀念各治一業，各得謀生，即為一「人」。中國則認為此只一「小人」，非「君子」，非「大人」。「君者，群也」，必通於群道，通於人生總全體之大道，乃得為一君子，一大人。中國人講一切學問思想，亦在求為一君子，不為一小人。如只為一小人，則亦如一架機器，雖各有其用，只限於部分之用，各自獨立，無自由，不平等。人為機器所使用，如一電機工人，則其人為電機所使用。如一文學家，其人即為文學所使用。西方人乃重視此等「用」，各專一門，互不相通，稱為一「專家」。其自由乃為其專門所限。中國人則謂「君子不器」，做人不當如一架機器，限於專門一用途。縱謂其有生命，亦僅一小生命，乃生命中之一部分，而不得通於生命之總全體；此則終是人生一大憾事。

中國社會亦是一總體。先秦以下，當稱為「四民社會」，士、農、工、商各有專業，合成一總體，乃同為此總體而努力。孟子曰：

勞力者食人，勞心者食於人。

「勞心者」即「士」，依近代語，乃一「無產階級」，但實乃勞其心以為人。而「勞力者」則受「勞心者」之領導安排。故「有產」與「無產」，「食人」與「食於人」，乃相互融通和合，會成一體。或謂中國社會之士，乃從孔子儒家起。實則孔子以前已有士，如管仲、鮑叔牙皆是。其實封建貴族亦即是士，如文王、周公，實亦皆如後世之士。前如商代之伊尹，夏代之傅說，亦皆士。孔子同時鄭子產、吳季札亦可謂之皆是士。「士」與「貴族」本不易分。亦可謂中國封建時代貴族、平民本屬一體，應稱為「氏族社會」、「宗法社會」。秦漢以下，則為「四民社會」。政府則成為「士人政府」，惟士乃得從政。孔子曰：

士志於道，而恥惡衣惡食者，未足與議也。

士不當恥惡衣惡食，而農、工、商勞力者亦不得錦衣玉食，中國社會之經濟人生，有一適當之安排。要之，重「道義」，不重「功利」，不以部分妨害總體為原則。故中國不重「物質人生」，而重「精神人生」。西方則古希臘主要為一城市工商社會，郊外有農人，則稱為「農奴」，兩者大有別，明其社會之不成一總體。如人身有五官、七竅、百骸、四肢，又孰為主孰為奴？若分主分奴，即不成為一體。

羅馬則軍人為主，而農亦為奴。馬克斯稱希臘、羅馬為「農奴社會」。但謂其社會中有一部分為農奴則可，謂其乃一農奴社會則不可。馬克斯此語，可謂乃屬哲學，非史學。其主「唯物史觀」，歷史演進乃以「物」為主，而「人」亦為之奴。故其分社會為「農奴社會」、「封建社會」、「資產社會」、「共產社會」，皆主物質經濟條件，不以「人」與「人道」分。中國之「四民社會」，士在上，農、工、商在下，乃分人生職業為四，而共成一體，非有主奴之別；則非馬克斯所知。

西方中古時期，除卻封建堡壘、貴族騎士之外，又有教堂林立。嚴格言之，可謂有「人群」，無「社會」。社會乃人群之總體，無社會，則可謂之有「人」而無「群」。近人謂西方乃「個人主義」是已。人必依於群以為人，個人相別，則儼如一物。故個人主義實亦與唯物主義相通。西方社會個人唯物，故有部分，無總體。中國社會乃一人群、人道之社會，其部分則盡在總體中。

倘稱西方為一「宗教社會」，或庶得之。人類共信一上帝，乃有其綜合性。但必死後靈魂上天堂，乃始見此道之眞實。方其在人世，則「凱撒事凱撒管」，其道仍不見。近代歐洲除共信一上帝外，一切不離希臘、羅馬兩型。「資本主義」之工商社會，則不脫「希臘型」。「帝國主義」之殖民政策，則不脫「羅馬型」。資本主義必建基在機器上。苟無種種機器，則近代資本主義亦不得產生。而各項機器則由近代自然科學之發展而形成。故古希臘只得稱為工商社會，而非資本主義社會。近代之資本主義社會，實應稱之為「機器社會」。人群集合在資本之下而有組織，實則乃集合於機器之下，而始有其組織。然則人之生命，豈不寄託於無生命之機器。馬克斯之唯物史觀即此義。西方帝國主義，則必建立在異民族、異社會之上。如英帝國必建立在印度、香港諸地區之上。不僅如美國，即加拿大、澳洲，凡屬英吉利同一民族，則必各自獨立，不能共同建立一帝國。西方之資本主義亦必寄託在異人群、異社會之上。吸收他人錢財，以作自己利潤。若僅吸收自己社會之錢財，則資本主義即不得發旺。故資本主義必與帝國主義相依存，同根發榮。近日英、法帝國主義日趨衰退，其資本力量亦日趨減縮，即其證。

最近美國受阿拉伯石油政策之打擊，其資本力量即告不安。儻在帝國主義盛行時，美國必出兵征討阿拉伯諸邦。資本必寄託在機器上，而機器動力又別有所賴，則縱謂美國當前資本主義之生命，乃寄託於阿拉伯諸邦之地下石油，亦無不可。此亦證馬克斯唯物史觀之有當。至於馬克斯之「共產主義」，換辭言之，即為共有此機器所得之利潤，以共有此財富。即結合凡屬參加工商業者，成為一更大集團。故馬克斯之共產主義，實非反對資本主義。惟在利潤上求一公平分配，則共產主義實即資本主義之擴大與延長，仍必對外榨取利潤，亦仍必有賴於帝國主義為之作後盾。故馬克斯之所謂「無產階級」，乃專指從事工商業而只得較低利潤者言，農人則不在其列。馬克斯分別農奴社會在前，繼之以資本主義社會，乃始次之以共產社會，則其意共產社會乃資本社會之更向前更進步可知。然而人類不能脫離農業以為生。農業生產之重要，實當遠在工商業機器生產之上。依照馬克斯理論，既不反對機器與資本利潤，則向外工商業之發展，自不免在於異人群、異社會中仍有農奴之存在。故共產主義亦必與帝國主義相依存，而農業社會則為一被征服者又可知。中國觀念，則農決非「奴」，農、工、商各業，乃同在人類生命之總體中，而農業則尤為生產事業中之最要基本。西方自古希臘以至馬克斯，則全無此觀點，宜其一切理論必乖戾違異於大自然之實況矣。

列寧蘇維埃共產政權之崛興，其名義雖承自馬克斯而來，其內在精神，則實承英、法革命，憑仗農人奪取俄羅斯沙皇政權，繼之乃可步上英、法帝國主義資本主義之前程。所奪取之對象，乃政權，非工商業機器。其次一前程，乃始為製造機器，憑以向外。故共產主義之為「世界性」，其實則是「帝國性」，亦仍是「資本性」。馬克斯之唯物史觀，僅從經濟著眼，只注意在資本社會上，未及注意在帝國政治上。故馬克斯徹頭徹尾乃一種偏見，未能窺見歐洲史演進之全部眞相。亦因馬克斯乃一猶太人，為其民族性所束縛，故只注意在經濟，而忽略了政治。其未足為此下全世界人類前進之領導人，即此可見。

然則全世界人類前進，終將以何一目標作領導？此有一義，當首先指出者，即人類決不當由「機器」來領導，而終必以「人道」為領導。人有生命，為人之道，首當認識其自己之生命。再由認識自己之小生命，而認識到人類共同之大生命。此大生命乃一總體。再由此總體而認識到其總體中之各部分。有了此種認識，乃知所謂「人道」，庶可領導此下世界人類之前進。而中國文化傳統，則正重在此一道義之認識上。故中國人生不重「職業」與「職位」，因其只是人生之分別面。特重「品格」、「品德」，因此始具人生之總體面。果使全世界人類能各自注重其一己之品格、品德，則人類庶可有理想之前途，而各項科技與機械亦可得其正確之利用。中西文化亦可得其會通和合之所在矣。

（二）

中國人與西方人在生命觀念上有絕大相異之一點，即「靈魂」之有無。西方人自古即信有靈魂，投入軀體是為生，逮其死，靈魂離軀體而去。儻保存死後軀體，靈魂歸來，還得復生。埃及人之「木乃伊」及「金字塔」之建造，即由此信仰來。猶太人亦信靈魂，耶穌教本此而成。如此則生命顯分「軀體」與「靈魂」兩部分。此兩部分各受管制，管制靈魂者是上帝，管制軀體者是凱撒。直至近代，西方人生殆可說全由此一信念演變來。

中國人不信有靈魂之先此生而存在。余有靈魂與心一書詳述之。大意謂人生先有此軀體，軀體各部分俱有知，稱為「魄」；其總體之知乃為「魂」。人之死，魄隨軀體而亡，魂氣則無不之，可以流散天地間。此一觀念最主要者，乃認生命從物質中產生，與西方達爾文所創生物進化論之意見若相近，但亦有不同。達爾文進化論看生命，仍重部分觀。如微生物、植物、動物、脊椎動物等，歷級而生，但似缺乏一生命之總體觀。故曰：「物競天擇，優勝劣敗，適者生存。」倘謂有一生命總體，即是一鬥爭，一戰場。達爾文與耶穌，科學與宗教，只就部分與部分之鬥爭言，則雙方還是一樣。故宗教與科學，若相反對衝突，但亦有其相通合一處，乃同得存在發揚於西方社會中。

中國人看生命從軀體來。軀體則由金、木、水、火、土五項物質所合成。中國陰陽家言，天地間萬物，總不出此金、木、水、火、土五項，稱為「五行」，亦稱「五德」。「行」者，猶言行為、行動。萬物各有行為、行動，皆由其內在德性之分別來。亦可謂，有生命與無生命，同樣有行為、有行動，亦同樣有其德性。其總體則為「天」。天生萬物，各有分別。但萬物同具一「天」，則共同成為一總體。一切行為皆由天賦，稱為「性」。自其「行」與「性」之將然可能之內足於己而無待於外者言，則謂之「德」。故中國人對有生、無生有一總體觀，則為「天」。就其部分觀，則各為「物」。有生無生，同為物，同一總體。而此總體，則是一「動」，故曰「行」，又曰「道」。人為萬物之靈，有「天道」，亦有「人道」。中國道家重言天道，儒家則重言人道。實則天人合一，同此一道。天地萬物有生、無生皆屬此道，不得在此道之外。道之作用，則以兩字可以包括，曰「化」，曰「育」。無生言化，有生言育。「化」、「育」二字，實亦相通。此總體乃是一有機的，亦可謂之即是一生命總體。

總體有化有育，有可能與將然，故此總體不僅佔有空間，更重要者在其涵有時間。大宇長宙，兼包時空，其存在、其化育，道家稱之曰「自然」。謂其自己如此，乃無別體使之然者。故凡其動、其性、其德，皆自然。亦惟如此，乃得謂之「行」。果有使之然者，則其動亦不得稱為行，而亦不得謂其有性有德。凡曰行，則必自主自動，而無有使之然者在其外，此乃一絕大之自由與獨立。凡屬其體內之各部分，則亦各自獨立自由，而成為一絕大之平等。

孔子教人常言「天」。若謂天在人與萬物之外、之上，而人與萬物皆聽命於天，此非孔子意。孔子乃謂天即在人與萬物之中。故孔子教人行，必先教人立志，而曰：

志於道，據於德。

「德」即天之在人，孔子謂「天生德於予」是也。子貢言：

性與天道不可得聞。

實則孔子言「德」，已兼「性」與「天道」。性有分別，偏在人與物上。德則見其共通大同處。孔子「五十而知天命」，乃見生命大全體之共通大同處。「六十而耳順」，則知天命後，凡即所聞皆順非逆，即見其皆天命矣。「七十而從心所欲不踰矩」，「矩」亦即天命，我心所存與天命合，心之德即天之命，則「心」而即「天」矣。孟子曰：

莫之為而為者謂之天。

道家言「道」言「自然」，實即「天」。中國人又常連言「天地」，即此總體，使人更不疑有一「天」在萬物之外、之上，而主宰運使此萬物。西方人不僅言天，又於天之上別有一上帝，則上帝明在此天地萬物之外、之上，而不在宇宙同一總體中。此總體乃不自由、不平等、不獨立。故近代西方人，競言自由、平等、獨立，乃由此來。果信上帝降謫人類於斯世，人類乃與罪惡俱始，又豈得與上帝爭獨立、平等、自由之地位？若謂人類可與凱撒爭，則耶穌又明言「凱撒事凱撒管」。上帝不取消此凱撒，人類又何能取消此凱撒？人生悲劇乃在此。中國人之信天、信上帝，則與西方不同。

孟子之後有鄒衍，綜合儒、道兩家而倡為陰陽家言，即上舉「五行」之說。荀況復非之，並言子思、孟子亦主五行之說。相傳子思著為中庸，其書實晚出，子思言無可詳考。孟子則既言「人性」，亦言「物性」，兼及有生、無生，則荀子之譏孟子，有其據矣。但孔子亦言：

知者樂水，仁者樂山。知者動，仁者靜。

則孔子亦已言人性有偏仁偏知，猶如山水之一動一靜，則陰陽五行家言，亦遠有來源，與孔子大旨無背，不過言之益詳益顯而已。孔門四科，「德行」為首，陰陽家言「五行」、「五德」，即本此。若如荀況言，人性惡，大聖由天降生，眾人皆當奉為師法；則人分兩體，孔子亦如西方之有耶穌，與眾人別，此實非中國之傳統信仰。漢儒興起，雖其經學多傳自荀況，而尤信鄒衍，故於莊老道家言，亦猶多稱引。此亦文化大傳統一貫精神之所在。

老子言：

道生一，一生二，二生三，三生萬物。

實即言「道」生萬物，萬物皆即道，非有二也。道家又言「氣」，道即是氣，氣即是道，亦非有二。道抽象，形而上；氣具體，形而下。氣又分陰陽，「一陰一陽之謂道」。由陰陽而生萬物，故每一物又必有陰有陽。惟孔子論語不言陰陽，孟子亦不言陰陽；莊周始言之，鄒衍則倡言之，易傳又深言之。一男一女，一生一死，皆一陰一陽，天地亦一陰一陽。此下中國人觀念，乃若無可捨卻其「陰陽」二字以為言者。但中國人尊孔、孟尤在莊周、鄒衍之上。鄒衍以陰陽名家，而後人則更少言。其實莊周、鄒衍乃其陰，而孔、孟乃其陽。知其陽不知其陰，斯亦不能眞知其陽矣。中國思想傳統有待深究又如此。倘以中國觀念說耶教，則上帝天堂屬陽，凱撒乃屬陰，亦仍一體，乃於一體中生此二別。

陰陽家言金、木、水、火、土「五行」，印度人以人身分地、水、風、火「四大」，此兩者間亦不同。四大僅指物質言。由此四大合成人身，亦僅指物質，不涵生命之深義。釋迦言生、老、病、死，亦僅指此身之變，仍是物質的，仍無生命深義在內。人生豈生、老、病、死四字可盡？婆羅門教分人為四階級，自生迄死，其身分、其地位，一成不變。不僅一生無變，世世生生仍無變。則仍非生命之眞相。若謂此四階級由上天派定，則上天只派定人以階級，非賦予人以生命。其淺視生命有如此。故自印度人觀念言，天亦實若無生命。釋迦言「六道輪迴」，天亦在其內，則天亦如一物。故印度人不信有靈魂，乃由其不知有生命之眞相來。無生命則僅一堆物質。故印度雖非一工商社會如希臘，但同不能組成一國，亦並無歷史觀念。

釋迦謂人生輪迴起於「業」。此一「業」字，似近中國陰陽家言之「行」字。但中國陰陽家言「行」，其背後有「性」有「德」，皆指生命言。佛家言「業」，則無德、無性、無生命，僅指「事」。事屬現象，無主體，即無生命，故謂「四大皆空」。一切業，亦如夢如幻。佛法即在教人如何消除前業，擺脫輪迴，得「大涅槃」，則全世界盡成一「空」。釋迦想法，其實還是印度人想法。其主要缺點，在無一誠懇鮮明之生命觀。此因印度地處熱帶，生命易起易滅，故視之不甚鄭重珍惜，而轉易生其倦怠心、厭棄心。此亦自然環境使然，乃陷於此而不自覺耳。

中國人言五行，又言「相生」、「相剋」。如水生木、木生火、火生土、土生金、金生水，此即「五行相生」。又如水剋火、火剋金、金剋木、木剋土、土剋水，此即「五行相剋」。在此生命大總體之內，有此相生相剋之作用，而人生大群亦如此。有利於此大群者，則求有以生之。有害於此大群者，則求有以剋之。如此則大群生命，以育以化，得以暢遂。明於五行之學，不僅可以「知命」，亦可以「造命」。人群有生大道，則莫貴於能知命而造命。人能知命、造命，乃可贊天地之化育，而與天地參。造化之權，亦掌之在人。此為人道最大之期望，亦是最高之巔峯。

人之外「行」，當一本其內「德」。古之聖帝明王，所以能轉移一世，而主宰其命運，授予以莫大之影響者，則均在其德。大戴禮有五帝德篇，此為陰陽家以五行學說來說明歷史，而提出其知命、造命之主張。說法雖與儒家言有不同，要之，則有此一趨嚮。漢以火德王，而「五德終始」，不能專仗一德，則火德終必衰。相生則繼之以土，相剋則繼之以水，必有代漢而興、繼漢而起者。無歷世不變之王朝。如唐、虞、夏、商、周，自古皆有變，豈能至於漢而獨不變？則與其待他人之起而征誅，不如王朝之自為禪讓，於是乃有王莽新朝之興起。此亦由陰陽家言為之主動。讀司馬遷史記孟子荀卿列傳，以荀繼孟，又詳引鄒衍所言，而明斥其不得與孟子相比。蓋孟、荀偏重人為，而鄒衍則側近天命，尊於外而限其內，不如孟、荀一務於人生之自主。馬遷加以區分，亦見其識之深遠矣。

東漢光武中興，經學仍受尊重，而陰陽家言則漸趨衰退。魏晉間，王弼以治周易、老子鳴，向秀、郭象以治莊周鳴，中國學術思想又有由儒轉道之趨勢。而鄒衍陰陽家之言，實際政治朝代興亡，則概置不論；於自然宇宙論一邊，則特加闡申。增其水木之清華，減其金火之烹割。助其生消其剋，於亂世人心亦實相宜。又不久而佛法傳入，雖意歸現實之寂滅，而實重內心之修為。輕外而重內，亦不失亂世人心之一道。至於唐代，儒、釋、道三分鼎立，乃有韓愈一意闢佛，而以孟子自居。下及北宋，儒術大興，而邵康節乃以數字推算歷史上之盛衰興亡，則仍襲道家、陰陽家遺意。正以宇宙乃一大總體，有生無生，雖有分別，亦各有其理。故人生之變，乃亦可以數字推算。邵康節乃亦如一陰陽家，同以數字推算人群之大生命，但偏重於數，跡近命定論，重外而輕內，有天而無人。後起理學家遂群推周濂溪，而邵康節則被見外。此亦中國文化傳統雖通全體，而終有偏重內在部分之一大趨勢。此儒、道之所以有高下。

世俗間又以數字推算個人之小生命，其本源亦仍自陰陽家言來。余生平亦不免隨俗，偶爾問命問相，亦頗有驗。事詳於余之師友雜憶中，茲不贅。今人概斥之，謂不科學，迷信。實則此等事果能以近代科學方法細加研尋，亦可闢科學園地，創成為一套新科學，不得盡以「迷信」二字斥之。父母、兄弟、子女，中國人謂之「天倫」，命中可算出，相上可看出，則以個人為小生命，天倫六親為大生命，豈不信而有據！聖賢之出處窮通，為人群大生命所繫，亦宜有命。惟中國人雖以象數來推命，終主以德性來定命。言「氣數」，不如言「理氣」，明其理則可以贊天地之化育。張橫渠言：

為天地立心，為生民立命，為往聖繼絶學，為萬世開太平。

此其深旨，誠大可玩味矣。

余治先秦諸子，嘗欲為鄒衍一派陰陽家言有所闡述。然念陰陽五行之學，散布中國學術之各部門、各方面，大之如醫學，如建築營造學，小之如命相風水等，廣傳社會下層。鄒衍親著書，今已失傳。余既未經深究，遂不敢輕易下筆。子夏曰：「雖小道，必有可觀者焉。致遠恐泥。」鄒衍亦其一例，終不免徘徊在此天地大總體之外圍，未能深入其內裏。如注意陽光、土壤、雨水，而忽略了樹木生命之本身，掌握其膚末，忽略其精髓，儘在外物上尋求。孟子則言：

人皆可以為堯舜。

乃盼人往向大生命之高峯巔上爬。唐宋後，「孔孟」連稱，非無故矣。

近代英國人李約瑟寫中國科技史，認為中國科學思想源自道家。實則墨子早多科學發明，但主向外求，言「天志」，則近西方之宗教。與公輸般競攻守，又親製木鳶飛空三日不下。其徒著為墨經，涉及力學、光學方面，多與西方科學有合。墨者又言：「非禹之道，不足謂墨。」而中國之水利工程，為中國科學史上有極大極傑出之成就之一項。則宗教與科學，在中國亦遠有來歷。惟中國人很早便抱有一大生命之總體觀，故中國人學問多主向生命求，向內不向外，其大趨勢遂與西方有不同。即道家亦顯有反科學之一面，如其反對「桔槔」取水，謂機器創自「機心」，機心之為害，勝於機器之為利。則墨家與道家，亦同以現實人生為歸極，亦同抱生命總體觀，則為中國文化傳統一特點。

名家自墨家出，猶之陰陽家由道家出。惟墨家近似西方之宗教與科學，而名家則近似西方之哲學。「白馬非馬」之辨，亦即部分與總體之辨。若謂白馬即是馬，斯則近西方之個人主義。「凡人皆有死，蘇格拉底是人，故蘇格拉底亦有死」，此乃西方之邏輯。然必據凡人皆有死，始可判蘇格拉底之亦有死。不能由蘇格拉底之死，而即判定凡人之必皆有死。此亦總體與部分之辨，西方人亦非不知。而必言白馬即是馬，此乃重其外。中國名家言白馬非馬，則重其內。此亦中西思想之一別。儒家分「君子」、「小人」，知有「己」，不知有「群」，則為小人，亦可謂不得為人。故人必有「倫」，夫婦、父子、兄弟、君臣、朋友，稱「五倫」。修身、齊家、治國、平天下，自小生命至大生命，一以貫之，乃成其為「道」，亦即生命之大總體。老子言：

道可道，非常道。名可名，非常名。

論其部分，則可道可名；論其總體，則非一道一名可盡。故曰：

同謂之玄，玄之又玄，眾妙之門。

惟其過重「同」而輕「異」，則不如儒家之執兩而用中。

名家又論「堅白」。「石」是其總體，「堅」、「白」乃其部分。然手撫得堅，目視得白，人之知識，僅知其部分。若知石之總體，則白必兼堅，堅必兼白，乃為通識。否則目視不知堅，手撫不知白，各執一見，何以推概其總體？西方專家之學乃類此。但石必堅，不必白。名家之辨限於「名」，不如陰陽家五行之說，辨在其「德」其「性」，更能中肯近理。在中國後世，名家言不傳，不如陰陽家言之普泛流行。然陰陽家終不如道家，而儒家尤高出之。此由後人之能擇善而從，乃得完成其文化之大傳統。今日國人則又必以西方之眾說紛爭為是，以中國之獨尊一家為非，則誠難與之言矣。

老子又曰：

三十輻，共一轂，當其無，有車之用。埏埴以為器，當其無，有器之用。鑿户牖以為室，當其無，有室之用。故有之以為利，無之以為用。

凡其用乃在「無」處。罐、甕、碗、碟，亦用其空。人之居室，亦居其空。「空」處即「無」處。必兼知其有無虛實，乃為知其總體。人身有五官、七竅、百骸、四肢，「心」則其「無」處。「一陰一陽之謂道」，可知獨陰獨陽皆不成「道」。在此一陰一陽之更迭變化中始見「道」。變化更迭，則在「無」處。生命亦天地萬物中一「無」處。人惟知「有之以為利」，而不知「無之以為用」。不知「用」，又烏得有其「利」?

今日乃一「科學」世界，即是一「機器」世界，一「人造物」世界。資本家利用紡織機，廠工則供紡織機之用。帝國主義野心者利用原子彈，駕機投彈者則供原子彈之用。機器觸目皆是，人皆以為大利所在，而誰為其用之者，則漠不關心，或無奈之何。良堪詫歎！

世人皆言中國於自然科學上有三大發明：一指南針，一印刷術，一火藥。西方人利用火藥造為槍砲，今日殺人利器皆由此來。但中國人僅以火藥放煙火花燈，供人玩樂。可知自然科學之背後，必有一用之者，乃人，非科學；乃生命，非自然。近人又好分「自然科學」與「人文科學」，中國向無「科學」一名，然兩者之學實兼有之。惟中國重「內」重「合」，西方重「外」重「分」。故中國乃以人文科學為主，以自然科學為輔。西方則自然科學為主，而人文科學為輔。亦可謂中國主自然人文化，西方主人文自然化。即如達爾文生物進化論，其所發現，豈不即可為自然人文化作證？而其用意則為人文自然化指路。其病乃在不知生命中「心性」之為用。中國人重視人之「品德」，更過於重視其「事業」，內外、同異、高下、輕重之間，實大堪深味。

「宗教」與「科學」在西方，似為相對之兩體。中國則宗教、科學和合會通，融為一體，皆為人文之輔，所謂「一天人，合內外」是已。故中國學術必貴其能成一通體，西方則貴其能分別為專門。

中國人好言「禮樂」，實則禮樂乃人生一整體，亦即天地一整體，兼自然與人文而為一，而人文則為其主。詩云：

相鼠有體，人而無禮。

鼠生有體，人生則不限於其身之體，範圍擴大，能與天地萬物為一體，於是而有「禮」。禮乃其大生命之體，故在禮中自見其「樂」。故「樂」非金、石、絲、竹、匏、土、革、木之為樂，「禮」非跪拜、揖讓、俯仰、進退之為禮，皆必本之人之「德性」。「禮樂」形於外，「心性」主於內。孔子曰：「人而不仁如禮何，人而不仁如樂何」，是矣。是禮樂亦融內心、外物為一體。鼠生則僅在其形體，其心情德性之內涵則無足深言；人生則其要更在內心之性情，能通天人而合內外。故人生不能無禮。孔子又曰：

志於道，據於德，依於仁，游於藝。

孔子以禮、樂、射、御、書、數「六藝」為教。許氏說文：

儒，術士之稱。

「術」即「藝」，今人合稱為「藝術」。禮樂可謂乃中國最高之人生藝術，亦可謂「藝術」與「道德」首尾相通，融為一體，故中國人又連稱「道藝」，或連稱「道術」。禮、樂、射、御、書、數亦皆藝術，並兼科學；而禮樂之主要性，則近似宗教。在西方，藝術、科學、宗教分而為三；在中國，則仍和合會通融為一體。此體則稱曰「禮」。其意義價值，即在其「合」處，不在其「分」處。故曰：

「禮以和為貴。」儻亦如西方以藝術為人生中一部分、一專門，可外於其他各部分、各專門而獨立存在，各自為體，則其在大生命中之價值意義，宜亦大相有異矣。

禮樂和合，乃一總體，而可有內外、賓主之分。樂在內，「心」為其主。禮在外，「形」為之賓。所謂「游於藝」，即其內心之樂矣。莊子有逍遙遊，乃遊於方之外。孔子之游於藝，則遊於方之內。無論其為方內、方外，能知「游」，斯即人生一大藝術。亦可謂中國人生乃一藝術的人生。

呂覽有十二紀，淮南有時則訓，小戴禮記有月令篇，此亦皆是「禮」，皆屬鄒衍之徒之陰陽家言。乃一皇者尊天以為治，其發政佈令皆依於外，與孟子所謂「民為貴，社稷次之，君為輕」之意，大異其趣矣。道家主「天」不主「人」，重外不重內，其所向，較近似於西方之宗教與科學，與周公、孔子之禮樂大義則有辨。

孔子又曰：

祭神如神在。我不與祭，如不祭。

祭者，禮之「主」；所祭對象，則禮之「賓」。即如上帝天神，可謂所祭對象中之最尊嚴者，然亦同是賓。但禮之所重，則更在其主。在宇宙間，是否真有此天神上帝？西方宗教則認為有，但宜由自然科學為之作證明。否則宗教、科學不能合，上帝事耶穌管，凱撒事凱撒管，不能融和為一，終是人生一大憾事。中國則以人心為主，「祭神如神在」，即以己心為證，不待外在之科學以為證。此心則必形於外。有此「行」，乃始見此「心」。亦當有此「德」，乃始見此「行」。臨祭則心在祭；不與祭，則心既不在，神之在否又何論！故志道、據德、依仁，又必游於藝。苟無其「藝」，則「道」之與「德」與「仁」又何在？推此言之，治國、平天下，亦即一「藝」。否則其道、其德、其仁又何在？然藝非可作一呆板之死規定，當隨時隨地、隨事隨物而心靈游其間。故「游於藝」即是「道」。孔子中國千古大聖，然當其身則曰：「道之不行，我知之矣。」國又何嘗治，天下又何嘗平？孔子之辭魯司寇位，離魯，而周遊天下，此亦即是孔子之游於藝。中國人生藝術之精義乃如此。子路、冉有、公西華，以人生藝術論，當尚不如曾點。中國人生中之最高藝術，尚有遠超專心一意惟務於治國、平天下之上者。孔子不專心一意於為子路、冉有、公西華，但亦不專心一意於為曾點。故孟子曰：「孔子聖之時者。」其門人則謂：「孔子賢於堯舜遠矣。」志道、據德、依仁之外，尚有游藝一要項，其中精義則誠難與今之以藝術為一專門學者所共論。

老子則曰：

> 失道而後德，失德而後仁，失仁而後義，失義而後禮。夫禮者，忠信之薄，而亂之首。

老子不免分「天」、「人」而為二，必求捐棄人生，還歸自然。尊天而卑人，尊古而卑今。儒家則以得於天者為人之「德」，則「德」在內，「天」在外，乃是「一天人、合內外」。而老子必分別之，則失於此，得於彼，天人已非一體。故莊子必言「渾沌」，乃有合而無分。儒家之禮則必主分，如人之一身，豈不可分耳、目、口、鼻、胸、腹、手、足？有其分，乃始有其合。今人儻能將西方宗教、科學、藝術諸項各專門，依中國觀念，亦加以會通和合，而融為一體，則此道乃即天道，亦即人道，亦即人生之最高藝術矣。而此心之德與其仁，乃始可因之以大表現。所謂「贊天地之化育」者，又更上一層樓，而何有中西文化之對立！

中國人又好言「性情」。「性」屬天，「情」屬人。人有情，又烏得謂天獨無情？中庸言：

喜怒哀樂之未發謂之中，發而皆中節謂之和。

喜、怒、哀、樂皆是「情」，情必對外而發，對人、對事、對物皆有情。「心」無對，謂之「未發」，但不得謂心之無情，斯則謂之「中」，亦即是「德」、是「性」。德與性之發，乃見情，又分喜、怒、哀、樂。方其未發，則無喜、怒、哀、樂之分，故謂之「中」。中即是其情而存於內之總體，喜、怒、哀、樂則為其動而分向對外之部分。西方哲學避言「情」，主言「理」。依中國觀念言，理乃部分中之條理。總體一合之內，必分有部分，苟無部分，即不見有理。情之發，不違理，即是恰到好處，此即所謂「中節」。發而中節，即合於理。如禮之有賓主而成一「和」。「和」亦猶「中」，而道家則謂之「無」。人當無我，喜亦非其人、其事、其物之受我喜，乃我與此人、此事、此物交接時，理當有此一喜。此一喜不在我，亦不在所喜之人、之事、之物，乃內外相合之一「理」。中國佛教禪宗五祖告六祖：

金剛經言：「應無所住而生其心。」

此為禪宗修持一最要綱領。天台宗言：

一心三觀。

一「空」、一「假」、一「中」。華嚴宗言：

理事無礙，事事無礙。

此皆佛教中國化以後所有之觀念。中庸之言「中和」，亦即人生總體中一「無」處，而總體人生則主要在一「中」，在一「和」，亦即主要在其「無」處。專一注意於其「有」處，則惟見分別，又何來得中得和？

西方宗教、科學對立，科學中又分自然與人文；能用其中而得和，亦庶得之。或偏左有共產主義，或偏右有資本主義，亦當知能用其中而得和。若必主張一邊，打倒一邊，此即知有部分不知有總體，不中不和，總體已失，部分又何存？

中國人又好言「情欲」。西方哲學戒言「情」，乃誤認情以為「欲」。「情」對外而發，「欲」為己而有。人之鬥爭對象當在己，即其欲。中國人謂之「天人交戰」。「人欲」亦人生中一部分，「天理」乃人生之總體。情發中節即為「理」，故中國人常言「合情合理」，又稱「天理人情」。農、工生活常與自己鬥，不與他人鬥；商業則必與他人鬥。中國以農工立國，商業後起，其政治常抑商。西漢鹽鐵制度已接近近代西方所謂之「國家經濟」政策。故中國雖地大物博，商業鼎盛，絕不產生一資本主義社會，但曰「信義通商」。信義屬人生總體，非部分人生。故中國人對商業乃有一極高明、極精微之安排，異於西方。討論西方文化問題，必從其部分言；討論中國文化問題，則當從其總體言。此乃中西雙方文化傳統一大相歧異處。

中國人又好言「陰陽動靜」。依宇宙全體言，則天屬陽動，地屬陰靜。亦可謂自然當屬陰，人文當屬陽。依人文言，則生屬陽動，死屬陰靜。依世運言，則治屬陽，亂屬陰。故治世貴有動，亂世貴能靜。依近代國際形勢言，則西方近似陽，中國近似陰。故西方常趨動進，而中國則惟宜靜伏。宋儒周濂溪主以靜立人極。曾子言：「慎終追遠，民德歸厚。」厚則易靜難動，對死亡之禮，如葬如祭，可以為生人相交立其極。周公之治道，制禮作樂屬於陽，孔子之夢見周公欲為東周則屬於陰。今日之中國雖居陰道，善守其靜，亦可為後起新文化立極。中西文化對立，亦僅當前人文之一部分，此下當更求其人文總全體之出現而完成；則亦如孔子之志於周公，學於周公，而人生大幸福所在係之。孔子曰：「後生可畏，焉知來者之不如今。」誠可企而望之矣。若果有天命，則亦宜有此一日。志於此而游於此，竊願有德有仁者之相與勉之。

馬克斯主社會革命，列寧轉而為政治革命，毛澤東又更進而為文化大革命。動進益動進，此亦所謂「求變求新」，偏向一陽，漫無限度，漫無止境，絕不許有陰面之存在。其為禍之烈，乃有不堪想像、不堪言狀者。前車覆，後車鑒。果使能安和樂利，甘於靜伏，善守其陰面，亦庶為弱國處亂世之一途。幸國人其善加深體。

（一九八四年十一月東方雜誌復刊第十八卷第五期。）

二　抽象與具體

中國文字，可據以探討古人創造此字與運用此字之觀念與思想。如「象」，乃一動物，但體大，有些處像是離體獨出。如象鼻，只是象體之一部分，不能認它為另一物。象牙亦然。又如象足，大而分離遠，但只是象足，不得另認為一物。於是「象」字又作形象用，須認識其整體形象始得。則「體」字、「象」字，義實相通。近人用「抽象」、「具體」兩辭來翻譯西方語，其實依照中國本義，「象」即是「體」，當先識其抽象，再及具體。具體在抽象之內，本無分別。

老子曰：

同謂之玄，玄之又玄，眾妙之門。

今人亦以抽象義來解釋此「玄」字。其實異中得同即是玄。如天即是玄。天無體，會同諸體之異而謂之「天」。故中國人不言「天體」，乃言「天象」。如陰晴謂之「氣象」，其實此象亦即是一「玄」，亦匯通眾異而成。如是則象乃成為超出群體之體。故中國人用「體」字，其中便有不具體之存在。

詩云：

相鼠有體，人而無禮。

其實「禮」亦可謂即是一「玄」。如禮分賓主，單是賓，無禮可言；單是主，亦無禮可言。賓主會合，始見有禮。鼠有形體，亦有生命。必相會合，乃成一鼠。儻無生命，則其體亦變。生命非具體，是在鼠體中即有不具體之存在。賓主之禮，亦在賓主雙方具體行為之上，有一不具體之精神，乃始見有禮。否則又何從把人生之禮來比作鼠體？可見中國古人，對天地萬物，對人生萬狀，實具有一種甚深抽象的看法。以今語言之，即是有一種甚高哲學觀點在內。

又如「性」字，從「心」從「生」。而此「生」字，則並不單指一具體個人之生命言，乃指生命總體，匯通人生、禽獸生、草木生，凡屬宇宙間之群生言，乃一極端抽象字。「心」字亦然。人必有心，古今人各有心，此「心」字亦一抽象字。會合「生」與「心」而有「性」，則「性」更屬一抽象字。孔子不言「性」與「天道」，但此「性」字之創造，則不知先於孔子已幾何年。此皆老子所謂「同謂之玄」，此「性」字即包涵甚深甚廣。民初新文化運動，主張「哲學關門」，主張「打倒玄學鬼」。其實中國文字之創造與運用中，即寓有甚深之哲學、玄學意義。苟欲哲學關門，則亦當盡廢漢字。

中國周易好言一「象」字，又言一「元」字。「元」有原始義，即老子「眾妙之門」之「玄」，聲同義通。物自具體言，何止萬？但自其抽象言，則可分為乾、坤、離、坎、艮、兌、震、巽之八卦。詳分之，則有六十四卦；簡分之，則只乾、坤二卦。宇宙萬別，自象之大同言之則如上。再由乾坤合言之，則為「太極」，即其最原始者。故「太極」即「眾妙之門」。

古人傳說，八卦始於伏羲。要之，甚古即有之，或當在創始文字之前。則中國人好會諸異以求同，好於具體中作抽象觀，好由此來追尋一原始，好統萬歸一，再由一推萬，上引老子三語，可謂得其奧妙。儒家言亦然，即其好言「性」字可知。孔子雖少言性，然其言孝弟，言忠信，言仁，言智，皆性也。西方人好具體分別，如言男女戀愛。中國人言「汜愛眾」，亦同此「愛」字。但終嫌其具體，陷於事為上，乃改言「仁」字，始純屬一抽象。

「異同」之辨，實即「虛實」之辨。中國人每連言「玄虛」。「愛」落形迹，易見為實；「仁」則玄虛，無形迹可指。朱子釋「仁」字曰：

愛之理，心之德。

「心」與「愛」尚易知，「德」與「理」則難知。故中國人講道理，須以意會，不當從語言文字上拘泥具體以求。故曰「心知其意」，又曰「體會」。此「體會」二字，即以己心會合此道理而適為一體，此始為善學。此又非一種「玄學」而何？

故抽象與具體，又有虛實之辨。依今人觀念言，具體是實，抽象乃虛。依中國古人觀念言，則具體乃虛，而抽象始是實。故中國人對此宇宙，不喜從物物上作分別之具體觀。中國人對人生，亦不喜從事事上作分別之具體觀。必凌空駕虛，作共通超越之抽象觀。如關羽失荊州身死，具體事業全歸失敗，而中國人乃謂如此始完成關羽其人一生之意義與價值。又如岳飛之死於風波亭，其具體事業亦全歸失敗，而中國人則謂如此始完成岳飛其人一生之意義與價值。故關、岳同尊為武聖，則中國人之看人生意義與價值，豈不轉在虛空一邊，而不在具體一邊？故中國人乃重視其人之德性，更過於其人之事業。

由此又有「時間」與「空間」之辨。空間若是一實，而時間像是虛。但中國人觀念，則空間只是虛，時間始是實。「天」、「地」之別即在此。「地」屬空間，終是虛；「天」屬時間，乃成實。西方人認天國有上帝，上帝亦一實。中國人認上帝為天之主宰，主宰則是一動，乃是一虛。若天是實，主宰此實之上帝乃是虛。心性為人生之主宰，亦可謂人生為實，而心性則為虛。其實心性尚可指說，而人生更難指說。今人認衣食住行、生老病死為「人生」，距中國人之人生觀，真如河漢之隔矣！

老子道家更作「有無」之辨。一切具體皆作「有」，抽象玄同乃一「無」。故曰：

三十輻，共一轂，當其無，有車之用。埏埴以為器，當其無，有器之用。

依老子意，則天地間一切用皆在「無」處，不在「有」處。其實儒家孔子言亦何獨不然？子貢言「夫子之文章可得而聞」，顏淵亦謂「夫子博我以文」。孔門此一「文」字，以今語釋之，當稱「花樣」。「花」亦是一具體，「花樣」則不拘一花。「江南三月，雜花生樹」，乃成花樣，則是一抽象。人生一切事，合成花樣，則謂之「人文」。「人文化成」，則為中國人之文化觀。

今再舉一顯著例言之。中國乃一廣土眾民大一統之國家，其首都尤為人文薈萃之地。如長安，如洛陽，今已不能詳言。姑以元、明、清三代之首都北平為例，言其建築，如天安門、午門、故宮，如東四牌樓、西四牌樓，如北海、中南海三海，以及其他大街小巷，合成一花樣。凡諸建築，皆在此同一花樣中。若一一分別而觀，則將失去其共同完成一大體統之意義與價值。故中國人對長安、洛陽之沒落，若頗不顧惜，以其具體雖已破毀，而其花樣則仍存在於後起之北平。其他一切城市，如蘇州，如成都，亦各有一套花樣，此亦人文之一面。西方重具體不重抽象。如遊雅典、羅馬，歐洲古代人文，均掃地以盡。現代之巴黎、倫敦，一切花樣已與古代之雅典、羅馬大不同。而對雅典、羅馬之一建築、一遺物，則不勝流連，賞玩不盡。此亦中西雙方觀感之不同處。

今再舉一小例。如廟宇，如墳墓，中國人皆不甚重視，而重視其對此廟宇、墳墓之祭祀，畢恭畢敬，不苟不忽。列代王朝崩潰，苟其不再祭祀，則其舊有之廟宇、墳墓，亦都荒毀不治，不再注意。

惟各代王朝祭祀之禮，則相承不變，繁文縟節，時有增加，此之謂「人文」。而一切具體之物質建設，則並不同樣受重視。

漫遊英倫，參觀牛津、劍橋兩地之書院建築，緜亙數百年之久。體制瓦石，一皆保留不變。增新之外，舊況依然。來者讚歎，為西方學校一楷模。中國人重視教育，歷數千年。先秦百家講學，漢、唐相承，勿替益盛。即自南宋朱子白鹿洞書院以下，元、明、清各代書院遍全國。然絕無一處堪與牛津、劍橋相比。西方重具體，書院建築，終屬「物質」方面；中國重抽象，大師講學，則屬「人文」方面。大師一去，書院舊址，其意義價值亦隨而失。依中國語言之，當稱為「形而下」；師道始是「形而上」。此亦與上述廟宇、祠堂、墳墓祭祀之禮，輕重有偏，又顯然之一例矣。

再以文學言。西方重具體故事，如英國莎翁劇本之羅密歐與朱麗葉，相傳迄今。一切戀愛小說劇本，大體相似。而中國則周南關睢之詩，婚姻大典，同所歌誦，亦歷久不衰。中國之所謂「禮樂」，顯然是一種抽象性之人文精神。此又是中西文化相異之一例。其他類此者尚多，茲不詳及。

「體用」兩字連用，始見於東漢末年。古人常言「用」，不及「體」。「體」即具體，必有分別。如一砂一礫，一草一木，分別乃成體。「一尺之棰，日取其半，萬世不竭。」擴大言之，不僅天體難窮，地亦然，究竟離地幾尺始不為地？水行地上，是否不屬地？海洋不屬地，則地即甚見狹小。地上有山，萬物叢生，是否屬地？如是分說，地之為地，乃無具體可言。

近代科學家始創「四度空間」說，其實每一體必與時間並在。溝澮有盈有涸，水流既竭，此溝澮之體又何在？山上萬物叢生，分別重視其叢生之物，山之為體又何在？人自嬰孩長大成人，無日無夜而不變，則人之為體又難定。故具體若可指，實不可指。若有定，實甚難定。中國古人少言「體」，其意義當在此。

今言「人生」。人之所以為人，即在其有「生」，而生則只是一「變」。如言身體，體在變中，即無具體可尋。中國古人好言「氣」，不論有生、無生，皆一氣所成。而氣則只是一「變」，即以其變而成體。實則氣非體，後人乃言「氣體」，此乃俗語，非雅言。「氣」應是一抽象名詞，抽離其具體乃有此「象」。言「氣象」則較為近實。

周易六十四卦皆言「象」，此世界一切有生、無生，皆可歸納卦象中。一卦以六爻成，爻即是變。全易六十四卦三百八十四爻，即以包括天地間一切萬物之變。即後起一切變，亦可包括在內。故「易」有「變易」、「不易」、「簡易」三義。一切變只是一不變，其事至為易簡。孔子曰：「其或繼周者，雖百世可知。」易之為書，亦在求知人事之變。何由而能知？則在求之象。

宇宙間一切象，不外「和合」、「分別」之兩變。易以乾「⚊」坤「⚋」兩爻象之。乾坤猶天地，「⚊」象天，「⚋」象地。人生亦此二象，「⚊」象男，「⚋」象女。其他一切變化，全由此起。如「⚎」與「⚍」，此之謂「位變」。「⚌」與「⚏」，此謂「數變」。如是則宇宙一切可有四大變：即「⚌」「⚏」「⚎」「⚍」。數變增，而位變益明。如「☰」「☷」「☳」「☴」「☵」「☲」「☶」「☱」，乃成八卦。又上下相疊，乃成六十四卦。於數變、位變之中，又見有「時變」。易之大義，簡易言之，不過如此。

中國人常兼言「天地」。天不易知，觀於地而天可知。如曰「履霜堅冰至」、「梧桐一葉落，天下知秋」，見此知彼，乃抽象之知。見霜僅知霜，見梧桐葉落僅知梧桐葉落，則屬具體之知。中國人貴抽象知，由是以知天。

若僅求具體知，天不具體，又何由知？霜具體，頃刻而變，實不具體；梧桐葉亦然。萬物實未有體，僅知霜與梧桐葉，千萬中知其一二，何得謂即知萬物之體？故中國古人不貴知「體」，貴知「用」；不貴知「物」，貴知「事」。依古訓言，「物猶事也」。俗語連稱「物事」，又言「東西」。東、西兩面對立，無東即無西，須同時知其對立之兩面。物與事亦對立，不知事，即不知物。見事乃見用。中國人之求知特性如此。

故中國人言「生」必兼言「死」，言「有」必兼言「無」，言「空」必兼言「時」，「存亡」、「成敗」、「治亂」、「興衰」、「吉凶」、「禍福」、「喜怒」、「哀樂」，每皆兼言之，不分別專舉一端獨立以為言。易言「陰陽」，亦兼對立之兩面。陰陽家又擴及「五行」。「行」亦猶言「物事」，金、木、水、火、土不當專作「物體」看，當兼其「事行」看。水流下，火炎上，金內凝，木外散；土得其中，不下不上，不凝不散，獨見為調和安定，最見地性，故曰「土地」。金、木、水、火，皆在地中行，能動作，各見其天。故金、木、水、火、土五行，即一天地、一陰陽。宇宙間種種物事，皆不外此。其實此五行亦皆是一種抽象，不當從具體求。

西方人從具體求知，故重「分別」，重「物」不重「事」。中國重「和合」。具體分別若見有「固定性」，和合抽象則特見有「流動性」。故西方人言「天」，必言上帝，亦具體而固定。易言天，曰：「天行健」，則乃一行動，無體可指。求可指，則言「地」。但易言地，則曰「順」，仍屬象，非體。亦不指言其體。故易言天地，只言「乾健坤順」，皆言其象，即言其事、其用，而不言其為一物一體。此乃最可表達中國古人之觀念。

人生從具體言，有「人」始有「生」。從抽象言，則有「生」始有「人」。生必和合，如飲食，即與物相和合。苟無飲食，即不得有生。又必男女和合，否則亦無生。又必有父母子女，世代綿延，否則其生短暫，仍歸絕滅，仍不為生。故有生必有「群」，非群即無生。若專指其個體各別之身為生，則大不通。身由父母來，由飲食而長成。故人生乃由事見物。陰居後，陽居先；地居後，天居先；人居後，生居先；具體必居後，抽象乃在先；豈不即此而可知？

中庸言：

人莫不飲食，鮮能知味。

此非甜酸苦辣之為味，乃今俗語所謂之「人情味」。飲食之意義與價值，非僅養吾身，尚有遠超其上者。孔子飯疏飲水，顏子簞食瓢飲，其味亦豈飲食小人之所知！門內膏粱，門外有凍死骨，此膏粱又何味！實則此亦眾人所共知，故為「中庸」之知。聖賢亦不能離此以為知。天之生人，生庸俗，亦同生聖賢。聖賢乃在庸俗中成其為聖賢；離於庸俗即不得成其為聖賢。同此飲食，同此為人，中庸之德亦即天德。在其能充實而光輝之，斯即為聖賢。

中庸又言「夫婦之愚」，「夫婦之不肖」。天之生人，必分男女。婚姻和合，人群大道乃以肇始。中國人言「夫婦」，猶其言「天地」。故曰：

君子之道，造端乎夫婦。

則豈不乃造端於愚不肖，而天地亦為愚不肖？中國中庸之道，其難言有如此。至於「個人主義」，則絕非人群大道，向不為中國人所重視。

中庸又曰：

執其兩端，用其中於民。

夫婦一陰一陽，兩端對立，然相與間有一「中」。人群大道，即貴有此「中」，相通和合，使雙方各得其所，各得安定，各得親密往來，此即群道之大本。聖賢言「道」即在此，盡人與知與能。然此

「道」亦一抽象。看重具體，則分別對立，人事多端，必出於爭，終不能建立一大群。就西方言，宗教、科學相對立，宗教信「天」，科學偏「物」，於「人」皆不相親。如何在此天與物之兩端，求其互通相和，此為人生莫大一進程，亦為人類莫大一問題。論政治，民主、獨裁又成兩端。民主重多數，獨裁尊少數，在多數、少數間，亦貴有互通相和之一道。不能尚多數抹殺少數，亦不能尊少數忽略多數。論經濟，則資本主義與共產主義又成兩端。資本主義尚私有，共產主義尚共享。私有、共享，亦當兩存。如何求得一中道，此亦人類當前一問題。

推此言之，個人主義、社會主義亦成兩端。社會中何得無個人？個人相與，又何得不合成一社會？雙方互合成體，相和成道，則可以兩全；否則各謀發展，相互敵對，則同歸失敗。天地、宇宙、時空，亦成雙作對，而有和無爭。故曰：

> 君子之道，造端乎夫婦，及其至也，察乎天地。

因天地亦在此道中，無此道亦不得成其為天地。

具體求分別，則處人群中，又必求相異特出，不甘為一尋常人。即在和平中，亦求超群獨立，如今世一切運動會即其例。十人賽跑，一勝九負，群中見獨。但非負何有勝，非群何見獨？本屬兩端，和合成體，失則俱失，成則兼成。一人跑跳、棒球之獨勝其群，究何意義價值可言？中國人言「立德、立功、立言」，立於己即立於其群。於群有大貢獻，遂於群中得不朽。孔子曰：

君子無所爭，必也射乎？

射亦中國古禮中一大禮，非近世諸項運動之比。

笛有七孔，共成一聲。樂有八器，金、石、絲、竹、匏、土、革、木，共成一樂。聲之與樂，亦抽象之和合。中國人重「禮」必兼「樂」。「禮之用，和為貴。」所以表其和者則在樂，樂即人生之可樂者。伯牙鼓琴，志在高山，志在流水。高山流水，可以見而知。伯牙琴聲志在此，則惟鍾子期知之。此見抽象之難知。中國古人言樂，又曰：

絲不如竹，竹不如肉。

絲聲尚近具體，竹聲出於空，肉聲出於心，心屬人，亦一抽象。聲屬天，天人和合以為一，此則最為中庸之大道。

莊子曰：

惟蟲能蟲，惟蟲能天。

此言道貴自然。人非蟲，乃能與天相對立。人文亦與自然相對立。故蟲聲即天聲，而人聲則別。能以人聲合天聲，乃最見「執兩用中」之大道。中國舞臺劇最能表現人生，最高表現則在樂。語言亦音樂化，語言之不足，而表達以歌聲。喜怒哀樂，皆從歌聲出，發乎天，成乎心。心與天若處兩極端，而歌聲則其中和。故中國戲劇乃最可樂之人生。即哀即怒，亦皆可樂。中國人生之理想，即此境界，乃以戲劇表達之，而始愜然覺其有當於此心。其實登臺演劇，亦一庸俗人，一庸俗事。而在臺上歌演，則不啻成為一聖賢豪傑。能知聖賢豪傑之無異於庸俗，則無違乎中庸之道矣。抑且生、旦、淨、丑，乃和合以成一共同之人生，非分別以相爭。即唐宋官驛皆有歌伎，以慰旅宦之羈孤。凡其歌唱，亦異於近代之商業相爭。此一節亦值注意。

中國舞臺臉譜，亦一種抽象化。若極平常，亦見其特出。衣裝亦然。有衣裝高貴而其人則卑下者，有衣裝尋常而其人乃為上等者。觀者望而知，此亦中庸而極高明之一道。若論具體，服裝人品顯相分別，但豈得以服裝定人品！

西方人以具體求人生，乃感人生有兩大事：一戀愛，一戰爭。其實戀愛亦如戰爭，男女雙方，不顧一切，竭其全心力以赴，此亦可暫不可常。西方人又言「婚姻乃戀愛之墳墓」。戀愛乃若更高出於婚姻。不知戀愛尚分兩體，夫婦則成一體。但此體屬於抽象，而實為人生理想所在。戀愛尚在個人主義之階段，苟和合成家，而不變其雙方各人之立場，則轉多難處。故西方惟求為一小家庭，先與翁姑分，繼與子女分，如是庶得小安。家如此，國亦然。故西方亦惟有小國寡民，不能有廣土眾民一統之大國。大國則必為一帝國，多有殖民地，形大而體仍小。如中國之一統，有中央、有地方，和合而成，其體乃大；乃由抽象之中庸大道來。此義甚深，讀者試自參之。

戰爭為人群一大事，必有對立之雙方。一方敗，失其對立之地位，戰爭平息，乃轉覺失去一可樂。亦如謂婚姻為戀愛之墳墓，則婚姻豈不亦失去一可樂？無戀愛，無戰爭，人生落空，所樂何在？惟一幸事，今日尚多國林立，戰爭不斷發生。婚姻制度則逐漸取消，群尚戀愛同居。兵戰外又有商戰，又有種種運動場上特設之戰。戀愛、戰爭不斷可求，具體人生之悲劇乃如此。

中國人則曰「修身、齊家、治國、平天下」。修身、齊家，夫婦一倫乃其起步，婚姻事大，戀愛事小。治國、平天下，天下和平事大，戰爭事小。人道立，但人群之外，尚有天地大自然，與人類文化成雙對立，而其間仍有一中道。人文當參天地之化育，而人生乃無止境。然人生終不能無止境。大學言：

在明明德，在親民，在止於至善。

明己之明德以親民，內外和合，斯即至善，可止矣。千里之行，起於腳下。婚姻為男女結合一止境；

慈孝友弟，乃家庭一止境；君臣朋友，忠信相處，乃國與天下治平和合一止境：，逐步得其止，又可逐步再向前，則止處即其起步處。止乃無止，此乃一番抽象大理論，而中國人則謂之中庸之道，人人能知能行。此一深義，乃大堪玩味。

西方人重具體分別，學術亦分門別類，如宗教、科學、哲學、文學亦各自獨立。中國古代則一切學問皆相通，皆歸於人生，歸於禮樂。禮則其體，樂則可樂，乃其用。知必歸之行，而人生全體大道亦俱備其中，更不必分門別類，多作各自之獨立。即如醫學，西方重解剖，一身器官皆各分別，不重其共通之生命；中醫則在一氣相通處求。故西醫據病言病，中醫則言病在生理。西醫治病，可去其一器官，其藥亦多無機物；中醫則治其生命全體，用藥亦多有機物。故中醫更重病前之營養。

身然，國亦然。西方政治、法律、經濟、外交、軍事亦各分別專治，不相會通。故國病最難治。求富求強，國乃為一相爭大武器；和平相安，只是暫時現象。中國以禮樂為治平大道。若似玄言，非具體可能，實則中國五千年歷史可作證。

學問知識之最具體者，則為近代之科學。但近代科學乃供作相爭之器，非治平之道。近人非不知。又每一物必分別之為「原子」、「元素」；今始言「電子」，分陰分陽，實一動態，則一切物皆原始於一「動」，此即中國之所謂「氣」。氣非「物」，有其「象」。宇宙乃一氣之流動。則西方科學之最新發明，中國觀念已早得知。中國非無科學，但當稱之為「生命科學」，或「人文科學」，與西方之所謂「自然科學」亦有別。此非會通於雙方文化大傳統之總全體，則無以明之。

然則人類一切學問知識，首當於何求之？曰：宜先求之人之「心」，以心合於「事」。聖賢如此，愚不肖亦爾。中國古籍，詩書為尚。詩言人心，書言人事。西方史學最後起，心性之學在西方可謂尚未開始。專尚理智，不求之喜怒哀樂之情感，何以知人心？喜怒哀樂藏於「中」，而有其「和」。中庸言：

致中和，天地位焉，萬物育焉。

喜怒哀樂亦愚不肖之所有。聖賢之學則「尊德性而道問學，致廣大而盡精微，極高明而道中庸」。孔子曰：

十室之邑，必有忠信如丘者焉，不如丘之好學。

孔子亦學愚夫愚婦之忠信。西方惟宗教家言，庶或有似。但言靈魂，又誰證之？故信仰非學問，非知識。

西方知識重具體，若為一固定，乃惟求其「變」。實則變乃一自然。中國人重人文，則不言變而言「常」。自然有變亦有常。以人文贊天地之化育，則貴於變中求常。曰「心」曰「事」，則非貴求變，乃貴能常。知其常，心乃安，乃得生長，故心安則理得。今日舉世人心徒知求變，乃不得一安定感，今日不知明日事。獨上帝乃一安定，舉世惟當賴以為救。而科學昌明，上帝更不易見，其果將何道之從？此誠近世人類一大問題。則曷不從此心之喜怒哀樂以求和求安？此為中國中庸之道，乃始尋常而可求。

中庸一書，當出秦代，融通儒、道兩家言。易傳當為同期之書，亦融通儒、道兩家。求之中國傳統文化，於此兩書其勿忽之。本篇具體、抽象之辨，乃依近人觀念言，實即易、庸之義。

三　時間與空間

「空間」具體而有垠，須分別獨占。儻求擴張，則必相礙。而物質人生則必依附於空間，向外尋求，常趨於「動」而「爭」。「時間」抽象，綿延無已，前後一貫，可以共容，相互融通，互不相礙。精神人生則必依著於時間，故常趨於「靜」而「和」。但時空實合成為一體，動靜亦互融為一體。惟和與爭又何能合成為一體？中國人則主爭於內而和於外，爭於己而和於人。如曰「安分守己」，其安其守，則必求之於己之內。故曰「立志」，曰「改過遷善」，皆是。中國人好言禮，禮之中必有尊卑主客之分，主必尊客而自卑，則和。孔子曰：

君子無所爭，必也射乎？

孟子曰：

行有不得，反求諸己。

射即如此。射不中，其過在射者之術，不在所射之對象，即外物。射者所立之地亦稱「物」。一在己，一在外。所爭不在外，乃在己。射者所立之位定，而後可言射術。射而得中，乃和非爭，所爭則在己之術，即爭與和亦合為一體矣。

今人率並言時間、空間，此兩詞乃譯自西方。其實兩者意義不同，亦未可以對等視之。如地球僅為太陽系中一行星。地球上又分各部分。生為一中國人，與生其他各地人，所受影響各不同。故人生必論空間。人生又必同占一時間。即地球、太陽乃及其他空間，亦必同占一時間。而時間之影響人生，則更大於空間。

時間何在則難言。但空間則必包涵在時間內，相與融成為一體。使無時間，空間又何得存在？易繫辭言：

天尊地卑，乾坤定矣。

「天」指時間，「地」指空間，時間尊於空間，中國人觀念即如此。周易之六十四卦三百八十四爻，中國古人即以象徵宇宙萬物之一切變化，其中皆涵有時間意義。

較之古希臘人之幾何學，僅知空間者，其聰明智慧當遠勝。實則只有兩爻。曰乾「⚊」，曰坤「⚋」。「⚊」即時間，象合；「⚋」即空間，象分。中國人觀念，一切分其先皆由一合來。幾何學由點成線，成面，成體，則一切合其先皆由一分來。此兩觀念乃大不同。豈得謂合亞、歐、非、美、澳諸洲始成一地球，合地球等諸行星始成一太陽系，合太陽系及諸星河始成一天體？則幾何之由分而合，其觀念之意義與價值，當尚待商榷。

繫辭傳又言：

> 乾知大始，坤作成物。

一切物之作而成，其先必有一始。未作未成，則無始可見。物之作於成，皆必占空間，時間亦必隨空間而始見。老子言：

> 有生於無。

「有無」二字近似具體，實不如易繫言「乾坤」二字之抽象，僅指動靜分合者之更為涵蓄而允愜。老子乃道家言，易繫又化歸之於儒義。以有無言，不如以分合言。周濂溪太極圖說則謂：

無極而太極。

此較老子「有生於無」之說亦勝。濂溪乃謂無即有，無乃有之合。合為一則無以名之，故老子稱之曰無。佛教主四大皆空，惟求歸涅槃，亦主無，不主有。耶教之天堂上帝靈魂界，乃主有，不主無。儒家言可代表中國人觀念，乃會合有無以為言。雖分有無，而無在有之中，亦即是有。

易繫又言：

動靜有常，剛柔斷矣。

濂溪太極圖說則言：

太極動而生陽，動極而靜，靜而生陰。

時間是一「動」，空間是一「靜」，如太陽地球皆是一靜，實則亦皆是一動。易卦以龍象乾，以馬象坤，則坤卦亦仍是一動。惟馬之動，盡人可見，龍之為動，則不可見、不易見。空間靜而實動，離去空間，又何由見有動、見有時間？愛因斯坦有「四度空間」論，於空間中加進時間。而周易則必主乾在先為主，坤在後為順。動在先靜在後，動為主靜為順，乃於時間中加進空間，斯又中西觀念不同之大異所在。

易繫又言：

在天成象，在地成形，變化見矣。

今人則以成形為具體，由具體中乃有抽象。中國人觀念，則主先有抽象，乃成具體。如地乃一具體，天乃一抽象，非天何由有地？西方近代天文學，亦求之太陽系諸星河，盡從具體求，則天亦如地，無大異矣。即天堂亦仍是一空間，亦猶地，仍無大異。中國人之天，則超乎地。先有天，後有地，則由抽象生具體，而具體又仍在抽象中。亦可謂具體乃靜而定為形，抽象則動而在其先。此則中西觀念大不同之可見、易見者。

今可謂天地乃一大動體；而生有萬物，則較靜而定。人生亦萬物中之一形，故曰：

乾道成男，坤道成女。

乾坤乃其象，言「道」則指其動，男女斯成形，乃始有靜可言。又曰：

男女構精，萬物化生。

此「男女」二字，則兼言陰陽。其媾其化，皆指動言。則人生皆由一動來。人之畢生，亦只是一動。日出而作，日入而息。人之休息睡眠，其實亦仍是一動。天之生人，豈專為其休息與睡眠？則自中國人觀念，人生之貴「動」更可知，其貴「剛」亦可知。近人乃謂中國人貴「靜」貴「柔」，則失之矣。

今人又分「精神人生」與「物質人生」。其實決不能脫離物質以為人生，而在物質中則必顯有精神，仍只是此一人生。食衣住行，屬物質人生，但精神人生亦皆散見其中。各自分別，乃若不易見。孔子之「飯疏食飲水，曲肱而枕之」，亦即物質人生。顏子之「一簞食，一瓢飲，居陋巷」，亦物質人生。離物質，又何以為生？但在物質人生中，有精神之存在，則難具體指陳。具體屬空間性，而抽象則屬時間性，其輕重之間，則雅俗觀念有不同，亦即中西所不同。

要言之，中國主由合而分，西方則主由分而合。故西方主由「個人」合為「群」，中國則主「群」中分有「己」。己生之前，不知已有千萬世之人群之存在。非有此群，何從有己？故於己即見群，亦猶於己即見天。人之一己，又何得獨立為生？然己之生則具體，而群體之生則若為抽象。一中國人之生，若與同時其他亞、歐、非、美、澳人之生渺不相干；當前一人之生，又若與以前千萬世之人生渺不相干。具體言之若如此，抽象言之則不然。故謂生命有一大總體，亦可謂「時間」即是此總體。

就個人生命言，可分嬰孩、幼年、壯年、成年、晚年各期。合百年之生，而分此諸期。非由此各期而合成為一生。此百年之生，若為一抽象；此各期之生，若見為具體。果認具體為「實」，則抽象轉成為一「虛」。然則豈合此諸實以成一虛乎？故百年之生，始為共通一實體。嬰孩、幼年諸期，皆依此共通之實體而各成其為實。嬰孩、幼年期夭亡，則此生實不啻一虛。兩者之間，虛實是非之判，亦可定。

中國人自幼即教以「孝」，稍長即教以「弟」。先教以在家族鄰里小群中做人，繼教以在國與天下大群中做人。在小群中做人，則為一「小人」；在大群中做人，始為一「大人」。能在古今人類長時期中做人，則為聖為賢，尤為大人中之大者。僅知有己，不知有人，則又為小人中之小者，斯不得視為人矣。方其為嬰孩，不知此下尚有幼年、中年、老年，故嬰孩不得謂之為「成人」。年漸長，始知其前為嬰孩，後有耄老，乃得謂之為「成人」。

今人重視「經濟人生」，中國古人則重「道德人生」。經濟人生若為具體，而人與人則各別相異。道德人生若為抽象，而人與人乃可會通合一，時間、空間亦隨之擴大延長，經濟人生豈得相比！又經濟以「財貨」為主，財貨在人生外部，亦可謂乃人生中一「虛」。道德以「心性」為主，心性乃人生中一「實」。貧富與聖賢之孰貴孰賤，則不難辨。

經濟人生重商業，供求雙方對立，不能由一方作主。農工人生則生命在己。故農工社會重道德心性，商業社會重機會功利。如慈孝，父母子女和合相親。詩云：

孝子不匱，永錫爾類。

一人孝可感使人人孝，世世代代孝。孝道益弘，決不損及己之孝。老子言：

既以為人己愈有，既以與人己愈多。

道德人生即如此。商業牟利，供方多得，乃由求方多與。一方利，他方損。今日則勞資相爭，為世界人類一大禍害。

中國教育重培養情感，修心養性，為道德人生主要一項目。西方教育重傳授知識，訓練技巧，求學即為牟利，乃亦為經濟人生中一要項。近代學校學者繳學費，教者受俸給，來學求知，亦如出資購物，教育亦顯具商業性。中國則曰「尊師重道」。如孔孟周遊，如齊之設有稷下先生，從學者之生活皆賴於師。後代之書院，來者亦由書院供養。其決非商業性可知。

中國教育重「師道」，師道可以傳之久，學校則時興時廢。如宋初胡安定蘇湖講學，晚明顧高東林講學，載之史乘，歷千年數百年，常在人心人口，而其書院則皆早廢。西方如英之牛津、劍橋，美之哈佛、耶魯，或五、六世紀，或三、四世紀，其學校則常在。中國人重師道乃重「人」，有生命，屬動的一面。學校建築則屬「物」，非生命，乃靜的一面。中國文化傳統精神，亦可謂重「動」不重「靜」，重「精神」不重「物質」。經濟屬物質，道德屬精神。靜則易舊，動則易新。則豈不西方轉重守舊，而中國則反重開新？即如埃及、希臘，其器物建築尚多留存，而僅可稱之為「古埃及」、「古希臘」。中國則五千年歷史相傳，人文演進，不得仍謂是犧、農、黃帝時代之「古中國」。正因中國人重時間，屬「虛」屬「動」，故中國人求「常」不求「變」。西方人重空間，屬「實」屬「靜」，故西方人必求「變」求「新」。可謂中國五千年乃其民族生命之綿延，而西方則自埃及、希臘以至今日之英、法、美、蘇，民族相異，生命亦變。比較中西雙方文化異同，則誠有難一言以盡者。

依人類生活史言，先漁獵，次畜牧，乃及農工業，最後始有商業。亦如人之一生，自嬰孩迄老年，去死日近。亦可謂，漁獵、畜牧乃人之幼稚前進期，農工業則為成長安定期，商業當為衰老期。人之既衰，最要者乃在其憶往念舊，果使往舊無可憶念，則人生之意義與價值又何在？近代商業社會，仍不能無漁獵、畜牧、農工諸業，商則賴此諸業以成。依時間言，舊與新乃一貫相成。空間遊歷，則見新舊相異。時間回憶，則見新舊相成。多壽為人生一福，遠遊終不免為人生一勞。舊可以無新，而新則終不可以無舊。中國人知重歷史，此乃生命精神之所在。斯亦見時間之於人生，乃更重於空間。

孟子言：

規矩，方圓之至也。

方有四隅，四隅皆方乃成方。故方似由分而合；圓則渾成一體，僅有一中心，合而不可分。中國人言「天圓地方」，又言「圓顱方趾」。圓偏動，方偏靜，故中國人更貴動。今人乃言中國人好靜不好動，好古守舊，不尚進步；不知西方進步在其具體物質，中國進步則在其人文精神，此又其別。

天地萬物，如一大圓體。自人類言，其中心乃在各自之一「己」。中國人言：

一天人，合內外。

此天地萬物，由己為之中心，乃能一，乃能合。此言非具體，乃抽象。而己之為天地中心者，非其「身」，乃其「心」；但非西方哲學「心物對立」之「心」。中國則主「心物合一」，天地萬物均融在此心中。此一境，此一理，則常靜而不動。故樂天知命，安分守己，此即「主靜立人極」。然而一言一行，一瞬一息，日常之應對酬酢，以至於一日二日之萬幾，苟日新，又日新，日日新，乃無不在於此心之動。故大學言：

知止而後有定，定而後能靜，靜而後能安，安而後能慮，慮而後能得。

此一進程，豈非即是一動？而「知止」在先，則仍是一動。惟動中已包有靜，靜中已包有動。必分別動靜以為二，則難以得其境界矣。亦可謂「心」是一動，「物」是一靜。大學言：

致知在格物。

則心之動即在物。故惟格物乃能致知，而後我心之全體大用無不到，眾物之表裏精粗無不達。此始是中國之動靜合一，天人合一，內外合一，即心物合一論。

故中國人言修身、齊家以至於治國、平天下，莫不以己心為之主，為之一中心。其向前而進，日邁日達，而終亦不離此中心。其前進乃如繞一大環，到盡頭處，還是原先起腳處。依時間言，可謂極其綿長；而就空間言，則還是原處並未遷動。人則終是一人，己則終是一己。回吾本來面目，可謂至聖而神矣。「神」即融在吾之生。西方觀念，靈魂天堂，與此生世，境異非一。西方重空間觀，即宗教信仰亦如此。而中國人重時間觀，則非今日專慕西化者之所能與言矣。

孔子曰：

七十而從心所欲不逾矩。

此「矩」字指外面一切規範，較具體，較有靜定性。莊周則言：

得其環中，以應無窮。

故儒家重言「矩」，道家則重言「規」。因儒家重內心修養，而道家則重外面應付。規較近抽象，較有活動性。故中國人又言「循規蹈矩」，規宜「循」而矩則可「蹈」，可見規具向外行動意義，矩具守己靜止義。矩易落實，而規則空靈。「方」合四隅而成，一隅不成方，但亦自成其為一「隅」，中庸謂之「致曲」。規則為渾然之一體，非循其全，即不見其為規。人心所向，一言一行，皆可成矩。但一言一行，非可即成規。故矩實具空間義，而規則仍涵有時間義。矩為部分，規則全體。故西方人於方圓、動靜皆加分別；中國人言動中即涵靜，靜中即涵動。「規矩」連言，即猶「方圓」連言，亦猶「天地」連言，非只言一物一形。但儒家兼言天地重守矩，較之道家之循規僅從天，更適循用。細闡之，亦可謂精義無窮矣。

孔子又言：

智者樂水，仁者樂山。智者動，仁者靜。智者樂，仁者壽。

心分「仁」、「智」兩型。仁屬情感，動而易變；智屬理智，靜而不變。人之初生，即有情感，理智則後起。實則理智屬靜而較易變，情感則屬動而較不變。如慈孝，乃亦常而不變。何道以慈，何道以孝，則屬智。中國觀念，情感先起，屬天；理智後起，屬地。中國人尊天卑地，尚智更尚仁。故曰「王道不外乎人情」，又曰「天理人情」，天理、王道皆見在人情中，其尊人情有如此。

中國人言人情最重孝。舜為大孝。孟子書又有「上古有不葬其親者」一節，推論葬親之禮之由來；則孝道上古即有。知葬禮乃隨其孝情來。孝之禮隨世而變，而孝情則終不變。故孔子曰「仁者靜，智者動」。但孝行豈可謂之不屬動？惟其能常而不變，斯謂之靜矣。

今再推而言之，不僅人心有孝，即禽獸亦有孝。若以孝為愛，則草木雖無親，亦可謂各知愛其生。生命從天來，故孝之德亦從天來。即無生物，相互間若無孝無愛可言，然同出一源，同歸一體，物各有性，則宜亦有其相類似者。鄒衍陰陽家言，分「五行」、「五德」，其說尤流行於中國社會之下層。亦可謂即本孔子「智者樂水，仁者樂山」一章來。周易乾坤兩爻，一合，一分，象徵天地間一切事物之變，其言玄，普通人不易曉；孔子言仁、智兩型，一情感，一理智，則各反之己心而可得。又山水一動一靜，則人所同見同知。然猶當辨者，既同屬一體，同屬一心，則動中必有靜，靜中亦必有動。仁中必有智，智中亦必有仁。仁而不智，陷於不仁；智而不仁，便是不智。其理雖深，宜亦可知。

「樂」與「壽」亦然。孔子稱伯夷、叔齊「求仁得仁，又何怨」，即其「樂」。餓死首陽山，三千年來，人人心中有其人，即其「壽」。顏淵居陋巷，簞食瓢飲，人不堪其憂，回亦不改其樂，亦不失為一仁者。不幸夭亡，而亦永在兩千五百年之人心中，則亦不得謂之不壽。則仁者壽，宜亦有樂。而智者樂，宜亦同有壽可知。

再推言之，天地萬物同此一動一靜，一樂一壽，而其間不妨仍有別。如孔子當其仁，莊老宜可當其智。儒家主仁，亦重智。道家偏智，亦有仁。其所不同，如一身之耳、目、手、足，各分左右，聽、視、持、行，左右如一，而亦終有其分。一心兼仁智，亦類此。

身分左右，終不宜偏左偏右。心有仁智，亦不宜偏仁偏智；偏則多失。孔子又曰：

執兩而用中。

中國人一切思想論議必分而有合，合而有分。西方則宗教近仁，科學近智，各走極端，不易和合，而尤近於偏尚智，其弊亦經歷長時間之演變，至今而益顯。西方尚智主「分」，中國尚仁主「合」，若各就雙方同一短時期內之空間觀之，則是非得失，洵有難定。若統就其長時間之歷史變化言，則五千年來雙方之不同與其是非得失，亦可判矣。故空間之意義與價值，終不如時間。

依照中國陰陽家言：東方之人仁，西方之人義，或言智，似若僅為一種空間觀。今人亦有據此來分別中西雙方文化異同者。其實西外更有西，美國乃轉居中國之東。抑且中國古人不知有今日之西方。蓋此言雖僅空間觀，實仍涵有時間觀。日出於東，沒於西。故謂東方之人近陽偏仁，西方之人近陰偏義或智。其言「東西」，實猶言「始終」。人生當以仁為始而終以義與智。此亦一種心物合一論，亦即仁義、仁智合一，情理合一。無「情」烏得有「理」，無「理」亦烏得有「義」有「智」？

人生中年以前，日趨生長，則近陽而亦近仁。中年以後，日趨成熟，則近陰亦近義與智，亦證義、智由仁來。孔子曰：

十室之邑，必有忠信如丘者，不如丘之好學。

忠信近仁，好學則學其義與智。中年以前多情多近仁，中年以後多理多近義與智，此乃人生一自然進程。孔子之求為一完人，必具備人文全體之時間性。讀古人書，貴能通其大義，偏據一端，則又必失之。

孟子曰：

大人者，不失其赤子之心。

若謂赤子心近仁，大人多義多智，惟大人貴能不失其赤子之心，是智與義而不失其仁。赤子亦必進而為大人，是即仁而必臻於智與義，情而必達於理。故中國人言天，常兼言陰陽；言地，常兼言山川；言人之德性，則必兼言仁智、仁義。今若謂中國人重仁輕智輕義，重情輕理，豈不又失之？又如原始野蠻人，若其仁不如後世人，實乃其智、義不如後世人。原始人亦具好生之心，即其仁。惟不知何以好其生，又不知好人之生亦即所以好己之生。智、義不及，乃無以見其仁。理不到，亦無以見其情。而近代核子武器之發明，則其仁其情又遠不如原始之野蠻人矣。故人事複雜，世態多端，單憑短暫之空間具體無可判，必待悠久之時間抽象論乃定。

中國人言「始終」，又言「本末源流」。倘謂中國人重本源，輕末流，則又失之。故中國人兼言天地，而天尊地卑，又必加以分別。雖其語流為通俗，其義深長矣。

四 常與變

近代國人，率以吾中華民族為「守常而不知變」自譴。其實吾古人早知「變」，早貴能明變、通變、達變，典籍具在，隨處可徵，不煩縷舉。尤要者，在知變又知「常」。常中有變，變中亦有常，中國古人用一「時」字，即兼容並包此「常」與「變」之兩義。孟子曰：

孔子，聖之時者也。

易傳亦言：

時之為義大矣哉！

中國以農立國，書稱：「欽若敬授」，易象：「治曆明時」。敬授民時，即是敬授民事。春耕夏耘，秋收冬藏。中國地處北溫帶，春夏秋冬，四季明晰，並分配均勻。四季又各分孟、仲、季，一年十二月，氣候各有分別，並與農事緊密相關。故中國古人之時間觀，並與生命觀相聯繫。時間中涵有生命，生命即寄託於時間。時間屬於「天」，生命主要屬於「人」。中國古人所抱「天人相通」、「天人合一」之觀念，即本農事來。人中即寓有天，貴能以人事合天時，故曰「人文化成」。此「化」字即包有天、有時間，人文即包生命，於自然中演出人文，即於人文中完成自然；故中國古人於同一事中即包有「天時」、「地利」、「人和」三觀念。孟子曰：

天時不如地利，地利不如人和。

此並不專指兵事言，乃可通指一切人事言。就農業民族之觀念，氣候固極重要，但必兼土壤。氣候、土壤固極重要，但又必兼人事。苟不務耕耘，則天時、地利同於落空。而耕耘則貴群合作。百畝之地，必治之以五口之家。夫耕婦饁，男童司牧，女童司守門戶。不僅如此，牛、馬、鷄、豚，在一家生事中，亦復相和。而稻、麥五穀，尤為生事所賴。稻、麥之生長成熟，更見與天時、地利、人事一體相和。其事則必經歷有時間之變，而變中必有常，可以資人信賴。故曰：

但問耕耘，莫問收穫。

人事既盡，而天心亦即已在人事中。不盡人力，則天意亦不可恃。故中庸曰：

人可以贊天地之化育，與天地參。

苟非有地，則天亦落空，故中國古人必兼言「天地」。但苟非有「人」，人不能「和」，則五穀不生長，既無人文之化成，則獸蹄鳥迹，草木茂盛，只為洪荒之世。故中國古人言天地，又必兼言人，而合之曰「三才」。此種觀念，其實乃是一農業人之觀念而已。

曠觀此世，人類所生，不僅在溫帶，亦有在寒帶、熱帶生長者。寒帶人僅能以游牧為生，逐水草而遷徙。不能安居，斯不能樂業。人事僅若為生命之奴，不為生命之主。其去禽獸之為生不遠。熱帶人氣候薰蒸，長夏炎炎，神昏欲睡。而采摭野果，亦可飽腹。故其心所憂，不在其身。好靜處，好冥思，視人生乃如一負擔，轉求擺脫，求出世。故印度乃產生有釋迦牟尼之佛教。

人類最適生長在溫帶，然使其占地不廣，耕稼區域狹小，僅賴農業，生事不易滿足，於是轉業工商，偏重製造，向外貿易。如西方古希臘，其人集居城市中，所謂「百工居肆以成其事」。農人在城市外，不為群所重，視之如奴。工人成器，出外貿易，又必遠越重洋；其主要目的地，仍為其他民族中之城市。於是其生活觀念，不重在民族分別，專重在城市與鄉村之分別。人生拘束於城市小範圍中，天地大自然，轉若外於人而存在，與人生若疏遠，不見為親切。故希臘哲學家，每分「宇宙論」與「人生論」為兩套，從宇宙論降落到人生論，人生與宇宙，像是二而非一。沿至近代，科學興起，乃主以人生戰勝自然，與中國古人之天人合一觀，大異其趣。

又如西方古代猶太人，流離為生，備受壓迫，歷盡艱辛，人世無望，轉而期望於上帝。認人類乃以罪惡而降生，猶太人之前途，必賴上帝而得救。耶穌特擴大此觀念，謂上帝所救，當屬全人類，不限於猶太人。然其分別天人，上帝只管人死後，生前在此世界中，仍由羅馬皇帝凱撒管。耶穌亦猶太人，此乃其一種無可奈何心情之流露，亦即證人世之在充滿罪惡中。穆罕默德為阿拉伯人，經商沙漠中，承耶穌而起，創為回教，意態轉強。惟其視塵世為罪惡，以出世為究竟，則與耶穌無殊。

上述佛、耶、回三教之信仰，皆不產於溫帶之農業社會中。印度固亦有農業，但生事易足，勤勞不受重視，乃感人生空虛乏味，易起人生厭倦心；故佛教雖主出世，而不尚天堂，求歸涅槃。是人心之隨於其環境中「天地人」三要素之和合而各生變異，豈不即就此而大可證明。又如古埃及人、古巴比侖人，雖亦以農業產生文化，但尼羅河下流之氾濫，與巴比侖雙河之灌溉，其占地面積，較之中國河、濟、淮、江四大流域之廣袤寬宏，差別太鉅。故惟中國之農業文化，乃獨出迴異於世界古今其他諸民族之上，而自有其非常特殊之成就。

惟中國自古即成一農業大國。即在封建時代，亦有其封建之統一。雖在社會上有貴族、平民兩階級，然平民主生產，貴族主政教，兩階級分工合作，融成一體，農不為奴，而政則以農為本。呂氏春秋十二紀、小戴禮記月令篇、淮南王書時則訓、汲冢周書時訓篇，雖諸書皆出戰國後，但遠溯之古詩豳風七月章，會合而觀，足徵古代中國人生要務在農，政府法令教訓亦重視農，社會風俗亦發端於農，歸宿於農業。月令篇有曰：

毋變天之道，毋絶地之理，毋亂人之紀。

人群綱紀，即俗稱「道理」。而中國人之傳統觀念，則「道」與「理」一本於天，由此天地大自然而人文化成。人類文化乃得贊化育，參天地，而與天地合。此可謂乃中國傳統文化精神一特徵。

故欲探討中國傳統人生，必注意其社會風俗。欲探討中國社會風俗，必注意及其天時氣候節令。此皆與農業有甚深關係。而中國人論衛生修養，起居飲食，必慎必戒，所宜所急，亦隨其氣候節令而變。生命從大自然來，即在大自然中長成。人類生命，亦如五穀稻麥、牛羊犬馬。中國古人，認為天地大自然，只是一陰陽五行；生命亦然。故中國人論生理、病理、藥理，無非此陰陽之順逆，五行之生剋。天人相通，萬物一體，亦如一身之五官四肢、五臟六腑，同屬一體。中國古醫書如素問、靈樞、本草，通天通物，莫非此意。中國人治學尚合尚通，西方人治學尚別尚專。西方人言生理、病理、藥理，亦從專處、別處尋究。中國人言眼疾通於腎，或其他內臟。西方人則專治眼，若可外於其身而治；治身亦若可外於天地大自然而治。此亦見中西雙方文化精神一大相歧。此因中國文化建基於農業，農則必外通天地以為業。西方文化建基於工商，可以封閉於室內與都市，若可隔別於天地大自然。故中國人生，必納入自然中，貴能順應自然。西方人生則與自然劃離，而求能戰勝自然，克服自然。

工作業務如是，營養衛生、消遣娛樂亦如是。整個人生不外此三部分。中國人把此三部分全納入大自然中，必順應天時，配合節令。如讀齊民要術、農政全書、荆楚歲時記等書，可悟此中消息。故中國文化中之全人生，無不與外面自然環境乃至天時氣候相配合。此實一種極具體極客觀之科學，而亦極富藝術情調。故農業人生，本極辛勞勤苦，但中國人能加之以藝術化，使其可久可大，可以樂此而不疲。又自藝術轉入文學。如讀范成大之四時田園雜興，趙孟頫之題耕織圖，歐陽修之漁家傲詞，亦各十二月分詠。隨時隨事，無不可樂，人生可以入詩入畫，復又何求！

中國人愛栽花賞花。花之生命，最與天時氣候節令相配合，而又有其各別之個性。歐陽永叔詩：

淺深紅白宜相間，先後仍須次第栽，我欲四時携酒去，莫教一日不花開。

中國民間，因有「二十四番花信風」之說，自小寒、大寒，立春、雨水，驚蟄、春分，清明、穀雨，一月二氣六候，四月八氣二十四候，每候五日，各有每一花之風信應之。最可注意者，此二十四番之花信，不始於春，而始於冬，每氣三番，小寒即有梅花、山茶、水仙，循此以往，迄於穀雨之牡丹、酴醾、楝花。尤以梅花凌寒而開，為群芳之冠，最為中國人生理想之代表。畫家有「四君子」與「歲寒三友」，古今詩人，莫不以詠梅為最足寄託其高情雅致。佳句名什，流傳唱歎，何啻千萬首！至今仍奉梅花為國卉。此乃天地大自然賦與人類生命一番最深切、最著明之大教訓。就哲學論，乃自宇宙至人生，融通合一，貞下起元，絶處逢生，一最大象徵，最高辯證法；而亦為最具體，最客觀，最富科學性的眼前實例。此一大眞理，誠可以「建諸天地而不悖，質諸鬼神而無疑，百世以俟聖人而不惑」。而中國因其為一農業民族，地居北溫帶，目擊心存，不言而喻。中國文化之所以緜延持續，五千年以來，繼繼繩繩，不衰不輟，此其得於天地大自然之所賜者獨厚，即此一端可見。

何遜詩：

兔園標物序，驚時最是梅。

農事必重天時，花事同亦重天時，人生萬事何獨不然？中國文化以人生為本位，而天時在中國人心中，乃成為驚心動魄之惟一大事。所以中國人獨能知常又知變，知變又知常，常與變融為一體。試誦何遜驚梅之句，豈可復疑中國民族乃守常而昧變乎？又如文天祥詩：

滿天風雪得梅心。

今日之世界，今日之中國，正值滿天風雪之候，然而吾國人之能得於梅心者，又何在？實則梅並無心，僅一自然，乃移人心為梅心，此始透入中國文化、中國藝術、文學之極深處。今日吾國人乃擯棄此等，不加理會，則誠大可惋惜。

上述中國文化，建基於農業，既富自然性，亦富生命性。因其地居北溫帶，春夏秋冬四季，分明均勻。上自政府法令，下至社會風俗，乃及各私人之衛攝修養、娛樂消遣，以逮藝術文學，靡不一貫相通，和洽相成。人生之與天時地宜，莫不調協。人類文化之與大自然，融為一體。姑再從一年十二月春夏秋冬四季各項節日言之，亦大可見其涵義之平實而深邃。春者，蠢也；一切生命，皆由是蠢動。而農務工作，亦始於春。中國人言：「一日之計在於晨，一年之計在於春。」春耕夏耘，秋收冬藏，周而復始，只此一事。有常有變，而又有信。人之在天地大自然中，乃得融成為一體。朱子言：

天只是一元之氣，春生時，全見是生。到夏長時，也只是這底。到秋來成遂，也只是這底。到冬天藏斂，也只是這底。

又說：

如四時：春為仁，有箇生意；在夏，則見其有箇亨通義；在秋，則見其有箇成實意；在冬，則見其有箇貞固意。在夏、秋、冬，生意何嘗息？

又曰：

仁是箇生底意思，如四時之有春。彼其長於夏、遂於秋、成於冬，雖各具氣候，然春生之氣皆通貫於其中。仁便有箇動而善之意。

人之為人，必從人群中為之，此孔門所以提一「仁」字，而鄭康成以「相人偶」釋之是也。又必在天時大自然中為人，此朱子以春為仁是也。實則天地萬物，何嘗皆始於春？朱子所言，亦只是農業人觀點。然而自有其不可輕蔑之大意義存在。即以人心窺天心，而謂天地只是一「仁」。然則人生固不自罪惡降謫，而天地之生萬物草木鳥獸，亦並非為人而生。此與耶教義大背。近代西方人，稍窺中籍，亦知以「生機」說宇宙，惟中國人有之。此又與西方哲學、科學不同。西方科學家探討自然惟重物理。宗教家則一歸之於神，哲學亦不以生機說宇宙。惟吾中國，乃以生意、生機說宇宙，宇宙即不啻一生命，人類生命亦包涵在此宇宙大自然、大生命中。物理、神化，皆是此宇宙大生命之所表現。非宗教，非科學，人生與自然不加劃分，亦非西方哲學之比，而獨有其「天人合一」之特殊觀。然言春必及耕，不忘勞作，勞作亦自然。而人之所以能贊天地之化育，與天地參者，則亦在此矣。

春令佳節，孟春有元旦、人日、上元，仲春有社日、花朝，季春有上巳、清明、寒食。凡諸季節中，重花或重月，主要更重在人。或由政府命定，如社日。或由民間自創，如上巳。然既成為節，則亦官民同之。上巳為修禊之日，春氣已暖，盥濯水邊，以祓妖邪。不僅為戲娛，亦為健身衛生。健身衛生，亦必依於四時，而隨其所宜。據韓詩章句，其俗盛於春秋時之鄭。論語四子言志，曾點曰：

暮春者，春服既成，冠者五六人，童子六七人，浴乎沂，風乎舞雩，詠而歸。

是暮春浴水濱，其俗魯亦有之。一地之俗，如風之播，遍及全國。亦如寒食起於晉，而亦遍及全國也。然曾點所言，孔子所歎而與之者，較之讀鄭風所詠，則已確然見其有殊矣。王羲之蘭亭集序，上巳修禊之俗，至是而大定。其文傳誦後世，所謂：

仰觀宇宙之大，俯察品類之盛，遊目騁懷，足以極視聽之娛。

凡中國社會四季佳日令節，各有其暢敍幽情、放浪形骸之所在，則莫不有一番宇宙論、人生論哲學，乃及深厚之藝術文學心情流貫其中，實無往而不寓其贊化育而參天地之意義。

「夏」乃大而歎美之辭。萬物壯大昌盛於夏，中國人亦歸其功於天。故釋名云：

夏，假也。

寬假萬物使生長也。夏令節日，孟夏有立夏，仲夏有端午、夏至。月令有曰：

是月也，日長至。陰陽爭，死生分。君子齋戒，處必掩身，毋躁。止聲色，毋或進。薄滋味，毋致和。節嗜欲，定心氣。百官靜事毋刑，以定晏陰之所成。

夏至為日長至，陽氣盛至於極，中午為其分界線，從此以下，日漸短，夜漸長，微陰由此暗滋。生命旺暢已達最高度，而收縮死亡之運亦隨而起。人生到此境界，不能因生機旺暢而自驕自縱，惟當齋戒靜定，遇事以謹備節伏為主。故雖自然有陰陽之變，而人道則惟以中和為常。不當以眼前一時自限，而貴能貫通之於時時。中國人最大人生意義、最高文化成就即在此。易繫辭所謂「聖人有以見天下之動，而觀其會通，以行其典禮」。

端午起源甚早，最先似與屈原無關。南北朝梁王筠，北齊魏收，皆有詩詠端午，皆不及屈子。中國人之四季佳節，固是一依天時氣候而定，然亦多牽引歷史人物故事，如寒食之介之推、端午之屈原皆是。即各處名勝亦然。此亦中國文化傳統天地人三才並重之一例。然如孟嘗君故事早與端節有關，但後世社會終不於端節中拉入孟嘗君，此亦見中國文化傳統衡評歷史人物之高下大小，出於社會公心。此層亦值加以參考。而四季佳節涵義之遞有加深改良之所在，此亦文化演進一象徵，則更值注意。

中國人於四季，尤於秋若有特殊之興會。猶憶幼年讀楚辭宋玉九辯，開首即曰：

悲哉，秋之為氣也！

余生長農村，頗怪春夏秋冬平平而過，乃不知秋氣之可悲，此後遂知注意時令節氣。及讀書稍多，乃知漢武有秋風辭，其結句乃曰：

少壯幾時兮奈老何！

春氣方生，秋氣漸老，自春迄秋，此固可悲，然中國人之體會於四季中之秋氣者，其意猶不止此。及後讀潘岳秋興賦、杜甫秋興詩，以及劉禹錫、歐陽修之秋聲賦。而尤深感於淮南繆稱訓「春女思，秋士悲，知物化矣」之一語。農事當秋而收，有「收成」義，但亦有「收斂」義。春秋繁露亦云：

人無秋氣，何以立嚴而成功？

試觀世界諸民族，在其文化演進中，有成而終無成，如埃及、巴比侖、希臘、羅馬，其病乃在缺乏一番嚴肅收斂之秋氣，不懷有一種悲涼蒼老之氣氛，得意向前，遂無收殺。近人之只知有向前與進步，是亦不知大自然之不能僅有春夏，而更無秋冬也。惟中國得天獨厚，生長在此北溫帶廣大地區，四季分配，均匀明白，天地大自然之所昭示於人者，至深至厚，至通至達，宜非今日人類所信奉而盛行之任何一派宗教、任何一套哲學之所能比倫。

在秋令諸節中，有立秋、有七夕、有中秋與重陽。梧桐葉落，天下知秋，此為立秋。履霜堅冰至，此為霜降。中國人觀微知著之智慧，亦胥從此等節氣中得來。上巳之浴水濱，重陽之登高，亦胥於戲娛中寓衛攝養生之義。而中國人凡遇佳節，又必連帶及於花草，此不僅供觀賞，尤因花草同有生命、有個性，可予人親切之感興與教訓。徐積詩：

雪圃未容梅獨占，霜籬初約菊同開。

中國人重梅，亦重菊，正為其能在雪霜中茁奇葩，敷異采，更著生命精神。而重九之菊，又與歷史人物陶淵明有關係，猶如上巳之蘭花與王羲之有關係，其涵義乃更深。若僅以重九登高為一健身運動，則登高固可無菊，更不必知有陶淵明。而如今日運動會乃有希臘古俗奧林匹克之聖火，亦見風俗轉移，在文化意義上，大可作升降之衡量與探玩之一端。

冬，有「終」義。萬物閉藏，貴於安寧以養。爾雅：

春為發生，夏為長嬴，秋為收成，冬為安寧。

冬日之安寧較之秋日之收歛，又不同。爾雅又曰：

十月為陽。

注曰：

純陰用事，嫌於無陽，故以名。

荊楚歲時記稱十月曰「小春」，此乃由經典演而為流俗，其中尤見深義。在中國人心中，無時而無陽之存在。郢中歌陽春白雪，殆亦謂白雪中猶有陽春之存在。是其稱十月曰「小春」，亦見淵源之有自矣。蘇軾詩：

荷盡已無擎雨蓋，菊殘猶有傲霜枝。一年好景君須記，正是橙黃橘綠時。

此亦詠十月。其時則夏荷秋菊，均已凋零。歐陽修所謂「莫教一日不花開」，而所開之花，又必求其各具特性，則至十月，終不免若有遺憾。惟天地間既有此一段生命存在，則必有其一番光采精神之發露。蘇詩正為彌補此遺憾，非謂只是橙黃橘綠乃一年之好景，乃謂四季十二月無不各有好景，即如十月之橙黃橘綠亦是。程顥詩：

萬物靜觀皆自得，四時佳興與人同。

萬物既各皆自得，四時自同有佳興，而人亦同之。此處「佳興」之「興」字，即詩經中「賦比興」之「興」。仰觀宇宙之大故能「興」，俯察品類之盛故能「比」。由天地大自然引起人生佳興，並亦可與萬物比並。遠自古詩三百首以來，中國人所特有之人生妙義，即常在詩文中顯現。故不通中國之文學，即亦不知中國之人生。而近人乃復以吾自古以來之文學傳統，比之為冢中枯骨，目之為「死文學」。則余此所引，宜亦索解人不得矣。

冬令節日，孟冬有立冬，仲冬有冬至，季冬有臘日，有除夕。月令曰：

是月也，日短至，陰陽爭，諸生蕩。君子齋戒，處必掩身，身欲寧。去聲色，禁嗜欲，安形性。事欲靜，以待陰陽之所定。

此正與夏至同。如何處夏至，與如何處冬至，季節固已大變，而人生仍自有常。惟夏至言「止聲色」，而此言「去聲色」。夏至言「節嗜欲」，而此言「禁嗜欲」，則又加謹之至矣。

然知有「謹」之一面，又當知有「興」之一面。邵雍詩曰：

冬至子之半，天心無改移。一陽初起處，萬物未生時。玄酒味方淡，太音聲正希。此言如不信，更請問庖犧。

周易有分指十二月之卦，復卦指十一月，彖曰：

復其見天地之心乎？

故邵詩云云也。剝卦五陰在下，一陽在上，為九月。坤卦六爻皆陰，為十月，而爾雅謂之陽月，說已詳前。坤之彖有曰：

萬物資生，乃順承天。

生命從天地大自然中來，故必須承此自然，乃得安全其生。又曰：

先迷失道，後順得常。

凡僅知有春夏之陽，不知有秋冬之陰者皆即是「迷」。而僅知秋冬之陰，不知有春夏之陽者亦皆是「迷」。消息盈虛，無往不復。故「易」為「變易」，又為「不易」，又為「易知易行」。人生自然大眞理，既有變，又有常，而又為人人所易知易行。此惟中國地居北溫帶，四時之變，明白均勻，而以配合之於農事，乃獨能得此變易、不易、又易知易行之三眞理。而其淵源又甚古，當尚在唐、虞、三代以前。中庸有曰：

自誠明，謂之性。自明誠，謂之教。

四季十二月節令變化，此即天地之「誠」。人類生命，即安住長息於其中，宜當自明此理。中國古人乃即本此以為教。孔、孟、莊、老無不然。而社會流傳四時佳節，一切飲食起居、消遣戲娛、花草玩賞、詩歌吟詠，以及醫藥療養、建築疏濬，種種人事，莫不於此歸宗。所謂「化民成俗」，固不僅止於農事。此所以中國文化傳統，有其道一風同之大成功；有其繼志述事、不息不已之大影響，而非其他民族僅尚宗教信仰與哲學思維之所能企。此中國人之所以為得天獨厚也。

人之處四時，處春秋易，處夏冬難。中國於夏至後有「三伏」，冬至後亦有「三伏」。楊惲文：

田家作苦，歲時伏臘，烹羊炮羔，斗酒自勞。

此文中之「伏」，乃冬伏，非夏伏。伏者，伏藏義。冬夏皆須知伏藏，楊惲或所不知。然田家作樂，羊羔美酒，亦俗之所不廢。中國人生，主尚平衡，中和即平衡義。中國文化中所寓人生大義，雖夫婦之愚，可以與知；雖夫婦之不肖，可以與行；皆當於此等處參入。

邵雍冬至之詩又曰：

何者謂之幾？天根理極微。今年初盡處，明日未來時。此際易得意，其間難下辭。人能知此意，何事不能知！

爾雅：

夏曰歲，商曰祀，周曰年。

歲以天象言，歲星年行一次，十二年而周。陽曆以日南至為一歲之終始。豳風七月：

曰為改歲，入此室處。

中國人又以冬至祀天，即如今西俗之耶穌降生，定在陽曆十二月二十五日，距離陽曆十二月二十一、二十三冬至，只隔一兩日。西方人之有耶誕，亦猶中國之有冬至。陸游老學庵筆記：

唐人冬至前一日，亦謂之「除夜」。

故中國人極重冬至，即重陽曆也。禾一熟為一年，中國人重農事，故改從陰曆。除夕方盡，元旦隨起。除舊布新，天運循環。陰曆二十四節，取名曰：立春、雨水、驚蟄，春分、清明、穀雨；立夏、小滿、芒種，夏至、小暑、大暑；立秋、處暑、白露，秋分、寒露、霜降；立冬、小雪、大雪，冬至、小寒、大寒。凡所取名，皆與農事及日常人生有關。上述「二十四番花信風」，即從小寒起。是中國從漢武帝時，雖決然一依陰曆夏時，而陽曆中之重要點，亦復保留。自今斷然改用陽曆，然社會習俗於陰曆諸節令，亦終不能盡廢。今社會乃有不重冬至與元旦，而改重耶穌誕日者。然從此乃與天隔絕，祀天之禮，毫無意義，必待耶穌為之作仲介。此則有合於宗教信仰，而無科學為之證驗。抑且中國民族又尚急切不能完成為一耶教民族。此誠邵雍詩所謂「此際易得意，其間難下辭」也。惟其「易得意」，故中國人於冬至與元旦，可以不煩多言；惟其「難下辭」，故宗教神學之外，猶須有哲學，以闡申此宇宙人生大理，而終亦彼此牴牾，莫能論定耳。

近人好論「農業社會」與「工商社會」之分別，然只就經濟觀點言。若改從文化觀點，則當另有更深意義。中國社會，自戰國以下，即已農、工、商三業並榮，大都市興起，不得單目之曰農業社會。然中國傳統文化，則必然當歸之為農業文化。即以本篇所舉一年四季諸節日之由來及其涵義，與其影響所及，豈不見農業之與工商業在中國文化涵義中，乃有其甚大之區別乎？

即如星期休假，中國今亦盛行，一若天經地義。雖「七日來復」，固已見於易之復卦。然謂自五月姤卦一陰始生，至此七爻而一陽來復，乃天運之自然，與今以日、月、五星為「七曜」者大不同。

七日一週之說，亦始於猶太教與耶教，羅馬人用之，乃通行於世界。六日工作，一日休息娛樂，在工商社會，爭取時間，僅以日計，不論歲時，其事較之教堂禮拜，更若相宜。要之，西方文化，可以自限在人事圈內，而中國則一切人事必會通於天地大自然。何以必七日一休假，實無大意義可言。

香港為英國殖民地，其政府亦知重視中國社會習俗，於星期休假外，凡屬中國四季節令，如清明、端午、中秋、重陽、除夕、元旦，莫不定為假日。雖若有損工作，然人生佳興，多所保留，轉於工作有益。今日吾國人，凡遇一切舊傳統，皆所鄙視，乃有斥此等為迷信，為習俗守舊，既背宗教，又不科學，亦並無哲學根據，乃主一併禁絕。甚至陰曆元旦，偶有活動，亦以違反政府法令為詬厲。然則吾民族生命文化傳統緜亙四五千年以來，「禮失而求之野」，社會習俗，源遠流長，遞禪已久，乃一無考鏡之價值。而建元立極，赤地開新，可以捨己從人，惟政府一朝法令之是遵。即繩以所謂世界民主潮流，宜亦無此途徑。此則仍有待於吾國人賢慧之有所斟酌抉擇之。

（一九七六年一月十一日聯合報。原題名為天時與人文，改寫入此書後改題今名。）

五　自然與人文

荀子提出一「積」字，中庸承之，乃云：

天地之道，可一言而盡也。其為物不貳，則其生物不測。天地之道，博也厚也，高也明也，悠也久也。今夫天，斯昭昭之多，及其無窮也，日月星辰繫焉，萬物覆焉。今夫地，一撮土之多，及其廣厚，載華嶽而不重，振河海而不洩，萬物載焉。今夫山，一卷石之多，及其廣大，草木生之，禽獸居之，寶藏興焉。今夫水，一勺之多，及其不測，黿鼉、蛟龍、魚鱉生焉，貨財殖焉。

朱子章句說之曰：

昭昭，指其一處而言。無窮，舉全體而言。此四條，皆以發明由其不貳不息以致盛大而能生物之意。然天、地、山、川，實非由積累而後大，讀者不以辭害意可也。

我最近曾去遊覽了曾文水庫。數年前，已曾去過一次，那時工程方開始，環顧形勢，四山圍拱，溝谷紛錯，一條條潢潦的細流，縱橫沙石中。亦可說只見山谷沙石，天曠地濶，卻像不見有水一般。及今再來，水壩已成，漫步壩上，水勢浩渺。據云，此庫水量，乃兼日月潭與嘉南大圳而過之。因坐遊艇，由水庫此一端達於彼一端，全程經歷四十分鐘，往返共歷八十分鐘之久。此一水庫，其勢宏偉，當為臺灣全省各水庫之冠。其實只如中庸所云，乃是一勺一勺之水，積累所成。我沒有詳細問其深廣，但論水量，至少須用科學儀器始可衡量。

回憶數年前初來所見，也只是一勺水、一勺水。但每一勺水，崎嶇沙石間，隨流隨涸，倏忽不見了，更不論其用。因想從有此群山，從有此許多溝谷，即有此一勺一勺水從中流出，已不知流了幾千年，乃至萬年以上；那一勺一勺底水，究曾發生了何等用？若說涓滴歸海，在其曲折歸海的途程中，亦似無其他意義可言。如今則匯成一大水庫，隨時放洩，灌溉之利，何可衡量！而且又具發電功能，並亦成為一觀光勝地，為臺灣南部增添了一大建設。實際仍是那一勺一勺底水，而竟發揮出此不測功能，這實是自然界一件深值啟發的現象。

我原籍無錫，家住鵝肫蕩邊，亦稱鵝湖。廣五里，長十里，亦一自然大水庫。如是般的水庫，在我家鄉，到處皆是，遂成魚米之鄉。家給戶足，全賴那一勺一勺底水。更大是太湖，三萬六千頃，江、浙兩省之富庶賴之。我長大後，又曾遊歷過長江、大河之上下流，對我中華民族文化發育滋養之功，其盛大不測，固屬盡人皆知，而亦言辭難宣。然究其實，亦只是一勺水一勺水之積聚而止。

勺水積聚，由中庸言之，只是一「純」字。純者，純一不雜；亦即所謂「為物不貳」。一勺水之外，仍只是一勺水，永遠都只是那些一勺水，更無他物夾雜，別無新花樣，僅此一勺水。但積累久了，卻生莫大變化，發展出莫大功能。所以中庸說：

不見而章，不動而變，無為而成。

當你眼見一勺水，豈不等如無水？但積多了便煥然成章。當我站在曾文水庫的壩上，俯仰縱目，豈不亦如面對了天地間一篇大文章？但其實只是一勺水之積。在未有曾文水庫以前，沙石間涓涓細流，回憶只如無所見，故曰「不見而章」。一勺水還是此一勺水，但成了一大水庫便不同，故曰「不動而變」。僅築一水壩，把此一勺水一勺水積起，暫不使流去，更不須別有作為，但已成了一莫大之建設，故曰「無為而成」。

其實其他人事都一般。「生命」只是此一生命。最低級的微生物，已是一生命。人為萬物之靈，也仍是此一生命。生命積久了，便從微生物演進到人類。「聰明」附隨生命而來，聰明也只是那聰明。人類聰明，其先也只如曾文水庫未施工前沙石中那些一條條的涓涓細流。從原始人起，飢思食、渴思飲，聰明逐步運用，每人都如此，每代亦如此。其時則可謂只見有生命，還不見有聰明。但不知經歷了幾十百萬年，人類聰明逐漸開出了一條路，乃知運用石器，又知火食，又知蠶絲，一昭昭的聰明，便彙聚成了大聰明。此亦如勺水涓涓細流，逐漸匯合成大水流。今天人類聰明，較之原始人，似乎已不可相提並論。其實今天的大聰明，還是由原始人的小聰明積聚而來。「量」變而「質」未變，昧者不察，好像量變即成為質變。中庸言：「天昭昭之多」，其實每一人的聰明，亦等於是那昭昭之天。坐井觀天，與爬出井外所見之天，同是此天。人類中之大聖人，其聰明，還是平常人、原始人之聰明。正如涓涓細流之與長江、大河，論其質，還是同樣一勺水。此所謂「為物不貳」。積聚只是量變，但驟看卻像是質變。孟子曰：

人皆可以為堯舜。是不為也，非不能也。

由荀子言之，則是「不積」；由中庸言之，則是「不純」。太複雜了，反而像質變，成其為小人。故中國古人，於「生命」與「聰明」之上，更好言「德性」。德性亦只是生命與聰明之總和，若有變，但其實也並無變。莊子有云：

仲尼適楚，出於林中，見痀僂者承蜩，猶掇之也。仲尼曰：「子巧乎？有道邪？」曰：「我有道也。五六月累丸二而不墜，則失者錙銖；累三而不墜，則失者十一；累五而不墜，猶掇之也。吾處身也，若橛株枸；吾執臂也，若槁木之枝。雖天地之大，萬物之多，而唯蜩翼之知。吾不反不側，不以萬物易蜩之翼，何為而不得！」孔子顧謂弟子曰：「用志不分，乃凝於神，其痀僂丈人之謂乎！」

以手執竿，人人所能。竿頭放一丸則易墜。五六月工夫練習，可以竿頭疊放二丸而不墜。其實也並無異樣動作，仍只是以手執竿而已。以手執竿，豈不人人所能？但何以不能執之使停、使審、使不搖？手能執竿，是手之性。發展此性，而使執竿能停、能審、能使不搖，斯可以累二丸而不墜，此非於執竿之天賦性能外有所增，但須積之以人為之習。習以盡性，非以害性。害性則手不能執，盡性則手之執竿能停而審而不搖。至於累五丸而不墜，則可謂盡其手之能執之性矣。常人能執竿，竿頭放丸則墜，此皆未盡其手能執之性。如何使不墜，則惟執之又執之，一心專在執此竿，更無其他念慮夾雜，久則熟能生巧，人不能而惟我能。人人有兩手，痀僂丈人僅亦同有此兩手。然痀僂丈人所能，乃為人人所不能。實則非不能。中庸曰：

人一能之，己百之。人十能之，己千之。

痀僂丈人積五六月工夫，可以累丸二而不墜，我化上五六年工夫，亦即可能。輪扁以七十年工夫老斲輪。大馬之捶鉤者，年二十而好捶鉤，年八十而不失豪芒；則亦積了六十年工夫。實亦即是一種盡性工夫。惟人生究不能專為承蜩、捶鉤與斲輪。孟子曰：

養其小體為小人，養其大體為大人。

子夏曰：

雖小道，必有可觀，致遠恐泥。

莊子言承蜩、捶鉤、斲輪，而皆尊之曰「道」，其實皆只是「小道」。養其兩手，只是養「小體」；養其一心，乃為養「大體」。孟子又曰：

大人者，不失其赤子之心者也。

赤子之心，人人有之，惟能保而不失，積之又積，斯可以盡心知性而知天，為「大人」。其實大人之心，亦仍是此一片赤子之心。只是為物不貳，純一不雜，亦如一勺水之為長江大海。

中庸又曰：

詩云：「維天之命，於穆不已。文王之德之純！」純亦不已。

此即所謂「天人合德」，即人類文化與天命自然之合一。其要在純，在不貳，在不已。痀僂丈人曰：「吾不反不側，不以萬物易蜩之翼」，是即其心之純。大馬之捶鉤者曰：「於物無視，非鉤無察」，是亦其心之純。用志不分，用之者假不用者，皆是純。人之病，在用於此又想用於彼，求多用，轉反成無用。若其他全不用，只求一用，故曰「假不用以長得其用」，其用乃凝如神。「純」是不貳不雜，又是單一不已。一勺水便是一勺水，永是此一勺水，此是純。惟其純，乃見「性」，乃見「德」。雜了，性亦失了，德亦喪了。只此一個生命，只此一番聰明。從赤子以至耄老，積著七八十年，學此一心，便可盛大不測。推而言之，由一人而家、國、天下，積著千千萬萬人，都如那不失赤子之心之大人，將更可盛大不測。再推言之，由一世而千萬世，其文化傳統勿輟勿墜，將更可盛大不測。如是則須由人工來完成此大自然。正如我此刻所見那曾文水庫，只是一勺水，堰之使暫勿流，積聚成此庫，便可盛大不測。此是中庸所謂「贊天地之化育，而參天地」。只要一人如此，一世如此，人人世世如此。事若易而實甚難，事若難實則甚易。此之謂「尊德性而道問學，致廣大而盡精微，極高明而道中庸。溫故而知新，敦厚以崇禮」。我只站在這水壩上，卻悟得了中庸之深義。

我也曾讀了許多科學家們的傳記，他們的用心，亦都是至純不雜。工夫亦都是恒常不已。論他們的聰明，實也只如平常人，其先也只是一昭昭之明；及其成功，舉世推尊。論其所知，實也還是一昭昭之明，亦只是假於不知以成其知。那些大科學家，其實亦如莊子書中之承蜩、捶鉤、斲輪者，都只是用志不分，不馳鶩於萬物，單一的只用在他之所志，而終使其躋於盛大不測之境。惟莊子書中所指乃藝術，非科學，不同僅此而已。

藝術如此，科學如此，人生道德又何嘗不如此？惟藝術與科學，究非盡人皆能，而道德則不然。中庸所舉如大舜，如文王、周公，其所成就，乃在德性，應屬盡人所能。此如曾文水庫的那些一勺一勺底水，用來灌溉，猶如人倫道德；用來發電，那是科學；用來作觀光勝地，那是藝術。水性主要是在灌溉上，次要乃在供人觀賞及發電上；就人事需要言，當先使可耕得食，纔感到有用電及欣賞風景的需要。苟其無食，何需用電，更何論風景欣賞？中國人文化傳統觀，主要先需人群中有聖賢，再次始及到科學家與藝術家，其理由正在此。惟此一分別，須有大智慧、大聰明始知。堰水成渠，在歷史上遠有來源，最先動機端為灌溉；全世界一切水利工程盡如此。其次乃有觀賞；動力發電，卻是近代始有。可見人類的聰明智慧，也是成於自然。所謂大聰明、大智慧，依然仍是些小聰明、小智慧之積聚湊合，量有不同，而質則無變。

近人好言「個人自由」。潤下乃水之性。方其一勺一勺之水，崎嶇沙石間前進，固亦是其自由。

但堰水築壩，亦並未失其潤下之性。只養蓄在此，一旦放洩，便可灌溉萬頃，其潤下之性，乃益獲暢遂。人之自由，亦須有一規範，如水之涵渟，乃可得更高級之眞自由。人類群居，即已是人類生命一大進步，亦若勺水之匯而成庫，雖仍未失其為一勺水，但大體上已與分散的一勺水不同。苟使一勺一勺之水各求自由，在此壩外氾濫橫決，則為禍將不可言。今日人類已進入群居，而仍高呼個人自由，忽了此群體，正如欲返人類於原始洪荒時期，亦如勺水之必將單獨崎嶇沙石間，乃為得水性之自由，夫烏可！

近人又好言「時代進步」。一若惟水力發電，始是近代科學之賜，堪當「進步」之稱。然水利灌溉，其事亦屬科學。堰水為渠，其事亦仍屬科學。科學進步，於灌溉外又加上了發電，其實亦只是在原始水利外，再增加上了一些子。只是積舊以成新，非是破舊以為新。若必因近代科學，唱為崇今蔑古之論，豈水利僅供發電，不再要灌溉、欣賞，乃始為進步乎？固使不得已而於此三者間必有所廢，則當先廢發電，最後終不得廢灌溉。故使今日人類，在其人群大道中遇不得已而必求有所廢，則必廢其最後起即今人所謂最進步者，即自然科學是已。如殺人利器原子彈之類當可廢，而刀斧之屬之為日常用具者不可廢。大城市中五十層以上之高樓大厦當可廢，而窮鄉僻壤間之茅茨草屋轉不可廢。科學人生物質享受可廢，德性道義基本人生不可廢。若謂人類有進步，其實只在原有舊的古老的上面增進了一些子。若謂人類有退步，則後來所增進的那一些子應可退，而在今人所目為落後的未進步前的許多舊古老，反而不能退。千里之行，起於腳下。其實縱越千里，還是腳下那一步。至於最理想的人類進步，當如中國古人所想像人之為聖賢，亦如一勺一勺水之崎嶇流注於沙石間者，匯而成一大水庫。然水庫中之一勺水，與沙石間之一勺水，在根本上依然無相異。潢潦細流是此一勺水，長江大河浩瀚渾溟蔚為大觀者，還是此一勺水。人類進步，須得還是此人類。人文進步，須得還是此自然。由人來完其天，不當由人來毀了天。今乃以水庫中之一勺水，來笑沙石間之一勺水，自傲進步。似乎行了千里，遂可不要此腳下之一步。此之謂迷失其自身。自身迷失，尚何自由可言，更何進步可言！

我生於水鄉，於水較熟。此次來遊曾文水庫，只因未成此水庫前，早來了一次，遂悟得了此一番意義。欲為大人，勿忘赤子。欲求進步，勿忘歷史。欲討論文化問題，勿忘宇宙洪荒，乃及原始人之野蠻時代。純一不已，是乃中國人所講天人合一、人文進化一條在人心上發生大作用的主要原則，仰觀俯察，一切皆是。特此拉雜寫出，敬請有心人體會。至於朱子章句所謂「天、地、山、川，實非由積累而後大」，此又從另一面講自然之深義。所以知天知人，中國人更尊孟子所言。此處暫不申論。

六　變與化

中國人好言「變化」。「變化」二字，可分言，亦可合言。周易言：

乾道變化。

又言：

四時變化，而能久成。

古詩十九首言：

四時更變化。

宋理學家言：

變化氣質。

此皆合言之。但亦有分言之者。如漢書外戚傳言：

世俗歲殊，時變日化。

是也。四時之「變」，由於每一日之「化」。在日與日之間，則不覺其有變。然今日非昨日，明日又非今日，自春至夏，則已漸移而默化矣。故曰「時變日化」。周易又言：

化而裁之存乎變，推而行之存乎通。變通者，趨時者也。

如言氣候，只是一氣之化，在此化中加以裁割，一歲三百六十日，可以裁割成四個九十日，即春、夏、秋、冬四時；此即時變，而實是一化。何以於一化中可裁？因在此一化中，前後皆近似可通。就其更近似更可通處而加以裁割，於是遂若一歲有四時之變，其實宇宙大化則並未變。所謂四時，決非是春季之末一日，忽然變出夏季之首一日來。此所謂「變」，只由人類智慧所裁定。定此一日為春末，定此一日為夏首，遂把此宇宙大化裁成為種種之變。知其有了變，便易參加進人類之適應。故曰「變通者，趨時者也」，「趨時」正指人事之適應。故古人言「變」，每言「時變」。易又曰：

觀乎天文，以察時變。

近人好言「現代」，亦是一時變，好讓人適應。若言「大化」，則遠古至於現代，一化相承，可謂如有變而實未變。

故中國人對宇宙大自然，每不言「變」，而僅言「化」。永恆是一宇宙大自然，故曰：「天不變，道亦不變。」若專主言變，豈能變成非宇宙大自然？若謂宇宙自然變了，則一切將至於無可言。不僅自然如此，即萬物亦然。莊子稱之曰「物化」，又曰：

萬物，一也。臭腐復化為神奇，神奇復化為臭腐。

神奇與臭腐，若全相反對，其實則只是一化。故中國人言自然，亦稱「造化」。賈誼曰：

天地為罏兮，造化為工。

其實「造化」即指此天地，即指此天地之道。非於具體之天地外，別有一造化之精靈。造化亦即是此天地一氣之化。易曰：

聖人久於其道，而天下化成。

聖人師「天」，其道「天道」，亦即天人合一之道。中國古人，不僅言萬物只是一化，卽論生命，亦只是一化。孟子曰：

有如時雨化之者。

即從此天地一氣之化中，化出萬物與生命來。故中庸又曰：

贊天地之化育。

「化」指物，「育」指生命，在萬物之化中，自可養育出生命。但萬物之生命各不長，有生即有死，此是「變」。但其統體生命則不見有死，乃若與天地長存。因天地是一自然，生命亦是一自然，天地不斷化育，斯即生命長存。故孟子曰：

所過者化，所存者神。

既曰「化」，則必隨而去，此是所過。然有其不隨而去者，中國古人乃稱之曰「神」。萬物同存有一神，生命亦同存有一神，天地大自然亦同存有神。易又言：

神而化之。

又曰：

窮神知化。

莊子曰：

今彼神明至精，與彼百化，物已死生方圓，莫知其根也。

陸機詩：

窮神觀化。

無生物之化如方圓，有生物之化如死生。合而言之如彼己。百化之內，皆有一和合。若有一不可測之神存在。其實亦可謂百化本身即是神，非於化之外別有神。化出物來，則若神奇化臭腐；臭腐不長留，即隨化而去，斯又為臭腐化神奇。

中國古人，言萬物與生命如此，其言人生亦然。人生亦只是一化。易有言：

男女構精，萬物化生。

自然間本無生命，但終於化出了生命來。生命中本無雌雄男女，但亦終於化出雌雄男女來。即此雌雄男女，亦即是自然。子產言：

人生始化。

則嬰孩初生，即是在化中。孟子曰：

且比化者。

則人生之由幼而老，由老而死，亦仍是一化。知得了化，則並無死生之別。潘岳詩：

佃漁始化，人民穴處。

則自原始人洞居時代迄於今茲，亦仍是一化。然而其間乃有種種成就。此之謂「人文」，此之謂「歷史」。易又言：

觀乎人文，以化成天下。

則當前世界一切人文教化，皆不外此一化。凡吾中國古人，所以主張會通宇宙自然萬物乃及生命人生，而一以貫之，而指名之曰「道」，此即「天人合一」之道，亦即「萬物一體」之道，則胥當於此一「化」字觀念中認取。今人必認現代為神奇，前世為臭腐，皆由不識此「化」字。

然既由宇宙萬物中化生出人類，人之為人，其當一任乎天，一本於自然大化，而不復有所用心於其間？抑人之為人，固當不背乎天，不違乎自然，而仍可別有人之所以為人者之存在？大體言之，道家似主張前一義，儒家似主張後一義。老子曰：

我無為而民自化。

此即主前一義。董仲舒天人對策有曰：

立太學以教於國，設庠序以化於邑。

則主第二義。據董子意，把「教化」二字分別言之。民之優秀，則使之入於太學，而可以從事於受「教」。其未能入於太學，因其智慧未開明，不能對於人類歷史文化之大傳統心知其意，則僅可以受

「化」，而未遽能達於明教之更高境界。斯為君為師之在人類社會，所以終為不可免。

中國古人，因既認人類在大自然中，應有其亦可自主自立之一分，乃於言「化」之外又轉而言「變」。上引「化而裁之，推而行之」之「變通」之義，即在此。中庸有言：

其次致曲。曲能有誠。誠則形，形則著，著則明，明則動，動則變，變則化。唯天下至誠為能化。

此一條，乃根據人文言，乃列「變」於「化」之前。由「變」成「化」，乃是由「人」合「天」，不如大自然，則當由「化」生「變」，人類則僅是化生之一種。其在宇宙萬物中，亦僅是自然之一曲而已。「一曲」決不是「大方」，然亦在大方之內，不在大方之外。故曰「曲能有誠」。「誠」即是天道，人道即在天道中，故人道同時亦可是天道。宋代理學家言「萬物一太極，一物一太極」，即此義。在天地萬物中，惟人為能推致其一曲以達於大方，此則有待於人類自身之智慧。莊子曰：

其形化，其心與之然。

人之為物，圓顱方趾，頂天立地，其形已與其他生物之形不同，故人能為萬物之靈，而智慧獨擅。然究其極，亦自大化中來。於自然中化育出人文，中庸謂之「自誠明」。人類有此智慧，乃能自主自立，自動自發，人文日進，然終不能違反自然，而仍必以回歸自然為其極則，中庸謂之「自明誠」。以謂其「贊天地之化育，而參天地」。中庸又詳細剖析其一段經過，曰：

明則動，動則變，變則化。

而中庸又要之曰：

唯天下至誠為能化。

是中庸乃謂唯此大自然能化。而人類中有聖人，乃能超乎一曲，同於大方，明誠相融，天人合一，則亦能化。此乃由「人」以合乎「天」，必由「變」以達乎「化」。凡中國古人言「變」、「化」兩字之相異處乃在此。

漢武之詔令有曰：

天地不變，不成施化。陰陽不變，物不暢茂。

如此言變，實有歧義。當知天只化，不變，若亦變了，即不成其為天；地亦不變，若變了，即不成其為地；陰陽亦然。管子曰：

日夜之易，陰陽之化也。

陰陽亦只是一氣之化，不可謂由陰變陽，由陽變陰。陰陽非是兩物更迭為變，只是一物內體自化。惟化始謂之「誠」，若變則成了「幻」。生老病死，亦是人體一生之化。由生到老，仍還是此生。嬰孩之與耄耋，仍是同一生命。由老到死，依然是此同一生命。人之既死，其大生命尚猶持續，只可謂由大生命中化生出此人與彼人，不可謂此一人之生命變成了另一人之生命。「變」字終嫌其拘於一曲，流於物質觀，其義淺。「化」字始躋於大方，達於精神界，其義深。「所過者化」，只是此一現象過去了；「所存者神」，乃是此一現象之背後之本體仍存在。春夏秋冬四季像在變，但其背後，氣象本體並不變。生老病死四態像在變，但其背後之生命本體並未變。人身只落在現象界，生命始是其本體。萬物之有生無生，都只是現象，只有天地大自然始是其本體。大方乃是本體，一曲只是現象。「變」只變此現象，變此一曲。若論本體，則只有「化」，並無變。中國人之宇宙觀與其人生觀，其精要乃在此。一切現象不斷過去是一「化」；本體長此存在，而從不停滯在一態上，由同一本體衍化出千異萬狀是其「神」。

說到此，應再提出一「久」字來，略加闡釋。「久」屬時間性，一切化皆待久。老子曰：

道乃久。

又曰：

天長地久。天地所以能長且久者，以其不自生。

此猶言一切道化與自然皆待久，亦可謂時間之久，乃成其道化與自然之主要條件。易亦有言：

天地之道，恆久而不已。

又曰：

日月得天而能久照，四時變化而能久成，聖人久於其道而天下化成。

中庸言：

悠久所以成物也。

此言天道、地道、萬物之道、人道皆待久。莊子曰：

美成在久，惡成不及改。

美成主要在「化」，惡成主要在「變」。堯舜之在中國古代，無功可舉，無業可傳，一若無所成。然中國文化之淵源於堯舜者，至深至大，是「美成」也。其成過而化，乃莫能捐。埃及有金字塔，巍然迄今尚在，永為世所驚詫，然不能化。埃及人文，終為吞噬而盡，此之謂「惡成」。歷數並世各民族，文化緜延之久，民族蕃滋之大，無過於中國。此惟中國人早知久而化成之義，所以有此。近百年來之中國人，則欲於旦夕指顧之間，盡變故常，全盤西化。然西方亦別自有其一段時間。乃曰「迎頭趕上」，不知「美成在久」。今日赤禍滔天，收拾之艱，殆難想像，是亦一種「惡成不及改」。

繼此試再言「積」字。如曰「積代」、「積世」，「積日」、「積歲」，「積漸」、「積習」，此諸「積」字，亦涵「久」義。又曰「積心」、「積慮」，「積愛」、「積信」，此諸「積」字，亦有心上工夫。又曰「積志」、「積功」，「積學」、「積德」，則似乎人生大道中亦賴於有積。然而「積」字終嫌偏在物質一邊，終嫌其不能過而化。故天可謂「積氣」，不可謂「積道」。如「積寒」、「積暑」，「積涼」、「積熱」，滯不能化，而惟有積，在天地亦成病。故天地之道必曰「化」，不能「積」。專仗於積，則不得成天地。又如「積雨」、「積水」、「積潦」，「積雪」、「積霧」、「積露」，積而不已不散，皆成病。如人「積食」不化，亦成病。「積財」、「積貨」皆然。人若惟知物質之為貴則必求積。老子曰：

金玉滿堂，莫之能守。

豈有金玉滿國而獨能守？甚至金玉滿世界，亦決非此世界之福。惟有「所過者化」，乃能有「所存者神」。否則凡能積而成者皆「惡成」，斷無「存神」之可言。「存」與「積」亦不同。莊子曰：

目擊而道存。

易曰：

成性存存。

「道」與「性」皆可存，但不可積。又曰「生存」，不可曰「生積」。朱子詩：

境空乘化往，理妙觸目存。

又曰：

俯察方儀靜，隤然千古存。

故惟存乃可久，而積則不可久。能知「化」與「變」之辨，又能知「積」與「存」之辨者，庶可與語夫中國民族之文化理想與其人生大道之所在矣。

荀子譏莊子，謂其「知有天，不知有人」。其實荀子乃是知有人而不知有天，故主「性惡」，又提倡以人戡天，教人師法大禹。禹治洪水，九年在外，腓無胈，脛無毛，三過其門而不入，可謂有實績實功。然不若堯舜之蕩蕩乎民無能名，有天下而不與。禹非不當效法，然不當惟禹是法。荀子所見終較孟子差一級。故荀子重「積」不重「化」，重「變」不重「存」。不知性可存，不可變。苟變了，斯失其性。性可化，不可積。苟只知有積，則不僅不能化，亦復不可變。凡積之所成，必皆在外面物質事業上，失卻其內在所當存之心與神，則皆不免為惡成。荀子又著富國、強國篇，富強皆可積而致。求富強者皆由在人事上求能變。若知化，則有安足，無富強；而富強亦終無不變為貧弱。荀子不悟於此，故其言人生大道，亦僅知重「禮」，不知重「仁」。禮必隨時而變，仁之為道，則可以千古常存。荀子之學，傳而為韓非、李斯，終不為中國後人所信守。其中有甚深妙義。非於人文大道會通而觀，明辨以求，則不易知也。

朱子注中庸則曰：

天地之道，由其不貳不息，以致盛大，而能生物。

其生物之多，有莫知其所以然者。然天、地、山、川，實非由積累而後大。此因不貳不息屬「形而上」，積累乃屬「形而下」。由不貳不息，可以符於自然。積累則僅屬人事，並多違背自然。求人事之上通於自然，則決不從積累下手。若專從積累，亦不能不貳不息。故凡屬積累必散失，必崩潰，否則必有停滯不能向前，斷無不貳不息者。故積累只是人工。余前著自然與人文篇，乃主以人文配合自然，發揚自然，非謂人文可以替代自然、改變自然。自然應言「敦化」，非「積累」。積而愈多，非即敦而愈厚。篇中采荀子「積」字義，乃專就人文方面言，非謂自然亦由積累，故篇末又采朱子中庸注，另申其別一面。茲篇續加發明，讀者其合而觀之可也。

七　道與器

易有之：

形而上者謂之道，形而下者謂之器。

如人之一身，五官四肢，百骸七竅，皆有「形」。形則必可分別。限於其分別以為形者，謂之「形而下」。每一形必各有其用，故以謂「器」。至如身，乃會合此諸形而成。除諸形外，更無他形，則此身實已是「形而上」。但身亦有形，乃謂之「體」。體之形異於其他諸形，乃改名曰「象」。亦可謂象即形而上者，非超諸形之外而謂之形而上，乃會合諸形而謂之形而上，諸形則皆為此身之用，其用則謂之「道」。

五官如耳目，亦各有用，故謂之「器官」。然耳亦為目用，目亦為耳用，五官相互為用，亦共為一身用，斯則必有其「道」矣。更推而上之，夫婦、父子、兄弟各有一身，亦即各有其身之用。但夫為婦用，婦為夫用，父子、兄弟亦互為用，如是而合為一家，則必有一家之道矣。家超於身，若無形，實亦有形。更推而至國與天下，實亦然。更推而至於萬物，有生物，有無生物，更推而至於天地，乃合成一大體，有其大用，是即天地之道。所以謂「形而上者謂之道」。

今問諸形何以得相通？則為有「氣」。一身之內有氣，一家之中亦有氣，一國、一天下，以及宇宙萬物之間，亦莫不有氣。氣無形，是氣亦形而上者。故中國人稱「道氣」，不稱「道形」；亦只稱「形器」，不能稱「氣器」。實則氣乃是一大作用，若言天地萬物乃一體，則氣即是其大用。非有此氣，亦不成其為體。亦可謂天地萬物皆形而下，惟氣乃形而上。道家言自然，主要即在此「氣」字上。

西方人言「形而上」，與中國大不同。如方圓，世界萬物依幾何學言，乃無一眞方，無一眞圓。標準之方圓，乃「形而上」，在此世界之外。由此標準，遞除遞變，而有此世界萬物之方圓，則盡屬「形而下」。故「形而上」與「形而下」，乃確然為兩物，而無所謂「道」與「器」之別。中國之言形而上，主要在其「通」而「和」。西方之言形而上，主要在其「變」而「別」。惟其主通而和，故天地萬物可以為一體。惟其主變而別，則天地萬物亦無成為一體之可能。

中國人以氣象言，天人可以一體。西方宗教則決不認天人為一體。西方人之「體」字，其觀念亦與中國大不同。如醫學，中國主要在求身體中之氣脈相通處；而西方人則把一身分為諸器官，耳是耳，目是目，腸是腸，胃是胃，耳目腸胃科，各成專家，可以分別治病。由醫學推之一切自然科學，無不皆然。如中國藥物及農用肥料，多用有機物，因人身與土壤皆屬有機，兩者相通，乃生作用；西方藥物及肥料，皆以化學製成無機物，惟其為物不同，成為敵對，始有作用。

中國人認為一切作用在其「和通」上，西方人認為一切作用在其「敵對」上。故其治生物學，西方人認為「物競天擇，優勝劣敗」，亦從其相互敵對處看。中國人則謂「天地之大德曰生」，一氣相成，仍從其和通處看。製器利用亦然。中國如紡織，如陶瓷，皆貴有生氣；西方則主用機械，以無生氣者為上乘。中國人最先利用無生物，如鍊鐵、煮鹽，皆賴火力。而中國人視火亦非成形之物，乃屬生氣，故得與其他物和通以見用。中國人言五行「相生」、「相剋」，相生自屬一氣和通，而相剋亦是一氣相通之用。故金剋木，非金與木為敵；火剋金，亦非火與金為敵。近人言「戰勝自然」、「克服自然」，中國人則絕無此觀念。至於人群相處，中國人尚「禮」，富有生氣；西方人尚「法」，則無生氣可言。

今再深入言之。西方人視人亦如一物，亦相敵對，乃有其個人主義之產生。而人與人之相通，則端賴物，商業遂為西方傳統所重視。即在思想方面，亦賴語言文字相通。語言文字亦一物，故西方哲學最重語言文字之表達。於是立一名詞，必有界說；表達一思想，必重邏輯。而中國人則認為人之相通在其「心」，心則形而上，相通相和，亦在一「氣」。故西方哲學必求相異，乃始成其為一套哲學。而中國思想則貴相和相通，並貴其不著於語言文字而相通。情感之相通，尤要於思想。而西方人則戒言情感。

西方人輕情感，重理智。理智亦如一物，但必形而上者。故西方哲學多不建本於人事，亦多不切人事。西方文學好言男女戀愛，此始屬人之情感。然其戀愛雙方相視，亦各如一物，故曰戀愛非占有，即犧牲。而中國人言愛，則為兩情之相通相和。故中國男女之愛，必結為夫婦始得完成，而夫婦非專指一夫一婦言，則「夫婦」一倫當亦指為形而上者言。中國之五倫，則盡在形而上。中國人言「男主外，女主內」，其實內外皆指人生一體言。此人生之體亦形而上。而今人則以此為中國重男輕女之證。然使男女皆主外，各務一方，則不見有夫婦之道。

以上所論，乃見中國人即於形而下處見形而上，形而上之與形而下，乃相通和合成為一體。而西方人則形而上乃在形而下之外，兩者相別甚顯，相離甚遠。法國人笛卡兒「我思故我在」，亦西方哲學界一名言。自中國人觀念言，「我」即「身」之形而上，「身」則「我」之形而下，身在斯我在，人盡易知。然西方觀念不同，一身百體，何處見有一「我」？人生盡屬形而下，須具體分別，可指可說。如目能視，耳能聽，一切作用全從各器官發出。惟有「思」與「明」，有此一作用，但不見發處，故曰「我思故我在」，庶見為思想從我而出，是「我」亦成一形而下，亦具體可說矣。

若依中國人觀念，則喜、怒、哀、樂、愛、惡、欲七情，皆由「我」發，最易見「我」。但西方人則謂喜則外面必有事物可喜，怒則外面必有事物可怒。如目視必外面有色，耳聽必外面有聲，皆起於外，不得謂之「我」。惟有「思」，不自外發。故西方人輕視「情感」，而重視「思」、重「理智」。「思」則僅是一作用，而「我」則僅是一物，一器官，一分別獨立之物，則其為形而下亦可知。

西方哲學又分「眞」、「善」、「美」，此亦屬形而上。人生屬形而下，則無眞善美可言。縱有之，亦如方圓，無十足像樣之方圓，乃亦無十足像樣之眞善美。僅依稀髣髴得其近似而止。科學即在不斷求「眞」，宗教即在不斷求「善」，藝術即在不斷求「美」。惟人生既屬形而下，即永遠求不到，只有依照宗教信仰，死後靈魂上天堂，始轉入形而上。此世界則終有一末日來臨。西方人之悲觀人生有如此。中國觀念又不同，人生即是一形而上，人生即是一眞、一善、一美，並三者和合，成為一體。於是在中國乃有「人品」觀，最高理想，最高標準為「聖」，如堯、舜、禹、湯、文、武、周公、孔子，皆聖也。「聖人與我同類，有為者亦若是，我何畏彼哉？」此為中國人觀念。「人皆可以為堯舜」，即人皆可以為聖。聖則與天同德，與天同體，而眞善美盡在此一身一生中。

儒家別而為道家，則貴「常」不貴「變」，貴「同」不貴「分」。故曰：

道常無名。

即言其不可變、不可分。道如是，則天地萬物盡如是，人亦然。故老子又曰：

失道而後德，失德而後仁，失仁而後義，失義而後禮。禮者，忠信之薄，而亂之首。

蓋言「德」則必有分，而不能「同」。言「仁」則必有施為，而不能「常」。其實天地亦皆然。老子則曰：

飄風不終朝，驟雨不終日。

故道家言自然，有三大涵義：即不主分，不主變，不主有所作為。今儻以儒家義易之，則當曰：「由道而後有德，由德而後有仁，由仁而後有義。聖人本忠信以制禮，則形而下而近於器矣。」如是庶符人道之眞。老子之言，則所謂「彌近理而大亂眞」者也。

孔子言「道」，則有分別，有變，有作為，而與道家言「道」在其更高處有相通。孟子曰：

孔子，聖之時者也。

「時」亦涵有「如此」義，「這樣」義；「時」猶「然」也。當前如此、這樣，即包括盡了宇宙一切萬變。宇宙一切萬變，莫非當前之如此、這樣而已。此後佛家來中國，中國人稱之曰「如來」。「如」者，即如此、這樣義。盡是一個如此、這樣，故曰「如如不動」。一切來者又盡是如此這樣，故曰「如來」。道家與儒家，雖多用同樣字，而涵義時有不同。佛教東來，中國僧人多用異樣字譯之，使人易知其有不同。蓋佛家主出世，其彌近理而大亂眞者，更過於道家言。此見古代僧人之翻譯佛經，實費一番苦心斟酌。而近代國人乃多用中國原有文字翻譯西語，則思想混淆，易滋誤解。

道家又好辨「有」、「無」。老子曰：

三十輻，共一轂，當其無，有車之用。埏埴以為器，當其無，有器之用。

是老子謂作用乃在「無」處，不在「有」處。莊子齊物論力陳風之屬於無，並謂風聲乃眾竅聲，非有風聲。故道家之宇宙觀，可謂是一種「無」的宇宙觀。後起儒家採其意，而微變其說。易傳之言「形而上」、「形而下」，亦可謂即從道家之「有無」觀變來。

繼此有一大問題當提及。即中國人用自己文字來翻譯西方文字，而不先明辨其寓義之有大不同者，如上論「形而上、形而下」一語外，中國人又用莊老道家「自然」一語來譯西文，不知西方人乃根本無道家之自然觀。道家之所謂「自然」，乃謂其「自己如此」，「自己這樣」。宇宙間一切盡是自己如此，自己這樣，乃謂之自然。既屬自然，則外力無所施，人事無所用。故既主自然，必主無為。老子曰：

地法天，天法道，道法自然。

「道」尚在「天地」之上，而此道則只是一自然，此外再無可分別。無可分別即無變，無變即是常。故又曰：

道可道，非常道。名可名，非常名。

可名即可分。以西方人較之中國人，至少可言其有三特徵：一曰好作分別，二曰好變，三曰好作為。此正與中國道家言自然大不同。而中國人乃稱西方科學為「自然科學」，但西方科學乃最反自然，最不喜自然者。「然」字亦可稱為「現狀」。如日出於東，而沒於西，有陰晴晝夜，現狀如此，中國人則安於如此，以求適應。西方人發明了地球繞日轉，非日繞地球轉，此乃天文學上一大發明。但中國人知其如此，即安然接受。因中國一切人事只重現狀，地球繞日與日繞地球，與太陽之東出西沒，陰晴晝夜之常態現狀一切無變，則亦自可安之，不煩再作深辨。

然西方人之於太陽，則必求知其變由何處來，又變向何處去，與中國人認為太陽只如此一太陽，乃自然如此，雙方意見乃大不相同。但如此研尋下去，便不免把人的聰明智力全用在人生的外部太陽一邊去。中國人則「喫緊為人」，主要在農事，注意天文曆象二十四節令之訂定。可謂中國人乃研究太陽與人生之相通處，西方人則主要乃在研究其相別處。此乃一大異。由是而地，而生物。西方人又發明人類乃從猿猴變來一新說。此與其發明地繞日轉之新說，對於西方人所持人生義理方面皆有大震動，有大變異。然此兩說來中國，中國人均能安然接受，若與中國舊傳統、舊義理無甚大衝突之存在。何者？中國人只重現狀，並認天地萬物與人類為一體。人類只在其一體相通處求適應，而重夫婦、父子之五倫，重修、齊、治、平之大道。至於人類之究為自天降生，抑為由猿猴變來，則亦與地繞日抑日繞地之與現狀同樣無關。增一新知，而無礙於舊傳，則又何不安之有！

繼自然而言「人文」，又合「自然」與「人文」而言「文化」，其實此皆中國舊觀念。近代中國人乃用「人文化成」一古語來翻譯西方語，而西方人則本無中國舊傳統中之人文觀與文化觀。西方人只重科學發明中器物創造如輪船、火車之使用，自此地傳達至彼地；此等皆注意在形而下之物質使用上，何嘗與中國舊傳統之人文觀與文化觀相同？姑就國與國言，每一國有其「立國精神」與「立國氣象」。孔子言：

> 齊一變，至於魯；魯一變，至於道。

又曰：

> 魯衛之政，兄弟也。

此指形上之人文而言其不同，在此方面乃有文化可言。而西方人則無此種觀念，乃以國旗來代表國。旗與旗不同，即代表其國與國之不同。國旗外又唱國歌，此等皆屬形而下。而立國精神與立國氣象則屬形而上，何可即以形而下來代表形而上！

如英倫三島，亦可立國，何必英國國旗必在全世界凡見太陽處均有懸掛，乃始為英國立國精神之所寄，英國立國氣象之所存乎？當前英國國旗又在福克蘭群島上沒落，然以較之愛爾蘭之對英、阿關係力持異見，兩事相比，輕重懸殊。愛爾蘭之在英倫三島上，究自成一國，抑仍共為一國，豈不更為英國人所當重視？再言美國廣土眾民，富強冠天下，已為當前舉世第一大國。然其對付以色列，則備見困難。在美國之猶太人心中，以色列乃成為其第一祖國，而美國次之。林肯總統之「民有、民治、民享」三主義，則豈誠美國立國精神之所寄，立國氣象之所存乎？

立國如此，立人亦然。中國人言「立」，則必繼之言「達」。「達」即「通」義。我之所立能通之他人，通之世界之全人群，乃可由修身而齊家而治國、平天下。今西方人則視人類亦如一物，亦在形而下中各別分立，而有所謂「個人主義」。個人生存，主要則在物質條件上。於是西方人之所重，乃在「人對物」，而非「人對人」。中國人所謂「人文」，「文」字俗稱「花樣」，人與人相交相處，有種種花樣，此稱「人文」。如人坐電燈下，乃人對物。人在電燈下如何相交相處，則是人文。今人只看重此都市或鄉村有否電燈，卻不重視此都市與鄉村中人如何相交相處，此即不重視人文。

人與人相交相處，第一項目便如男大當婚，女大當嫁，結為夫婦是「人文」。夫婦和合，已是形而上，超自然了。由夫婦乃有父母、子女，成一家，這家便是「人文化成」。有了電燈，並不能使夫婦和合，一家相親。所以電燈不在人文之內，亦不得視為一文化內容。若必謂電燈亦屬人生，亦有關於文化，則當謂之為「物質人生」與「物質文化」，其與「精神人生」、「精神文化」自不同。故以前人類生活中無電燈，不得說是無文化；有了電燈，亦不得說是文化進步。此是中國人觀念。

由家而有國，此亦是人文化成。中國俗語連稱「國家」，因是化家成國，家國一體，故得連稱。亦如「身家」連稱。又如民族，有了家便成族，族與族相處，便成一大群體，稱之曰「民族」。此亦由人文化成。若有幾架機器，建立一大工廠，招集許多勞工，各給以若干薪酬，如約而聚，如約而散，雖亦是人類生活中一花樣，雖亦可稱之為人文，然而非人文之主要精神所寄，亦非人文中理想氣象之所存。此種人文，只能化成出幾許商品，乃及資本主義。既不堅牢，亦無趣味。所化而成的，便於人生既少意義，亦無價值。第一則須用法律來維繫其內部團結，第二則須用強力來保護其外部推銷。此如百花中有曇花，非不美豔，然而轉瞬即萎；又如百花中有罌粟花，亦非不美豔，然而含有毒素，終為不可親。可見花樣亦須選擇。中國人於百花中最欣賞梅、蘭、菊，此有深意存焉。中國人之提倡人文，乃在此。主要意義，在知形而下中即寄存有形而上，而此形而上又有待於形而下之化成。其中有甚深涵義，則有待各種學術思想之發揮。

後世集儒學大成者，為南宋之朱子。朱子創為「理氣論」，其實此二字皆源自道家之莊子書中。淺言之，則「理」、「氣」皆屬形而上。深言之，則「理」可謂是形而上，超乎萬物之上，而即在萬物之中；超乎一氣之上，而即在一氣之中。盈天地皆一「氣」，而理寓其內，實無其存在。故理、氣實一體，有氣即有理，無氣即無理，不當再論理氣之先後。若必論其先後，則當謂「理先氣後」。此實道家「無生有」之義，而無即寓乎有之中。人能知有中之寓無，則始可與語中國之人生。

其實理即是一「分別」義，氣則是一「和通」義。分別即當在和通之中，而自有分別。分別實屬形而上。西方人則認分別為形而下，為具體實有，則與中國人觀念大不相同。如夫婦，如父母、子女，如家，如國，一切有分別，而實無分別。知此理，即為平天下之道，人群自能相處而相安。今人又必據西方觀念分「唯心論」與「唯物論」，其實「心」、「物」亦屬一體。試問無物又何來有心？心即在物之中，而又超乎物之上。如「情」亦寓乎物中，而又超乎物上。如夫婦和合，豈不即在夫婦之中，而又超乎夫婦之上？惟普通人觀念，則認為成了夫婦，乃始有夫婦之情。此非不是，但中國人則更認為先有了夫婦之情，乃始有夫婦之結合。中國人非為一種唯心論，乃為一種「心物一元論」，或「心物和合論」，而其重視心則或更超乎其重視物之上，如是而已。亦可謂物亦有其形而上，心亦有其形而下。此等處貴在人之自領會、自體悟，而非語言文字之辨之所能盡。

朱子同時有陸象山，似乎其重視「心」更過乎朱子。而輕視外物，則非眞能重視內心之道。此則象山終有遜於朱子處。繼象山而有明代之陽明，提倡「良知」，亦未免有易於輕視外物之流弊。及其晚年，乃有「四句教」，謂：

無善無惡心之體，有善有惡意之動，知善知惡是良知，為善去惡是格物。

又謂：

心體無善無惡，意亦無善無惡，知亦無善無惡，物亦無善無惡。

陽明謂為上等「利根人」說，當用後四語。為普通「中人」以下說，則當用前四語。此所謂「四句教」有前後兩說，遂引起此下絕大爭議。「心」已是不可捉摸，不可指認的。「心之體」，則更屬不可說。只可說是一形而上，尚在有無之間，更何善惡可分？古書有之曰：

人心惟危，道心惟微。惟精惟一，允執厥中。

「道心」可謂形而上，「人心」則墮落在形而下之中。惟就其現狀論，則人心、道心同時兼在而並顯。

不僅兩千年前如此，兩千年後依然如此；更歷兩千年，恐亦復如此。不僅中國如此，舉世人類亦莫不如此。中國儒學精義，在即就形而下中悟出形而上，還就形而上來領導轉化其形而下。故認道心即在人心中，而求能以道心來轉化人心。其實道心、人心仍是一「心」，只在應對事物時，見其有人心、道心之別。而在分別中有和合，則道心中仍可有人心之存在，不貴超乎現狀來提出一形而上。如陽明之言「心體」，則陷入「無善無惡」，如莊周之言中央之帝為「渾沌」是矣。而佛家主出世「涅槃」，則陳義更高，乃求盡屏形而下以顯出其形而上。西方科學則儘在形而下之中打滾，其心則只是人心，更不見有道心。儒家則用「惟精惟一」工夫，而達至「允執厥中」之境界。何謂「中」？此即人心、道心之中，即兼有人心、道心而得其中。亦可謂道、釋偏乎上，西方偏乎下，而中國儒家則求兼存而並包之，故曰「執兩用中」。

然則就中國文化傳統、儒家人文理想言，儘可接受西方物質科學上之種種發明，儘可包容其種種形而下之「器」，還以完成為形而上之「道」，而無所障礙，無所衝突。所謂「中學為體，西學為用」，依然可以存有此理想。惟求其善為運用而已。如電燈只是一形而下之器，前人在無電燈狀況下生活，今人則在有電燈狀況下生活，在生活中則可見形而上之道。但不能說有了電燈，即生活合乎道；沒有電燈，即生活不合道。豈可謂孔子、耶穌盡在不合道中生活？今人有了電燈，可謂在生活中之物質條件上是進步了，但豈能謂是生活進步？又豈謂是人文進步？

今人以「人文」與「自然」對立作分別，但人文中不能排除自然。又豈可謂只當有精神生活，可置物質生活於不問？但一切物質生活中，更當有一種精神生活作主宰。一切自然，則當由人文化成為理想。宋儒張橫渠言：

為天地立心，為生民立命，為往聖繼絶學，為萬世開太平。

此言實極富理想。如天地中有電，而人類發明有電燈、電話，乃至電腦等種種之用，是天地無心，而人類為之立心。人生只在自然中，受自然之種種限制，故人生乃若受命於自然。今有電燈、電話，乃至電腦等種種發明，則自然已變，此即為生民立命。然電燈、電話、電腦等，只是器，並無心，只供人利用，並不能命令人、指揮人去作何等事，過何種生活。故為天地立心，為生民立命者，仍在形而上之道，不在形而下之器。但形上之道，乃亦寄存於形下之器之中。故發明器，亦可有助於發明道。道之行，仍貴有器之成。形上、形下，和合為一，不當分別為二，則庶乎近之。

大學言「格物致知」有分別義，亦有和合義。如以排除為「格」，即分別義。以會通為「格」，即和合義。「格」者，如一標準，必須合格。人亦有格，稱為「人格」，亦稱「人品」。品與格，皆於形而下中見形而上。格物致知即通於物以為知。排除一切物，則知又何由見？故中國文化大傳統，主要當會通儒、道兩家言來作說明。道家言自然，儒家言人文，尤主以人文來化其自然，則儒家言更重要。而此「自然」與「人文」與「文化」三語，西方觀念均不與此相同。今人乃以「自然」與「人文」與「文化」三語來對西方思想與事為作翻譯，則中西雙方之相異處，均為之混淆。不僅有失西方之眞相，亦有失於中國原有之涵義，而使人儘在不眞切、不分別、不主要處，蠭起爭議，則終無是非得失之定見所歸。此誠不可不深思而明辨之。

八　物世界與心世界

(一)

余每言「心生活」與「身生活」，此篇轉移角度來言「心世界」與「物世界」。物世界在人生之外面，共同公有，比較簡單相同。心世界在人生之內裏，各自私有，比較複雜多異。人生絕不能脫離物世界，但更重要則在心世界。

試作一淺譬。某一旅行團乘機出發，此一飛機，即是此一旅行團之共同物世界，無大區別。逮其降落，進入城市，遊覽名勝，城市名勝亦為此旅行團體之共同物世界，亦無大相異。但在此團體中，各人所引生之情緒、所激發之興會、所增添之知識、所觸起之感想，其對各人此後人生種種影響，則人各不同。此一旅行，乃是在各人的共同物世界中，獲得了人各不同之心生活，來擴大與修改其各自的心世界。其事豈不甚顯易知？

人生正如一番旅行，各人投生到此同一物世界，而各人之生命旅程，所取所得，則千差萬異。旅行只是一外形，旅行者之心境，乃是此番旅行之眞實內容，有意義，有價值。換一人，便一切都換，絕不相同。

或說：「外面物世界，固是共同一致，但經各人占奪爭取，成為各別私有，便不復共同一致。」此說若不可否認。但此種私有，實假非眞。如進一旅店，租一客房，日間在此起坐，夜間在此睡眠，好像此房已為所占有。但退租離去，便不相干，另有人來租住。故此私有，乃屬暫時性之假私有。在此房中，日間想心事，夜間做夢，這些想和夢，離去時仍會由心帶走，甚至可以畢生不忘，此始是常久性之眞私有。縱使這些想和夢，終於忘了，不再記憶，但已融化心境中，起多變化而不自知。如撒鹽水中，水味自有變。心生活乃為眞人生，永屬私有。如租一間頭等豪華客室，在此室中，作荒唐想，做醜惡夢。或租了一間狹小黑暗的低等客室，但在此室中，或許得了一番人生眞理之啟悟，夜間或做了一場美妙生動的好夢。試問在此物世界裏，用金錢租來之兩旅室，其相互間之不同，較之居住人在其心境上之相異，論其意義與價值，固是孰眞孰假，又是孰高孰下？

實則在此物世界中，一切占奪爭取，仍屬心世界事。只要眞懂得心生活，眞進入此心世界，而確眞認識了此心，則對此物世界，大可不爭不奪，有退有讓。人生之所資於物世界者，實不貴多而貴少，不貴大而貴小。陸象山所謂「只要減，不要增」。鷦鷯巢林，不過一枝；鼹鼠飲河，不過滿腹。身如此，心尤然。心之所需於物者，在求能心定、心安、心樂。種種需求，要恰好，不要過分。若言物世界，地球之外有太陽系；太陽系之外，有銀河星群。此宇宙中，不知有若干億兆銀河星群。每一銀河星群中，便可有千億以上太陽般大的星。星與星間之距離，多有超越一萬光年之上者。人則只住在此太陽系行星中之地球上，微小已極。起居之室，更有限。對此物世界裏的一切，太看重，太貪多，徒使此心不定、不安、不樂。不知足，不恰好，不徒無益，又且有害。

科學發明，日新月異，物世界更不簡單。但就人類文化歷史看，大聖賢、大豪傑、大哲人、大文學家、大藝術家、大科學家，一應大人物、大事業，對人生有大意義、大價值者，出現在一兩千年前簡陋之物世界中，並不比出現在當前燦爛光輝的物世界中者來得少，抑且反而多。科學文明，亦屬心世界事，物世界何來有科學發明？

古人夜間讀書，或燃薪取火，或燒蠟燭，或點油燈，只要光線配合便夠。現代人用電燈，也仍只要光線配合。古人旅行，騎騾乘車；近人用飛機、輪船、火車、汽車，豈不只是同樣代步？就人生價值言，相差並不大。急忙快速，並不比從容緩慢心境更好些。遙遠的旅行，也並不比近程的旅行，心境更好些。旅行在求心樂，並不爭快與遠。孔子一車兩馬，周遊在外十四年，其對人生之種種感觸啟悟，有意義、有價值之內心境界，不僅對自心然，對千百世以下之心世界，仍還有影響、有貢獻。若使孔子在今天，坐飛機、輪船、火車，或許轉因太匆忙、太急促、太多刺激，不夠親切，而在其內心生命上反會有減損。孔子在當時，所閱書籍無多，或轉易使其內心發展潛深廣大。後世書籍多，閱覽雜，或反只以遮眼。讀書難，選書更不易。心不專不一，不安不定，隨便繙閱，反會損人神智，成為近代人生一大病。正如喫得多、喫得快，足以傷胃；跑得遠、跑得快，反而一些也沒看見。即小可以喻大，不能專在物世界中作狹隘浮淺的衡量。

此非謂物質文明不該發展，主要在求物世界與心世界有一恰好之配合。單求物世界發展，其事易。要兼顧到心世界，使心物、內外得一恰好配合，其事難。孔子飯疏食，飲水，曲肱而枕之，樂亦在其中。顏淵居陋巷，一簞食，一瓢飲，不改其樂。人生主要目標，在自求心樂。軀體所需簡單有限。在現時代科學文明之物世界中，果使孔、顏復生，心有修養，亦不會不樂。但所需修養功夫，比在二千年前當益難。耶穌說：「富人入天國，如駱駝鑽針孔。」生在當前物世界中，要進入天堂心世界，眞如針孔難鑽了。物世界供給愈進步，心世界享受愈剝削，其心反多不定、不安、不樂，總覺得不滿足、不好，這是千眞萬確事。當前人生問題之主要點正在此。

周濂溪教二程「尋孔、顏樂處」，二程當夜歸途，有「吟風弄月，我與點也」之意。現世界依然有此風，有此月，但往年孔、顏、周、程那一番心境，那一番樂趣，可不易覓，甚至不易瞭解。難道現代人沈浸在大都市夜總會裏，較之孔、顏、二程，內心會更滿足、更好嗎？「問我何所有？山中有白雲。只堪自怡悅，不堪持贈君。」若贈孔子、顏淵大都市裏一所花園大洋樓，現代設備一應俱全，其事易。但孔、顏當年樂處，又何法相贈呢？程明道本喜入山行獵，聽了周濂溪一番話，自謂此等樂趣已不再留在心上。濂溪說：「莫看得太易，怕此心還在。」過了十二年，途中偶見山中獵人馳騁奔逐，不覺此心躍然而喜，乃知濂溪話不虛。今天讀此故事，反說周、程太過「道學氣」，山中行獵為何要不得？不知孔、顏樂處在心世界，不多要外面條件。入山行獵，乃屬物世界中事，並非要不得，但必須外面多種條件配合。一為這些條件黏纏，心上轉添了一病。物的占有，有時成為心的虧欠。而貪欲無厭，層層纏縛，看得物世界愈大，轉覺心世界愈狹。此心更無間隙，轉動不得，卻還恨自己力弱。心中只見有物，物外不見有心。心滋不樂，還儘向外面求消遣、求享受。消遣則是一無常，享受反成一毒害。若眞能明白到周、程當時這一番故事，能使此心自由自在，不為物縛，不受物占，清明在躬，虛靈不昧，也自會領略到人生尋樂眞諦。「吟風弄月」的一番樂趣，也並不是只有二程當年能享受。

而且物世界種種進步，實還來自心世界。所憾者，此種種進步之推動力量，多出於商人企業之求財、求利心。西方現代資本主義社會，自稱其中古社會為「黑暗時期」。但西方史學家中，也有人曾發問：「黑暗究竟在中古，抑在現代？」這一問，卻值得今人之深省。

中國歷史人物隨時代而異。抑且衰世、亂世，人物興起乃更勝於治世、盛世。皇古不論，春秋繼夏、商、周三代為一衰亂世，而人才則較多。戰國益亂，又益多。春秋時代，尚多在朝貴族人物，戰國則多起於在野之平民。

秦漢以下，封建改為郡縣，乃有「士人政府」出現。「百家言」轉歸於「王官學」，更無諸子紛爭。士風大變，乃匯成兩大流：一進顯在朝，一隱退在野；實為儒、道合流。秦代易傳、中庸兩書已顯其端倪，其他百家言盡歸消散。漢書藝文志，戰國諸子著作，尚多遺存。隋書經籍志中，則其書多歸湮滅。此非出在朝帝王意旨，實亦在野學人之自由取捨。士登於朝，乃為治世、盛世，但政治屬群業，不可常。士退於野，乃為衰世、亂世，而隱退者之心志聰明，轉得橫溢四出，異鋒特起。一部中國學術史之轉變，因緣所在，深值探尋。

司馬談為漢史官，未見成績。其論六家要指，遵道家言。其子遷獲罪，轉為中書令，終成史記一書，為此下二十五史之冠。其學乃轉尊孔。父子從政志學相異，成績亦大不同，其中亦有妙義可尋。武帝表彰五經，而經學大業則成於晚漢在野之鄭玄。武帝招攬文學侍從之臣，而文學新運則在漢末之建安。學業成就，在野不在朝，亦其證。

兩晉、南北朝益衰益亂，但人物蔚起，實未遜於兩漢之盛世。姑舉王羲之、陶淵明兩人言。羲之以書法名家，書法乃中國一特有藝術。羲之生門第之家，身膺世宦，而能聚精會神，創此奇蹟，其心之淡泊寧靜、樂此不疲可知。書法雖小道，而羲之於此，亦猶孔、孟、莊、老之特出。無此創興，中國文化此下亦當闕書法一門，為此損色。唐太宗深愛羲之書法，中國在朝者每好在野者之好，尊在野者所尊，而豈所謂帝王之專制？淵明恥為五斗米折腰，退隱不仕，古詩三百首以來，特起以詩名家。梁昭明太子尤崇之。使中國後世無詩，文化傳統亦當大變。羲之、淵明對中國文化之大貢獻，即見心世界之尤重於物世界。

近代國人慕西化，譏前人好古守舊，不重創造。如羲之、淵明，豈非在中國文化傳統中兩大創造。書家群好羲之，詩人群好淵明，但亦各自創新，不蹈襲。儒林之與道家，亦非墨守孔孟、莊老，各有樹立表現。性相近而時地異，所好在古，所成則在己。傳統相承，而推陳出新，此亦心世界事。周濂溪教二程「尋孔顏樂處，所樂何事」，亦猶王、陶之推陳出新，而豈守舊之謂！

孔子曰：

志於學。

濂溪言：

志伊尹之所志，學顏子之所學。

伊尹、顏淵，心所樂各不同。心既有樂，可於物世界無多求。孔子曰：

富如不可求，從吾所好。

中國文化，中國傳統，中國人物，皆能從心所好。此乃最為特異處。西方古希臘好經商，羅馬好黷武，現代國家自英、法至美、蘇所好，亦無踰此兩型。西方物世界，亦從心世界來。比較中西歷史，非求之其心，又何以知之？

希臘占一小地面，故其人生每主空間擴大；中國乃一大地面，故其人生惟望時間延長。西方早信有靈魂，生前死後，各有其長時間之存在。塵世百年，僅是一短暫變態，僅求應付，殆無思前顧後之可能。中國則異此。始生有「魄」，繼之有「魂」。「魄」附體，耳聽目視，百官四肢之作用皆是魄。「魂」乃一種心作用。死則魄與體同歸腐朽，「魂氣」則離體浮游，亦言「神魂」。木主神位，使魂氣得所依附。置廟堂中，歲時拜祭。故有招魂禮，而不墓祭。人死而魂氣常在。曾子曰：

慎終追遠，民德歸厚。

對死者無情，則生人相與，情亦淺薄。孔子曰：

祭神如神在，吾不與祭，如不祭。

外界宇宙果有此神與否，孔子不深論。祭者自盡我心，使我心不復追念及於死者，即無鬼神可言。故中國乃併物質、心靈而為一。不僅心靈有彼我之相通，即物質亦然。身體髮膚，受之父母，我之生命即從父母分出。使無父母，何有我生？西方人信「靈魂」，靈魂既獨立，且生前即有，與父母無關；

彼我間，亦各不相干。耶穌講道，其母往聽。耶穌言：「誰為吾母？老於我之女子皆吾母。」佛家則有前世寃孽，後世投胎為子，以報前世之仇者。故信靈魂，必遵個人主義；出家為僧，亦一種個人主義；與中國人所信人群乃一共同大生命體之觀念大不同。

從中國人觀念言，百畝之田，五口之家，產業亦可傳百世。五口中，上有父母，下有子女，骨肉蟬聯，亦已三世。言其身生活，則血統貫注，我生即父母生，子女之生亦即我生。小生命分五口，大生命屬一脈。故中國人言「身」，必兼及「家」。一家之生命，實無異我一人之生命。而祖孫三世相嬗，至少當在百年之上，或可超百五十年。

更有七口、九口之家，上及祖，下及孫，則為五世同堂。自我上接高、曾，即為五世；下逮玄、曾，又五世；前後共九世，此非易得。然自心生活言，雖未目睹，口耳相傳，高、曾祖之為人為生，亦在我心中。一人之生命，可以上通五世，亦可下通五世，前後可達三百年之久。祠堂廟宇即此生命相傳。古人居宅在右，祠堂廟宇在左，死生同居一宅。自我玄孫至我高祖，上下三百年，成為一家之大生命。中國人重視家族勝於個人，其意即在此。

然家有內外之別，又有鄰里鄉黨。苟其有德服人，有功及人，其死，鄰里鄉黨亦紀念奉祠之。此則其人乃進而為一鄉之人。中國各地有鄉賢祠，即由此來。中國人言孝弟，孝之對象為其父母。論語言：

可見弟道不限於一家之内。「老吾老以及人之老」，十年以長，則皆以父輩視之。其有立德、立功，鄉人莫不敬事之如家長。敬老即弟道。故居家有孝，出門有弟。人自幼年即教以孝弟，則一鄉亦如一家。生命之擴大與緜延，其端在此。則惟心生活大生命中有之，非個人之身生活小生命所能有。

弟子入則孝，出則弟。

吾家居無錫東南鄉，離家四五華里外有皇山，其實乃一小土丘。相傳吳泰伯讓國來此，遂葬焉。鄉民三千年來奉祠不絶。環小丘十數華里内，皆稱泰伯鄉，又稱讓皇鄉。又有荆村、蠻村，亦以泰伯居荆蠻名。今則改蠻村為梅村，亦稱梅里。下及東漢，梁鴻、孟光夫婦來居，死亦葬焉。故此丘亦稱鴻山，鄉人亦奉祠不絶。一水通無錫城，名梁溪。泰伯、梁鴻，先後媲美，相距當一千五百年。梁鴻距今，亦當一千五百年。三千年之文化積累，今有梅里志一書，詳其事。

中國有家譜，世代相傳，多踰三千年。又有地方志，即記其地之名賢先德。余曾至日本及美國，各圖書館收藏吾鄉梅里志一書者亦不少。自泰伯、梁鴻以下，所載鄉賢，代不絶人，愈後愈多。宋代李綱，有讀書處。元代倪瓚，則居家所在。一部梅里志，不啻環吾鄉數十華里一大生命之記載。余自幼，清明佳節，即隨先兄聲一先生陪侍族中長老同舟往，登皇山瞻拜。鄉人來者，絡繹不絶，前後三日。在各自之小生命外，真若有一大生命，淵源皇古，不廢江河萬古流；各自之小生命，則如一滴水。非由此一滴水，積累以成此大生命，乃於此大生命中始有此一滴水。中國人之人生意義乃如此。

古蹟之外，又有名勝。其實名勝古蹟，乃一非二。如孔林，乃孔子之墓地，一小平原，植樹數千枝，乃成中國第一名勝，兩千五百年來受國人之瞻拜。如泰山，歷代帝皇來此巡狩，自踵至頂，隨處有古蹟。泰安有岱廟，三面牆上，有宋眞宗來此巡狩一大壁畫。民初馮玉祥在牆上大書當時摩登宣傳語，壁畫遂破壞。千載古蹟，修復無從，良堪惋惜矣。中國山水實即中國文化之具體表現，雖一自然，備見人文，亦為我民族大生命所寄。即謂中國人文心世界乃存藏於自然物世界，亦無不可。

西方人亦非不好古，但崇其物，非敬其人。如埃及木乃伊，乃幾千年前之屍體。其人在歷史上非可尊，然木乃伊終為歐美寶藏。金字塔，巍峩矗立，瞻謁嗟歎，神往曷極。余曾遊英倫博物館，有一屋自雅典遷來。試問對英國之歷史意義與價值又何在？余遊紐約一修道院，從法國遷來。又在一處見一中國古墓，翁仲、石馬、石獅、石象，照樣排列。又如中國祖宗畫像，西方人亦陳列博物院中。美國西部開發，印地安人垂於滅跡，其遺物亦設立一博物院藏之。其他例證不詳舉。試問此等於美國人心情究何關係，又何感興？中國人則對古蹟之心情與西方大不同，阿房一炬，不加惋惜。

中國人認為「物」後必有「人」，人與人交必以「心」。徒物無心，或其心不足貴，物又何貴？故中國古物，必通於人文，涵有歷史觀。如孔子琴操，以及於嵇康之廣陵散，琴亦兼心。中國人常連稱「文物」，即此意。若琴不由孔子或其他名人所操，則其琴與聲又何足貴？亦猶中國歷史生命，一神位，一木主，為中國人文魂氣所依附。西方則僅貴古物難得，而物中無心，即猶無人，故西方所愛，在物不在人。古希臘雕刻人像，主要在其身，即女性亦裸體。中國石刻人像，必冠冕簪笏。孔子行道圖，所重在孔、顏其人。羅馬一古堡壘中，有耶穌十字架像，血滴淋漓逼真，乃宗教藝術。所重在耶穌之釘死十字架，則所重亦在其心不在物。瞻拜者心領神往，則求能心與心通，於其他藝術有不同。此始與中國有其相似處。但今之宗教信徒，化於習俗，亦徒知有十字架，而忽忘了耶穌之心，則耶穌十字架亦同為西方藝術之歸矣。

西方繪畫，山水人物、飛禽走獸、蟲魚花木，皆一物。中國則畫其意境，亦在人文中。「振衣千仞岡，濯足萬里流。」「采菊東籬下，悠然見南山。」詩中有畫，畫中有詩，各有所寄，而所寄則在人文中，又何等深遠！「犬吠深巷中，鷄鳴桑樹顛。」「結廬在人境，而無車馬喧。」鷄鳴犬吠亦人境，同是物境。可貴乃在心境，一如神境。可與知者言，難為俗人道。中國詩畫可貴乃在此。

西方人生觀，實可稱為「唯物觀」，人亦即物，求加利用。一切生活盡如自然物之活動，不僅科學、經商如此，即治平為政，亦何莫不然？其另一面則上帝、耶穌，奉宗教，信有神。無神論，不信宗教，西方人心不能忍受。人而非神，宜亦輕視。

中國人生，重孔子之「仁道」。孟子曰：

仁，人也。

又曰：

仁，人心也。

故「仁道」即「人道」。中國人重「人」，乃重其「心」之有道。心相通，即「仁道」，亦即「神」。飛禽中有鳳凰，走獸中有麒麟，花卉草木之有梅、蘭、竹、菊，皆由此心之所感而有化。大自然中，一拳石，一滴水，大至河嶽，上及風雲，亦皆此心之所感而通，而遂躋於神。此心旁通物，上通天，遂成一多神之宇宙。如是則「心」與「神」與「物」乃三位而一體。物與心合則皆神，物與心分則皆物。其主宰之所相通皆在「心」。

故中國歷史，乃一部人心的歷史。開天創物，堯、舜、禹、湯、文、武、周公、孔子，胥此一心。孔子曰：

其或繼周者，雖百世可知。

亦惟知之於此心。又曰：

自古皆有死，民無信不立。

亦惟信之於此心。小生命、身生活有死，大生命、心生活則有生無死。故中國人非不言「利用」、「厚生」，而又必首之以「正德」。德亦此心，德之正亦即心之正，修身、齊家、治國、平天下皆本此。中國人言人生大義盡此矣。

西方宗教，神不在心，而與心分。科學，物不在心，亦與心分。於是遂有「唯心」、「唯物」、「唯神」之三分。而於一心之明德，孔子所稱「仁」之一字，則終少提撕警策及之。此誠中西人生大歧點所在。故西方惟言「權利」，中國則言「德性」。天之生人，生其性，生其德。德性之表現為「道」，非為「權利」，此為中國觀念。

今再以東西方歷史文化之演進為比，亦可謂東方人尚「心」，西方人尚「物」。西方政治有「神權」、「君權」、「民權」之分，權皆憑於「力」。今日主宰一世之大強國亦然。「力」憑「物」不憑「心」。孟子曰：

以力假仁者霸，霸必有大國；以德行仁者王，王不待大。以力服人者，非心服也，力不贍也；以德服人者，中心悅而誠服也。

中國國際相交亦尚「德」，西方則尚「力」。中國人所謂「道」，在心世界，心之仁智始成道。西方人則言「力」不言「道」。

既仁且智謂之「聖」，聖而不可知之謂「神」。神力不可量，不可知。西方則視機械如神，神在天堂，又在物世界。實則機械乃人心所創，宗教亦人心所立，而西方人則決不視心為神。馬克斯共產主義倡為唯物史觀、無神論，今日美、蘇以核子武器對抗，則神世界尚低於物世界。何由轉機？則惟望人心之有仁與智。其然，豈不然乎？則亦惟人心之仁與智權量審擇之。

人生主要在其「心」，非其「身」。身屬物，但非物亦無以見心，非身即無由有生。生有時間性，須待養育成長。孟子曰：

> 大人者，不失其赤子之心。

赤子之心，養之長之，而成一大人。大人之心由赤子之心來，此謂之「心生命」。

心必有「知」，所知乃在心外之物，惟「情」則即是心。如孝父母，父母別是一生命。吾心孝，則父母生命亦歸入己之心，而與己之生命融為一體。故「養心」貴能養其「情」，不在養其「知」。孔子曰：

> 入則孝，出則弟，謹而信，汎愛衆，而親仁。行有餘力，則以學文。

此為心情見於行為，始是生命。有生命，乃始加以外面文章知識之教育。生命開始重在其有家，家庭教育乃以教其情。西方人自幼即以知識為教，自心生活言，無以成人。西方哲學亦貴知不貴情。至少非中國人所謂「人倫」之學。西方科學就物以為知，更非養其心。為學立場不本於心生活，不本於生命之全體，而僅本於身生活之一部分，故其為害於全人生者轉多。

中國人言知，分「體魄」與「魂氣」。體魄之知，限於身之器官，各別不相通。鼻口所知為氣味，生命所賴，非呼吸、飲食則不得生。視聽所知為聲色，無聲色，無見聞，雖可有生，但生之境界狹，不得為人生之全。馬、牛、羊、鷄、犬、豕六畜，皆有視聽見聞。犬馬知親疏，人或自稱「犬馬」，然人生終與犬馬有別。

論語有子曰：

孝弟為仁之本。

知有父母、兄長，不孝不弟，即不仁。人而無仁，則所知非智。其心有仁，乃得謂之為「成人」。既成人，乃有魂氣之知，乃為心生活之知。若僅求通於物，則無仁而不智。科學造原子彈核武器，豈非皆無仁不智？哲學創為唯心、唯物論，其心實亦如物，不仁無智。仁、智皆即人之心生命，必通天人、一內外而始得。故中國人所重在道，則重「行」又過於重「知」，而始得稱之為成人。西方人則生即為人，無中國人此觀念。

孔子曰：

智者樂，仁者壽。

惟仁乃得生生不已，此乃大生命之壽。惟智乃能「無入而不自得」，即自得其生命之樂。樂天安命，乃大智，亦大樂。原始人賴漁獵為生，漁獵必賴體魄之知。歸而洞居，家人相聚為歡，遇月夜，或出洞以歌以舞，如是始是「心」的人生，乃得謂之眞人生。其漁其獵，乃人生之手段或工具，此乃人生所不得已而應有之用。其洞居相聚，或出洞歌舞，乃始是人生自然眞生命之體之一面，人生可樂正在此。近代人乃轉以慕效原始人漁獵為種種運動，轉謂人生眞樂乃在此，則亦淺矣乎其視人生之樂矣。

即如鳥獸晨興，林中爭鳴，閒居相聚，乃其樂處，亦即其眞生命之一面。故生命必同類相和相親，不在同類之相敵相爭。有一家之和，有一國之和，有天下之和。道一風同，乃得之。眞人生則不僅在身，必在家、國、天下。在人生之大和中，乃得人生之眞樂。

目欲視，耳欲聽，此之謂「欲」。視聽而心樂，此之謂「情」。人生眞處乃在情，不在欲。西方人重「知」不重「行」，重「別」不重「通」，重「爭」不重「和」，重「欲」不重「情」，其生乃不安不樂，則何貴有此生？孔子曰：

學而時習之，不亦悅乎？有朋自遠方來，不亦樂乎？人不知而不慍，不亦君子乎？

曰「悅」、曰「樂」、曰「不慍」，皆在人生眞處。學而時習，則可上通前古。有朋遠來，乃可旁通一世，並可下通後世。人生到此，何樂如之！己之所樂，他人不知，己又何慍？或問：「堯舜以前曾讀何書來？」不知非讀書乃為學。原始人洞內相聚，洞外歌舞，即有學。今日西方科學，乃僅學原始人之以漁以獵，學其人生手段，人生方法，學其為人生之工具者日見進步，而其距人生眞處、目的所在則更遠。不求之近而求之遠，乃求靈魂上天堂，則人生仍是一手段，非目的。能疏於物而親於心，乃得孔子仁智之大義，而人生樂處亦在是，人生眞處亦在是。中庸言：

天命之謂性，率性之謂道，修道之謂教。

又言：

自誠明謂之性，自明誠謂之教。

性在天，率之、修之、教之則在人，求善處人生者其勉之！仁為己任，死而後已，實則乃是「止於至善」。孔子又曰：

富如不可求，從吾所好。

富貴乃外在物世界，所好則內在心世界事，此其別。

平劇中兩人對駡，其相駡聲，乃和合如一歌；兩人對殺，其相殺狀，乃和合如一舞。人生而戲劇化，即人生之藝術化。西方人生則一趨於機械化，非藝術。核子戰爭豈得謂是一場戲劇？又豈得謂是一種藝術？

人生貴能單純，多閒暇，此心乃有欣賞可言，而生命乃得感其悠長。若多外來刺激，惟感繁雜忙碌，則此心不安不樂，生命亦惟感其短促。「山中方七日，世上已千年」，一則為機械人生，一則為藝術人生，對此不當不辨。

有「醫德」，有「醫術」。醫術可以救人得生，亦可處人於死。但醫德只許救人生，不許處人死。法律主要則在處人死。中國古人極重醫，輕視法。西方教會創始大學即有醫、法兩科，不為醫師，即為律師，同以救人死為任務。縱是惡人患病，醫師必加以治療；犯罪，律師必為之辯護。中國人言：

不為良相，便為良醫。

良相救人死，其道遠超於良醫。故中國人兼言「道術」，而「法術」則為中國人所輕，更何論於刑罰之「法」！西方宗教「凱撒事凱撒管」，治平大道，上帝亦所不理，則惟有律師可任。故西方人僅知有「法術」，不知有「道德」，乃為西方文化一大缺陷。

㈡

中國自古即為一農業社會，五口之家，百畝之田，生事已足。過求拓展，不僅收穫不增，或反致荒蕪。安分守己，斯為上策。夫婦和睦，父慈子孝，兄友弟恭，一家有福，群知羨慕。故所重在人之性情德行，在內心，不在外物。外物多同，所異則在心。

西方古希臘則為一商業社會，群出經商，或致巨富，或仍平平，或則虧折，遭遇不同，機會不同。故其所重，多在外，不在內。即反求之己，亦在其商品貨物上，不在其德性修養上。他人之向我所求，亦在物，不在其心。中西人生相異其要在此。

農事最重天時，春耕、夏耘、秋收、冬藏，四季節令，穀雨、霜降，大體可信。航行大海中，朝夕之間，風浪難測。故農業民族仰天俯地，多信心。對之有「信」，始有「忠」。不僅對天地，即對五穀百蔬、鷄犬牛羊亦然。故農人其性「忠信」，一心瞻對，即為「篤敬」。孔子曰「言忠信，行篤敬」是也。商人不僅航行海洋，所至亦異地異風，無信心，亦無忠忱，惟以機變適應，甚至欺詐，無忠信、篤敬可言。故西方人所重在外，天地人群盡在外，與己若相敵對。中國人則重一己之內心，對人對天地萬物，同此一心。通天人，合內外，皆此一心。除忠信、篤敬外，更有何事？

人生所貴，在能「同」中求「異」。我之在天地萬物中，必求有所異，始見有我之存在。我之異於外者，亦只在此一心。故中國人所重乃在德性之學。忠信、篤敬，乃至為聖、為賢、為君子，只是此心德性上程度之異，其所重皆在內。富貴名位，事業權力，則在外，中國人乃不加重視。

人生要求主要果在己之一心，則求而易得。孔子曰：

我欲仁，斯仁至。

孟子曰：

是不為，非不能。

韓愈亦言：

足於己，無待於外。

而且人心相同，己之所得，亦可分之人人。詩曰：

孝子不匱，永錫爾類。

老子亦曰：

既以為人己愈有，既以與人己愈多。

如此則道一風同，禮運所謂「大道之行，天下為公」，即在是。

西方人則內心只有求，所求則盡為外物。又即以「身」為「己」，身亦一物，而心為形役，只成人生一工具。但身之所求，如衣食，實易滿足。不易滿足者實在心。於是求衣食，轉而為求富貴。而富貴乃相形而見。他人貧，乃見己之富。故孔子曰：

為富不仁。

既求富，又當求貴，否則不足以自保。故財富之上，必繼之以權力。故希臘之後乃繼之以羅馬。

西方人重外不重內，故知有「事業」，不知有「德性」。事業有成敗，而德性則可有成不敗。兩軍交戰有勝負，而中國則「有斷頭將軍，無降將軍」。殺身成仁，亦無虧其為將之德矣。西方則兵敗將降，乃屬常事。拿破崙一世雄豪，兩度敗降，終不失為西方一英雄。以中國標準言，則不得不謂其德性之有虧。

諸葛亮病死五丈原，可謂事業無成，但亦已全其性命。較之曹操與司馬懿，事業有成，性命有虧，賢奸之辨顯然。此為中國文化傳統中之人生觀。近代國人競慕西化，「性命」二字，已不知作何解，則曹操、司馬懿必轉而居諸葛之上矣。

中國人重德性，其論人亦有「品格」。「品」較在內，而「格」則形於外。如曰「格式」，又曰「形格勢禁」。物必有「形」，形必有「格」。大學言「格物致知」，能於外物知有格，斯即其內在一己之德性。孔子曰：

飯疏食，飲水，曲肱而枕之，樂亦在其中矣。不義而富且貴，於我如浮雲。

人生主要在其一心之德性，亦即人生之眞樂所在。樂在「心」，不在「身」。故身生活必知有格，飲食起居皆有格。富貴屬身外物。顏子一簞食，一瓢飲，居陋巷，人不堪其憂，而顏子不改其樂。周濂溪教二程「尋孔顏樂處，所樂何事」。此誠中國人生哲學一最要端。身之格曰「廉恥」，心之格曰「禮義」。禮、義、廉、恥尚在外，孝、弟、忠、信始在內。而內必形於外。道、釋太偏內，西方太偏外；中國儒家則主一天人，合內外，始得謂之「中」。

中國人言天地萬物，亦主其德性。麟、鳳、龜、龍為「四靈」，麟與龍較難詳，鳳與龜則較易知。莊周言：

鵷鶵非梧桐不棲，非練食不食。

則其一棲一食皆有格。龜之飲食享受，活動作為，極有限制，極有禁格。但其壽命則長，故亦尊之為四靈之一。「靈」指心，指德性言。莊周辭楚相，曰：「寧為龜之曳尾於塗中。」故中國民族生命長達五千年，生齒日繁，人文日化。直迄於今，乃始改圖。生而為龜，必為人所恥。人心之變，於斯可見。

中國人對禽獸之德性觀，尤可舉家畜為例。如「群」字从羊，因羊最能群。「善」字亦从羊，則惟能群始為善。如「美」字从羊，亦指其德性，不指其軀體，亦不專指其味。犬、牛、雞、豚皆有美味，而羊則能群有善尤為美。「窈窕淑女」，亦指其德性美。古希臘雕塑美女，主要在其形體，與中國人觀念大不同。詩又云：

巧笑倩兮，美目盼兮。

女性美在其一笑一盼，此皆內心之表現；目與口其美淺。「義」字亦从羊，則未有不群無善而可得謂之義者。易卦馬象乾，牛象坤，羊象兌。兌指澤，尚通。能群而有善，則人與人相通。可見兌象羊，亦指其德性。群水匯聚則為「洋」，洋洋大觀，亦指其通。庠序之教，「庠」亦从羊。教育重在教人有善能群，亦重其德性。「祥」从羊，祭祀奉羊，亦為鬼神所喜，故得吉祥之報。「詳」字从羊，言語能彼此相通始得詳，不在多言。「佯」从人从羊，乃僞裝。羊富群性，缺個性；人之為性，則須能立己以通於群，否則為孔子所惡之「鄉愿」。故「佯」則不誠不實，雖非巧言令色，亦不在可取之列。中國文字創造遠在周公、孔子之前，而其義已如此。此見中國之文化傳統遠有來歷。依近代國人之意見，中國古人喜龜喜羊，宜其不得爭存於當今之世矣。

中國人尤以德性觀自然。盈天地皆一德一性之相通。一己之德性，即為天地之中心，為萬世之常軌，而事業亦盡在其中矣。故立己立德，乃為人生惟一大事。今國人則盡從外面事業上來談人生，則其無當於中國文化舊傳統之深情密意亦可知。

中國人言「己」，非個人。必在大群中始有己，無己亦無群。故己為人，人為己，人己相對而合一，有別而相通。相通合一，即人之「德性」。故不知人之德性，即無己，亦無人。今日舉世群趨於功利，不再論德性。自中國人觀念言，則一切皆架空虛構，物與物相疊，成此架構，乃如一大機器，其中只缺一「靈」。「靈」非「知識」之謂。「知」者知於外，「靈」則明於內。自知之明始為靈。人為萬物之靈，失其靈，即失其所以為人，更何論己。人死則屍體腐，而靈則常在天地間。西方人信有靈魂，有上帝，而上帝則在己之外，不在己之內；則上帝亦如一物。靈魂與上帝之相通，非中國人所謂德性之相通，而別有其所以為相通之道，此則成為西方之宗教。雙方之辨，有待詳申。

(三)

世有盛衰治亂。中國歷史，盛世治世，人物活動少，表現亦少；衰世亂世，人物活動多，表現亦多，其影響轉深而大。此為中國歷史一特徵，亦即中國文化一特徵。

唐虞之治，苟無洪水為患，則亦平安而過。堯、舜、禹之弘德大業，亦渺不可見矣。夏代稍可述者，則為少康之中興。必待夏桀無道，乃有湯與伊尹之出現。商代之稍可述者，則有盤庚之遷徙。必待商紂無道，乃有西伯昌、周武王之出現。及於成康，天下平治，乃亦無人無事可述；稍可述者，則為宣王之中興。平王東遷，春秋兩百四十年亂世，人物迭起，試讀一部左傳，何等燦爛，何等光明，較之詩書，影響當更大。戰國益衰益亂，而人物更迭起，其影響於後世者，乃更大更遠。

秦代一統，人物乃無可言。漢興，高、惠、文、景，以至武帝，由亂轉治，由衰轉盛，人物事業始多可稱。但其臻盛世，人物亦漸降。稍可述者，為宣帝之中興。東漢光武、明、章，又復由亂轉治，由衰轉盛，乃多人物可述。三國世亂，人物又鼎盛。西晉稍定，人物亦遽退。南北朝之際，北方之亂盛於南方，而人物則較多。唐代之起，由衰轉盛，由亂轉治，而人物亦特多。要之，世亂則人物起，世治則人物謝。宋不如唐之盛，而人物則更盛於唐。南宋更衰，而人物則更起，不遽遜於北宋。武臣如岳武穆，文人如朱晦翁，傑出古今，漢、唐以來，誰與相儔？

元代以蒙古異族入主，政治變於上，而社會則依然中國之社會，人物則依然中國之人物，文化傳統儼然無變。明初人物，皆起於元。下如王陽明，苟非龍場驛之貶，不有宸濠之亂，亦不成一後世相傳之王陽明。世益衰，而人物益起，乃有無錫顧、高之東林。

清代又以滿洲異族入主，而明遺民乃多千古傑出之人物。如顧亭林，如李二曲，如黃梨洲，如王船山，多在野，不在朝。下及乾隆盛世，十大武功，煊赫一時，然為中國人所誇稱者，則為在野之學術，而非在朝之功業。吳派、皖派，常州派、揚州派，「漢學」之興，與「宋學」相抗衡，非由政府提倡，乃民間自由興起。嘉道以下，由盛轉衰，由治轉亂，而後有湖南湘鄉一派之崛起。此亦在下不在上。辛亥革命，於是又有新時代之新人物興起。

故就一部二十四史言，吾中華民族生命之旺盛，乃每見於衰亂世，更過於在昇平世。此則為並世其他民族所少見。即就西歐言，如希臘、羅馬，衰則永不復起。現代國家如英法，則衰象已見，恐亦不能再如以往之英法。其病痛所在，凡所建設，偏在物質方面，而人類本身，則似轉少注意，則如身之既老，乃不復旺。此亦一種自然現象，無足深怪。中國治世盛世，亦不重物質建設。唐、虞、三代古蹟，極少遺存。秦有阿房宮，項王入關，一炬而盡。長安為漢、唐故都，其建設遺跡存者有幾？北平為元、明、清三代故都，尚留有六、七百年以上之故宮，較之希臘、羅馬遺跡，尚媿不如。今亦僅供國人遊覽，而國人對之，亦不曾有崇敬心。惟有如曲阜孔林，則歷兩千五百年來仍然無恙。故中國傳統重「人」重「心」，西方傳統重「物」重「事」，此其大異。在中國，田野平民間，子女之孝其父母，其事乃更重於廊廟宮殿卿相之忠其君上。只說「移孝作忠」，未聞「移忠作孝」。

中國傳統政治制度，為臣者逢父母喪，必離職回鄉，守孝三年。期滿，始得再仕。則孝心重於世務，為子重於為臣，此即人生一事業。其事業則在「道義」，不在「功利」。功利事業必隨時而變，道義事業則千古常傳。既重道義，乃奉孔子為一宗師。雖有敵國外患，可以破壞其一國之物質建設，但難以破壞其四海皆同之精神傳統。故中國民族之命脈，乃在其內心，而不在其外物。

「哀痛心」，乃人類德性中極具意義價值之心情。孟子曰：

惻隱之心，仁之端也。

亦可謂哀痛之心乃仁之至。人莫不有父母，莫不有父母之喪。中國人教孝，慎終追遠，乃培植其哀痛心。世衰時亂，哀痛心生發，而後才智輩起，拯救非難。釋迦見生老病死，乃生恐懼心、厭惡心，但不知培養人之哀痛心。西方信靈魂上天堂，哀死之心則淡。故西方人惟求樂生，不知哀死。惟中國人生能哀樂兼存，又能得其中和。以是中國人之德性，乃特較其他民族為深厚，而其生命緜延乃有其悠久之前程。

孔子辭魯司寇，在外周遊十四年，老而返魯。魯之君卿，仍加禮重。是乃魯政府對孔子之遷就，而孔子則對魯政府終未有遷就。孟子見梁惠王，使能遷就，亦見大用。然孟子不遷就，而去梁之齊。見齊宣王，仍不遷就，所如不合。漢武帝信從董仲舒對策，表章五經，罷黜百家。但董仲舒並不遷就，不如公孫弘之曲學阿世。後世遂尊仲舒而鄙公孫。唐太宗用魏徵，魏徵不遷就，眞言以諫。太宗心憤，有「何日殺此田舍翁」之語，然終加以容忍。魏徵卒為唐代之名臣，而唐太宗亦為唐代一名君。中國傳統，政府常知「遷就」；而儒學之最高標準，則為「不遷就」。

韓愈諫迎佛骨，貶於潮州，幸免一死，卒復任用。此亦憲宗之遷就，而韓愈之對憲宗則卒未遷就。漢、唐兩朝皆崇儒，宋尤然。神宗尊王安石、司馬光，而兩人政見不同，卒成新舊黨爭，神宗、哲宗亦惟遷就。明成祖攘奪帝位，方孝孺不遷就，乃受十族之誅。但後人則尊方孝孺，不尊明成祖。惟成祖既得位，終亦尊儒道，此亦其遷就。

最特殊者，異族入主，亦知遷就中國之儒道。許衡仕於元，其所貢獻亦甚大。待其死，誡其子：「我為名所誤，墓上惟立許某之碑」，不願再列其官位。後世亦對許衡多微辭，不如對同時之劉因。清代入關，更尊儒。明遺老守節不仕，清廷亦皆遷就。偶於李二曲稍有勉強，二曲終生居土室中，不與世相接。清廷不加逮捕，亦仍遷就；而二曲亦遂為後人崇奉一名人。中國自孔子以來兩千五百年，一心相傳，事蹟昭彰有如此。

抑更有進者，孔子不言「性」與「天道」，孟子言「性善」，乃得為亞聖。漢之司馬遷，「究天人之際，通古今之變，成一家之言」，為此下二十五史之鼻祖。此在史學上之貢獻，實已勝於孔子之春秋。鄭玄網羅百家，括囊大典，其功亦不遜於孔子之稱道詩書。韓愈後人尊之謂其「文起八代之衰」，為「百世之師」，開此下文學一大宗。此與「夫子之文章可得而聞」者，又異其趣。周敦頤著為通書，於漢、唐「儒林」之外，乃別啟「道學」，為宋、元、明三代群儒所共尊。中國學術分為「經、史、子、集」四部，如馬遷之於史，鄭玄之於經，昌黎之於集，濂溪之於子，皆可謂超絕一世，為後代之大宗師。而朱子尤匯通四部，可謂孔子集前古之大成，而朱子則集後古之大成。孔子曰：

後生可畏，焉知來者之不如今？

如上舉，孟子以下諸人，皆孔子所謂可畏之後生。然孟子則曰：

乃吾所願，則學孔子。

韓愈則曰：

並世無孔子，不當在弟子之列。

周敦頤則曰：

學顏子之所學。

鄭玄、朱熹注經為業，其尊奉孔子更所不論。上下兩千五百年，孔子永為至聖先師。人之所學，則皆孔子之學。人之所道，則皆孔子之道。孟子曰：

聖人先得吾心之同然。

後世繼孔子而起者，亦可謂皆有得於孔子之心矣。但皆尊孔子，各不尊其己。時異世易，所學所道，實已不同，而其統則一，乃有所謂「道統」。道則統於「心」。修身、齊家、治國、平天下，皆貴一統，其統均在心。其傳亦在心。但心與心之間，乃有一大遷就。中國人之「學統」、「道統」，乃於絕不遷就中有此一大遷就。「斯人千古不磨心」，惟中國文化、中國人生乃有此，豈於心外物者所能有！

然今國人則競慕西化，乃有「隻手獨打孔家店之老英雄」，乃有「線裝書扔毛廁」之新理論。心已變，則一切自隨而變。救國救民，不本之心，惟賴外物。惟期成於物，不期成於心。心無成，而所成盡在外，亦復與人生何關？亦可謂人亦為一物，物在心外，亦即心在物外，僅為一工具，僅為一機械，心為物役，如是而已，則何復文化、人生之足云！而所謂盛衰治亂，其重要性亦在物不在人，而又復何心物、內外之堪分別討論乎！

（一九七六年七月十七日中華日報副刊。）

九 道與理

中國人言「道」，又言「理」，俗又「道理」連言。道屬和合，理屬分別。和合中必應有分別，分別中亦應有和合。此乃中國人文大道一重要觀念。實則「人文」之「文」，亦即「文理」之「理」。

子貢言：

夫子之文章可得而聞，夫子之言性與天道，不可得而聞。

「文章」乃指凡屬人事、政治、社會、家庭、個人一切措施之明白可見者，此屬人生之陽面。「性」與「天道」，則屬人生之陰面，為人生百行之大本大源所在，而晦藏難知，故孔子避不詳論。而孔子之言文章，則莫不本源於此，而融為一體。此正孔子思想之偉大深厚處。

孔子既歿，墨翟繼起，主兼愛，尚天志，即言「天道」。莊周又繼起，其言天道則更廣大，更深微，較墨翟為遠勝。儒家有孟、荀，分主性善、性惡，則競言「性」。易傳與中庸繼起，采道家言，融歸儒學，而後性與天道乃為後儒所必言。

「一陰一陽之謂道」，已兼性與天道而一言之。然就思想慣例，又必問一陰一陽以前，宇宙為況如何？此則無可名狀，無可言說。易傳乃言陰陽之前為「太極」。太極何所指？則出名狀言說之外，故曰「太極本無極」。此乃限於人類之語言文字以為說。

宋儒周濂溪太極圖說乃言：

無極而太極。太極動而生陽，動極而靜。靜而生陰，靜極復動。一動一靜，互為其根。

此亦限於人類之語言文字而為言。凡屬人類語言文字、知識思想，必由正反雙方之比較而言。宇宙整體乃一氣，有動有靜，有陰有陽。本無有純動之陽，亦無純靜之陰。陰陽動靜，混合成氣，融為一體。如白晝是陽，但非無陰。黑夜是陰，但非無陽。只是分數不同，故不得謂有純動而無靜，亦不得謂有純靜而無動。動靜實亦一體。猶如死生存亡，乃一體之變，由此至彼，實無分別。故「太極」即「陰陽」，「陰陽」即「太極」。

朱子之「理氣論」，承濂溪來。故曰：

理即太極，太極即理。

一氣中兼有陰陽，即其分理。然不得謂「氣」外別有「理」。人類思想慣例，必追問氣從何來？朱子則謂氣從理來。其實亦可謂理從氣來，朱子乃本儒家言。「理」非一「物」，乃是一「空」一「無」。老子言「無生有」，此亦人類思想慣例，相反相成。濂溪通書依中庸改言「誠」；而朱子又改言「理」，則更較妥適。此皆限於人類之語言文字，而不得不然。

近代科學家又言大氣層之上為「眞空」。其果為一眞空乎？此恐仍是人類語言文字之所限，而姑以名之而已。若以中國傳統語說之，則大氣層應屬陽面，太空層應屬陰面，仍是一陰一陽融為一體。而在此一體之內，有此陰陽之並存而已。大氣層與太空，有其分別，即朱子所謂之「理」。

依近代天文學言，宇宙究為有際限，抑無際限？若謂有際限，則此際限之外，又何境況？若謂無際限，則依人類思想慣例，無際限終該有際限。此皆從人類語言文字中生出問題，而終難解答。孔子曰：

知之為知之，不知為不知，是知也。

「知」中必涵有「不知」，而「不知」之中亦必涵有「知」，此亦一陰一陽之融為一體。而凡成一體，則又必涵有陰陽之兩面；偏舉一面言，則必失之。中國傳統思想之偉大深厚處，則在其必兼天人、內外、死生、彼我而一言之。此皆所謂「一陰一陽」。

宋史於周濂溪以下創立道學傳，以別出於儒林傳。後人或非之。其實周、張、二程以下之為學，確與漢、唐以來「儒林」有不同，別立「道學」之名，亦未為非。南宋朱子起，融會周、張、二程，而集其大成，乃有「濂、洛、關、閩」之稱。而朱子之學，主要在發明一「理」字。陸、王與朱子啟爭議，亦在此「理」字上。後人乃稱程、朱為「理學」，陸、王為「心學」。近代乃有改稱宋、明「道學」為「理學」，似更恰切。孔、孟主言「道」，宋、明儒主言「理」，可謂中國儒家思想轉變一分界線。

孔、孟言「道」，主言「仁」。孟子曰：

仁，人心也。

故朱子以「仁」為「心之德」。孟子又言：

仁者，愛人。

但慈孝分數有不同，故朱子又以「仁」為「愛之理」。此「理」字，即指其分數不同言。故朱子言理，必兼內外「心」與「事」合言之。若心不接事，則「理」亦不見。心與事皆屬「氣」，「理」則在「氣」之中，非外於「氣」而別有「理」。則「一陰一陽之謂道」，當亦可謂「一陰一陽之謂理」。仍無大分別，只一體動靜之相異。

人心有「愛」必有「惡」，愛惡若在正反兩面，實亦通為一體。若問愛惡孰先？依儒家意，應先有愛，乃有惡。若謂先有惡，乃有愛，則其義大不同。喜、怒、哀、樂亦然。當先有喜、樂，乃有哀、怒。孟子性善論之勝於荀子性惡論，亦在此。喜、怒、哀、樂、愛、惡亦分屬陰陽，陽在外，較易見；陰在內，不易知。如生易見，死不易知，故生屬陽，死屬陰。先有生，後有死，則應稱「一陽一陰之謂道」。何以轉稱「一陰一陽」？依近代人觀念，「自然」在前，「人文」在後。人文當屬陽，自然當屬陰。道家重自然，則先陰後陽，乃兼采道家意。濂溪則言「互為其根」，又言「無極而太極」，則義更深遠矣。如本末源流，末亦可為本，流亦可成源，雨降果落可知。

孔子主言「人道」，故「性」與「天道」不可得聞。墨翟則重言「天道」，故曰兼愛、天志。但天之生人，固屬平等，而人之相處，則不能無差別。視人之父若其父，實屬難能。墨翟所講可謂有「道」而無「理」。老子則曰：

道，生天生地，神鬼神帝。

道乃高出於天地、鬼帝之上。天地何由生？必有其道。苟天地可不以道生，則人類亦可從無道生，又何有此「道」字。生天生地，究屬何道？實難言。雖不知其道，而必有其道。孔子曰：「知之為知之，不知為不知，是知也。」知有此道，而不知其為何道，此即為知矣。「氣」即兼涵有「道」與「理」，而朱子言「氣」與「理」，「道」乃更易見。

老子又言：

道法自然。

即謂道乃「自己如此」。則「生天生地」，豈不即天地之自生？「神鬼神帝」，豈不即鬼帝之自神？否則天地、鬼帝不自然，亦非道矣。如是則道豈不亦無生無神之可言？故道家言「道」，乃不得不兼言其為「無」。但既無，又何言？此皆為人類語言文字所限，而道家言道之眞意，乃有難以言宣者。故貴心知其意，能超乎語言文字以為知。朱子言氣與理，則具體淺近言之。近人乃謂中國人言道理，不如西方哲學家所言之高深。但西方哲學僅成一種專家言，中國人言道理，則通俗化，幾於家喻戶曉，人人易言易知；則淺深之高下得失，亦有難以一言而判者。

中國人貴能言之深入而淺出。孔子論語乃為其最高之準則。顏子曰：

夫子博我以文，約我以禮。

「禮」與「文」，皆即孔子所言之「文章」。顏子又曰：

既竭吾才，如有所立卓爾。雖欲從之，末由也已。

此所立卓爾者，乃有「性與天道不可得聞」之妙義寓其中。宋、明道學之異於儒林，主要在「行」，非言教所能竭。孔子以身教，思想、行為融而為一。莊老道家近西方哲學，多涉言教，乃分思想、行為而為二。季文子三思而後行，孔子曰：「再思可矣。」可知孔子之重行。孔門七十弟子，顏子獨稱為善學。濂溪言「學顏子之所學」，不專在言語思想上，其義深長。

中庸曰：

自誠明謂之性，自明誠謂之教。

「誠」即「道」，謂其眞實不虛，已較莊老言「無」為有進。但亦未深及其內容。人道亦誠實不虛。孔子曰：

巧言令色，鮮矣仁。

巧言令色，不忠不信，虛僞不實，故非「仁」。「誠」亦可稱為一「存在」，但必兼具時間性，能持續，非剎那即歸消滅。易繫辭曰：

繼之者善。

能繼始為善。於中庸「誠」字外另增一「繼」字，道之涵義又益進。

今以宇宙萬物言，各有存在，各有繼續。蒼蠅不知是否先於人類，但其生命至今尚存，則亦是一誠一繼，亦必有其道其善可知。但其道其善，決與人類不同，其相異處即是「理」。萬物莫不有道有善，莊周乃有「齊物論」。道、善各別即是「理」。道家重在求其齊，儒家重在求其別。萬物之別在其「性」。孔子言：

性相近，習相遠。

孟子始倡為性善論。易繫則曰：

繼之者善，成之者性。

較孟子有更進一層之發明。

中庸言：

天命之謂性。

有生無生，莫不有性，同出於天而各別，此之謂「性理」。濂溪易通書主在闡申易義，橫渠西銘主在發揮中庸，實皆兼采道家言。程、朱較多稱述論孟，但亦多包融道家義。換言之，孔孟多主人道，宋代理學家則兼及天道，人文、自然，一體闡說，而終以人文為主，不失孔孟之正統。

以一陰一陽言，則孔孟當儒家之陽面，而周、張、程、朱則當儒家之陰面。象山、陽明又一意欲挽歸之於陽，而疏失轉多。朱子謂象山偏在「尊德性」，而己則偏在「道問學」，戒其門人當取他長以補己缺。「尊德性、道問學」語見中庸，實即顏子所謂「博文、約禮」之兩面，亦即所謂「一陰一陽之謂道」。朱子能由道問學而歸本於尊德性，亦不失孔子言道之正統。

周易六十四卦，均不言及「陰陽」二字。易大傳始言之，此已羼進了道家義。故周濂溪曰：

無極而太極。

乃於「太極」前增上「無極」一語。孔子言「仁」又兼言「智」，道家則重「智」不重「仁」。就智之一面言，則內之本不易見，外之末轉易知。草木根柢藏於土，枝葉生長出於地，一易見，一不易知。嬰孩不如耄老之易知。故道家言「有無」，儒家言「本末」。儒家主要言人文大道，而以天地大自然為本。天道、天命難知，人事得失易見。一國、一天下之治亂興亡，一家之盛衰禍福，易見易知，而人心之為本則難知。「心」顯在外，尚易知；而「性」之隱藏在內以為心之本者，則又難知。喜、怒、哀、樂、愛、惡、欲，謂之「七情」，乃心之顯於外，猶較易知。而愛為惡本、喜為怒本、樂為哀本之精密至理，則又難知。然不得其本，則不知其末。「一陰一陽之謂道」，就人心之知言，陰為本，陽為末，道家之意應如此。孔子昌言仁道。仁，人心，仁道即人道。故易卦先乾後坤，則陽在先而陰在後。此以道之先後言，不以知之難易言。

墨翟言天志、兼愛，亦若以天為本，以人為末，亦求由末以返之本，而於人道則轉有大失。楊朱為我，則有人無天。莊周、老聃又反之，乃至於有天無人，故主「無為」。惟孟、荀堅守儒家義。而又有鄒衍唱五行家言，亦本儒家，而兼采道家，其地位聲名，在當時乃出孟、荀之上。實則鄒衍所言，天道重，人道輕，不啻以天為本，以人為末，更近道家言，而與孟、荀乃大背。繼之又有呂不韋及漢初淮南王，皆招賓客著書，大旨不外於兼融諸家，會之一統，終亦有背儒家以人道為本之大旨。及董仲舒出，專尊五經，罷黜百家，儒術乃定於一尊。此不可謂非中國學術思想史一進步。

以「道」言之，固是天為本，人為末；但以「理」言之，則不妨以人為本，而天轉為之末。惟孟子主「性善」，仍可以人合天。荀子主「性惡」，由人中有聖乃有善，不免尊人而卑天。故後儒終尊孟不尊荀。俗語稱「王道不外於人情」，但不言「天道不外於人情」。又言「人情即天理」，但不言「人情即天道」。又「道理」連言。皆儒家義之深入淺出處。故道家專言「天」，乃深入而無窮。儒家主言「人」，則反己而有得。此則猶可待後人之繼續加以闡申與發揮。

仲舒治學，主要在孔子春秋，而以公羊為主；但亦兼採鄒衍，重天道。司馬遷繼之，著太史公書，其言曰：

究天人之際，通古今之變。

天人、古今，有其分際，有其變化。言「天」必重「時」重「變」，史學重人事，而亦不忽於天道。但司馬遷於天人之際，則一尊孟而貶鄒。西方科學，自然更重於人文，宗教更輕人世。故西方之學易偏趨於極端，而中國則務於大中而至正。遠自戰國之末，學術思想已大致形成了陽儒陰道之局面。惟兼采鄒衍陰陽家之說，則不免道更重於儒。西漢末，揚雄倣論語為法言，又倣周易為太玄。東漢末，王弼注周易，又注老子。此皆儒、道兼容，而王弼為益顯。大抵處治世，人生多愛、多喜、多樂，而每不自覺；處亂世，多惡、多怒、多悲，而每滋不安。處治世多向外進取，處亂世多向內悔疚。故治世在陽面而易於轉向陰面，亂世在陰面而亦易轉向陽面。一治一亂，亦如死生，每循環而不息。死即所以成其生，非有死，即無生。亂亦可以引生治。人群不能有治而無亂。惟中國每以「一治一亂」作教導，不以長治久安為當然。夏、商、周三代，治亂更迭，亦天命。不能有禹不再有桀，有湯不再有紂，有文、武、成、康不再有幽、厲。此亦天人分際。亦如人生不能有愛、喜、樂，無惡、哀、怒，則人心自當有修養。人生不能有外無內，自不當專務名利，而當反之德性。有分別，即有和合。有和合，亦即有分別。儒家言「道」，乃在天人和合處。道家始言及「理」，則在天人分別處。「生」與「治」乃和合，「死」與「亂」為分別。儒家多重在正面積極處，而道家則多重在反面消極處。儒、道兼融，道、理並言，天人合一，而「道」之內容乃益見其寬大。

依中國古史傳統，堯、舜、禹、湯、文、武、周公，皆以聖帝賢相開一代之盛運。但秦始皇帝、漢高祖開基，則無說以通。鄒衍陰陽家言「五德終始」，其說遂大行於西漢。但光武中興，鄒衍之說衰。王弼代起，乃以易卦闡史。下經三國、兩晉、南北朝，而其說又大變。在野之百家言，又超於在朝王官學之上。而老子、釋迦乃與孔子鼎足三峙。

儒、道兩家同言「天命」，儒家積極，乃言「天之將降大任於斯人」。道家消極，莊子以「渾沌」

為中央之帝，而「儵」、「忽」為南、北之帝。中央乃一和合，南、北則為分別。儵、忽時間短，渾沌時間長。時、空亦當和合。西方人重空間，忽視時間。中國人則重時尤在空之上。天屬時，地屬空。中國人必「天地」連言，而一切衡量，以時間之悠長與短暫為主要標準。南、北之帝，儵、忽短暫，不應為中央之帝。但中央之帝亦宜終非一渾沌。即此一寓言，而人生、政治哲理之甚深妙義，有待商榷者，亦胥見於此矣。

佛法更消極，稍近道家。隋、唐之間，佛法中國化，天台、禪、華嚴三宗繼起，則又融會於儒家。宋代理學，反釋、道而一歸之儒，但亦兼融釋、道。不能只積極，無消極，此即所謂「一陰一陽之謂道」。「一天人，合內外」，終為中國人文大道文化大傳統之主要所在。

一陰一陽之變即是「常」，無窮緜延，則是「道」。有變而消失，有常而繼存。繼存即是善，故宇宙大自然皆一善。生命皆屬善。無生物亦然。異性同存，則必有其和合處。故天地一氣，曰「太和」。西方生物學家則言「優勝劣敗，物競天擇」。則試問當前人蠅並存，究是孰優孰劣，孰勝孰敗？西方人好分別，知爭不知和，亦徵其所見之狹矣。

人群相處始能繼，人性之和由之。人性乃由長時期經驗成，中國人則稱之曰「化」，所謂「人文化成」是也。「化」與「變」不同，變易見易知，化不易見不易知，須長時間之蘊蓄孕育。如人，經胞胎十月，又自嬰孩歷二十歲之長久演化始成人。故太和中必經長歲月而有萬化。陰乃其「規範」，陽則其「表現」，非長時間深透不可知。亦可謂「時」居陰，「空」其陽，非時則空無成。中國人言和合必兼及其分別，言道則必兼有理。中國學術思想之必儒、道兼融者即在此。

中國語言文字能和能化，西方語言文字則惟變惟新。觀念思想隨之，而文化乃大異。故中國每能於相反相成處見道。就中國「五倫」言，如父慈子孝，言「慈」則父母居陰，子女乃其陽；言「孝」則子女居陰，而父母為其陽。行為主在陰，對象則為陽。「高山仰止，景行行止」，高山其嚮往之對象，循道而登乃其陰。人之在大群中，群屬陽，己則陰。惟亦可倒轉言，登山之己屬陽，一陰一陽，正反主客，互易無定指。道為主，行道者為客。亦可謂孔子大聖為主，其道乃為客。人可為主，天可為客。今可為主，古可為客。「一陰一陽之謂道」，其妙義不拘可如此。

孔子十有五而志於學，乃學求為一人。為人有道，道與人乃其主，己則為一客。及其立而達，而至於七十從心所欲不逾矩，則己心為之主，而道與矩盡為客矣。如是則己為主，群為客。人為主，而天為客。亦可謂空是主，而時則成客矣。孔子聖之時者，經時間修養乃成聖；及其為聖，一切時皆環向此一心，亦即環向此一空，主客倒轉，正反亦然。

西方個人主義，己為主，外面環境乃其客。嬰孩時，父母家人皆在環境中。日長日大，環境日擴，己仍為之主。老而衰，環境日促日小，己之為主，乃退居老人院中，其道難繼。邦國亦然。資本主義與帝國主義，外圍皆侵略對象，富強不可一世。久則貧弱，不再振起，以迄於亡。希臘、羅馬，先例俱在。此皆惟知陽，不知陰，不知一陰一陽之始為道，故其道終難繼。

人死屬陰，生屬陽。陽則短短百年而止。但上有父祖，下有子孫，緜延擴大，可臻無極。故人生雖僅百年，而其心情乃能通達於父祖、子孫而無窮。天下之本在國，國之本在家，家之本在己，己之本在心。己心乃天地萬物、眾生大群一中心。此天地萬物、眾生大群，乃為吾心一陰面。己之一生，則為其陽面。一陰一陽乃有道。孔子之道乃即孔子之大生命，以宇宙天地萬物、眾生大群為之體。從此體內發出光芒，斯即成其為孔子，如是而已。孔子死，此光芒則依然常照耀在宇宙間，在大群中。每一小己，亦各受此光芒以為生。此光芒乃人生之陽面，己身則其陰面。

宇宙大自然即是一氣一動，即一道。但氣涵陰陽，正反相異，萬物各別，斯見分理。如父子一氣相承，而先後有別。理不同，斯慈、孝之道亦不同。失其理，則非其道矣。君仁臣敬亦然。彼我有別，君一臣眾。君當仁其眾，臣當敬其一。若君敬臣仁，則又失其理，而非其道矣。儒家之研道，益進而有理學。又有「心即理」、「性即理」之爭。「心」即「氣」，分別處乃見「性」，則「性即理」之說為當。孔子學「為己」，最為得之。顏子曰：

博我以文，約我以禮。

約以禮，即為己。朱子言：

即凡天下之物而格。

孟子曰：

萬物皆備於我。

則博文即以約禮，而約禮又必從事於博文。大學所格之「物」，即孟子「萬物皆備於我」之「物」。「致知」即以致己之知。故孟子、朱子之學，乃即孔子之學。本末源流，亦一以貫之矣。

陽明格庭前竹子，乃誤會朱子之言。竹在日常人生中，乃微末之一物，何待竭心以格。陽明處龍場驛，悟「良知」之學，自謂使孔子處此，亦何以異於我。此又誤會孟子之言。困而自得，斯可矣，又何必遽以自比於孔子？孔子曰「學以為己」，斯乃最當於理而合於道。又曰：

若聖與仁，則吾豈敢？

則自得之後，仍當有學。後儒陳義高遠，乃有近於西方之哲學。雖孟子、朱子，容有難免。然孟子、朱子之學，終亦以為己。而西方哲學，則主向外，為人為物，此又不可不辨。人能學為己，斯則身修、家齊、國治而平天下。人道亦即天道，得於內而亦順乎外。故「道」必得其「理」，理則必兼先後彼此而見。個人主義有己無人，社會主義有人無己，皆失其理，又何道之存？

近代國人崇慕西化，又以「重男輕女」自譏。中國史學、文學中，崇敬女性，並世其他民族莫能比。一陰一陽，同等重視。易卦先乾後坤，豈即重男輕女？人群分上下，君在上，民在下。孟子曰：

民為貴，社稷次之，君為輕。

又豈國人所譏「帝王專制」之謂？試讀歷代帝王詔書，絶少自尊自大。其所稱頌，則在祖先。詔中要旨，則在百姓之福利。又豈得盡謂之虚語浮文？

若謂西方人生僅知陽，不知陰。亦可謂印度人生乃僅知陰，不知陽。中國則陰陽並重，又陰先於陽。西方人言「婚姻為戀愛之墳墓」，而婚姻之價值隨以大減。印度人以生、老、病、死作平等觀，而死之地位乃大增。年逾五十，入深山居洞中，期死之早臨。惟中國人男女、生死各求一合理之處置。國人又以「貧弱」自詬。論歷史，中國自清代乾隆前，富強亦超西方。富強貧弱，亦人生陰陽一體之兩面。富強在己，貧弱在人，此何理又何道？孔子曰：

貧而樂，富而好禮。

孔子過衛，曰庶矣，加之「富」，加之「教」。實則貧富乃由比較而見，豈能有富無貧？但求貧富不過分而加之以教，教以能樂、能好禮，斯相安不互爭，而人道乃可繼。人趨於爭，亂自隨之。濂溪太極圖說：

主靜立人極。

靜則安則定，又何爭？

人文一依於自然。西方人主動不知靜。嬰孩即入幼稚園，所見多，所聞雜，其心不寧靜。入小學，見聞益多益雜，其心活動，蘊藏不純粹。成年入世，不見眞情，乃亦不見有己。有動而無靜，有外而無內，所性、所好、所安無範圍，亦不見其所將歸宿，則又何道以為繼？

要之，人生則必有兩面，雖盡人有死，而生生不絕；雖安常守舊，而仍能與日俱新；雖危亂多敗，而仍可繼起有成；雖悲哀深切，而樂亦自在其中。此之謂「一陰一陽」。能知此，則隨時隨地皆可自得。僅知有己而不知有人、有群，僅知有今而不知有古、有後，有「氣」而無「理」，乃自絶於天道與人道，亦無可與語矣！

（一九八三年故宮學術季刊一卷一期。）

一〇 中庸與易簡

中國學術思想，儒家為正統。實則道家繼起，即已融入儒家，而合成為一體。中庸、易傳兩書，可為其代表。自漢以下，無不重此兩書。中庸書中，提倡「中庸」一語。易繫辭中，提倡「易簡」一語。此兩語，漢以下發生了大影響。先秦戰國與漢以下之大不同處，正在此。本篇稍抒其義。

中國歷史緜長五千年，而先秦戰國為其主要一轉捩點。戰國以前，乃為「封建政治」，中央為天下共尊。但天子外，尚有列國諸侯，各占一方，分疆而治，各自為政。秦漢以下，乃為「郡縣政治」，舉國統一，共尊中央一天子，不再有列國分封。此為中國五千年歷史古今相異一大變。

專就西周論，自武王、周公封建，下迄秦之統一，已歷八百年。田氏篡齊乃一小變，然齊之為齊，則一線相承，下至戰國，已擁有七十餘城，疆境之廣，傳統之久，近代歐洲如英法，尚難與比。其他如楚，傳統亦歷八百年。秦亦然，縱謂其後起，亦當有五百年之久。燕亦由西周初封。韓、趙、魏由晉三分；專就其分後言，亦已各占有兩百年以上，較之近代歐洲如德如意，亦已過之。當前歐洲如何得獲統一，誠一大難事。中國之能有秦漢一統局面，實值深入之探討。

在中國歷史上有一大值注意者，即為中國人之重視賢人。遠自堯、舜、禹、湯、文、武、周公以來，聖君賢相踞高位，有盛德，而臻一世於治平，此不論。及世之衰，踞高位者不必有盛德，有盛德者不必踞高位，而當時中國人已知重「德」尤甚於重「位」。春秋之世，齊桓公、晉文公為並世諸侯所推尊，成其霸業。霸者，伯也。如周文王三分天下有其二，以服事殷，稱為「西伯」。齊桓、晉文挾天子以令諸侯，其令諸侯，即以尊天子。舉世尊之，乃尊其德，非尊其位。後世事態變，而議論亦變，乃輕齊桓、晉文之霸。然在當時使無霸業，則天下將更亂。故孔子曰：

民到於今受其賜。微管仲，吾其被髮左衽矣。

則孔子亦尊霸可知。

霸業衰，上位更無賢德。鄭乃一小國，子產為臣不為君，然而舉世尊之。雖晉、楚兩強，亦無不尊子產。吳乃一蠻夷之邦，季札非大臣，周遊列國，備受敬禮。此兩人，即堪為當時中國人重德猶勝於重位一明證。其他類此者，全部左傳中不勝其例，茲不詳舉。

子產、季札已近孔子世，而孔子之受人推敬，則尤遠甚之。孔子祖先自宋避難遷魯，已失其貴族地位。其父仕魯，僅為一小軍官。孔子早孤，淪為一平民。魯亂，避之齊，無職無位，而得齊國君臣之禮敬。從後世人視之，孔子乃一大聖人，其到處受人推敬固宜。然在當時，孔子僅一平民，而齊國君臣禮之亦如鄭子產與吳季札，其風可慕矣。

魯任孔子為司寇，位居三家下，最為尊位。孔子辭位去魯。在孔子意，亦只是重德更重於位。戀位損德，孔子不為。其至衛，衛靈公即以孔子在魯之祿奉孔子，是靈公亦知重孔子。此下周遊列國，其所遇皆如是。今人只謂孔子所如不合，不得意而返魯，而忽視列國對孔子之尊禮。此乃後世國人更進步，乃以孔子不見大用責諸國。不知當時諸國對孔子之敬禮重視，已為難得。孔子返魯，魯國君卿敬禮如故，此尤難能。後代國人，對魯國君臣只加責備，不加讚許。試觀歐洲及其他各民族史，固無如孔子之大聖，而當時我國人之尊賢重士同亦無之。

墨子繼孔子而起，其社會地位更低，然其受並世尊禮，則或更甚。繼之又有孟子，後世尊之為「亞聖」。所如不合，然其出遊，以鄒地一貧民，而後車數十乘，從者數百人，傳食諸侯，其聲氣有如此。其見齊宣王、梁惠王，齊、梁皆當時最大強國，孟子皆備受尊禮。莊周乃宋一漆園吏。宋小國，漆園吏乃卑職，莊周賴以為生，隱居自傲。楚國聘以為相，莊周拒之。楚亦當時一大強國。國人習熟此故事，不以為怪，乃謂中國為一「封建社會」。則此「封建社會」四字，究當作何解釋？

尤如齊，首都臨淄稷門之下，廣建高第大廈，延攬各國學者，尊之為「稷下先生」，奉以厚祿，使得自集門徒，論學傳道，著書立說，自為宣揚。政府不煩以政事，而許其批評議論，以備斟酌。當時稷下先生幾達七十人之多，以孔子僅一平民，亦門徒七十人；齊國乃當代一強國，故亦養賢七十以為比。

東方學人少去秦，但秦國亦知尊賢。商鞅後有范雎，乃魏一逃亡客，秦昭王長跪問政。其時秦亦已成一大強國，乃竟以一國王之尊，而敬禮一外國逃犯有如此。范雎終相秦，建大功。復有東方遊士蔡澤，勸之退。范雎乃薦蔡澤繼相。然東方學人終卑視范、蔡，為其未能闡弘大道，不得與東方學人相比。而秦國之尊賢下士，奉其國於異國游士之手，東方學人亦不特加重視，仍以夷狄視之，謂其不得與東方諸夏相類比。秦軍圍趙都邯鄲，趙欲尊秦為「西帝」，與齊「東帝」同尊。魯仲連反對，謂秦果為帝，則仲連惟有赴東海以死。當時秦兵之強，舉世莫敵，趙國亡在旦夕。魯仲連一匹夫並不代表某一國，在危城中，發此高論，而趙國帝秦之議，終以暫止。魏信陵君來救，趙圍遂解。信陵君之來救，主要得力於其門客侯嬴，乃一大梁守門人，與魯仲連同是當時一卑賤平民，而在國際戰爭大動盪之際，發生此等大影響；試讀並世各國史，上下古今，亦有其例否？可見當時之中國人，不重政治地位，而重私人品德。不僅社會如此，即踞高位，為君、為相、為將者，亦同有此等觀念。時風眾勢，乃以成此局面。此誠中國歷史文化一特徵。

然即如魯仲連、侯嬴，在當時地位，亦尚遠在諸子百家講學傳道、著書立說為一代大師者之下。要之，當時中國人尊「賢」尤勝於尊「位」，重「道」尤勝於重「政」。一言有道，相與尊之。試讀一部戰國策，類此故事層出不窮，亦不勝縷舉。又如呂不韋，乃東方一大商人，竟為秦相。時秦已居戰國列強之首位，而終受東方各國之鄙視，以其尚功利，不尚賢。呂不韋乃一變其風，廣招東方學人，集撰呂氏春秋一書。可知不韋同時亦一學者，深體當時尊賢不尊位、重道不重政之共同風氣，其書乃廣羅當時百家異說，會通歸合，求定於一是。其書行，則不韋己身之政治地位亦從而定。其果有意為天下之共主，抑僅求秦之統一天下而己為之相，不為周武王，而為周公？其內心隱私不深論，而其抱有一種政治野心，則昭然矣。其書成，懸之咸陽國門，人能改其一字，可得千金重賞。則不韋仍不敢以國相高位自尊，而仍有尊賢之意可知。

秦始皇帝亦遊東方，熟知當時風氣。呂不韋得罪，乃為一種政治鬥爭。始皇帝既滅六國，李斯為相。李斯乃楚國一下吏，從學於荀卿。蒙恬為將，乃齊人。始皇帝長子扶蘇，則從在蒙恬軍中。扶蘇亦從師，治儒學。秦之宗族則不再封建。又效法齊之稷下先生制，凡為一家之學者，盡得為博士官，不治而議論。並得各招門徒，自相傳授。始皇帝之意，從此天下僅一天子居上位，不再有列國諸侯，而所重惟賢、惟學、惟道，更無政治權位之爭，故自尊為「始皇帝」。自此二世、三世，以至萬世，非重子孫權位，乃在永世太平。不意當時博士中，乃加反對，謂自古非封建則不足以長保天子之權位。主此議者乃屬儒家，但實不明大義，不通世變。秦之改封建為郡縣，使此下中國永趨於一統，乃中國歷史上惟一主要大進步。而秦始皇帝不親與爭辯，下其議於丞相，此亦未可厚非。李斯之為人為學，及此下焚書案，不在此詳論。秦雖短短二十餘年而亡，下起漢之一統，終為中國歷史一大轉捩點。則秦始皇帝之是非功罪，亦宜非一言可定矣。就今世界論，科學發達，商業交通，天下已如一家，而欲求世界之統一，則不僅遠無其望；即求歐洲之統一，能合成一大國，亦渺非其時。將來之世界，恐終不能如中國之戰國時代，有其統一之望，而仍為一鬥爭殺伐之世界。此誠大堪憂傷矣。

中國既歸統一，則此下之中國人，自當與堯、舜、禹、湯、文、武乃及春秋、戰國時代之中國人有所不同，此亦易知。其大變異所在，則「中庸」與「易簡」之兩端，實為其最顯明者。今姑約略申之。

何謂「中庸」？「中」字易知，「庸」字難解，但決非安於庸俗之謂。中庸言：

喜怒哀樂未發謂之中，發而皆中節謂之和。致中和，天地位焉，萬物育焉。

方其未發，有此喜怒哀樂之情，無此喜怒哀樂之別，則「中」亦一「和」。及其發而中節，則仍亦一「和」。是則「中和」二字，更重在「和」。「和」之一字，可以盡中庸之德矣。故曰：

中者，天下之大本；和者，天下之達道。

惟貴本於中以求和，故大群之和乃皆本於小己之中。即天地位，萬物育，亦位育於此「中」。莊子所謂「得其環中，以應無窮」，是矣。中庸又言：「君子和而不流，強哉矯！中立而不倚，強哉矯！」則中庸非不言強，惟貴其中和，無過不及，不走極端，不趨分裂。又曰：

「衣錦尚絅」。君子之道，闇然而日章。君子之道，淡而不厭，簡而文，溫而理，知遠之近，知風之自，知微之顯，可與入德矣。

是中庸之道亦非不主表現，但求表現於闇微淡簡中。此皆「中庸」之要旨。戰國之際，列強紛爭。秦漢以下，全國統一。時不同，斯道亦不同。廣土眾民，大群相處，而求長治久安，則最要在能和。亦貴有一「中庸」之社會。而人物師表，亦歸於此。此正中國歷史一大進步。姑舉數例。賈誼乃一不世出之奇才，漢文帝能加賞識，君臣際遇難得。絳、灌之徒，滿朝大臣，皆從高祖戎馬間得天下，不欲賈生以一青年平安中驟膺重任，陵駕其上。此情亦平庸所有。文帝委曲隱忍，出賈誼為長沙王太傅。賈誼之陳政事疏，自謂乃「痛哭、流涕、長太息」之言。其所言非不誠，亦非不明。及其居長沙，乃自比屈原，終亦隱忍委曲以安其位。及文帝再召見，讚賞更有加，而終又出之為梁懷王太傅。賈生亦仍隱忍委曲安之。及梁懷王出獵，墜馬身死，賈生深感未盡為師傅之責，憂傷以夭。此誠一悲劇。近代國人則不加體會，認為自秦以來，君主專制，群臣以孔子儒道助成之。則試問，豈漢文必盡違絳、灌朝臣，重用賈生，乃始為不專制？而賈生則當怫然以去，或投水自盡，不受任命，乃始為不助長帝王之專制乎？

孟子論「三聖人」，如伊尹之「任」，伯夷之「清」，戰國學人皆慕之；獨柳下惠之「和」，慕者絕尠。蘇武使匈奴，守節不屈，牧羊北海上，殆亦如伯夷之清，伊尹之任；及其歸漢，則儼然柳下惠之和。蘇武之為蘇武，則尤在其歸漢之後。相傳李陵報蘇武書，乃南北朝時人偽為，乃重李陵甚於蘇武。時代變，人物亦隨而變。而中庸之為德，其有助於中國秦漢以下之大一統，亦由此可知。

司馬遷亦不世奇才。武帝以用兵塞外，力懲邊將降敵，戮及李陵家屬，又罪及司馬遷，其所措施亦不得謂全不當。其內心則甚賢遷。遷出獄，擢為中書令，即內廷祕書長，亦可謂擇賢善任矣。而遷則以自請宮刑為奇恥大辱，特以承父遺命，願終成史記一書，而隱忍委曲為之。其報任少卿書，言之沈痛悲憤無遺藏。武帝下遷獄，又加重用，豈專制更甚於漢文？而遷之受任中書令，乃為助長專制之尤乎？中國人之尊君觀念，亦為一禮，亦一中庸之道。中庸言：

忠恕違道不遠。

人而非聖，孰能無過？君有過，仍當尊，此亦不失為恕道。曹操為述志令，自期為周文王，勉不篡漢自帝，豈亦漢獻帝之專制使然？曹操能政能兵，允文允武，亦當時一傑出人才。魏上承漢，下啟晉，當為中國政治史上一正統。而陳壽三國志魏、蜀、吳鼎足記載，並不貶蜀、吳為諸侯叛國。而魏臣之謚其君，則曹操為「武帝」，曹丕為「文帝」，則於操並無褒辭。唐杜甫詩有「將軍魏武之子孫」之語，則於操仍加稱揚，而後世則終列操為篡亂不臣之奸。此見中國人品評人物有如是之嚴正，但仍不失為一種中庸之道。君則終是君，臣則終是臣，孔子所謂「名不正則言不順」，正其名亦即中庸之道而已。近代國人切慕西化，秦以下之政治則斥之為「君主專制」，秦以下之社會則斥之為「封建社會」，兩千年來之歷史幾於無一是處。竊恐持論過高，非中庸之恕道矣。

王猛出仕苻堅，亦不得謂於安定北方無功。但勸其主勿蓄意南侵，此亦中庸所謂「素夷狄行乎夷狄」。此下漢臣出仕北朝，最後如蘇綽，其苦心亦皆然。尤後如王通，亦非能嚴夷夏之防；但其著為文中子一書，亦於後世學術有貢獻，而後人亦仍目為大賢。韓愈自謂「並世無孔子，不當在弟子之列」，而以闢佛自比於孟子。其諫迎佛骨表，幸僅免死，而遠謫潮州。然亦終安於為臣，未能效孔子之辭魯司寇而去國，亦未能效孟子之終不仕於梁、齊。彼一時，此一時。在上有一君，乃中國之所以得成為一統之中國。秦漢以後之一統，正乃孔孟以及先秦諸子百家所想望。愈之為臣，亦以能直言極諫，亦可得中庸之恕矣。

明代王陽明，遠貶龍場驛。及其為江西巡撫，平宸濠之亂，而幾於獲大罪。其教學者門人如錢緒山、王龍溪，亦終勸以應科舉，勿務求不仕。陽明唱為「良知」之學，而其委曲求全有如此，豈亦助長君主專制乃如此？清代曾國藩，以湘鄉團練平洪、楊。此下中國社會之仍存有孔子廟，此亦曾氏一大功。乃今人又斥之以不能繼續反清革命。但曾氏亦終不失為一中庸人物矣。

孫中山先生辛亥起義，乃以正式總統位讓之袁世凱。及在廣州，再創臨時政府，而仍終北上與段祺瑞、張作霖軍閥言和。此亦最近代中國人一中庸標準。故秦漢以後之中國，可謂乃以中庸立國，列代名臣皆不失一中庸意態，成其己而和與人，其義深長矣！

「中庸」外，尚有「易簡」一辭。易繫辭言：

乾以易知，坤以簡能。易則易知，簡則易從。易知則有親，易從則有功。有親則可久，有功則可大。可久則賢人之德，可大則賢人之業。易簡而天下之理得矣。天下之理得，而成位乎其中矣。

中國人教孝教忠。父當孝，君當忠，從各自之一身做起，豈不易知而易從？而修身、齊家、治國、平天下之道，乃一以貫之。今人則以孝親為封建思想，忠君為專制觀念，其議論若遠見為卓越而進步。但群道究當何從？則似不易知、不易能，乃惟西化是慕，捨己從人，失其性，亦違於命矣。今姑略作一比較。似乎中國社會一切易簡，西方社會則遠較艱繁。專就婚姻一端論，中庸言：

君子之道，造端乎夫婦；及其至也，察乎天地。

中國人極重視夫婦關係。史籍、文籍多所載。春秋時，晉公子重耳出亡在齊，其新夫人姜氏乃與其從者謀，醉遣之離齊。楚滅息，納息夫人為后，息夫人乃三年不言。此等皆迥出常情，傳誦千古。又如孔雀東南飛，乃一家庭婆媳問題，而彌見夫婦之情深。錢牧齋與柳如是，乃一名宦在政治上之出處問題，而彌見夫婦之義重。陸放翁詩：

斜陽古柳趙家莊，負鼓盲翁正作場，死後是非誰管得，滿村聽說蔡中郎。

此亦屬夫婦問題，乃當時民間有此等事，而上託之古人。熱中富貴，糟糠之妻遂以下堂，此等問題，則仍與近世崇尚西化之夫婦問題大不同。西方主張男女戀愛，中國則「男大當婚，女大當嫁」，不重視在婚嫁前之戀愛。而西方則視戀愛為人生一大事，小說、戲劇文學題材中，多所涉及。為婚前戀愛，已不知耗去幾多志氣精力，而婚姻反不美滿。據最近臺灣統計，一千八百萬人，每三十分鐘即有離婚事件一起。美國則男女同居已將代替夫婦婚配。小家庭制度亦將失其存在。社會當成何形態，則非能想像。要言之，婚姻一事，在中國極易簡，極中庸，而在西方則變難重重，出奇出格，乃成為人生一大問題。此實為探討中西文化異同值得注意一比較。

其次再及立國問題。一國則必有一政治領袖，中國古人言：

天生民，而立之君。

其事若甚易。伏羲、神農以來，中國早有君。黃帝、堯、舜，唐、虞、三代，為「封建政治」，多國多君，仍有一中央一統之天子。秦漢以下，改為「郡縣政治」，全國共尊一天子。此天子非必賢聖，而父子世襲，其事亦甚易，不煩時有籌措，但亦得有一兩百年或三四百年之治安。中國以廣土眾民，大群相聚，歷五千年之久，為並世其他民族所無，在中國則若平常易簡。乃遭近代國人種種之批評。西方則希臘一半島小小地區，竟不得成一國。羅馬以一城，建立一帝國，又吞併遍及地中海四圍歐、非、亞三洲之土地。然其亡希臘，希臘人未必安；滅埃及，埃及人不之樂。始終只是武力壓迫，而帝國亦終不能久。中古以後，現代國家興起，亦各分裂，相互戰伐，迄無寧止。最近兩次大戰，生民塗炭，殺人技術則為歐洲文化最進步之第一項。今則第三次大戰又接踵將起。立一國，使其國內治安，國外和平，能維持四五十年之久，此乃歐洲一極複雜、極艱難事。非殺人，不得使人安；非滅國，不得使國定。而葡、西、英、法之海外殖民，今亦明日黃花，昨夜殘夢，轉瞬消散，重溫無望。為今之計，儻能全歐洲和平統一，建為一國，亦如中國之往年，豈非歐洲人一大福祉？而終亦一大難事。在中國為至易簡者，在歐洲則至繁艱；在中國為至平庸者，在歐洲為至特出、至非常。今吾國人，慕效西化，而家不得安，國不得定，豈非七十年來國人所共睹。此誠人類當前至堪注意研尋一大問題。

其次再言及人類之信仰。孔子言：

民無信不立。

宗教信仰亦為西方文化中一大事。耶穌乃一猶太人，生平傳教僅得信徒十二人，其中一人乃叛徒。耶穌稱「凱撒事凱撒管」，而凱撒竟釘死之十字架上。其門徒獲進羅馬城作地下活動，可謂極千辛萬苦之事。及耶教大行，組織教會，建立教廷，擁戴教皇，此亦非易簡事。苟使無教會，無教廷，無教皇，今日在歐洲耶教是否得存在流行，豈不仍成一問題。回教繼起，十字軍遠征，又極千辛萬苦。耶教內部又分新、舊派，相互紛爭，新派中又各有分裂，事極繁複。求定於一，艱難無望。

印度釋迦創佛教，亦極艱難，終亦衰熄，幾不存在。其來中國，乃得廣為流傳，迄今為中國文化一大支，又傳播至中國之四鄰。其保存流傳較之在印度遠為易簡。此又是深值研究一問題。

中國有孔子，近世人以與釋迦、耶穌並舉。而孔子之獲得中國人信仰，殆更盛於釋迦、耶穌之在印度與歐洲。但孔子生前，決未存心求為一宗教主，死後亦無教會組織。乃其教竟得廣泛流行，其為期亦更久。而釋、耶、回三教，反在中國並得流行，不相衝突，亦無損於孔子至聖先師之地位。此誠一奇蹟。抑尤有甚者，中國社會信天信地，又信及山川，信及萬物。近代國人則譏斥之為多神教迷信。但信一神，如耶、回兩教鬥爭，殺人幾何，迄今不能止。宗教提倡和平，實則引起殺伐。中國人既迷信，信多神，乃終不害其信孔子，又可相安無事，和平相處。在西方一極複雜、極艱難事，在中國則易簡若固然，宗教信仰又其一例。此誠深值研究之又一問題。

今再綜括言之。家不安，國不定，信不立，舉世人類又何得和平相處？但中國已往之文化傳統，則家安、國定、信立，已有其成績，故得五千年長為一中國。今日中國人已占全世界人口四分之一，太過繁殖又成一問題。問題隨時隨處而發，又都連帶相關。求解決一問題，必牽涉另一問題，此之謂艱難複雜。惟待非常傑出、不世有之人物為之謀解決。於是人人乃各自務求為非常傑出、不世有，而相爭益甚，但此等非常傑出、不世有之人亦終於難產。生為中國人，寧不當對中國已往社會歷史文化傳統，略作探討，少加批評。果能小有所知，庶或對自己國家民族，對當前世界人類，或有所啟發與參考，此亦不失為一種中庸之道，易簡之方。較之務求現代化，務求為現代第一等國，第一等人，豈不較易知，較易從，較易立德成業，以無媿為一人乎？

今再簡約言之，中庸云：

君子尊德性而道問學，致廣大而盡精微，極高明而道中庸。

孔、孟、莊、老固已尊德性、致廣大、極高明於前，後之學者，則惟求道問學、盡精微、道中庸，豈不易簡之至？但今國人則又斥之以好古守舊，不務進步。果使古人復起於地下，恐亦無辭自解矣！

（一九八三年故宮季刊十七卷四期。）

一一　質世界與能世界

㈠

我們這世界，與其稱為「質」的世界，似乎不如稱為「能」的世界，更為適宜。莊子曰：

指窮於為薪，火傳也，不知其盡也。

「薪」為具體物質，「火」非具體物質。物質可指有盡，能則持續無盡。試舉一更淺顯易明之例。電視公司拍攝電視，有聲有色，散入空中，每家每戶設一電視機，便可把此聲色照樣接收。電視機乃物質，散布空間之聲色，無可指，當屬能。

再深言之，空氣亦屬物質。散布空中之聲色，雖固看不見、聽不到，亦可謂屬物質，但有能，故使人得從電視機中來收看、收聽。如此之例，同可來說明文字之用。語言寫入文字，亦如一架機器，他人讀此文字，便如聽人說話一般。其功能之大，實遠超近代機器如電視機一類之上。

中國文字，更屬功能卓越，流傳廣久。古詩三百首，已歷三千年，辭簡義豐，至今猶人人能讀。三千年前人之精神笑貌，心胸情懷，依然如在目前。使三千年後人，仍可投入三千年前之人生境界中，同樣感受，同樣孕育。試問如此興趣，較之人類登月球，荒涼寂寞，無親無故，刺激全異，何堪相比？今人則沉迷於質的世界中，能的世界日閉日狹，日消日淡。看一場電視，情緒興奮，已遠非誦三千年前一首古詩所能比。登上月球，雖片刻之頃，畢生難忘，舉世驚慕。中國古人發明了此一套卓越的文字，使三四千年前之人生，投入了一廣大悠久之能的世界中；質的世界之一切意義與價值，全已包涵在內。兩者相較，質的方面，自見遜色。古詩三百首，可以摶聚民族，陶冶性靈，有治國平天下之大用；較之物質世界中之財力、兵力，其功能之大小高下，難相比擬。但告之今之國人，又誰其信之！

吾國人正為生長在此能的世界中，四五千年來，不仗財力、兵力，而摶成一廣土眾民大一統之民族國家，舉世無匹。此有歷史實證，又誰得疑之！西方文字，隨語言而變。語言又隨時隨地而變。故羅馬人之語言文字不同於希臘，中古時期、現代國家時地異，又各隨而變。故西方人之語言文字，可稱為質的分量勝過了其能的分量。人生一切亦皆變。故中西雙方文化比較，正在其質與能之多少與強弱方面。以質的世界論，近人認之為進步；以能的世界論，長此分離，永不統一，鬥爭殺伐日烈，進步何在？人生不能專論物質，其最大功能，乃在其大群之能壽。中華民族壽達五千年，此其功能之一。人生之又一大功能，則在其群之能大。中華民族之疆土，已超越全歐，此其功能之二。何以有此功能？則為其生長於能世界，與西方人之生長於質世界者有不同。

中國古人言，人之死，「體魄」腐於土，而「魂氣」則無不之。體魄屬質，魂氣屬能。魂氣之無不之，則在其生前已然。孔子曰：

君子之德風，小人之德草，草上之風必偃。

此「風」即人之德性，亦即其生前之「魂氣」。西方人信仰「靈魂」，仍是一種物質。惟其所在地則為天堂，非塵世。其在天堂，亦不言其相互間共通和合之功能。在人世，數百人同進一禮拜堂，每一靈魂各自直接通於上帝，無分風、草，不能有相互之影響。羅馬教廷則同屬一種政治組織，依然需擁有財力、武力，其所表現，仍在質世界。中國佛教，僧寺散藏深山大岳中，相互間無組織、無系統。但同一寺中之方丈與其僧侶，一是風，一是草，魂氣相通，並可波及外界，仍於塵世無異。

西方社會一切衡量，皆本於財力、武力，近代則為一種機器力，故謂之「質世界」。中國重風氣，在人不在物，在德不在力，在「能」不在「質」。如言風度、風範、風格、風致、風貌、風神，乃指一人言。並有一家之風，一鄉、一邑之風，一邦、一國之風，一天下、一時代之風。其言「氣」，如孟子言「浩然之氣」，文天祥言「天地有正氣」。「風」與「氣」皆非物質，但皆有能，其能則猶在財力、武力以及各種機器力之上。故中國人對群體之觀察衡量，好言「風氣」。西方人則不之重，不之知。

如男女婚姻，結為夫婦，亦本於德行，而成為風氣。周南、召南為十五國風之首，而關雎為二南之首。後人謂文王之得天下，開有周八百年之盛運，乃自關雎之詩始。此等觀念，西方無之。直至今日，美國富強冠世，男女多同居，不結婚。此亦是一種風氣。依照中國人舊觀念，此種風氣，於人群治平大道，可發生反面之大影響、大力量。但西方人何肯承認！

中國人又言「氣象」。「象」是一種「模樣」，亦非物質。宋、明儒好言「聖賢氣象」，即指其一種「神氣模樣」言。孟子曰：

規矩，方圓之至。

規矩亦是一種模樣。而此種模樣，可以推廣，可以持久。一切事物皆求其成規成矩，有模有樣。俗又稱「模樣」為「神氣」。余書齋牆上常懸朱子橫幅書「靜神養氣」四字，大率中國人看人之生命，此「神氣」兩字即可說盡。故「靜神養氣」即中國儒家養生修身最大綱領所在。中國人重「禮」，俗亦稱「規矩」。夫婦婚姻，禮之大者。不僅人類，其他生物中亦多有此模樣。如雎鳩、如鴛鴦。甚至如天圓地方，亦此模樣。張橫渠西銘言：

乾稱父，坤稱母。

亦同是一模樣。古詩云：

相鼠有體，人而無禮。

中國則要人做一像模像樣的人，生活得有規有矩。而人則自有此德，自有此能。故人生在能世界，更要於在質世界。中國人觀念，天地大自然，自始即是成規成矩，有模有樣，否則亦生不出人類與萬物來。「天地之大德曰生」，生生不已，即是天地之一種「德」，一種「能」。言「質」則稱曰「氣質」、「性質」，但不稱「物質」。專言物質，則不見其性、氣。言性言氣，則質亦自在內。性、氣乃兼言能，不專言質。西方人好言「物質不滅」，但最近發現了電子，他們的物質觀念亦終於要變，不能再保持。

言「能」必有「動」。故中國人又好言「氣運」，「運」即有「動」義。「動」的另一面是「靜」，靜則不變不動，而有此一存在。生動死靜。「生生不已」，不說「死死不已」。故死生一體，其氣其性其德，則偏重在生，不在死。故生統死，死不統生。人生體統在求生，不在求死。果使死生不成一體，則無統可言。西方宗教主靈魂上天堂，世界有末日，死生分成兩體，則早非生命之大全。西方生物學家言「物競天擇，優勝劣敗」，但直至今日，人類豈是勝？蠅蚊豈是敗？海底魚類盡日盡夜成一大戰場，而生者自生，死者自死，亦與地面人生無大相關，則天地大自然亦不成一體統；轉不如中國古老觀念，「天地之大德曰生」，不失為一體統。天地眞有此好生之德否？中國人則謂氣象如此，不專向物質上作深究，斯得之矣。

中國人言「和氣致祥，乖氣致戾」。一身之氣，一家之氣，一國、一天下之氣，均有乖有和。待其積而運，則有祥有戾。中國人又言「王者氣象」。人群達於一理想境界，則王者興，而其地亦有「王氣」。此果為一不科學之迷信否？如讀二南，讀豳風，斯可知其二地之氣象，宜可有王者興。吳季札聘中原，觀聽列國風詩，即能指陳其數百年來民情風俗、盛衰治亂之概況。漢書地理志亦引詩經以證當時郡國文物之演變。此皆所謂「氣象」不同，實即古人死者之魂氣流衍，以積累而成之一種能的世界之景象；非在質的世界中，有一種潛在的力量，由觀察衡量而可得知其所以然與將然。今日世界氣象，王者興於何方，宜亦可用中國舊觀念加以推測。或當謂氣運未轉，庶或近之。

西方人長生活在質的世界中，對能的世界似少領會。最顯著者，即在其對一己之德性不自重、無自信，故每重於事而輕其人。即如文學，每一作者，亦不在坦白直抒其內心以告人。或其內心並無所存，所寫只外面事，與作者個己無涉。故西方文學中所表現，多作者體魄所接觸，加以虛構偽造，非其魂氣德性之所在。故在西方作家中，求如屈原、陶潛其人，乃渺不可得。求感人，則在其作品中之故事，緊張刺激，曲折離奇，千變萬化，重要在外不在內。其內在情志方面，惟男女戀愛，而仍必故事重於情志。苟非故事之緊張，即不見情志之眞切。至於作者個人情志，則甚少誠懇表達，坦白透露。如是，則以一內無情志之人，又何能表達出動人情志之文學來？

即如哲學，亦不披露思想家一己之情志，而僅從外在求眞理。此種眞理，亦本此思想家體魄官知之所得，而遵從一種邏輯辯證方法，以完成其體系與理論，非其魂氣精神之所存。即如生物學，觀察外在生物界，無微不至，然不能反求之一己內在之生命。故西方學人盡向外面知識上滿足其欲望，不向內部德性修養上完成其一己。其學術氣象乃如此。一部中國學術史，先秦、兩漢、魏、晉以下迄於清末，無不各有其每一時代之「氣象」。其氣象有承有變，共成一體，乃成為中國之學術風氣。但此一風氣中，亦有厚薄精粗，偏全高下，乃全從其內在德性之「能」的一面來。西方學術只見方向分別，各成專門，其「能」亦盡限在外面物質上。故西方學人縱處亂世，亦仍鑽牛角尖，外面事若可置之不問。因其無自立，乃亦無自信。亦可謂其所信在外，而不信及於己。此即其生命寄託於體魄，而不知有魂氣之存在。

中國人言「氣象」，尤好於天地大自然中之山水求之。泰山、華山，各有氣象，各因其自然積累人文而化成，不可互易。其他諸嶽皆然。江河四瀆，湖澤溝渠，亦莫不然。無此自然，即無此人文；非此人文，亦非此自然。中國之自然乃積累古今數千年中國人之無數魂氣所共同締造，乃成此氣象。

此乃一神化，一奇蹟。人文有盛衰治亂，自然氣象則可光昌無變，而人文乃亦緜亙以俱新。故中國境內之自然山水，各有魂氣流衍，各有氣象呈現。生此天地中，無不受其影響，受其化育。吾中華民族傳統文化精神方面之同化力，主要乃在自然山水之間，更遠過於其在都邑城市中。故中國文化乃常與天地大自然融凝一體。中國人言：「言教不如身教」，而氣象大自然之教，則更深厚，更不可測。

以中國各大都市言，如長安、洛陽、金陵、餘杭、開封、北平，建都各數百年以上，全國人文薈萃，亦如山水大自然，各具氣象，一讀歷史記載，可以依稀想像而得。所可奇者，乃其各自成體，各異其象。此體、象亦經長時期之和合蘊積者始有。其他諸城市，亦各有其締構。如江南蘇州，單論其園林，唐有網師園，宋有滄浪亭，元有獅子林，明有拙政園，淸有留園，分佈城內外，歷經盛衰治亂，規模尚在，會合成一氣象。能世界超乎質世界，其影響乃不止蘇州之一城。又如濟南、長沙、成都、廣州、昆明，類此者又何限？

西方城市建築，氣象自別。遠之如埃及金字塔，近之如美國尼加拉瀑布，僅供物質觀賞，無精神陶冶，氣象靈感則淺薄不深厚。故亦可謂西方都市中僅有物質之建設，而無德性之團聚。巴黎、倫敦、華盛頓、紐約，建設各不同，氣象則無大異，不如中國各大都市之各有深厚之特色。若以近人語說之，則近代西方都市建設可謂乃「科學」的，而中國則屬「藝術」的，此又一大不同。

故西方社會乃外在「科學性」的，而中國則內在「藝術性」的。若論科學，可說西方勝過了中國；但言藝術，則中國實遠超於西方。中國重禮樂，亦一種藝術，非科學。故亦可謂西方乃一「霸者氣象」，中國乃一「王者氣象」，高下之判即在此。

如繪畫。西方主模繪外面具體之形似；中國人畫山水，則須畫出此山水之氣象，於山水原形有所變，乃有出神入化之妙。東坡詩：

不識盧山眞面目，只緣身在此山中。

此心能超乎一世之外，乃能深入此一世之中，而識得其眞相。此一世乃亦融入吾心而與我為一。所謂「一天人，合內外」，此為人生一絕大藝術。司空圖言：

超以象外，得其環中。

宇宙大自然皆其「象」，吾之眞生命眞精神，則其「環中」。孔子志於道而游於藝，藝即禮樂。亦可謂禮其「環」，樂其「中」。人生眞理乃在此。非知識，乃德性。果使拘於外在之禮，而失其內心之樂，則決無當於中國傳統所謂之禮樂。

故形而下則質生能，形而上則能生質。亦可謂中國所有乃一種「有機科學」，即「生命科學」，亦即「能的科學」、「德性科學」，科學而藝術化，生命化，而道亦在其中矣；豈「物質科學」之所能盡？西方藝術則終不免是科學的，而中國科學則務求其藝術化。西方科學最近有核子彈殺人利器之發明，但斷不得謂殺人乃藝術。山崩海裂，狂風暴雨，亦殺人，但非天地自然之有意於殺人，更不得謂天地自然有殺人之藝術。與科學家之精心設計求能多殺人者大不同。中國人之氣象觀，則屬藝術，非科學。西方主張個人功利，故科學可無限使用，而藝術之為用則有限。中國藝術亦即人道，故可無限使用，而科學之為用則有限。此為雙方文化學術一大不相同處。倘能科學藝術化，此即晚清儒所謂之「中學為體，西學為用」之一表現矣。

另從一角度言，中國自始即一大陸國；西方自希臘起，乃一海洋國。漫遊中國大陸，所至皆多相異。但仰天俯地，則覺有一「大同氣象」。從「大同」中呈現出「小異」，異中見同，氣象萬千，乃得合成一「大同世界」。海洋則遍望皆水，航行者空蕩蕩無依靠，惟此一舟，波濤時起，驚險萬狀，必得駛近一埠頭，此心乃安。而登埠後見聞，則異邦奇俗，與己土全不同。有所獲而歸，仍必再出。如此則畢生所求，乃非其所安。經歷交接，驚險奇異，習以為常。既老而衰，始告終結。故在希臘人心中，人生只在向外求，一切驚險奇異中，應隱藏一平安如常之眞理，而又驟不得其眞理之所在。彼中哲學家所欲探討告人者乃在此。科學亦然。幾何學一門，最受注意。大海中遙望見一山，露出雲層，即可推測吾舟離岸之遠近，此是何等重要事！柏拉圖榜其門：「不通幾何學者，勿入。」中國古人，何曾設想及此？天地不同，世界不同，無怪雙方人生之相異。

羅馬以一小城市，仗兵力征服地中海四岸，但仍非一大陸國。西方中古封建時期在大陸，亦不能團結成一國。文藝復興，意大利沿海新城市再起，北方波羅的海沿岸亦興新城市，重返古希臘氣象，於是有葡、西、荷、比、英、法現代國家之出現。哥倫布橫渡大西洋發現美洲新大陸，此在西方史上，何等驚天動地！但哥倫布心中仍只是一海洋。人心然，天地大自然亦然。全歐諸邦，仍承希臘舊傳統，各成一海洋國，無大相異。

美國乃眞成一大陸國，但其內心積習，仍自海洋國來，向外更重於向內，與歐洲文化傳統無大相異。西部開發，印第安人殺伐殆盡。大總統統率海陸空三軍，國務卿則主國際外交，其立國精神乃如此。俄羅斯乃歐洲一大陸國，自彼得大帝起，亦求海外發展。蘇維埃繼之不變。美、蘇乃同具海洋國精神。英國哲學家羅素，曾謂此後世界形勢將不操於海洋國，而改操於美、蘇、中三大陸國。但不知美、蘇與中國立國精神大不同。其所猜測，乃成淺見，無足深究。

西方立國精神常向外，個人亦然。重「事業」，不重其個人生命內在之「德性」。雖稱「個人主義」，自生命立場言，實無「個人精神」。即如耶穌教之傳播，亦事業，非德性。亦可謂儒、釋重內，耶教則重外。中國人重內在之德，故其事業亦發於內成於內。西方人事業則向外求。亦有身，而事業則不在身；亦有家，事業亦不在家。家人各自獨立，不成一氣象。國與國相爭，乃始有國內之摶聚可見。勝則繼續向前，敗則氣散不復。故西方氣象乃在「爭」。國然，個人亦然。平居無事，則無氣象可見。希臘奧林匹克運動會，今又復盛，此亦西方一氣象。暫時相爭始有，爭畢即散。

黑格爾哲學唱為「正反合」辯證法。中國人則陰陽正反合成一體，並無永遠向前，只是正反對立一局面。故中國之變止於常，而西方之常則止於變。黑格爾辯證法，甲與非甲合成乙，如是而丙而丁，變而無止，實乃無常。此又雙方觀念一大不同。故中國和順即是道，西方則相離相爭始是道。所謂自由，實一反抗，仍偏向外。人之德性則有反抗、有和順，而和順尤重於反抗。個人獨立，貴能合成一大群。人類生命實質如此，其意義價值亦在此。故身之上有家、國、天下，身是小生命，家、國、天下乃其大生命。合內外始能一天人，人文自然乃合一而無間。否則人文終亦是自然中一變，無逃於世界之末日。

西方哲學從宇宙論建立人生論，而中國人則從人生論來建立宇宙論。和順於道，於己有成，即與天合德，人而即天矣。天地一大自然，人亦自然中一部分。涓滴之水，必歸於江海，而江海乃集合涓滴而成。非涓滴，又何以成其為江海？孟子曰：

> 盡心知性，盡性知天。

中庸則曰：

> 君子無入而不自得。

人之生命在其身，亦在家、國、天下。苟其和順於道，則各有自得，各不失為一中心，如此而已。而曰「壹是皆以修身為本」，則亦修其分離、養其合一，修其反抗、養其和順是已。

身、家、國、天下，皆一氣之摶聚。人生先有體魄，後有魂氣。體魄歸於腐敗，魂氣則長流行。西方人重體魄，主向外尋求，而生命乃限於軀體，可在醫院中解剖，以詳知其內容；中國醫學則重在軀體中之一氣。生命終了稱「斷氣」。此一「氣」字，西方醫學所不論，今國人亦稱之曰不科學。實則天有陰陽四時之氣，地有山川陸海之氣，身、家、國、天下，亦各有其氣。有生氣，有死氣，盛衰興亡，莫不有其氣。上下四方，古今中外，通為一氣。中國此一「氣」字所指，今姑稱之曰「能世界」，以別於「質世界」。但質與能亦相通。今姑就中西文化相異處分說之如此。

宋儒言「變化氣質」，乃分「天地之性」與「氣質之性」而為二。天地之性亦稱「義理之性」，乃宇宙大自然所賦於人之共同性。人類即本此以展演出種種大中至正之人生道義來。限於軀體，則為氣質之性。故人自嬰孩，為子弟，即當從學受教，求能變化修養，以上達於天命之共同性，而躋於大中至正之大道。此為中國文化傳統人生哲理中一最要宗旨、最要目標之所在。如佩韋、佩弦，警戒成習，而氣質之性之或緩或急，乃不足為病矣。論語少言「性」，常言「學」，即此義。

孔子十有五而志於學，達於七十，而從心所欲不踰矩。此即孔子五十知天命之後，天地之性之充分用事，而達於與天合德之境界。其對門弟子，亦因材施教。「求也退，故進之。由也兼人，故退之。」此即變化氣質之教。孔子又曰：

不得中行而與之，必也狂狷乎？狂者進取，狷者有所不為。

中行之士，即本乎天地之性。狂狷則尚有偏，仍待變化。孟子曰：

人有不為也，而後可以有為。

則狷為始，繼此而狂而中行。孔門四子言志，子路、冉有、公西華，皆志在有為；曾點浴於沂，風於舞雩，詠而歸，若志在無為。而孔子歎曰：

吾與點也。

孔門四科，言語、政事皆有為，文學猶然，獨德行若無為而居首。閔子騫曰：

如有復我者，則吾必在汶上矣。

顏淵居陋巷，不改其樂，冉伯牛能居簡，皆似消極，有所不為，而皆列德行一科。此中深義，大值研玩。

墨翟繼孔子而起，則近狂；莊周近於狷。此下中國學術傳統，乃融會儒、道兩家。孟、荀為儒門兩支柱，孟子主性善，反己以求，謂「人皆可以為堯舜」，此近狂；荀子主性惡，向外各有偏，中正大道首在「勸學」，此近狷。漢儒傳經，章句訓詁，方法皆由荀；宋儒高談義理，修養主敬，乃近孟。繼有程朱、陸王之分別，陸王似更近孟，然按之論語，則多見其偏。後人並有擬朱於荀者，因朱子自稱偏於「道問學」，亦不忽章句訓詁，並曾以孟子為粗。孔子曰：

下學而上達。

子夏言：

切問而近思。

則朱子講學自亦有近荀處。清儒提倡漢學，上震於朝廷文字獄之鎮壓，多不敢放言高論。於程朱所言尚有諱，更何論於陸王？要之，儒學必歸於中行，而以狷為之始。

並觀當世，西方若近狂，印度若近狷。但西方進取，非中國人之進取。甘地以「不合作主義」反抗英倫之殖民統治，亦印度人氣質之性之一種表現。但印度人性多近惰，實非狷。佛教出世，此亦一種有為精神，故在印度終亦衰歇。惟來中國，乃得長傳。今印度雖亦成為一獨立國，其在人群治平大道上，終難有貢獻。要之，非能歸於中行，則亦不得謂之為狂狷，此又不可不知。

戰戰兢兢，如臨深淵，如履薄冰，知過弗憚改，勿以善小而弗為，勿以惡小而為之。此非居反面趨消極，實居正面，但謙退和緩，不激進，亦非無為。荀子主張性惡，亦求向善，此種心情，豈不亦為宋代理學諸儒所同情？其實韓退之亦謂孟子醇乎其醇，荀子亦大醇而小疵。如孟子「法先王」，乃主舉世古今皆善。荀子「法後王」，雖主性惡，亦謂並世有善，乃是其「醇」處；其不知法先王，乃是其「小疵」。此種思想非反抗，僅和緩，一意情實，亦中國文化一特徵。近人乃有譏國人為崇拜失敗英雄者。實則當前之失敗，仍可謂在永恆前進中一步伐、一成功。故孔子之淑世精神實近耶穌，而更遠於釋迦。但耶教之「原始罪惡」及「世界末日」論，則決非中國人性情所近，乃決不加以信仰與提倡。此亦研討中國傳統文化者所當加以深切之體會。

「居移氣，養移體」，美國人苟得善自求進，宜可歸於中行。如其解放黑奴，及其對加拿大、墨西哥南北近鄰不加侵犯，此即證其可與為善。但西方傳統一時無可擺脫，異民族雜居，道一風同，亦難驟企。猶太人經商為務，亦近狂。耶穌之狂，乃與釋迦之狷、孔子之中行成為世界人類三大教。馬克斯亦猶太人，唱共產世界主義，亦近狂。惟耶穌志在天堂，馬克斯意歸唯物，皆於人性有忽，與中國之中道終大不同。中國人好言「性格」，西歐人、印度人、阿拉伯人、猶太人，性格各不同。中國大同之道，建本於人性，而變化氣質實不易。但中國人所理想，亦終不得謂其無深義。

又如蘇維埃，地處寒帶，生事艱難，民性陰鷙，恰與印度民族成一對比。今日國人或以美、蘇比之中國戰國時代之齊、秦。但戰國時，諸子百家思想言論，皆能超國別之上，而一為天下謀。故秦之統一，乃浮面事；而中國之統一，則經深厚之積累。中庸言：

> 今天下車同軌，書同文，行同倫。

此豈秦之兵力所能致？當前世界無此氣象，則不待智者而可知。然則此後世界將如何？吾民族、吾國家此後又當如何？孟子曰：

> 天下定於一。

又曰：

> 不嗜殺人者能一之。

今世界任何一弱小國家，幾乎無不願擁有幾顆原子彈。最近各國政治元首，接連遇刺。恐怖活動，遍地皆是，焉得有不嗜殺人之風？孔子曰：

如有用我者，吾其為東周乎？

孔子終生追慕周公，乃一旦得行其道，亦不敢想望西周之盛，退一步想，願為東周，緩以期之；此亦吾中華民族獨有之特性，亦吾中華文化特有之氣質，所以能不失於中行。北宋以下，中國貧弱，迭經遼、金、西夏乃及此下蒙古、滿洲之蹂躪，而吾中華民族傳統文化，仍得保留，此則承傳統中行之餘蔭。

孔子主去兵、去食，而曰：

自古皆有死，民無信不立。

此「立」字，不指個人生命言，乃指大群生命言。吾中華民族緜亙五千年，繁衍十億人口，可謂大群已立。苟惟富強進取，又何克臻此？老子曰：

以邦觀邦，以天下觀天下。

比觀中西歷史，此下大勢，依稀可見。

今吾國人盡唱現代化，實即西方化。孔子曰：

過我門而不入我室，我不憾焉者，其惟鄉愿乎！

鄉愿則「生斯世，為斯世也善」，此亦一現代化。但中國之鄉愿，雖忘失其為己，乃亦主於和順，不求為摩登時髦出鋒頭之人物，仍不失中國之國民性。與近代國人所想慕之現代化又不同。此亦不可不辨。

西方禁捕鯨，性非無仁。最近西方科學發展，乃有電腦出現，管理功能轉超機械生產之上，而冀及於人類內部之性能。果由此覺悟逐步自質世界趨向能世界，此或人類前途福祉之所望。中國舊觀念，其將一新於斯世，則誠天地生人之大德所在矣。天生德於予，東海、西海、南海、北海皆可有聖人出。中國觀念終自有其意義與價值。孔子之信而好古，誠不誣矣。但倘謂電腦功能遠超人腦之上，舉世將更進入機械時代，則前途展演，誠非余之所知。

（二）

中國人言「知」，又必兼言「能」。易繫辭：

乾以易知，坤以簡能。易簡而天下之理得矣。天下之理得，而成位乎其中矣。

所謂「天下之理」，曰乾坤，曰天地，曰陰陽，曰動靜，曰剛柔，必執其兩端，始見其全體。而凡物之在天地間，則必有其位。不明乎其理，則不得成其位。曰「天理」，曰「地位」，理屬天，位屬地。西方人言「空間」，實即如中國古人之言「位」。中庸言：

君子素其位而行，則無入而不自得。

行而得，即屬能。反求諸己而得矣，故曰「自得」。又曰「良能」，實即其人其物之「德」，所謂「足乎己無待於外」者。今人則好言「環境」，不知環境屬外，非己所得主。易繫辭：

乾知大始，坤作成物。

主其始者，乃己之「德」；作成為物，則己之「業」。德貴可久，業貴可大，「時」與「位」一以貫之。所謂一天人而合內外者在此。若言「空間」，則與「環境」義近，而「位」之為義則轉疏矣。故知此譯實未精確，或亦可言此正中西傳統觀念之相異處。

中國人言乾坤、天地，是即其言「質」與「能」。易繫辭言「乾知大始」，是屬天、屬能；「坤作成物」，是屬地、屬質。又曰：

在天成象，在地成形，變化見矣。

「形」屬質，而「象」則屬能；「變」屬質，而「化」則屬能。是中國人之於質世界與能世界，乃既分言之，又復合言之。其曰「乾知大始，坤作成物」，則能在前，質繼之。非有質始有能，乃是有能始有質；非有形始有象，乃是有象始有形；非有變始有化，乃是有化始有變；非有業始有德，亦是有德始有業。先後之間，而尊卑定。朱子言「理氣」，亦必曰「理在氣中，而理必先氣」，是其旨矣。

西方人好言「分別」，中國人好言「和合」。朱子言「格物窮理」，宇宙大自然一切物，盡屬質方面，皆可分別，但亦是一氣。氣則涵有生命性。生命無可分別，大生命乃是一「和」。於無可分別中求分別，始是「理」。故中國人言理，尚和不尚別。所謂「物理」，亦當從其生命性著眼始無害。

中庸言：

喜怒哀樂未發謂之中，發而中節謂之和。致中和，天地位焉，萬物育焉。

是必己心先有未發之「中」，乃始有已發之「和」。苟其無中，又何來有和？父慈子孝，各有其未發，即各得成和；非待慈孝相配合，乃始有和。天地萬物既位育於中和，亦即位育於己性之德。推己心之慈孝而天地萬物即位育於此心慈孝之一團和氣中，是天地之位、萬物之育即見於己心之德，而己為之中矣。故一己乃為天地萬物之中心，而天地即位於此中心，萬物亦育於此中心。使無己，即無此中心，即不見有天地萬物。此未發之「中」，即一己之「德」。德貫天人，而通內外，其旨深遠矣。故易尚指其外言，中庸乃一主其內言。讀兩書者，又不可不細辨。

易繫辭言：

一陰一陽之謂道，繼之者善也，成之者性也。

此道惟繼斯善。馬其頓興起，則希臘不可繼。北方蠻族入侵，則羅馬不可繼。兩次世界大戰以下，則西歐之現代國家不可繼。今天下則惟美、蘇是瞻，則西歐傳統文化每有其不可繼，宜有其不善可知。先希臘而有埃及與巴比倫，同亦不可繼。印度似稍可繼，較之埃及、巴比倫若略善。惟中國自羲、農、黃帝、堯、舜以來，五千年文化傳統，相繼不絕，廣土眾民，以有今日，較之世界其他民族斯可為最善矣。可繼之為善，人文即繼自然而來。中庸言：「天命之謂性」，則人文即屬自然。「率性之謂道」，此道乃人文之道。是易繫辭偏重自然，而中庸則更偏重人文。兩書同為融會儒、道，而亦仍各有偏。後儒繼起，重易繫，尤更重中庸，故言「氣質」又言「德性」。氣質屬自然，必有變化；而德性則屬人文，必求其可久可大。卦象多指氣質，而「中庸」則主言德性，此乃其別。西方科學但主變化氣質，以供人類之用，而不顧及於其物之德性。此在莊周書，稱之曰「機心」。心有機，斯心亦失其眞，非心之德矣。宗教家亦分靈魂與軀體為二，是亦「心」、「物」兩分，故西方有「唯心論」、「唯物論」之別。而中國則謂心物同體，心物一原。凡物各有其德其性，即其「心」。宇宙同體，則互顯己德以為他用，非毀他德以供己用。心為物役，固非中國古人所喜；而物供心用，亦非中國古人所主。物各有「德」，即物各有「理」。今人所謂之物理，則僅供人用，實非物之理矣。

亦可謂道家偏近質世界，儒家偏近能世界。所謂「善」，即質中之能。西方人愛分別，乃言「眞善美」。亦可謂道家好言「眞」，儒家好言「善」，而「美」則中國人較為輕視。中庸言「誠」，則眞與善和合而一。「誠者，天之道」，此是一自然之眞。「誠之者，人之道」，則是一人文之善。兩者得和，乃始見美。不和不合，而分離獨立，則失其眞，失其善，亦失其美矣。

此善之在人，則為「德」。中國人教人為人之道，則惟曰立德、成德，以達其德於天下後世。德則必有能，如父能慈，子能孝，夫婦能和，皆其德，而後人類之生命可繼。則何嘗捨質以言能？但求能必本於質，如是而已。

西方又分「宗教」與「科學」。亦可謂宗教主於善，科學主於能。然科學發明至於近代而有核武器，斯即不可繼，為不善矣。宗教主靈魂上天堂，而人生界則必有一末日，仍為不可繼。自中國觀念言，則西方宗教信仰宜亦有其不善之存在。最要分別，則西方必分別言之，而中國則必和合言之。佛教來中國而中國化，天台主空、假、中「一心三觀」，華嚴主「理事無礙，事事無礙」，得其中而無礙，則可繼，可繼則可久可大。故易繫言：

可久，賢人之德；可大，賢人之業。

要之，必兼合時空言，必和會質能言，斯始得之。

近人言教育，亦必主西方化，乃分「德、知、體、群」為四育，若知育獨立化。科學有核武器發明，斯為不德。體育貴衛生健體，但何必定要參加運動會爭冠軍？則失其衛生健體之本旨。使人無德，何能群？故自中國觀念言，則教人惟教其立德、成德、達德而止，何更有「知、體、群」如許分別？

然則論一切世界，惟求其可繼能善。質世界必達於能，能世界必歸於質，而惟求其可久可大，斯為中國傳統文化之宗旨所在。

然就中國舊觀念言，亦不能謂此宇宙僅屬能。因中國觀念質能和合，不加分別。如朱子言理氣，謂氣中有理，不能有先後。若必言先後，則當言理先氣後。然理無能，則非理能生氣，乃氣中自含理。如横渠西銘：

天地之塞吾其體，天地之帥吾其性。

其塞、其體即指質，其帥、其性即指能，亦質能並言，但先質後能。則「帥」即其「塞」，非「塞」外有「帥」也。又曰：

知化善述其事，窮神善繼其志。

其化、其神，皆此塞之帥，非於塞之外别有化與神。濂溪太極圖說：

太極動而生陽，動極而靜，靜而生陰。

陰陽同是此氣，盈天地只此一氣，氣中復分陰陽，但非先有此氣再分陰陽，亦非先有陰陽合成此氣。若謂氣指質，陰陽指能，則質能仍同屬一體。凡此皆承道家義。老子曰：

道可道，非常道。名可名，非常名。

因此氣變動不居，變則無常，無常則不可名。又曰：

失道而後德。

德者，得也。萬物各得氣之一體，乃始得萬物之名。而氣之大全體則亦由此而分別。中庸繼言「至道」，凝於此「至德」，乃轉言「理」，則「道」與「德」皆備。理即此氣之分別，氣必分陰分陽，一陰一陽之謂道，非陰陽之外有此道，亦非由道始生此陰陽。故中國舊觀念乃主質能和合，不主質能分別。質能和合，無可名，故濂溪又言：

無極而太極。

「心」者，「物」之能，中國觀念不再分「唯心」與「唯物」。「性」亦物之能。宋儒言「氣質之性」與「義理之性」，義理之性又稱「天地之性」，實則兩者之別即在其分與合。分則為質，合乃見能。捨卻物質之性，又烏得有義理之性與天地之性之存在？「神」亦物之能，故中國亦神物不分，或似多神論，或似一神論，或似無神論。要之，「心」與「性」與「神」，皆主和合言，而和合中即見有分別。苟無分別，則又何和合可言？然則西方科學最新發現之電子，依中國觀念言，實仍是「氣」，則質與能皆兼之矣。

一二　人生之陰陽面

嬰孩初生，於外無所知，所知惟內在之一己。最先乃為一己之喜、怒、哀、樂、愛、惡、欲七情。飢欲食，寒欲衣，衣食則為自然人生之首要條件，故「欲」即「性」。喜、怒、哀、樂、愛、惡，則對人文深於對自然。嬰孩最先乃知愛其父母兄姊一家人之日相親接者，對物則惟知乳水、襁褓、搖籃等三數事，然決非親愛此等物亦如父母家人。生漸長，外面接觸愈多，對己有引誘，有拘束，有破壞，於是欲漸多，並有惡、有哀、有怒。中國人於哀主節，於惡與怒則多戒慎。論語：

弟子入則孝，出則弟，謹而信，泛愛眾，而親仁。行有餘力，則以學文。

孝弟愛親當求「信」，其他則求「謹」。人生主要在此「情」，情之表現為「行」，人生主要即在此。學文乃其餘事，縱不識一字，不讀一書，亦當求為一完人。

西方人心理學有「知、情、意」三分法。其實知即知此情，意即情之所向，是人心亦惟情為主。

乃其哲學戒言「情感」，僅重「思想」。中國人言「飢思食，渴思飲」，俗語「餓了想喫，冷了想穿」，則所謂「思想」，亦心之所欲，亦即心之意，乃一種不出聲之語言，不書寫之文字。季文子三思而後行，孔子曰：「再斯可矣。」只教人多想一想。又曰：「思則得之，不思則不得也。」此猶言：「我欲仁，斯仁至。求仁而得仁。」重在其心之想要與不想要。故中國人乃只言「學問」，不言「思想」，亦無如西方之「哲學」。西方人生主向外，知識從思想來，科學即其證。中國人生主向內，老斲輪行年七十，得於心，應於手，父不能以傳其子，此則為藝術，非科學。故重修養，不重思想。

「己」，人所共有。「人」其共相，「己」其別相。有其同始為人，有其別始有己。人各有一己，乃人文之本源。己各為一人，為君子，為大人，乃見人文之大同；即大群之道一而風同。然而人之得為一人，非由己，育焉養焉者乃他人。己屬陰面，他人屬陽面。及其老，記憶漸衰漸忘。己死而不自知，記憶之者乃他人，非其己。孔子為中國兩千五百年一至聖先師，一大聖，記憶之者亦兩千五百年來之中國人，而孔子不自知。則孔子之不朽長存亦其陽面，而孔子之己則其陰面。

人之生，陰為主，陽為輔。「一陰一陽之謂道」，人道如此，天道亦然。孟子曰：

莫之為而為者，謂之天。

天生宇宙萬物，是則宇宙萬物為之陽，而天則居陰。孔子曰：

未知生，焉知死？

推以言之，未知宇宙萬物，又何知天？故知在陽面，所知在陰面。使無此所知，又何得有知？此亦「一陰一陽之謂道」。

道亦一「存在」。此一存在乃一「行」，有其時間過程，乃屬所知，非屬知。中國人重道，故重「行」更過於重「知」。西方人先重知而行隨之，故西方人求變求進；中國人則重成重守。此乃中西文化一大相異。

莊子曰：

得其環中，以應無窮。

人生己之外有父母、妻子，有家、有鄉，有邦國、天下，大小廣狹皆其環。今人謂之「環境」，或稱「生活圈」。「己」即其中心。幾何學言圓之中心為點，但此點無長、無廣、無厚，則有等於無。故曰：

日夜相代乎前，而莫知其所萌。非彼無我，非我無所取。

老子亦曰：

三十輻，共一轂，當其無，有車之用。埏埴以為器，當其無，有器之用。鑿戶牖以為室，當其無，有室之用。故有之以為利，無之以為用。

莊子之「環中」，即老子之所謂「無」。車與器與室，皆指其外環，用則在其「無」處。人生同然，最大用處在其己，亦在無處，無可覓。老子之所謂「用」，實即孔子之所謂「道」。故又曰：

道可道，非常道。名可名，非常名。

人有耳目，猶室之有戶牖。耳目以辨外面之聲色，然心不在焉，則視而不見，聽而不聞。有自然心，即赤子心。有人文心，即成人之心，以至大人心。孟子曰：

大人者，不失其赤子之心者也。

赤子自然心之成為大人人文心則待養而成。西方心理學指人身之腦為「心」。然非有耳目，腦亦無聞無見。有腦有耳有目，無血氣相通，仍將無聞無見。中國人言「心肺」，乃指氣血之所由流通言。「血」可見其有，「氣」不可見，但不得謂之「無」。中國醫學尤重氣。氣絕則血流停，即為死。中國人言「人心」，乃「心氣」之心，非「心肺」之心。其心乃通於一身，並及於家、國、天下，乃至宇宙萬物。亦在「無」處，不在「有」處。

老子曰：

萬物負陰而抱陽，沖氣以為和。

宇宙萬物，不論有生無生，中國人皆謂之乃「氣」。「沖」有兩義，一曰空，一曰動。車與器與室，其空無處，乃其用所在，而車、器、室皆在其外。故曰：

道可道，非常道。

名之曰車曰器曰室，則指其有，不兼其無。故曰：

名可名，非常名。

人生亦然。名之謂「己」，己不可得，即一空，實即是一存在，是為「靜」；己有生，則為「動」；故人生必兼靜與動。故曰「沖氣以為和」。一空一有，一動一靜，成為己之生，即是一「和」。有處動處可見可知，空處靜處不可見不可知。故曰「一陰一陽之謂道」，實即是一「氣」。

周濂溪太極圖說：

無極而太極。太極動而生陽，動極而靜。靜而生陰，靜極復動。一動一靜，互為其根。

濂溪言「太極」，即猶莊子言「環中」。究而言之，實一「無」，故曰「無極而太極」。所謂「無」，乃指其有無動靜之可分而不可分，則無實乃是一「和」。俗言「空氣」，又言「一團和氣」，盈天地則惟此一空一和而止。「和」是一「空」，僅求之外面之有，則難和；又是一「中」，偏有偏無，偏動偏靜，皆非中，亦非和。得中得和，始有萬物人生，此謂之天道，亦即人道。中庸言：

致中和，天地位，萬物育。

非中和，則無所位，亦無所育矣。濂溪又曰：

主靜立人極。

人生無事不變，無時不變，而己則不可變，亦不當變。所謂「主靜」，實即「立己」。孔子十五志於學，三十而立，即立其己。直至七十從心所欲不踰矩，仍是此己。孔子最惡鄉愿，「生斯世，為斯世也善，斯可矣」。惟知從其鄉，一鄉謂之善人，但無其己；惟知從其世，一世謂之善人，但仍無其己；則何善之有？顏淵曰：

如有所立卓爾。

此即指孔子。莊子言：

得其環中。

得之者即在己。人生大環轉動，惟中心一己不動，故曰「靜」。但濂溪又曰：

無欲故靜。

鄉愿之求為一世善，即其欲。孔子則曰：

己欲立而立人，己欲達而達人。

所欲在內不在外，在己不在人。大學言：

欲明明德於天下。

明德即己之德，亦在內不在外，在己不在人。孟子曰：

養心莫善於寡欲。

所欲寡者指在外之「物欲」，非指欲於己之欲。欲於己者，後世則專謂之「性」，不謂之「欲」。實則性中自有欲。如「欲立」、「欲達」。喜、怒、哀、樂、愛、惡、欲七情，前六者皆從後一「欲」字來。故「情欲」並言，「欲」即是「情」。欲於外而忘其內，欲於人而忘其己，此為「物欲」，亦曰「人欲」，蔽於己，昧於性。濂溪言「無欲」，乃指此。佛學東來，乃以「欲」與「性」對立言，略與莊老相近似。孔子己欲立、己欲達之「欲」字，乃不再言。此當細辨。

濂溪太極圖說，在易通書中。其言「太極」，即本易義。易言陰陽，六十四卦乾、坤為首，乾動坤靜。乾之初九曰：

潛龍勿用。

九二曰：

見龍在田。

九五曰：

飛龍在天。

上九曰：

亢龍有悔。

就人之一生言，方其未冠笄，未成年，則當為潛龍之勿用。及其志於學而立，則為見龍在田。四十、五十，由立而達，則為飛龍之在天。七十、八十，老耄近死，則亢龍矣。故人之老而衰，乃天之善使人之勿亢而悔也。故自然則有存必有亡，有終仍有始，而不能純乾無坤，純坤無乾，「中和」乃自然之象。就德性修養言，則浴沂風雩，苟全性命，不求聞達為「潛龍」。內聖外王，山峙水流，既仁且智，亦壽亦樂，為「飛龍」。而名位富貴之逞心得意為「亢龍」，雖為龍，而終有悔。此則乾必轉為坤，純乾無坤，此亦不當不引以為戒。

儻以乾言「自然」，坤指「人文」，則人道亦不能有坤無乾，有乾無坤。龍象乾，馬象坤，人之為人當象馬，不象龍。坤之上六曰：

龍戰於野，其血玄黃。

人文演進而回歸自然，則有龍戰之象。人自為天不為人，為龍不為馬。戰血玄黃，天地並傷，今世乃其例。科學發達，水空汚染，爭富爭強，必有終極；非「無極」，亦非「太極」。濂溪「主靜立人極」，義旨深長，良堪慎思。

孔子五十而知天命，乃知己之所立實乃天之所命，知此則天人合。故能七十而從心所欲不逾矩。「從心所欲」是其乾之動而健，如龍之潛而飛。「不逾矩」則其坤之無不靜而順，安分守己，而大群合。此之謂合內外。故學為人，則必以孔子為標準。

朱子常連言「理氣」。天地皆一氣化成，萬物盡生於氣，同歸於氣。而物則相異而各不同，有界線，有條理。理則盡在氣之中，不在氣之外，故理氣無先後。若必問其先後，朱子謂當言理先氣後。何以故？氣若是一「有」，而理則是一「無」；氣若是一「動」，而理則是一「靜」。有與動，必有變；無與靜，則無變。宇宙大自然常在變，而必有一不變者。果無此不變者，又何來有變？如人之生，自嬰孩迄於耄老，時時在變，而有一不變者，即其「己」。嬰孩乃其體與氣之始。己與人異，即其「理」。氣之有與動，顯見易知。然有與動必生於無與靜，故朱子謂理必先於氣。嬰孩在變中，屬人；己則不變，屬天。人在外，天在內，實是一體。但必謂天生人，內生外。此皆朱子理先於氣之旨。朱子以「理」字釋濂溪之「太極」，亦可謂深得其義矣。

中國古人好言「禮」。禮者，體也。如夫婦相處，和成一體。父子兄弟，一家亦和成一體。君臣朋友，亦各和成一體。則家齊、國治而天下平，人生復何求？周公制禮作樂，善誦古詩三百首，亦可妙得其意矣。孔子善述周公之意以為教，故昌言仁道。墨翟、楊朱繼起，群言競興而其道亂。莊周乃擴大孔子言道之體，由人文推之自然，提出「氣」字。而氣之內，又必有「理」。莊子曰：

官知止而神欲行，依乎天理，以無厚入有間。

「間」即天理之無厚，亦即人之一己之「神欲」。易傳與中庸，兼儒、道而為言。朱子言「格物窮理」，亦曰：

物，猶事也。

本之人事，莫不因其已知之理而益窮之。夫婦、父子、兄弟、君臣、朋友，皆人事，遠自堯、舜、周、孔以來，其理已見。因而益窮之，此即承文化大傳統而益進。開創於前，守成於後。非守成，又何貴有開創？

人生必有死。孔子之死，歌曰：

梁木其摧，泰山其頹。

梁木、泰山，尚有摧頹，人身烏得不死？死則己何在？到頭一場空。但己即道，道在己猶在。哲人其萎，而有其不萎。孔子死，有子、曾子能傳孔子之道，門弟子群尊之。論語首篇學而，第二章有子言，第四章曾子言。有子曰：

本立而道生。孝弟也者，其為仁之本與！

曾子曰：

為人謀而不忠乎？與朋友交而不信乎？傳不習乎？

孝弟忠信，孔子所傳之道。居家孝弟，即見有己，已確然成為一潛龍。出門忠信，更見有己，已確然成為一見龍。何必飛龍在天，始見其為龍？父母兄長朋友，皆人生之「環」，非環又何以得「中」？

非坤之順，又何以見乾之健？非人生之顯在面，又何以見人生之隱藏面？非有父母、兄長、朋友，己從何立？

中國人言人生，必分兩面：一外在，易見易知；一內在，不易知不易見。外在多異多變，內在則一如不變。天之所命，常由外以成內。故「知」必歸於「行」，人性亦偏在行。由外知發為內行，斯則「成性存存，道義之門」，而人生之要在是矣。

佛教偏求知，四大皆空，一無所得，遂求「涅槃」。但涅槃亦在己，空其外而務求之內，終無可得。佛法中國化，乃有天台宗之空、假、中「一心三觀」。觀由心，此乃中國之傳統。禪宗與天台相近相通。慧可向達摩求心安，達摩語慧可：

將心來，與汝安。

慧可求心不得，遂悟。中國傳統，心即合內外，無外則心不見。若以問孔子，則還俗為人，孝弟忠信，斯心安矣。故慧可之悟，與中國傳統終隔一層。慧能偈言：

菩提本無樹，明鏡亦非臺，本來無一物，何處惹塵埃。

五祖則告以金剛經「無所住而生其心」一語，則心空仍須生。此即老子「沖氣以為和」之一「沖」字，則空中有動能生，亦即「空、假、中」之三矣。此皆多近道家義。華嚴言：

理事無礙，事事無礙。

則中國傳統人文中之修身、齊家、治國、平天下，一切皆無礙，而佛學乃終轉為宋、明之理學。

西方人向外求知，尤重物。認為知物乃知天，再回頭領導人。但西方科學之知於天者終有限。抑且求之天轉疏於人。今日人類已能登月球，但於人道之啟示終不多。生物學追溯生命原始，達於數十億年前。但與當身人道轉益疏。哲學家探討真理亦向外，與當身人道亦疏。西方人重知，必求之「客觀」。無「主」何有「觀」？無「內」又何有「外」？中國人則主內外、本末、源流一以貫之，而重內在之「主觀」。求知態度不同，所得之知自別。

西方耶教信靈魂、上帝、天堂，與塵世人生隔闊有別。中國則分「魂」、「魄」兩觀念。曰「體魄」，曰「魂氣」。嬰孩目能視，耳能聽，鼻能臭，口能辨味，皮膚能感痛癢，凡知皆必附於軀體，故曰「體魄」。及其死，軀體腐爛，魄亦隨而滅。成人始有「魂氣」。「魄」所知在外，「魂」所知則由外歸之內，相通和合，成其一己。魂在內，而亦通於外，謂之「魂氣」。氣非具體實有，實可謂之乃一「無」，亦可謂之在「有」、「無」之間。人死魂氣猶存，流行無不之。中國古代有招魂之禮，死者親屬登屋而呼，招魂歸來。又設為神主，使死者之魂有所依附。神主置祠堂中，歲時祭拜，亦鬼亦神。但祭拜亦五世而止。魂氣與生人疏，則亦散而滅。

中國世俗又有「寃魂索命」之說。今人謂之迷信。然人世確有其事。或出死者仇人內在一己之心理作用，宗教靈感亦如之。近代則恐怖運動遍於全天下，黑社會之謀財害命，因姦致殺，皆不見死者之尋仇。列國相爭，殺人盈城，殺人盈野，亦無寃魂求報。祠堂墳墓祖宗拜祭，亦全不再見。死社會對活社會已全無影響。科學進步，抑人心之退步？孔子曰：

未知生，焉知死？

中國人即以生世來觀死世。今則無死世，亦無後世，一以現代個人為主，亦無其大群之外環。心不同，則人生不同，死亦不同。孔子為中國之至聖先師，兩千五百年來，常在中國人心中，此之謂「不朽」。今則隻手可打孔家店，孔子魂氣又奈之何！則不僅西方世界之「靈魂」，即中國人觀念中之「魂氣」，亦掃地以盡。此可謂人心不靈，惟軀體之食衣住行乃為人生。故人生乃亦無「己」可言，有陽面，無陰面；有人欲，無天性。物質之欲則與生俱來，盡人皆然；孝弟忠信之天性，乃偶爾呈露；則宜當改稱「天欲」「人性」。天人之本末源流相倒置，個人主義、唯物史觀始有當於眞理。亦惟有制之以刑法，而禮樂則無可言。中國人言「心神」，亦惟見於電腦機器人最新科技上。心限於其身，抑且身為主心為奴，物為主身為奴，其又何神之有？中國人言心，主要在性情，知識居其次，故得通天人而合內外。中國人之魂氣，亦即生前此心之流通，今則無可覓之矣。朱子釋大學：

物，猶事也。

五穀、茶水皆物，飲食始成事。父慈子孝亦是事。事則屬於生，屬於心，此始為眞人生。此心此理，惟讀中國書反之己而庶遇之。然此在人生之陰面，務外為人，誰又願此！但復興中國舊文化，捨此其又何從？

魂氣流通，融入空間，宇宙大自然亦隨而變。東晉南渡人士遊覽江邊，嘆曰：

風景不殊，舉目有江山之異。

江山在地，風景在天。人文在地，文化精神亦充塞流行而上達於天。南渡人士心懷故國，祖宗魂氣隨以俱來，乃感風景之不殊。風景中附有人文，即無窮魂氣之融入，故天人合一，古今合一。如登泰山，千古人文，舉目俱在。登華山、嵩山亦然。故曰：

讀萬卷書，行萬里路。

登山遊水亦如讀書，而豈探險觀光之足云！死有餘，乃生無窮。惟其魂氣充塞，而天地則成為一新天地，自然亦成為一新自然。人生在此新天地、新自然中，亦能日新又新，不僅人文自然化，而自然亦人文化。當前之自然，亦豈宇宙洪荒時之自然？中國人之天地，乃非其他民族同有之天地；人文亦非其他民族同有之人文。其中契機，乃在每一人之「己」。人生之環，擴而愈大，其中心之己，乃玄而益妙。普通人以家鄉為之環，大聖大賢以天下古今為之環。張橫渠西銘發此意。豈一身衣食所賴，聲色所接，財貨營求，權利爭奪之所能盡？

曾子曰：

慎終追遠，民德歸厚。

死者長在生者之心中，既歷年數，祭祠不輟，死生打成一片，古今渾成一氣。此本之性，中國人則謂之「德」。德之厚，乃見天地之厚。中國之天地，乃獨厚於其他民族之天地。而中國之歷史人文，乃長與天地而並存。此亦死者魂氣所積累，實則亦生者德性之所致。人之德性，乃可合天人，一內外。

由此乃能進而論中國人之鬼神觀。「鬼神」即魂氣，外於自然人文，即無鬼神之存在。凡屬中國語，必以中國人觀念說之，乃見其意義。西方人信「靈魂」，而其死後之魂氣則薄。希臘、羅馬、中古、現代，魂氣不積，不厚不廣，惟見分裂，不見融和。人文演進在「物」不在「心」，外在生活提升，內在生命墮落，何論於中國人之所謂慎終而追遠！

中西藝術亦不同。西方人畫山水，乃眼中所見之山水，屬體魄之能。中國人畫山水，流連徜徉，魂氣投入，乃畫出畫家心中之山水。後人欣賞其畫，其人如在目前，較之在祠堂中瞻拜祖宗神位有更深入。

西方科學有照相機、留聲機，向外求，分別求，聲色之一部分，一刹那，即認為眞。乃求變求新，永無止境。中國人則從廣大面，長時間中求。生命如是，一切存在皆然。故曰「天長地久」。一切皆從己心之會通繇歷中來，乃得眞，乃得常。此則科學而藝術化。

中國畫家稱梅、蘭、竹、菊為「四君子」。此見花卉中亦經此心魂氣、德性之融入，而花卉亦人文化。詩則經比興而有賦，比興乃在賦之內，不在賦之外。故言「詩中有畫，畫中有詩」。詩畫中同有此人生，同有此魂氣。若人生、詩、畫，三者分別而觀，則失之矣。

書法乃中國人特有之藝術。僅見有線條，一鈎一勒，而書家之魂氣則已融入其中。王羲之、顏魯公皆一代偉人，玩賞其碑帖，加以神會，己之魂氣德性亦與相融通。中國人生，乃求之於此等不可見、不可知之對象中。古今人魂氣交流，非體魄之所能見、所能知。人生藝術莫大於此。若謂是一心理作用，則前世無王、顏，我今日此一心理作用斷不能起。故名書名畫，貴能主客融為一體，一切人生則然。中國之文房四寶，筆、墨、紙、硯，融合會通，一皆本自書畫家之內心所好，逐步發展而來。此亦藝術，非科學。

又如音樂。孔子在齊聞韶，三月不知肉味。曰：

不圖為樂之至於斯也！

相傳韶樂傳自舜，非孔子厚德又何從領略此兩千年前之人文精神？此亦孔子之心與韶樂之魂氣相通。孔子於武猶有憾，於韶則無間然矣。此見韶、武樂聲，即表現了兩代之人生。乃為中國藝術之最深處。孔子擊磬堂上，有荷蕢而過孔子之門者，曰：

有心哉！擊磬乎！

聞磬聲而知心，此亦魂氣相通，非體魄之事。

孔子告其子伯魚：

不為周南、召南，猶正牆面而立。

周公以二南治國化民，此亦有大魂氣存在。故不通二南，則日常接觸，事而非德，物而非人，如面牆而立。孔子又曰：

鄭聲淫。

詩言志，其聲溢出於其志謂之「淫」，則失其本源，藝術而非人生矣。伯牙鼓琴，志在高山，志在流水，此則己心與山水為一。要之，音樂即人生，即自然，伯牙之琴亦即中國之所謂「人文化成」。白樂天潯陽江頭聽商人婦之琵琶聲，蘇東坡在赤壁聽同遊客之洞簫聲，此琵琶、洞簫亦同樣融自然與人生而為一。而樂天、東坡之文學，又與之融而為一。此則為中國之文學，亦皆所謂中國之人文化成，莫不有魂氣、德性之融入。

中國之平劇，合繪畫、音樂、舞蹈之三者而融為一體。而音樂尤為之主，人生盡化入樂聲中。劇中人物則忠孝節義，皆魂氣之最見精神處。人生化入戲劇，乃得人心之共同欣賞。故中國戲劇乃人生之抽象化。西方戲劇則逼眞畢肖，又加以布景，逐幕不同，眞人生轉成假人生。嬰孩以迄老死，苟非有其內在之一己，豈不亦如戲劇，盡在變中，而無眞之可覓？司空圖曰：

超以象外，得其環中。

中國舞臺空蕩蕩，其境超象外，而「環中」始得。故中國戲劇既超俗亦通俗，此亦老子所謂「玄之又玄，眾妙之門」也。故中國戲劇乃藝術而深具教育化。

孔子告其弟子曰：

吾無隱乎爾。吾無行而不與二三子者，是丘也。

最能學孔子者惟顏淵。然顏淵則謂：

如有所立卓爾，雖欲從之，末由也已。

是孔子人生亦同乎世，而超其世。亦可謂在世內者，乃孔子之體魄；超世外者，乃孔子之魂氣。自有中國人之魂氣觀，乃有中國人之鬼神觀。「鬼神」亦即「魂氣」。人生有死，衣服無生亦無死，乃世人見鬼亦穿衣服，王充以為譏。不知鬼神亦猶魂氣，亦人文化成，焉得裸體？自有人生，乃始有鬼神。自有人文歷史，而此世界乃臻於鬼神化。中國人不僅於人世界認有鬼神，即在天地萬物大自然中，亦認有鬼神。今國人則譏之為多神論、泛神論、迷信不科學。惟如耶教一神始可信。必分別在人之外，天之上，乃得有此一神。中國觀念則通天人、合內外。孟子曰：

莫之為而為者謂之天。

又曰：

聖而不可知之謂神。

則可謂中國觀念有人神無天神。此乃一種極深至之人文科學，而豈迷信之謂乎！

西方宗教、科學皆向外，必具體；上帝則無證無驗，屬信仰，非知識。中國之上帝，則超時空，僅魂氣之所接。故老子曰：

道，生天生地，神鬼神帝。

此「道」亦即一魂氣。又曰：

五色令人目盲，五音令人耳聾，五味令人口爽，馳騁畋獵令人心發狂。

聲、色、味及馳騁畋獵皆在外，人生有外無內，則不僅目盲、耳聾、口爽，而亦心發狂。人而非人，天地自然亦有氣無魂。亦即周易坤之上六所謂「龍戰於野」。人生依然在一洪荒時代中，豈不可畏之至？故老子曰：

聖人為腹不為目。

腹則內有所藏，取於外而化為己，此正魂氣之能事。目則只是體魄之一部分，乃實利主義之所重。莊子曰：

以神遇不以目視，官知止而神欲行。

「官知」即體魄，「神欲」即魂氣，「欲」即是「神」，豈實利主義者所知！老子尚不免重內輕外，重自然忽人文；則莊子為勝矣。孔子執兩用中，天人內外，會通和合，而得完成其無窮有餘一體之大全，其言平實，乃較莊子而益勝。

孔子十有五而志於學，三十而立。外學於人，內立其己。學須人功，己乃天德。釋迦涅槃無己，故不論。西方之學，則務外而忽內。大自然廣大悠久，必分門別類以求，又必隨時而變。科學、宗教、哲學、文學，各成專家。惟宗教乃有常，科學乃有進。中國人乃以一己通於大群。故西方惟相爭，中國則主於和。今日稱為「知識爆破」之時代，而相爭乃益亂益甚。西方人亦有轉而主張為通學者。但有此想望，而不知所從事。孔子教人則曰「博文約禮」。博文即博學於人，而約禮則約之己。禮即己與人相通。惟博文乃博於外，約禮則約之內；而禮又必見於外。人己內外，一以貫之，和合會通乃得。孔子又曰：

質勝文則野，文勝質則史。文質彬彬，然後君子。

「質」，老子謂之「樸」，存於內而本之天；「文」則見於外興於人。老子主由文返樸，孔子則主由樸有文。西方則興於文而喪其樸。「文」，俗稱「花樣」。只見外面有種種花樣，而不知其所由來。中國則博文必求約禮，「史」亦存於外之文。近人又好稱「現代化」，但僅知有現代而不知有史，則亦同是一野人。僅求之於往古外在之史，而不知有現代，則僅為一文人。必知古通今，文野相通，乃得謂一文質彬彬之君子。此乃孔子「為己」之學。司馬遷成太史公書，為後代史學之祖。但屈原忠君愛國，司馬遷屈原成離騷，為後代文學之祖。司馬遷成太史公書，為後代史學之祖。但屈原忠君愛國，司馬遷「究天人之際，通古今之變」，亦各有其己。中國經、史、子、集四部之學，皆內有其己，皆相通。故其學亦可各成為專門，而其人則必為一「通人」。北宋歐陽修，經學、史學、文學，各擅專門，而其學則自成一家，其人則自為一子。莊子曰：

參萬歲而一成純。

人亦參百世大群以成其己。故己立則無不通，其通處、同處則謂之「道」，其立處、別處則謂之「理」。自然與人文皆不能有道而無理。故中國人之為人、為學，有其同，亦有其異；有其通，亦有其別。而未有昧於己以為學者。故治其學，必先知其人。知其人，又必論其世。世即人之大環，人即學之中樞。此即莊子所謂之「道樞」。中國人重道而知樞，故天人、群己、內外、古今皆得相通。而其學亦不妨各成專門。各成專門，斯有「博文」；互得相通，始有「約禮」。其分其合，此之謂一陰一陽，太極而無極。

西方則人為學，非學為人。如牛頓治力學，可不問其人；莎士比亞治文學，亦可不問其人；其他皆類此。故西方人僅重知識信仰，而可離於人生。學術愈進步，而人生則益爭益亂，永不能達於大同太平之一境。今日即然。今國人惟據西方學術來衡量中國，乃見中國傳統無一而可。捨其和合會通之舊，務趨於分崩離析之新，則於相爭日亂之外，又何所得？果能於己有立，而又於人相通，則有待於國人之知所擇而自勉之。

（一九八一年十二月幼獅學誌十六卷四期。一九八六年收入本書又作修正。）

一三　靈魂與德性

西方人自古即有一種「靈魂」信仰，乃為西方社會盛行個人主義一極深根源。靈魂乃一生命體，前世來世，悠久無窮。現世降謫為人生，拘限於肉體中，則僅屬一短暫期。前世、來世，或在天堂，或在地獄，極悲極樂。拘限在肉體之現世，雖亦有悲有樂，在其悠長的靈魂生命中，乃無甚大之意義與價值。

猶太人亦同信有靈魂。耶穌傳道，乃說「上帝事由我管」，只教人在此肉體世界中信仰修養，俾可死後靈魂升天堂。此乃現世人生一首要最當鄭重注意者。至於其他一切現世人生，則「凱撒事由凱撒管」，耶穌不再理會。

父母所生，只一肉體。我之悠長的靈魂生命，自有來，自有往，與此肉體無涉，與父母亦無涉。故信有靈魂，便會看輕中國人所講之孝道。耶教隨後雖信有聖母，但亦終不講究人世之孝。西方人講慈亦有限。子女婚姻後，即別離父母，自成一家。耶教講博愛，超肉體。教堂中，男女老幼，貧富貴賤，各向上帝，全屬平等，不相牽涉。惟男女結合為夫婦，乃靈魂降生所賴，教中對此乃稍加重視，故必在教堂中受認可；其他幼年受洗禮，老年受葬禮；教中之涉及現世人生者只此。耶穌釘死十字架，其肉體人生，亦由凱撒管。穆罕默德繼起，一手持可蘭經，一手持刀，乃要管及凱撒事，其意態與耶教大不同。惟對靈魂一項，耶、回二教，仍無大分別。

印度人同樣信靈魂。佛教亦從印度教中轉出，仍分別有前世、現世、來世，只不言靈魂轉世，改言一「業」字。「業」指其前世人生之一切作為。肉體生命有盡，死後腐爛，化入大氣中，不再存在。生前作業，則不與肉體同盡，仍留在世。善有善報，惡有惡報，前世作業其因，現世人生其果。一切禍福，皆是果報。則佛教之所謂業，實仍是靈魂觀之變相。惟靈魂富分別性，而業則轉重共通性；此其異。

耶、回、釋三教，都不免看輕現世人生。惟佛教從人生之生、老、病、死四苦起念，較具體，較重現世。但生老病死，亦屬自然現象，故佛教亦重自然界，此是佛教一特色。佛教重自然，其所研尋，乃頗近西方哲學之宇宙論、形上論，由信仰轉入哲理，此乃佛教之第二特色。人生從自然來，誰也逃不掉此自然之生老病死。釋迦所悟，果使我心能對生老病死另作一看法，不同一般人看法，則生老病死，自亦不動我心，無奈我何。於是佛教又轉入人心修養方面來，此又佛教之第三特色。印度婆羅門教，分人類為四階級，遠從無窮前世來，現世種種努力，皆無可動搖此分別。但生老病死則四階級所同，故佛教對現實人生一切諸相，從自心修養盡作平等觀。而此等修養，則屬人類自創自立。雖在人類之上之諸天，亦當向佛來求教。故諸宗教皆依天傳道，獨佛教乃可向天傳道，此又成為佛教之第四特色。佛教備具此種種特色，遂與其他宗教有大不同。

中國文化傳統中本無宗教，但佛教傳來，卻與中國人信仰有許多相近處。中國人有「魂魄」觀，與西方人之靈魂信仰不同，余曾有靈魂與心一書詳述之。今再約略重說。中國人言「體魄」、「魂氣」，皆自然現象，皆從現世人生來。「魄」在先，「魂」繼起；魄限在肉體中，乃個體生命之所有；魂則由個體生命達於總體生命一共通性。其人既死，體魄埋地腐朽，全不存在；而其魂氣則散入太空宇宙間，對於一切有生無生，仍可有其影響與作用。如孔子死，體魄埋於孔林，迄今當無存在；而孔子生前之魂氣，則可謂依然存在，而影響極大，難於詳說。要之，魂魄皆從人生來，而人生則不從魂魄來。一切文化人生乃從自然人生來，文化與自然，仍融為一體，非可違離自然以獨創一人生，自開一文化。

中國人言「德性」由天賦，亦一自然，但與魂氣有別。魂氣乃起於肉體之生後，而德性則早與肉體同生。其德性之在個體生命中者，亦可謂之魂氣。其流通於總體生命中者，如舜與周公之孝，歷數千年，依然常在中國後代人心中，隨時發現。此亦是一魂氣，可謂乃舜與周公德性、魂氣之常存。春秋時，魯叔孫豹稱人生有「三不朽」，立德為首，立功、立言次之。實則無德即無功無言可立。孔子稱管仲曰：「如其仁！如其仁！」管仲之九合諸侯，一匡天下，不以兵力，使民免於左衽，管仲之功，亦即管仲之德。但立德必在立功之上，因立功須在時代與人事上有此機緣，立德則隨時隨地自有機緣，人人能之。故立德人人可勉，立功則非人人所能。立言何以亦得不朽？人同此心，聲入心通，以先覺覺後覺，以先知覺後知，惟言是賴。孔子曰：

有德者必有言，有言者不必有德。

此乃知及之而行有未及，德則更重於知。但既知之所及，亦可警策他人，提醒來世，故立言亦有其不朽。

中國儒家首重「德」，德必本於「性」。性乃一自然天賦，異於佛家之言業。業乃生命表現，無德無功亦即業。中國人抱淑世主義，佛教則厭世求出世。中國人之德、功、言，乃兼總體生命古、今、來三世，一貫融通，而有其建立。積德者昌，積禍者殃。佛家因緣果報，乃本個別私人言。中國人之德、功、言，則從生命共體言，不為個人果報；亦異於西方人之言靈魂。生老病死，限於個體生命。佛家求超脫此生老病死，乃並總體生命而亦掃蕩一空，以歸於「涅槃」，又與中國人言「不朽」之宗趣大別。故自中國人言，總體生命乃一「有」，佛家則求一歸之「無」。中國道家亦言「無」。儒家一天人，合內外，則「有」、「無」相通，仍與佛家異。

中國古人並言天、地、人「三才」，欲求於自然生命中建立起一合理想的人文生命。周易言：

先天而天弗違，後天而奉天時。

極其至，可以配天，與天合德。其端則自個別小己之內心修養來。此為儒家要旨。道家則主忘己以合天。故一主人文，一主自然。老子之言「無」，乃主減少人文中之種種不必要者，以回歸於自然。社會進入病痛階段，人心搖動，每求由儒轉老，認為虛無更要於建設。東漢末季，魏晉以下，正其時。佛教亦在其時流入。大體言之，儒家占人文建設之第一位；道家只求在人文演進中有消滅，為第二位；佛家則主歸之涅槃虛空，為第三位。然皆以現世人生為對象，不在人世外另有一上帝與天國，則釋迦終為與中國儒、道較相近。

故儒、釋、道三教皆有「己」，而耶、回則無「己」。德性屬己，而靈魂則非己。己在內則有外在之命，無己則亦無命可言。故中國人言自由亦一自然，而西方人則必戰勝自然乃有自由。西方人又言信仰自由。而「悟」則由己之德性修養，非可自由。又西方之靈魂，一任上帝安排，實無自由可言。中國之德性，則「我欲仁斯仁至」，「求仁而得仁」，乃有其自由。此等分別，大值深闡。

老子曰：

道，生天生地，神鬼神帝。

天地何由生？人類智識至今或尚不能知。然有可知者，天地之生，必有其「道」。苟天地生不以道，則宇宙一切皆無道可言。天地之生以道，則上帝鬼神之有靈，亦必有道。但道是何物？老子曰：

道可道，非常道。名可名，非常名。

天地、鬼神、上帝皆具體，有分別，可指名；道不具體，無分別，不可指名。故曰：

無名天地之始，有名萬物之母。

天地之始有道，而無可名，非具體，無分別，此即老子之所謂「無」。老子又曰：

人法地，地法天，天法道，道法自然。

天地人皆生於道，皆當法於道。道為宇宙最先、最根本之第一因，不再有可法。「自然」者，謂其「自己如此」，非別有所法，故曰「道法自然」。

老子之宇宙論，實本於莊子。莊子言天地之間只是一氣運行之所化。此氣亦不具體，無分別，無可指名。運行而化，即是一自然。故在此宇宙間，若有上帝，則必是一渾沌，亦即是一氣而已。

孔子曰：

能近取譬，可謂仁之方也已。

儒家側重人生論，故言此。莊老始推而遠之至於宇宙論。老子曰：

失道而後德，失德而後仁。

道乃一形而上，宇宙萬物形而下，始有德性分別，乃可道。「失德而後仁」，則是宇宙萬物更降至人生一小區域小範圍中，由性生情，乃有仁。又曰：

失仁而後義，失義而後禮。

此則更具體，更多分別，其離無名常道也更遠。儒家言「德性」，乃專本人文言。其所謂「德」，非後起陰陽五行家之所謂「德」；其所謂「性」，亦不兼禽獸草木之性言。人生大道，一切本源於其德性，亦即本源於自然之道。佛家謂人生一切源於其前生之「業」。「業」專指人生作為言。消去人生一切作為，即得「涅槃」。則人生涅槃，非即是宇宙之空無。佛法實亦不啻僅本人生言，較之儒、道兩家，顯又不同。佛說源於婆羅門教，本已有靈魂轉世之信仰，釋迦雖不重有靈魂，然仍主有因果報應之「輪迴」。故佛家言業，仍是變相之靈魂。如此言之，印度人觀念，仍近西方，而遠於中國。

佛教入中國後，即受中國化。中國僧侶多引儒、道兩家言來說佛法。竺道生言：

一闡提亦得成佛。

明白違反當時傳來小涅槃經「一闡提不得成佛」之說，遂受同時僧侶斥逐。及大涅槃經來，乃知生公所言不誤。故生公講道主「悟」，猶在「信」之上。信在外，悟在己，即由己之德性來。己之德性，由天賦，由總體生命中分得。故可由己悟道。孟子謂：

歸而求之有餘師。

又謂：

人皆可以為堯舜。

竺道生之悟亦同此。孟子又曰：

誦堯之言，行堯之行，是堯而已矣。

此非教人依樣畫葫蘆，乃因同有此德性，言其言，行其行，則自己德性自有開悟。顏淵言：

夫子步亦步，夫子趨亦趨。

亦非如邯鄲之學步。由「禮」可悟到「仁」，由個體人生之踐履，便可悟入總體人生之大道上去。故孔子曰：

述而不作，信而好古。

但竺道生終是一佛門弟子，其所悟，則終在佛法上。孔子又曰：

如有用我者，吾其為東周乎？

可知孔子學周公，並不依樣畫葫蘆。孔子又說：

甚矣，吾衰也！久矣吾不復夢見周公。

其實此非孔子之衰。六十而耳順，七十而從心所欲不踰矩，此其境界，實已上達於周公，則宜其不再夢見矣。竺道生已是一東方釋迦，自不須一一依據西來經典。在耶教中，只能有一個耶穌；在回教中，亦只能有一個穆罕默德；佛教中則可有諸佛，即「一闡提」亦得成佛，卻不謂只可有釋迦牟尼一佛。中國後人推尊孔子，崇之為至聖先師，然顏淵、孟子皆得為「亞聖」。明代理學家，則謂端茶童子亦即為一聖。中國道教則主人人可得長生。此一義則儒、釋、道三教又顯與耶、回兩教有分別。

唐代佛教，更見為中國化。禪宗六祖慧能，乃有「即身成佛」、「立地成佛」之說。成佛須經多世長期修鍊，菩薩亦有「十地」之別。中國人文修養，重在當身現世，孝悌忠信皆然。所謂「人文本位」，即以現世人生為主，必求當下即是，非有等待。學而時習，即在當下。曾子曰：

仁以為己任，不亦重乎？死而後已，不亦遠乎？

則當其生，即以仁為己任。孔子曰：

後生可畏。

後生乃來世繼起。當我生而盡仁道，但仁道則不以我生盡，故必待之後生。故就中國意義言，成佛須在當身，亦須立地即成。「殺身成仁」、「捨生取義」，亦皆當身立地而取而成；成佛亦然，無待轉世。此即佛法之中國化。

如何能即身立地成佛？禪宗則全以己之一心說之。果能心中無物，而不趨斷滅，即境生心，即是佛法，即現佛果，其人亦即是佛了。故印度佛法重外在，禪宗則重在其一己之內心，即其德性。此心即同孔孟、莊老之心。只是禪宗終是一佛法，終必在山林寺院生活中求之。而六祖又言，不必出家修，亦可在家修。在家終有父母、夫婦、子女，境不同，斯心不同，而禪宗終亦轉成為宋、明之理學，仍歸到人世中來。

朱子大學格物補傳言：

即凡天下之物，莫不因其已知之理而益窮之，以求至乎其極。至於用力之久，而一旦豁然貫通，則眾物之表裏精粗無不到，而吾心之全體大用無不明。

或疑其分內心、外物而為二，有向外求知之嫌。其所知，當屬見聞，非德性。乃有象山、陽明之說起。但孔子言「仁」，必兼言「智」。孔子又言：

有鄙夫問於我，我叩其兩端而竭焉。

即鄙夫之意而竭其兩端，此即朱子所謂之「格物」。或大學「格物」即指「格去物欲」，則與佛義更相近。王弼言：

聖人體無。

此「無」或即大學之格去物欲，以「心」為體，而修、齊、治、平皆其用。若以「道」為體，即以宇宙自然為體，則人之生命德性乃其用。但「體用」觀念乃後起，老子初意並不然。老子曰：

三十輻，共一轂，當其無，有車之用。埏埴以為器，當其無，有器之用。鑿户牖以為室，當其無，有室之用。故有之以為利，無之以為用。

中國人言：

天地之大德曰生。

但獨陽不生，獨陰不生。陽光、土壤、雨水三者和合，草木始生。此三者之和合處，不具體，無分別，無可指名。故老子稱此曰「無」，儒家則指名之曰「天地」。則老子之言「無」，實即天地和合之大用。「用」在先，「體」在後。天地萬物一切之「體」皆從此道之和即「無」處之「用」來。王弼之所謂「聖人體無」，即此意。

孔孟儒家特提出「德性」二字，其實德性亦在和合處，亦在無處。無子女，何來有慈？非父母，何來有孝？父母、子女和合成家，為具體之有，孝慈乃其大用。使無孝慈，何以成家？故可謂先有此孝慈之德性，乃始有父母子女之別而成其家，乃始當於宇宙大自然之道。

孔子「五十而知天命，七十而從心所欲不踰矩」，是先以「無」處之用，即此「道」，而貫徹到天地鬼神、萬物人生之體。老子喜言「道」言「無」，此指天道言。孔子曰：「志於道」，則主人道言。先知天命，乃知此道。繼之以「據德」、「依仁」、「游藝」，則盡在人生實際之「有」處。孟子言惻隱、羞惡、辭讓、是非，為吾心之「四端」，擴而充之，以達於仁、義、禮、智之人生大道。此亦為本之一己之德性。宋儒則言仁義禮智之大道先存在於人心，乃引生出惻隱、羞惡、辭讓、是非之四端來。此則兼採道家義，故每擴充及於宇宙形上；言「德性」，則必兼萬物言。易傳、中庸已有此跡象。實亦即孔子所言之「天命」。

今試再為闡說。老子僅言「有無」，不言「體用」。孔孟儒家則「有無」、「體用」均所不論，其他先秦百家亦少言體用。東漢之季，魏伯陽始兼用「體用」二字。今謂中國古人以「體」屬「有」為後起，以「用」屬「無」乃先存，此特會通中國古今思想，統合儒、道、釋三家，而姑為推定之。但亦可謂中國古人已先有此意。周易六十四卦始乾坤，坤卦為地，乃體，屬有，而後起；乾卦為天，乃用，屬無，而先存。此亦顯可見者。故龍象乾，馬象坤，馬乃實用之體，人人可見；龍則或潛地下，或飛天上，無所不在，變動不居，然誰曾眞見？可謂有此意象，無此眞物。故宋儒周濂溪太極圖說，於「太極」之上，必加一「無極」，而曰：

無極而太極。

又曰：

> 太極本無極。

此則中國人觀念，終以「無」在先，「有」在後；「用」在先，「體」在後。濂溪又言：

> 陽變陰合。

「變」則見其用，「合」乃成為體。惟變即其合之變，合亦其變之合。故言「天」則必兼及「地」。易卦首乾，亦必兼及坤。子貢言：

> 夫子之文章，可得而聞。夫子之言性與天道，不可得而聞。

「文章」即人文，「性與天道」即自然。是孔子只言人文，不及自然。但孔子又言「五十知天命」，此即人文之本於自然，惟孔子少言之而已。濂溪「主靜立人極」之旨，則孔子已先千年而揭示之矣。

再以具體事實證之。男女媾精，萬物化生，而胞胎終自母體中出。若非陰陽配合，則母體又何從得胎？中國人言「化」，則由「變」與「合」而來。惟陰陽之配合，又必以陽性為主動，陰性為被動。此亦一自然。苟陰性轉為主動，陽性為被動，則一切自然皆變，人生亦必隨而變。故中國宗法社會必尊父。西方社會無宗法，仍亦以男性為主。但亦終不得抹殺母性。周人尊后稷為始祖，然生民之詩，后稷誕生，有母姜嫄，而后稷終為周人之始祖。姜嫄不能獨陰懷生，乃曰：「履帝武敏歆」，而置后稷之生父於不論，乃為神話。西方耶教主耶穌，自言為上帝獨生子，但終亦有聖母，又不明言聖母為上帝妻，此又神話之尤。此見中西仍有其大同處。濂溪太極圖說又曰：

一動一靜，互為其根。

此言允矣。但其最先處則終曰：

無極而太極。

此為宇宙論、形上學。下至人文社會，仍必另有說。中國孔孟儒家必兼言「父母」，又兼言「天地」，其特有精神乃在此。

天道主動，即莊老道家之「自然」，只是其「自己如此」，乃是一無上之自由。此為人道所不能有。孔子五十知天命，由「天」轉入「人」，人終不得不遵天。濂溪曰：

主靜立人極。

靜則安分守己，亦即孔子所謂之「知天命」。又曰：

士希賢，賢希聖，聖希天。

聖人不得即是天，惟為人類立人極，則不得不知天。西方宗教，即以教主來代表天，他人則無此資格，乃與中國人意想大異。佛教主人人皆可成佛；佛之上有法，悟得此法，則人而即佛。佛法之最終曰「涅槃」。依中國人想法，涅槃之虛無空寂仍有大用，故得產生出種種「業」，又得從「六道輪廻」之積業中產出佛來；則涅槃實非一虛無寂滅，亦猶莊老之言「道」。天台宗言「空、假、中」一心眞如，華嚴宗言「理事無礙，事事無礙」，禪宗言「即心是佛」，而佛教遂徹底中國化、人文化，與印度佛教乃大異。

濂溪之後，朱子專提「理氣」二字，謂理氣同時俱有，不當再分先後；必為分別，當說「理先氣後」。此層大有深義。近人謂朱子乃「理氣二元論」，其實乃「理氣和合之一元論」。「氣」可分體用，「理」則不分體用。朱子又言濂溪「太極」即是「理」。濂溪言「五行陰陽，陰陽一太極，太極即無極」，則陰陽之氣與太極之理實亦一體。朱子理氣論本之。濂溪又言：

太極動而生陽，動極而靜，靜而生陰。

朱子則言氣有動，理無動，即謂太極無動，而動靜則仍是一體。朱子之言「理氣」，實亦即是「道」。一天人，合內外，自然人文，會歸融通。而有無、動靜、陰陽、先後諸分別，轉居次要，可不必再辨，「體用」觀念亦為之一新。此實中國思想史上一大革新，一大綜合。蓋朱子易學，既上承濂溪，又兼採康節。至於橫渠、二程，又分「氣質之性」、「義理之性」而為二，主張「變化氣質」，朱子言理氣亦於此有所襲。其所窺於宇宙論、形上學方面者，乃益為深卓。朱子又嘗謂象山偏於「尊德性」，而已則偏於「道問學」。實則由其道問學之工夫，而所得於尊德性者，乃亦非象山可比。故象山之說，可通於濂溪、明道，以上接孟子。朱子之說，則並可通於橫渠、伊川，合周、邵、張、程，上接先秦儒，而更合於孔子論語之所言。朱子又謂「孟子粗，顏淵細」，蓋濂溪、明道、孟子皆重修養，朱子轉而言問學。孔子曰：

學而時習之。

修養即是「習」，其上必當先有一番問學功夫。德性貴修養，但能問能學，德性乃能更大益明。可謂朱子深於問學功夫，乃能會通儒、釋、道三家而創此新義。其影響於後代思想者，乃更見其悠久而廣大。故言德性，不當僅重修養，而忽於問學。朱子之理氣論更深值研討。

陽明天泉橋「四句教」，謂「心」為「無善無惡」之心，則大學何以言「正心」？「意」為「有善有惡」之意，則大學何以言「誠意」？「知善知惡」為「致知」，則致知當另有一套工夫，不得謂之「良知」。「為善去惡」為「格物」，則大學言「致知在格物」，須格物後乃知善惡，何得以為善去惡為格物？大學先以「明明德，親民，止於至善」為「三綱領」。果「心」是「無善無惡」之心，即不得謂之為「明德」。非先「格物」，亦無以親民而止於至善，何以「格物」不在三綱領之中，而轉為「八條目」之首？是則陽明所言，乃於大學本文無一可合，而亦於孟子言有違，較之象山說於先秦儒義乃更遠。朱子言「格物」，乃謂「到達此標準」。此「物」字，即為天下凡事凡物中所寓之理，即一切言行之標準，仍與其「理先氣後」之說無背。

朱子注「格物」謂：

物，猶事也。

「物」亦一氣，實則即是一動，一事為。宇宙萬物亦可謂只是一大物，一大事。佛說為宇宙一大事因緣出世，其實天地萬物皆從此一大事因緣來。朱子言「氣」，即是此一大事；言「理」，則是此一大事之因緣。「格物窮理」，亦即是格此一大事因緣，乃並自然、人文而為一。近代科學先主「物質不滅」，最後物質分析只存一「電子」，乃「能」非「質」，而電子動態亦可分別為陰、陽。則電子非「物質」，乃「事為」，與朱子所論終亦歸一。

荀子言「喜、怒、哀、樂、愛、惡、欲」，後人謂之「七情」。實則前六情皆本後一「欲」字來。有「可欲」，有「不可欲」。愛與樂與喜皆可欲，惡與哀與怒不可欲。可欲乃人生之正面，不可欲乃人生之反面。正反則仍是一體。亦可謂西方人生較多表現在反面，中國人生較多表現在正面。西方人專尚男女戀愛，其他則愛少惡多。愛發於內，惡興於外。喜怒亦對外而發，哀樂則蘊藏在內。亦可謂中國人較偏在哀樂，西方人較偏在喜怒，一外向，一內向，此其異。故西方人多爭。即如運動會爭勝負，亦喜在外。中國人慎終追遠，而哀主能節。多戒怒。顏淵「不遷怒」，怒有對象，俗稱「生氣」，怒氣易遷移，乃怒其所不當怒，故當戒。樂則樂天知命，樂此不倦，樂以終身。中國人尚禮，禮亦多哀樂。周濂溪教二程「尋孔顏樂處，所樂何事」？希聖、希賢，道即在是。喜怒多在事上，哀樂多為德性。故仕宦遇親喪，必辭位退居，亦即禮。西方人則重「法」輕「禮」，故亦可謂西方人生重在「事」，中國人生重在「德」。此亦雙方文化相異，即徵其德性之有殊。佛法戒淫戒殺，暮鼓晨鐘，哀樂存焉。耶教進禮拜堂，頌禱歌唱，其樂淺。十字軍遠征，其怒深。氣氛相異，亦即此而見。要之，七情皆由「性」來。孟子之「性善」，從其內在之德言；荀子之「性惡」，則偏指其外在之事言。德天賦，因事而見，但又貴本德以成事。故中國人論性，必偏向於孟子，而於荀子則終謂其有小疵。德性天賦。求能視，故生目；求能聽，故生耳。近代科學發明電燈、電話，亦以濟耳目之用之不及。故物理昌明，實由於人欲要求。而今日則已成為一人欲橫流之世界。電燈、電話可欲，但電燈下所視、電話中所聽有不可欲。核子彈乃殺人利器，更不可欲。濂溪言：

無欲故靜。

近代科學乃由多欲來。董仲舒言：

明其道不計其功。

今日一切自然科學則在計功，不在明道。朱子主「理」、「欲」對立，窮理非窮欲，可欲則盡在理之中。戴東原字義疏證謂「欲即是理」。近代西方科學，則窮理即以窮欲，其為禍人世，乃有不勝言者。故中國人重「人道」，西方人重「物理」。此又文化一大相異。

牛頓發明「萬有引力」，但求物理，無關人道。人類非不該求明物理，但明物理當通於人道，不該僅為人欲所主使而利用。佛家言「業」，亦由「欲」來。耶教言靈魂上天堂，實亦同是一「欲」。

儒家言「德性」，則非不可欲。朱子言「格物窮理」，即我心之全體大用所在。有「心」終不能無「物」，有「仁」終不能無「智」，有「靜」終不能無「動」，有「體」終不能無「用」。要言之，仍當「執兩用中」。朱子言「性即理」，人之德性亦即此「理」，即此「中」，非專指物理言。朱子之上承孔孟儒家精義者在此。後人亦需有大智慧、大聰明、大學問、大藝術，乃能承此傳統，而運用得當。此誠人生一大課題，而又無時無地可避免。孔子五十知天命，亦理非欲，亦即天之德。好問好學，則為人之德。故「尊德性」與「道問學」，亦當融而一之。好問好學，而不出於多欲多求，其庶幾矣。

（一九八三年故宮學術季刊一卷二期。）

一四　大生命與小生命

文化乃群體一大生命，與個己小生命不同。個己小生命必寄存在軀體物質中，其生命既微小，又短暫；大生命乃超軀體而廣大悠久。不僅人類為然，凡有生之動植物無不皆然。如一草地，綠草如茵，生意盎然。實則今年之草，已非去年之草，而此草地則可歷數十百年而常在。此一草地，可謂有大生命存在。深山巨壑，群木參天，鬱鬱蒼蒼，此亦一大生命。詩曰：

鳶飛戾天，魚躍於淵。

三千年前詩人所詠，宛然如在目前。鳶與魚之生命，已不知其幾易，而其飛其躍，則三千年猶然。故鳶、魚僅有小生命，而其飛其躍，則乃大生命。

人類文化亦然，亦有其綠意之盎然，亦有其飛躍之群態。中國古人謂之「人文化成」，今則稱之曰「文化」。此皆一大生命之表現，非拘限於物質條件者之所能知。中國人言「氣象」，今人多失其解。氣象即超物質之存在。姑就個人言，或剛或柔，或安或躁，或健旺，或衰老，皆可以氣象覘。人之品德修養，亦從氣象見。宋、明理學家好言「聖賢氣象」，今人對此四字，則感毫無著落。

個人然，社會亦然。中國人言「風俗」，亦即氣象。今人則惟關心物質條件，更不言風俗。國家亦有氣象，即全國之大生命。又言形勢，或曰「王氣」，或曰「王者氣象」，可覘國運隆衰，可卜世局安危。如西周都鎬京，東周遷雒邑，兩地氣象即不同。西漢都長安，東漢遷洛陽，兩地氣象又不同。唐都長安，宋遷汴京，氣象更不同。南朝都金陵，南宋都杭州，偏安之局，氣象又各不同。元承遼，下及明、清，建都北平，逾八百載。歷代衡論立國建都，必就其天時地利，山川地勢，歷史演變，衣冠文物，聚散衰旺，而孰為之頭腦指揮，孰為之心臟營養，孰為之手足捍衛？而選都立國，必有其一定之氣象。記載昭然，讀者可自尋索之。

三國時諸葛孔明為劉先主謀建國於蜀，東聯吳，北拒魏。退可以守，進可以戰。及其輔後主，先南平孟獲，再六出祁山，無後顧之憂，必以北進為立國精神之所寄。盱衡全局，就天下大形勢以定建國方略，蜀地之氣象則然也。吳三桂起於滇，必爭三湘，移師中原，乃可立國。洪秀全起於廣西，而奠都南京，不知全軍北向，此已無成功之望。全部中國二十五史，何以定？則必定於一。何以一？則必以全中國為一體，即所謂「天下」者，而衡量其大形勢之必當進、必當安以為定。何者？國家大生命之延續，非僅止於其內部血脈之流通，必當超疆域而觀其全局，此謂「氣象」。豈淺見薄識者之所能知！

今國人言「氣象」，專指天時之陰晴寒暖言。古人言氣象，則兼指天時、地利、人和言。通天人，合內外，明天人之際，通古今之變。拘於一時一物，則有「氣質」，有「形象」，非「氣象」。故人物、社會、國與天下，皆可有氣象，而今人則不之知。

中國古人又言「風景」，今人亦失其解。西晉末，名士渡江，集宴新亭，有人謂：

風景不殊，舉目有江河之異！

聞者感慨，為之泣下。金陵江山豈能同於洛陽？故國已喪，羈留異土，烏得不感慨泣下！然而猶云「風景不殊」，所以中原文物尚能在南方緜延，而東晉、南朝，一線國脈，賴以保存。此後王勃亦尚謂：

風景挾江山之助。

「江山」限於有形之物質，而「風景」則超物質之上，雖不能脫離物質，非江山無以見，而實則起江山之上，有非江山之所限者。

蘇州城外有虎丘，亦風景名區，千古遊人同所欣賞。但僅一土堆，不成一山。丘旁亦無水流。然丘上有千人石，有一線天，頗具名山勝概。丘隅一小茶樓，有一横匾，書「其西南諸峯，林壑尤美」。憑窗遠眺，西南有太平、天目諸山。匾語見北宋歐陽修醉翁亭記，已隔千年。滁州、蘇州山水風土絕不同，而茶樓此一匾，卻正見「風景」之不殊矣。「風景」二字亦有用之人物者。晉書劉毅傳：

義士宗其風景，州閭歸其清流。

孔子曰：

知者樂水，仁者樂山。知者動，仁者静。知者樂，仁者壽。

是人物與山水可以「風景」相擬，孔子已先發其趣矣。「風景」與「氣象」兩語，合而言之，可曰「風氣」，又曰「景象」。「景象」較落實於物質方面，而「風氣」一語則必超物質始能識。中國人言時代，每指言其風氣。風氣即此時代之生命所在，文化所在。然此義深邃，又豈今人所能領會！董仲舒曰：

夏尚忠，殷尚敬，周尚文。

此亦見三代風氣不同。「代」者，如傳宗接代，以後人代前人。「尚」者，宗也，子孫祖宗一線相承，正見大生命之所在。有宗則常，有代則變。中國人言乃如此。今人乃欲以一己之小生命，來對抗外在之大生命。大生命儻受害，小生命又何得完美？

使用機器，求省人力，亦並非不可。主要在省力後能把此力運用到對生命更有意義、有價值處去。不當僅憑機器來為私人謀發財。專從此一節言，共產主義亦有勝於資本主義處，主要在限制私人商業之無限擴展。如發明了電燈、自來水，可使大家省力。但共產決不該是「唯物」的，更要在省了力向何處用？主要還當「共心」，大家用心在大生命之理想上，此即中國人之道德與藝術，乃始有其更大之前途。

中國社會農業為井田制，工業為官廩制，不廢其私，而私皆為公。商業亦本屬官廩，後乃私營，但仍主為公不為私，又曰「信義通商」。而又曰：

勞力者食人，勞心者食於人。

言大生命，則曰「家」曰「群」，政治則群中一重要事項。故言政治，必推本於社會。而勞心者則指從事政治之人言。而言社會，則首言其風氣。此即社會生命之表現。

中國歷代社會風氣皆有變，漢、唐、宋、明、清各不同。即前、後漢，盛、中、晚唐，南、北宋，又各有不同。清代如順、康、雍與乾、嘉與道、咸、同、光亦各不同。但兩千五百年始終只是一中國。要之，中國人視社會猶重於政治，而言社會則必首重風氣。所謂不同，主要乃指風氣言。此乃一種超物質之生命表現，故尤當重視。

西方人抱「個人主義」，知有小生命，不知有大生命。即宗教信仰，靈魂依然屬個人，但有更長之延續，不見有大生命之存在。故靈魂與天堂，仍是一種變相之物質想像。換言之，西方人能有「分別」觀，不能有「和合」觀。如西方人其遊歷亦無如中國之「風景」觀。一江一山，形態各別。余曾遊美國尼加拉瀑布，汽車直達瀑布之上背，遊者皆為看瀑布來，不知瀑布亦當配合其外圍環境而成一風景。不保全其四圍之環境，惟一瀑布孤立特出，則不成為風景。有瀑布，無風景，則大失其可欣賞之意味。

故西方人言社會，亦不知言風氣或風俗。如雅典、羅馬，遊者只想慕其建築古蹟，皆物質方面，而生命則早離去。如瞻仰埃及金字塔，又烏得感觸到古埃及人生命之氣味。如遊倫敦、巴黎，僅觀其西敏寺、白金漢宮，凱旋門與凡爾賽宮，亦皆以物質建設來代表歷史精神。然物質建設乃死的，人文精神是活的。物質高壓在精神之上，精神亦終將窒息而死。埃及、雅典、羅馬即其前車之鑒。西方人惟重物質，故重分別，不知有超物質之共同氣象、共同精神。依中國人觀念，雅典、羅馬、巴黎、倫敦，除物質建設外，仍各有其氣象之分別。物質有分別，氣象方面亦終不得一共同之會通。整部歐洲史，以分裂始，恐亦仍將以分裂終，至今不見一可以共同會通之跡象。國家如此，正因於社會如此。社會如此，正因於人生如此。東、西方之人生觀念，與人生境界，在此乃有大不同。

中庸云：

> 人莫不飲食，鮮能知味。

此「味」字誠大可味。舌以辨味，然使僅有舌，無茶可飲，無膳可食，味又何在？使僅有茶有膳，而非以舌辨，則味又何存？茶、膳為物，舌辨在心，心與物會合，乃生味。夫婦為人倫之始，非男女配合，焉有夫婦？又烏得有夫婦之情？雌雄男女，以物質分。陰陽剛柔，乃見性情。人同此性，亦同此情，喜、怒、哀、樂、愛、惡、欲皆人情，乃可味。飲膳之味最易知，其他之味則不易知。中國飲膳之味，至今為全世界之冠。調味之術，亦淺顯易知。如進西餐，牛、豬、鷄、魚分別烹煮，其他甜、酸、苦、辣、鹹，分裝瓶碟中，由人自加取用。另有蔬菜，如瓜如豆，亦另煮，加葷菜旁。中國烹調葷素五味同在一鍋中調製。即此和合與分別之調製法，乃成中西膳味之大不同。分別、和合，孰為得人情之真味，則必有能辨者矣。

又西方烹調，五牲腹中腸、肚、心、肺之類，多廢棄，不列為食品；中國則此等轉成珍味。西方社會一時有一時之棄人。如農奴社會，農人即在所棄。封建社會所棄益多。資本主義社會，失業者即是所棄，實則勞工亦然。共產社會，則非勞力皆所棄。大體言之，西方社會中，老人皆可棄；而中國社會則老人正屬人生調味中一珍品，有其「無用之用」。一家有老人，斯為一家之福；一鄉有老人，斯為一鄉之榮。非對人生眞知味者，則難與言之。

味覺在舌，覺亦有「能」、「所」之辨。舌是「能覺」，所飲食之物之味乃「所覺」。能、所合一，乃有覺。抑且舌非能覺之體，覺之體在心。耳聽、目視皆然。心不在焉，視而不見，聽而不聞。外無聲色，耳目何聞何見？但聞見在心，不在耳目。故聰明乃屬生命，非屬耳目。覺亦屬生命，不屬口舌。再言味，如茶，鎭江金山第一泉，無錫惠山第二泉，西湖有虎跑泉，烹為茶，味特佳。又有火候，非精於此道者不知。茶壺，宜興產最佳。蓋碗茶亦多味。儻盛於熱水瓶玻璃杯中，則味變。猛噈淺嘗，皆失味，又須一特殊之情調與環境，乃得飲茶知味。進食亦需齒牙咀嚼，口液相助。專賴舌，又何知味？又且飲食知味，亦久而始知。故學者，覺也。有好心情，乃有好滋味。學而時習，乃有覺有知。有先覺，有後覺；有先知，有後知。即一飲一食，亦皆生命，必積歲月而後成。燧人氏發明火食，豈遽即知味？生命乃一超物質之知，乃一種會通和合之知，積年累月乃知。所謂「通天人，合內外」，非學而時習，何以得此！朱子言：

衆物之表裏精粗無不到，吾心之全體大用無不明。

即飲茶一端，亦可喻之。

西方哲學必分別「心」、「物」言。或主「唯心」，或主「唯物」。或主「心一元」，或主「物一元」。若以中國人觀念，何有離物之心？亦何有離心之物？即以飲食知味一事證之即見。亦可謂飲食乃小生命，而知味乃大生命。幼童飲食僅解飢渴，乃個人小生命所需；而知味則成年人事，人人同，世世同。中國人飲茶，自唐迄今已逾千年，乃成一大生命中事。飢欲食，渴欲飲，飢渴既解，事即已。至飲茶知味，喜之愛之，此屬「情」。大生命中，亦包涵有小生命。儻無小生命，則大生命亦失其存在。然大生命終與小生命有別。「欲」則隨人隨時而異，「情」則異人可同，異時可同。人而無情，斯終不能見其生命之大。

何以能人同此情？中國人則本原之於「性」，性又本原之於「天」。天則超物質。飲茶之演進，由欲而達於情，出於不知不覺之自然，故亦成於人之性。而飲茶知味，必見於日常之人心，故曰「心情」。飲茶而好之，亦見人心之大同，故飲茶亦成文化中一事，即人類大生命之事。生命必附隨於物質，但生命之眞，則其主要不在物質，而在性情上。飲茶知味，特情性之微末小節，為易見易知之一端。

中國人言：

喜、怒、哀、樂、愛、惡、欲。

則「欲」亦七情之一，而又為七情之總。孔子曰：

我欲仁，斯仁至矣。

又曰：

己欲立而立人，己欲達而達人。

此皆人類大生命中至高至大之情。至於渴欲飲，飢欲食，則限於物質，事過即已。故飲食之欲，與「欲仁」、「欲立」、「欲達」之欲，大不同。後代終以「情」、「欲」分言，而「性」、「情」則合言之。然禮記曰：

飲食男女，人之大欲存焉。

飲食男女亦屬性。中庸言：

天命之謂性，率性之謂道，修道之謂教。

道須修。何以修？則修之心。修心所以養性。心屬人，性屬天，修心以養性，不啻謂修人以養天。此乃修其小生命，以養其大生命。大生命無可著手，著手當在小生命上。換言之，生命無可著手，著手乃在物質上。通天人，合內外，其實則仍從事在物質。故「修心」又謂之「修身」，捨物質、捨身，則一切又何所從事？

茲再進而言之。生命亦從物質中來，凡物質亦同有性。不論有生物、無生物，莫不有性。則宇宙大自然，實即一大生命。道家言「氣」，即主從宇宙大自然中見生命。儒家則重言「心」，此宇宙大生命即見於心；此心亦即為宇宙大生命之主。孔子曰：「五十而知天命」，即知此大生命。「七十而從心所欲不踰矩」，則我心與此大生命乃能合一而無間。天所命在外，心所欲在內，「從心所欲不踰矩」，則通天人、合內外之至，斯即生命之最高境界。合宇宙自然萬物而成為一生命，其事無所不包，無所不涵，至為廣大悠久，無時無地，皆此一大生命。極複雜、極變動，而其中有矩。孔子此一「矩」字，即後代宋明理學家之所謂「理」。故朱子言氣中必有理，必格物以窮理，此亦所以通天人而合內外。

今人好分言「自然」與「人文」，實則此兩者間，並無明白界線可分。如電燈、自來水，屬自然抑屬人文？論及人類文化，電燈、自來水豈能拒棄不列，故電燈、自來水亦屬人類生命中之一部分，而亦不得不認為亦屬自然物質之一部分。惟當和合自然與人生，乃見生命之眞，乃見生命之大。故自然與人生，實可分而不可分，亦如天人內外之可分而不可分。

然生命之眞實而重要者，乃「情」，非「欲」。亦如飲食，不經消化，無營養，反滋疾病，轉致死亡。故物質建設僅以供人之欲，以今語言，當稱「文明」，不稱「文化」。物質文明愈發展，人欲日增，人情日減。欲日濃，情日薄。近代人類文化大患即在此。未有電燈、自來水之前，人類早有喜、怒、哀、樂。自有電燈、自來水以後，人之喜、怒、哀、樂未必有進，或轉有退。自有槍砲核子武器，殺人之欲乃大增。縱言享受，飲食解飢渴，非享受，「知味」乃享受，但極微末。電燈下之享受，未必勝於油燈下。飲自來水，亦未必勝於掘井而飲。喜、怒、哀、樂之深厚廣大，始是眞人生、眞享受。物質條件特其手段工具，與享受尙隔一層。

西方宗教信靈魂上天堂，亦從外面環境上打算。苟使靈魂在天堂，並無喜怒哀樂之情，則轉不如塵世人生之有此享受。即下地獄，有哀有怒，亦眞人生。無哀怒，亦即無喜樂；不能分別以求，只有喜樂，而更無哀怒。如飲食，甜酸苦辣鹹，五味亦只一味。無苦無辣，亦不成味。亦如生必有死。靈魂上天堂，無死即無生。中國人懂得眞人生，遂無其他民族一切宗教之產生。

中國人生最重禮。而事死之禮，更重於事生之禮。父母之喪，有哭有踊，哀之至矣。人生到此，非哀則不樂，極哀始是極樂。情之所至，又何哀樂之分！今一意求樂，不願有哀，斯則所樂惟在物欲上，斷非人情。曾子曰：

慎終追遠，民德歸厚。

德即性情。違性非情，更何有德？孔子又曰：

志於道，據於德。

根據人性乃見大道，生命大道即在性、在情、在德，而一本於自然，故曰「天命」。孔子又曰：

天生德於予，桓魋其如予何！

孔子之生命，亦附隨於其身。孔子之德，上同於天，下同於古今億萬世之人類，並廣同於宇宙萬物，斯則桓魋所無奈何。

魯叔孫豹已先孔子言「立德、立功、立言」為人生三不朽。「功」、「言」不朽易見，「德」不朽則難指。惟善讀中國書，善觀中國社會，則其事亦易知。此誠我民族文化一最大特點，其他民族知不及此。耶穌言「我將復活」，復活與不朽不同。埃及木乃伊不朽，但終不復活，並亦非中國人所言之不朽。木乃伊只軀體不朽，非生命不朽。耶穌之復活，則指軀體復活。德、功、言乃在大生命中不朽，非指物體之不朽。西方人只在物體上求不朽。軀體不能不朽，乃求靈魂上天堂，其視靈魂亦幾下同於物質。中國人分言「魂魄」，魄即軀體之靈，人死軀體朽，則魄亦落地而盡。惟魂氣則不隨體魄俱盡，而能無不之，則魂即是氣。孔子已死，而孔子生前所立之德、功、言則化為氣，尚流行廣被於宇宙間，常存在於大生命中，故謂之不朽。

道家以氣言道，偏重在萬物和合之大生命言，故曰：

失道而後德。

此猶言萬物大生命失落而降為人類之小生命。其實人類小生命即從宇宙萬物和合之大生命來，而此大生命仍在小生命中見。由人生即可見宇宙大自然，由一人之德即可見人類共通之大生命，如孔子是矣。故孔子曰：

志於道，據於德。

孟子曰：

盡心知性，盡性知天。

天由性見，性由心見，此心有明德，明明德於天下，此即由小生命擴大而為大生命。人可以知天，亦可以合天，並可以同於天，此乃儒家義。

中庸言：

小德川流，大德敦化。

宇宙大自然，乃大德之敦化；人文化成，則小德之川流。至如伊尹之「任」，伯夷之「清」，柳下惠之「和」，以至孔子之「時」，此尤德之小者，然亦大德敦化中之一斑一點。小德、大德，同此一德，孔孟儒家專從人文化成上言。墨子始推之於天，然而轉失人文之深趣。莊老又推而言氣，其於大德敦化之宇宙大自然，若更接近；然於川流之小德，則轉更失之。孔子之言「游於藝」，禮樂教化，治國、平天下，皆屬「藝」。墨家於藝不如儒，而道家更主無為，以渾沌治天下，則於藝更遠。

鄒衍為陰陽家，繼儒、道兩家而和合言之，分宇宙萬物為「五德」，其實仍此一德。分空間為東南西北，分時間為春夏秋冬。而分中仍必有合。在此東南西北、春夏秋冬之四分中，仍各有一中，則為五德。總之是一道，亦可謂只是一變動。一切變動仍同是一道。隨時變、隨地變，而此道則終是不變。只是此道在變動中，此即宇宙自然一大生命。外言之則曰「道」，內言之則為「德」。在人言之，則為其性情與行為。人類之一切性情、行為，總超不出宇宙萬物大自然之外。中國人之宇宙觀與人生觀乃如此。惟儒、道兩家之所言，常盤旋沉浸於高級知識分子之心中；而陰陽家言，則衍散流布於下層社會，而展演出今人所謂之種種迷信。

要言之，陰陽家言，雖亦以「道」為本，而終不免偏於「藝」。儒家言禮樂，實亦一藝。故陰陽家言更近於儒，而於道則較遠。如言治平，而旁及於四時萬物，如呂覽十二紀、淮南時則、小戴月令，皆是。下至民間醫藥鉛汞神仙之術，以及相面算命之類，皆陰陽家言之引伸。其實西方宗教，歌頌祈禱亦一藝；科學家種種製造發明，亦皆藝。中國科學則尤與陰陽家結不解緣。孔子言道，必先據德、依仁，乃始及於藝。漢儒多雜陰陽家言，終多游於藝，而於德與仁之意境，則不免漸趨於疏遠。宋儒直探性命之本，乃為更切於德與仁之道，而於藝則較疏。如邵康節，乃擯不立於理學之正統。「道」、「藝」之分，「德」、「術」之別，其義深遠，暫不詳闡。

今以西方哲學言，必爭「心一元」，或「物一元」。若謂中國有哲學，則當稱「德性一元」。謂西方哲學必分宇宙觀與人生觀，則中國哲學每為「天人合一」觀。如朱子論理氣，皆兼天人言。實則中國人言心性，亦多兼指天人言。如言「天性」、「天心」是也。故又言「天道」、「天德」。道德、心性是一，則天人亦是一，不可分。總之，實同一體，而其體變動不居，故謂之「道」。何以一切萬有變動不居，而能和合成一道？則由其同一德。同一道、同一德，而可有種種相異，陰陽家又分之為五德，又分之為陰陽之兩道。其實眾異仍是一同，此乃中國人見解。

以西方科學言，西方人既言「自然科學」，又繼之言「人文科學」。實則如電燈、自來水，皆屬人文，不當屬自然。孔子所謂之「游於藝」，此一「藝」字，即可包括一切西方科學之發明在內。不當外於人文而有藝，則亦不當外於人文而有所謂自然科學。左傳言「正德、利用、厚生」，此可舉為一切科學之主要綱領。西方科學僅知利用，而不言正德。不知所以正德，即亦不知所以厚生。故西方科學雖重利用，而並不能厚生，以其不知有正德也。何以謂其不知正德？即據其發明種種殺人利器言，即可為其明證。

生則必有死，亦必有殺。陰陽家言，春夏富生氣，秋冬富殺氣，東南富生氣，西北富殺氣。故言「東方之人仁，西方之人義」。「仁」為生德，「義」則兼殺。中國人言人生，亦非僅主生，不主殺。情中有怒，武王一怒而安天下，何嘗必避殺？孟子曰：

惟不嗜殺人者能一天下。

言不嗜殺，亦見人生不能絕不殺。惟殺道當本於生道，故孟子兼言「仁義」，而孔子尤特言「仁」，亦見其深義所在矣。今若謂中國人之天時地利在東方，故其文化精神更重仁；西方歐洲人之天時地利在西方，其文化精神偏於義；各得一偏，而不能相缺；此亦未嘗不可。繼康德而起者，德國有哲學家黑格爾創為歷史哲學，謂日出東方沒於西，故人類文化起於遠東中國，西及印度、阿拉伯，乃及西歐，而德國為其最高之歸宿。彼不知德國後尚有俄羅斯，又不知日沒於西，又出於東，天運循環，則中國又當為人類新文化之再開始。其所擬議，豈不較兩千年前中國陰陽家言尚遠遜？以其存心偏，只據各自小生命為出發點，則宜其無當。孔子曰：

執其兩端，用其中於民。

生殺亦兩端，亦可謂「道藝」亦即兩端，又可謂「仁義」亦兩端，「執兩用中」之深義誠大值探討。

人道有死有殺，死為自然，殺屬人文，實則仍為一體。故七情中有喜亦有怒，有樂亦有哀。大抵見殺則怒，見死則哀。中國人於七情中最戒怒，因怒近殺。不諱哀而戒其傷。孔子曰：

關雎樂而不淫，哀而不傷。

因傷亦具殺意，故亦戒之。西方文化則殺氣似多於生氣。資本主義、帝國主義皆寓殺氣。又言人生原始罪惡，世界必具末日，則可怒亦可傷；乃以天堂極樂補償其缺憾。中國人則即此世界可有怒亦可有哀，能少殺、能不傷，斯止矣。

中國人於七情之外又言「怨」，有怨怒，有哀怨。孟子曰：

湯東面而征，西夷怨；南面而征，北狄怨。

有怒而不能發洩，斯怨矣。中國詩人屢詠怨婦、怨女，女性多情，有哀而不能洩，斯有怨。不怨天，不尤人，不怨於外，而只自怨其內，斯亦止矣。凡有情不能伸，則有怨。喜樂與愛皆伸於外，故無怨。有怒、有哀、有惡，而不能伸，則怨。怨不傷人，能不自傷亦止矣。蘇軾記吹簫者，「如怨如慕，如泣如訴」，此亦人生中可有之一境界，惟當同情。中國人之人生哲學，常運用在人情上，無人情，斯亦無人生。修心養性，亦修養此情而止，豈專在外面物質上用心？斯所以謂之「正德」。即及於物，亦必言德。中國之文化深義即在此。

今吾國人，外患迭至而不能禦，能知哀怨亦可矣；乃一意惟喜樂之求，一若惟喜惟樂乃能得救。喜樂不可得，乃轉而為怒。不能怒於外，而轉怒於內。不能殺敵禦侮，轉而自殺。此七十年來國人之死於內戰、死於政治壓迫者又何限？斯誠至可悲悼之極矣！亦可謂淺見薄情之至，夫復何言！中國古人見之，當歎成何氣象？言念及此，不覺心哀。

一五　天地與萬物人生

余嘗謂研討中國現代思想，東西方語言文字之繙譯，乃一大問題。如何把中文繙成西文，此暫不論。而西文中譯，則已有許多問題，深值討論。如「時間」、「空間」，已成現代中國一普通流行語。但就中國傳統觀念言，並無「空間」一詞。此語譯自英文之「司埤斯」（space）。但英語「司埤斯」應作「場所」講，即中國言「地區」或「部位」，卻不應繙為「空間」。不知此一繙譯源自日本，抑自中國？要之，意義不恰當，有待辨別。

中國人好言「天地」，「天」即指時間言，故又曰「天時」。「地」指地位，亦言處所，又言地理，皆指區域言。「位」，人所站，不指「空」。中國古人又言「海濶天空」，天乃可言「空」。佛教言「四大皆空」，又言「空、假、中」。中國古代儒、道兩家思想皆無此「空」字義。利馬竇來中國，著有天主實義一書，力斥佛家之言「空」，道家之言「無」。則知以「空間」譯西語，宜無當西方本意。

子貢有言：

夫子之言性與天道，不可得聞。

可見孔子以前古人，本亦言「性」與「天道」，只孔子不之言。孟子則好言性，莊老道家則好言天道。老子曰：

地法天，天法道，道法自然。

人生天地間，向前演進有一道，但無論如何此道總逃不出於天地之間。天地變動不居，亦各有其道，故老子言「天法道」，乃言天之為天，一切變動，亦有其道。而此道何來？老子言其乃自然如此，從俗語則為「自己如此」。道只是道，更無所取法。

天地是一大自然，萬物與人類同產生在天地間，故亦各是自然，即言其各是自己如此，更無其他力量使之如此。儒家言不同。中庸：

天命之謂性，率性之謂道。

此重言「性」，萬物與人皆有性，此性皆受命於天，乃不謂之自然。故儒家言「天」，實即如道家言「自然」。道家言「地法天」，儒家或亦承認，故曰「天尊地卑」，天地「地位」不同，卻不得謂天地皆屬「空」。故「空間」一語，中國向來無之。

中國人認為人生一切活動皆本於其內在之「性」，而人性則禀賦於「天」，故在人生中即涵有天之一部分，而與天為一。故曰：「通天人，合內外」，實即融為一體。推此言之，一切生物，草木禽獸，同有生，亦同有性，亦同本於天，亦與人可融成為一體。有生物之外，又有無生物，亦各涵有性，亦皆禀賦於天。而有生、無生，萬物同在天地間，故曰「天地萬物」。人生則其中之一部分，一形態，固不能自外於天地萬物而成其所謂人。故中國人觀念，特謂在天地萬物中有人之存在。而尤重其內在之心而言，其心又可謂乃天地萬物全體一中心之表現。中庸：

> 致中和，天地位焉，萬物育焉。

「中和」即人心。人能知己之生命，即天地萬物之一「中」，斯能與其他有生無生萬物相「和」，而天地即位於此，萬物亦育於此矣。

中國人此一觀念，乃自其農業來。百畝之田，五口之家，生命之所寄，春耕夏耘，秋收冬藏，胥視天時而定。五穀百蔬，牛羊鷄犬，豈不與我同此一生命？亦安此而樂之矣。

西方古希臘，生事重在商。內不足，必向外經營。故其天地萬物觀，自與中國人不同。一舟在海上，上蒼蒼，下茫茫，不知邊際，不知方向，內外隔別，而所重則在外。忽見雲霄中高山聳立，自舟中遠望此峯，視線成一弦，即可揣知舟達海岸之方向與距離。此實成一三角形。故古希臘人即知有幾何學，而中國古人無之。

柏拉圖榜其牆：「不通幾何學，勿入吾門」，則柏拉圖之哲學思想，其多本幾何學可知。幾何學分點、線、面、體為四，線有長度，面有寬度，體有厚度，而點則無長、寬、厚可言。然點既無長，何得成線？線無寬，又何以成面？面無厚，又何以成體？此誠難加說明。中國人觀念大不同，先認其體，乃有面、有線、有點之成立。點即自體中分出，故點亦有長、有寬、有厚，亦自為一體；惟其度數，微不可測。

莊周書言：

一尺之棰，日取其半，萬世不竭。

一尺之長宜可取其半。既有其他一半之存在，宜可仍取其半。如是以往，仍必有一半之存在，但非言語與數字之所能表達。一人之生，不過百年，在天地萬物中，其微小尚不如一尺之棰萬世取半之所餘，而仍自有其一存在。西方幾何學謂之「點」，中國則謂之「端」，俗謂之「起點」。中國人乃在一體中認其點，西方人乃從一點上認其體。中國人重時間，西方人重空間，此為其大不同所在。

故中國人見解，先有天，乃有地，然後乃有萬物之與人。西方人重外，乃不知有天。近代科學中之天文學，實亦無異於地質學。太陽系有九大行星、十大行星繞之。太陽系又在星河中，尚不知星河有幾百千萬？此則自一物、一體、一形上來求天，天亦如地、如萬物，惟形體大小有辨而已。中國人之天乃自抽象言，而西方人之天則自具體言。即西方宗教家之言上帝與天堂，豈不亦具體？惟科學家渺不得其處而已。

不僅言天有如此，即言人生，中西方亦同樣有其極相類似之一大分別。中國人言人生，乃先從人生之大全體言，亦可謂乃人類之大生命。人必有性，性必禀賦自天，古今中外，凡屬人莫不如此。信得此理，守得此道，則同謂之人。違此理，蔑此道，嚴格言之，不得謂之人。故曰：

中國而夷狄則夷狄之，夷狄而中國則中國之。

中國與夷狄之分，亦在明得此理，守得此道而已。其他則本無甚大區別。西方人言人生，則從人生百年中言之。每一人百年之身，無不有大異。故西方人乃僅知有小生命，不知有大生命；僅知生命之短暫狹小一小形象，不知有生命大全體之大形象。今人則謂此小形象為「具體」，而指此大形象為「抽象」。必謂具體乃實有，抽象則屬人之想像。此即西方幾何學由點起言，而中國則由體起言。實則西方人乃主自無生有，接近中國之道家言，終非中國人所主。

即從科學言，西方醫學必分人身為各部分。如頭腦、胸腹、四肢，人身乃合此諸部分而成。中國醫學視人身為一體，雖可分各部分，而實相互通。故中國醫學診病必方脈，而西方醫學則先從屍體解剖始。一視人身為一生命，而一視人身若為一堆物質之配搭，此即其大不同所在。

詩經言：

相鼠有體，人而無禮。

中國人不僅視人如此，其視鼠亦然。鼠亦有生命，此必有其體。鼠之體，即鼠之生命之所寄存與表現。故鼠體略相同，即知鼠之生命之略相同。人為萬物之靈，人之生命自與鼠之生命有大不同。鼠則各自為生而已，人則有大群體，如家庭，如鄉里，如國，如天下，非各自為生，乃會通大群之生以為生。此會通大群之體，則謂之「禮」。如人生有言、笑、坐、行，在大群生命中，則皆應有禮，乃可相安而共其生。

不僅生人相處有禮，即生人與死人之間亦有禮，乃可會成一體以為生。不僅對死人如此，即對天地萬物亦必各有禮。此禮即相與為生之一體。中國人「體用」之「體」，乃推吾身之體以為言，而變以為「禮」字。此非詳究中國人之人生觀，則不易知此義。

中國人言禮，更重在行此禮者之「心」。西方人認人身重要在腦部，一切知識，一切命令，皆由腦。中國人則重視心，又更甚於腦。心有兩義：一在身之胸部，血脈流貫全身，而集散則在心。傷腦，此身尚可活。傷及心，血脈停止，生命即絕。一則「心」為一抽象字，不限在身之胸部，而可會通及於身外。心與心相通，並可與千里以外、千年以上人之心相通。人心乃人類大生命一主要關鍵。腦只限於身，心始通於群。中國人言人心，於此尤有深義。

人與人之間，心與心相接相通謂之「仁」，其表現則為「禮」。故孔子曰：

人而不仁，如禮何？

此「仁」字極難譯為西文。西方人無此觀念，甚難有類似之字。而「禮」字亦難繙，其他類此者不少。孔子言人生，極重此「仁」字。人心何以有此仁？後起儒家則謂仁本之性，故人道即天道。孔子不言性與天道，專就人心之仁言。則孔子言人生，僅就平面言，後起儒家則就立體言。此則異而實同，所謂「吾道一以貫之」也。

數年前，余曾撰質世界與能世界一文，大意分西方人所認者為「質世界」，中國人所認為「能世界」。果以質言，人之一身乃多種細胞組成，新陳代謝，全身細胞無一日不在變換，此身非復前身，然人之生命則延續如常。且人之生命亦決不限於此身。如衣食溫飽，乃延續此身之最要條件。飲食進口入腹，化為營養，此即生命所繫。衣穿身外，溫暖同亦生命所繫。而衣服之質料、顏色、式樣，亦可謂同屬生命一表現。又如目視、耳聽同為生命。視所見，聽所聞，寧不屬生命？心不在焉，視而不見，聽而不聞。日光、水聲，視聽所及，即同屬生命一部分，不得謂其在外，與此生命無關。惟言腦，則同如言耳目，同屬身之一器官，其功能同亦限於身。「心」則非此身之一器官，乃可謂駕於身而存在，即通於身之內外而存在，乃始為生命之表現。近人每言「物質人生」與「精神人生」，「心」即「精神人生」之表現。

孔子前，鄭子產已言，人死，體魄埋於地下而腐化，魂氣則無不之。已分人生之「體魄」與「魂氣」為二。如目之視，耳之聽，此屬人身器官作用，謂之「體魄」。人之死，視聽皆絕，耳目同腐，然人之生前見聞，功能不限於一身，而兼及於身外。所謂「魂氣」，飛揚無不之，即其生前已然；而其死後，則亦仍然，不隨此身軀以俱腐。孔子之生，老而死在魯，但其魂氣，則常周遊，普及全中國。死而猶然，迄今兩千五百年，可謂孔子魂氣尚在。中國人心中尚有孔子其人，此即孔子之魂氣。亦可謂今日國人之心，亦能遠颺兩千五百年前，與孔子當時魂氣相接。中國人又常言「精魂神氣」，前人言「魂氣」，後人言「精神」，此即一種精神人生，亦可謂乃人類之大生命。

人生自父母，其身即由父母之身分來。其魂氣，其精神，亦同有由父母分來者。父母、子女相聚一家，身軀各別，而魂氣精神則相通，故一家有一家之風。此「風」字即猶言「氣」字。如風之起，不限在一草一木，一地區，乃會合一廣大地區之萬千草木之搖動呼嘯而合成為一風。孔子開門授徒，所謂「有朋自遠方來」，乃會通師弟子七十餘人魂氣精神之相通而合成一風，此即孔門之儒風。又烏得謂此風乃不屬於人生？此風乃「學風」，亦可謂之為「德風」。孔子大德，乃起此大風，遍流行於全中國，達兩千五百年之久，迄今而不輟。

若言孔子之身，亦遠有所自。其父其祖，乃魯國人；推而上之，為周代之宋國人；更上，則為殷人。自其遠祖契以來，傳至孔子，已數十代千年以上，在中國史籍記載中，皆有名字可稽。自孔子以下，迄今亦歷七十餘代。中國人視此大血統，為同一生命之相傳。其他人亦然。故中國乃一「氏族社會」，祖宗子孫，指其男性言；尚有女性，為母、為妻、為媳，為「外家」。故中國人視中國人，乃如一大生命，分化出無可計數之小生命。試讀百家姓，就此百家而瀏覽其家譜，各記數千年來之一脈相傳，而推以及於歷世之外家，則五千年來，中國人之同屬一家，豈不確鑿有據！

然此只就身言。若就心言，則道一風同。而在此一同之中，則仍不害其有眾異；惟眾異則必會歸於一同。中國人言「異」，則莫先於天地。易繫辭言：

> 天尊地卑，乾坤定矣。卑高以陳，貴賤位矣。動靜有常，剛柔斷矣。方以類聚，物以羣分，吉凶生矣。在天成象，在地成形，變化見矣。

中國人重「象」，「形」則小異，「象」其大同。上言西方人言天亦如言地，每以其形言。其言人生，亦好以形言，不好以象言。故好言身、言腦，不言心。腦主知識，心則必及性情。如言喜怒哀樂，豈不人人同有？豈不更為生命所寄，而實無具體可言？西方文學述及喜怒哀樂，必詳陳具體事實。不知限於具體事實中，則非喜怒哀樂之眞矣。中國人則多表之以聲，聞其聲，斯知其情。禽獸亦有情，豈不聞其聲而知。不僅有生者有情，即無生亦同有情。楚辭言：

悲哉，秋之為氣也！

歐陽修有秋聲賦。人自天地中生，人之性情即自天地大自然之性情來。丘遲與陳伯之書：

暮春三月，江南草長，雜花生樹，羣鶯亂飛。

此非一片春情乎？草與花與鶯，皆有生命，然不得謂春亦生命。春夏秋冬四季，皆無生命，然不得謂生命中無此春夏秋冬四季之變化。生命中有魂氣，春夏秋冬四季，斯即天地大自然之魂氣。晉人言：

風景不殊，正自有山河之異！

河山屬地，僅有形。「風」乃氣流，「景」則光輝，此屬天。無風景，則河山亦何堪欣賞？陶淵明結廬在人境，非有河山之勝，亦同有風景之美。宋人詩：

雲淡風輕近午天，望花隨柳過前川。

一川流水必輔之以兩岸之花柳，又必在近午淡雲下，輕風中，此一川遂足資流連。故知人生不只限於身，仰天俯地，頂天立地，乃有此生，而豈衣食溫飽之謂生乎！

或疑尊卑貴賤，失平等義。不知平等乃從小生命觀相互起爭而來；苟從大生命觀著眼，則天自尊，地自卑，而萬物與人則尤卑。張橫渠西銘：

乾稱父，坤稱母。民吾同胞，物吾與也。

則無生尊於有生，自然尊於人類，亦可見矣。然天地乃因人而尊，苟使無人，則渾沌一塊，復何尊卑之別？杜詩：

國破山河在，城春草木深。

蒿目無人，則山河草木，有生無生，春意雖濃，亦惟增詩人之悲傷而已。惟中國人能抱大生命觀，故治中國文學，讀中國書，誦中國詩詞，看中國戲劇，乃見人生之真處深處。此當超乎形上，得其氣象，乃見人生之性情。如西方文學，僅在具體人事中，而人事又必在具體器物中，則誠淺之乎其視人生矣！

故人生必在大同中，不在小異中。「方以類聚，物以群分」，類聚群分，皆以見小異，非以見大同，而吉凶乃於是而見。若論中國，大河、長江，南至珠江，北至黑龍江，西達瀾滄江，一片大地，盡為一中國。共於此土，則盡為中國人。類聚如此之眾，群分又如此之大，自生多吉。歐洲地廣雖遜亞洲，而分為四五十國，日以相爭。以吉以凶，人生真理即此見矣。

繫辭又言：

乾道成男，坤道成女。乾知大始，坤作成物。乾以易知，坤以簡能。易則易知，簡則易從。易知則有親，易從則有功。有親則可久，有功則可大。可久則賢人之德，可大則賢人之業。易簡而天下之理得矣。天下之理得，而成位乎其中矣。

大人生乃一易知、易從之人生，小人生則一不易知、不易從之人生。故言中國人生乃一易知、易從之人生，而西方人生則乃是一不易知、不易從之人生。於是而有哲學，有科學。哲學不易知，科學不易從，而人之為人斯亦難矣。

中國人重「德」，德即性也。有德乃有「業」。且不言農業，姑言工業。如陶瓷成器以供用，而其形態，其光色，非為供用，乃以悅人之目，樂人之心，使為可親。故中國工業乃藝術化，亦與人同在一大生命中，而相與共融為一體。即中國之烹飪，亦臻藝術化。中庸言：

人莫不飲食，鮮能知味。

此「味」即藝術化。今人稱「人情味」，則此情亦藝術化。情化為德，中國人言道德，是亦人生一大藝術。苟非明乎大人生之意義，則亦不足以語此。

在上引繫辭一節中，有一字大堪注意者，厥為一「位」字。大人生中有小人生，此小人生在大人生中則有其所居之位。人之始生為嬰孩，在家中，惟待父母長上之養育輔教，斯其位最下。及其長大成人，成德成業，以立以達，而其位乃大不同。如魯哀公為君，季孫氏為三卿之長，而孔子則為一平民。然孔子之德業，則居天下古今之高位。以其志在人類，志在天地，不在其一小我，而在一大生命以及天地一大自然，所謂「居天下之廣居」。其位高，斯其人生之意義與價值亦遂與其他人不同。中國人則稱此等人為「大人」，或稱「聖人」；稍下則有「賢人君子」；而最居小位者，則稱「小人」。其所居不平等，猶如家屋有大小，居屋不同，同一家人，地位亦有不同。德業不同，斯其人生之不同則尤大。

漢儒言：

遺子黃金滿籯，不如一經。

擁有黃金，乃可建造一大屋；通一經，斯可成德立業。既不得謂居屋非其人生之一部分，則德業豈得謂非人生？屋可親，豈得如德業之可重？抑且黃金與居屋，必求之於外；德則成於己，成於內。由立德而成業，其業亦在己在內，故為易知易從。今試問，從何處去覓此黃金？縱善經商，亦不易知。但成德立業，則即在己心。如居家為孝，幼稚皆知皆能。大舜之孝，亦易知易從。不如陶朱公之經商致富，其事必有待於外，非可本於己而必得。

鼠居厠則食糞，居倉則食粟，焉得謂其所居所食，乃在鼠之生命之外，與鼠之生無關？人生亦如此。故李斯觀於厠鼠之與倉鼠，乃棄其為吏，而從學於荀子。此後乃貴為秦相。中國人言，人品有萬般，惟有讀書高。此言為一文化人，即始得人生之高位。李斯為人，興於鼠，亦僅得比於鼠。倉鼠之與厠鼠，其為鼠則一。李斯亦終為一小人而止。觀其臨死前之告其子者，而可知矣。

左思詩：

振衣千仞岡，濯足萬里流。

振衣濯足，乃人生常事。然在千仭岡上，臨萬里流，境不同，斯其振衣濯足亦不同。陶潛詩：

採菊東籬下，悠然見南山。

則既不在千仭岡上，亦不在萬里流邊，而其意境又不同。若如顏淵居陋巷，則猶不如陶潛之東籬，而其意境又不同。顏子在孔門德行之科，則人生高位，在德不在境。今人好處富貴，不知富貴亦一境，在所遇，而不可求。故孔子曰：

富如可求也，雖執鞭之士，吾亦為之。

中庸言：

素富貴，行乎富貴；素貧賤，行乎貧賤。

富貴亦非不可居。子貢貨殖，億則屢中，其賢僅遜於顏淵。而堯舜貴為天子，天子亦一位，非不可居，但非盡人可求。孔子則位雖高，而盡人可求。故其弟子曰：

夫子賢於堯舜遠矣。

司馬遷贊孔子，亦曰：

高山仰止，景行行止。雖不能至，心嚮往之。

能知希聖，斯亦可謂之賢人矣。

繫辭又言：

聖人設卦觀象。

周易上下經六十四卦，三百八十四爻，可以象千古萬變之人生。而其大要，則不出兩端：一曰「時」，一曰「位」。小我人生必占一地，又必占一時。位屬地，時屬天。位尙易知，時則難知。詩人言：

山中方七日，世上已千年。

世上之時短，已歷千年；山中之時長，則僅七日而已。其實此事亦易知。忙忙碌碌，日不暇給，轉瞬之間，歲月已過。而方其岑寂孤居，則日長如年，有不勝厭倦之苦矣。或則飽食終日，無所用心；或者群居終日，言不及義。為奴為役，歲月易消。若由其作主，則己本無主，歲月難消，自不待言。

孟子曰：

孔子，聖之時者也。

亦可謂孔子大聖，乃最能處其時。孔子自言：

十有五而志於學，三十而立，四十而不惑，五十而知天命，六十而耳順，七十而從心所欲不踰矩。

自孔子以來，已兩千五百年，人之壽躋七十者，雖曰「古來稀」，亦已不可勝計，誰復得「從心所欲不逾矩」之一境。是孔子之處其時，不啻如坐山中，乃竟如登天上矣。

孔子又曰：

述而不作，信而好古。

堯、舜、禹、湯、文、武、周公，二千年來之古，已盡在孔子之心中。又曰：

殷因於夏禮，所損益可知也。周因於殷禮，所損益可知也。其或繼周者，雖百世可知也。

是若孔子身後三千年之人生，亦已在孔子之心中。孔子雖生七十年，而所見所知，則達五千年。此所謂「山中七日，世上千年」也。唐人之詩又有之曰：

欲窮千里目，更上一層樓。

孔子志學地位之高，故有其所見所知之遠。小人惟求一身溫飽，否則求富貴，長陷塵網中，何以知於此！故人生當論其時，論其位。而其時其位，則惟在其心。烏得以百年之身為人生之位與時？

繼此當論「動靜」。一若時則動，位則靜。不知位亦有動，時亦有靜。天地合一，斯動靜亦合一。可分而不可分。一動一靜，分為陰陽。陰陽亦可合可分。陽則可見可知，陰則不可見不可知。人能見知及於不可見不可知，亦惟吾此生則止矣。我之祖宗、子孫不可見不可知者多矣，然實同此一生。吾之國，吾之天下，不可見不可知者又多矣，然實亦吾之一生也。孔子曰：

知之為知之，不知為不知，是知也。

是必知其所不知，始為知。中庸言：

今夫天，斯昭昭之多。今夫地，斯一撮土之多。

昭昭之外，豈不尚有天？然知此昭昭，不知其外，斯亦知天矣。故必兼不知以成其知。猶如必兼無生，乃以成其生。外於天地萬物，則無以成吾生。故兼天地萬物以為我之生，猶兼不知以成吾之知。

惟知有大小，亦如生有大小。要之，其為生、為知則一。

中國人能安於所不知，此即「樂天知命」。西方人必求知其所不知，必求無所不知以為知。故天文學家不知天，地質學家不知地，生物學家不知生。不學醫，不習解剖，又何以知己之身？然至今西方醫學，仍為不知身。專務於知，宜其終陷於不仁而不自知。斯亦無奈之何！

孔子曰：

弟子入則孝，出則弟，謹而信，汎愛眾，而親仁。行有餘力，則以學文。

凡此孝弟愛親之行即其生，此即己之立矣。學文則推己以及人，旁及於他人之生，以至於萬物，而達於天地之廣大與悠久。各種花樣，皆謂之「文」。登高自卑，行遠自邇，己生不立，則又何自以及此？「盲人騎瞎馬，夜半臨深池」，不知孝弟愛親以為生，此亦可謂之「盲生」。科學發明，盡成瞎馬。今日之舉世顛危，又豈「夜半深池」之可相比擬！

孔子又言：

知者樂水，仁者樂山。知者動，仁者靜。知者樂，仁者壽。

此非「仁」、「知」分言。天地大自然有動有靜，有山有水，斯人性亦有仁有知。然繫辭言：

乾知大始，坤作成物。

則天之所賦猶其始，但僅有其可能而已；作成之則在地。如人之生，由母受父精為之始，由母懷胎十月作成之。惟有始，始有成。故人雖自母腹生，而終必尊其父。人之生，可以仁，可以知。繫辭又言：

一陰一陽之謂道，繼之者善也，成之者性也。仁者見之謂之仁，知者見之謂之知。百姓日用而不知。

是則人之成其仁、成其知者，其事乃在人。猶我之有生，始自父母，作成為人，則猶在己。故天一位，人一位，亦復各有其時。非有天可以無人，亦非有人乃可無天。即此章孔子言仁、知，若分言之，亦可謂乃兼言之。仁則知矣，知則仁矣。孝弟愛親屬仁，然非不兼知。不知父母，斯何孝？不知長上，斯何弟？不知有眾，斯何愛？不知有仁，斯何親？若如西方人，惟抱個人主義，向外求知，斯亦惟知動，惟知樂。男女戀愛，是一樂；經商牟利，是一樂；奧林匹克運動會爭一冠亞軍，是一樂；核子武器殺人盈城，殺人盈野，滅人之國，絶人之族，亦一樂。然豈眞樂之所在？故兼「知」始是「仁」，兼「動」始是「靜」，兼「樂」始是「壽」。反而言之亦然。人生如循環，知有時，斯知有古往今來。知有位，斯知有彼我相別。知有天地萬物，斯知我生。知我生，斯亦知天地萬物之並在吾生矣。此所謂「通天人，合內外」。何以知之？入則孝，出則弟，汎愛眾，而親仁，斯乃可以為知矣，而豈不愛無仁之謂知！亦豈不知之謂仁，不行之謂知！可不求其全體，而惟鑽牛角尖、蠻觸相爭之謂即人生乎？而亦豈外於天地萬物而獨可有我之生之存在乎？即此求之，亦可當下而是矣。

中國人言「聖」，實亦言其聰明。目之所見，耳之所聞，遠勝於人，斯謂之聰明大聖。然耳聽則猶必在目明之上。目視有色可見，耳聽之聲無可見，猶有聽於無聲之聲者。如天命，此即無聲之聲也。孔子五十而知天命，此則聽於無聲，而不啻耳提而面命之矣。

中國學術思想好言其大局與全體。如言人生，乃舉古今中外人類生命之大全體言。人生以外，則言天地，亦舉其尊卑、陰陽、動靜、剛柔，亦言大全體。至於枝節部分，則貴因時、因地、因人、因事，分別善處。要之，以不違大局、全體為主。此亦中國傳統一主要精義所在，學者所當先知。

中篇　政治社會人文之部

一六　國家與政府

中庸言：

天命之謂性，率性之謂道，修道之謂教。

中國人重人之德性。故重公更過於重私，重大更過於重小。國家民族之大生命更重於家室個別之小生命。人類之德性，亦於此表達。而為政為教之大公至正之大本大源，亦胥在是矣。

今擇「國家與政府」一題論之。此大有關人事之諸方面，而亦中西文化相異一好例。西方人似乎先有「政府」，而同時並無一「國家」觀念。如古希臘，乃以一民族同居一小小半島上，城邦分裂，雅典、斯巴達，如是者，乃以百計。此諸城邦，則各有一政府為之代表，但非先認有一民族與國家之存在。其城邦郊外，尚有耕地與農民，但受城邦政府議會之統治而供其奴役。故古希臘有政府，無國家。

羅馬亦一城邦。惟重軍事武力，異於希臘之重商業，遂以征服意大利半島，乃有羅馬帝國。但其政府則仍是一城邦政府，而統治此半島。非由此半島上人自建國家，自成政府。帝國逐步擴大，北及法蘭西、英格蘭，南及地中海四圍，遠及非、亞兩洲，然仍由此一城邦政府來征服與統治。此一政府綿延甚久，其間亦有種種變革，然論其大體，則先後相承，無大相異。故羅馬乃由一城邦擴張為帝國，實不得謂是一國家。如埃及、波斯，同屬此一政府之統治，不得謂同組成此政府。史例昭然，無可否認。

西方中古封建時期城邦廢，堡壘興。一家貴族憑仗武力保有此一堡壘，並及其堡壘以外附近之農奴及耕地。顯然更不得謂是一國家。文藝復興，沿海新城市興起，先自意大利半島，次及北歐波羅的海沿岸。此諸新城市，可謂乃古希臘城邦之雛型。由是而有葡萄牙、西班牙、比利時、荷蘭，乃至法國、英國等現代國家，則可謂是古羅馬帝國之雛型。此皆先有政府，後有國家。非國家由政府建立，亦非政府由國家建立。西方建國情勢，與中國傳統不同，大體同具有帝國型。推究根源，則仍以城邦為基礎。意大利與德意志兩國，成立最後，亦顯然以城邦擴張而來。

以上略述西方史蹟，而中國則大不然。中國自始即有一「國家」觀念成立在先，然後乃有政府來代表此國家，管理此國家之事。此國家則相傳稱「中國」。外有四圍，亦稱「四夷」或「四裔」。先無此固定之分別，而已有此固定之觀念。政府可有變，國家則終不變。如先有神農氏，次有黃帝，此兩時期政府之詳不可知，而其有變則可知。政府交替，中國人稱之曰「代」。每一代政府歷時有久暫，久者或緜亙四五世、八九世，乃至十幾世。每世則稱之為「朝」，指其為全國所朝向，所共同擁戴。故中國歷史上只見有朝代更迭，而國家則依然如故。至今二十五史相承，仍為一部中國史。故西洋的國家多變，中國則無變，僅政府朝代有變。繼此以往，西洋諸國當仍有變，中國應仍無變。觀念不同，而人事亦不同。中國觀念先有「家」，其家人乃有父母、子女、夫婦諸別。西方人則先有此諸別，乃始合成為一家。孰是孰非，孰為合理？討論中西文化異同，此一觀念，誠值研討。

就中國史言，此代表國家管理國家事務，而為國家人民共同朝向、共同擁戴之政府，其成立亦可有種種不同因緣。最先或不可免武力征誅，如神農氏之征三苗，黃帝之誅蚩尤。而黃帝之代神農，或亦有征誅。但武力保持與武力創闢，事大不同。中國人觀念，國之本在民，民之本在其生，而民生之本則在其有積世相傳、道一風同之共同標準，即所謂「禮樂教化」，即今人之所謂「文化」。而教化之本，則在「德」不在「力」。「權」仗力，不仗德。立國之本，在「德」不在「權」。故聖帝明皇，代表此一國家之政治元首人物，中國人則常稱其德性，不誇其權力。夷狄與中國之別乃在此。故又曰：

中國而夷狄，則夷狄之。夷狄而中國，則中國之。

「非我族類，其心必異」，則族類之異主要在「心」。舜，東夷之人；文王，西夷之人；同有此德，乃得同有此天下，此非空論，乃事實。中國人言，「一天人，合內外」。內為德性，外為道義。中國人乃為人類全體生命作廣大悠久之打算。符其標準，乃得謂中國人。細加推溯，當自黃帝時已有此觀念。明白言之，即在黃帝時，已有「中國人」與「中國」之觀念存在。故司馬遷史記以五帝本紀開始，而黃帝為第一人。中國古人所傳種種文物，亦多創始於黃帝時代。此下中國人則群奉黃帝為中國之始祖，中國人盡為黃帝子孫。再上溯則有神農，亦稱炎帝，故中國人亦群認為是炎黃子孫。

五帝之最後兩代，則為唐堯、虞舜。唐、虞禪讓，而堯、舜之君德則尤為後世所傳頌。堯禪舜，舜禪禹，皆以德，不以力。而禹之父鯀，以治水失當而殛死。禹繼父業，子生方呱呱，禹三過家門而不入。禹之治水，德功具盛。禹亦禪位益，而全國人民不忘禹之大德大功，終擁戴其子啟承父位。於是國家之政治領袖，又自禪讓轉而為世襲。此一大轉變，仍以德，不以力。此為治中國古史者，不得不特加注意一要目。

抑且禪讓亦出公意。堯禪舜，亦須「岳牧咸薦」。四岳、九牧，乃當時中央政府外許多地方政府中之首長，代表其他地方政府，而表示其公眾之意見。在當時雖同屬一國家，乃可有許多政府分層負責，作為代表，以管理此國家之許多事務。此一形勢遠在黄帝時已然。及大禹時，猶稱萬國，是每一政府皆得稱「國」。以當時疆土言，主要不外黄河流域之兩岸，而猶有此萬國，則每一國疆土之小可知。大者當不過一城邦，小者當不過一堡壘。每地一政府，實即代表一家屬。層累而上，乃有一萬國共戴之共同政府，即一最高政府；而其首領則自黄帝以下皆稱「帝」，大禹以下則稱「王」。「王」者，眾所歸往，即眾所朝向。於是而有夏、商、周三代。其更迭亦以征誅，不以禪讓。當時則稱之曰「革命」。

「天生民而立之君」，「天之大德曰生」，其君之德能配天，能代表群生，而負責其政治任務，斯為「王」。禹之子孫失德，至桀而更甚，不克再配天，則商湯代之而起。湯之子孫失德，至紂而更甚，不克再配天，則周武王代之而起。天命所歸有變，故曰「革命」。商湯南面而征北方怨，東面而征西方怨，則湯之武力亦尚其文德。周武王滅紂，而周人必尊周文王為王朝之始祖。惟文王之德克配上帝，故能受命於天。而周人又尊奉后稷為始祖。生民之詩已明白告人，后稷亦有父有母、有鄰里，同時有漁牧諸業。后稷之前，已遠有生民，而必尊后稷為始祖者，因后稷教民稼穡，人民生業由是始定。

故周文王之前有后稷，猶黄帝之前有神農。中國人以農立國，遠在有政治以前，人民生業已定。生業定，而後有政府。故五帝、三代時之中國，即猶一「天下」。中國之外雖有夷狄，而不妨即稱「中國」為「天下」。大學以「明明德」為三綱領之首，「平天下」為八條目之末。中國古人一切思想言論，皆本之其對以往歷史之實際觀念來，即大學亦如此。

現代國人治古史，謂必推本殷墟發掘之甲骨文字，乃有眞憑實據，其他盡傳說不足信。然甲骨僅中國古文字之一鱗片爪，若盡摒其他諸文字，則甲骨文亦無可說。或又謂，中國古史傳說皆由孔子儒家之「託古改制」，則孔子豈不將成為中國一大說謊家？儒家嘗詳說周公東征，殺其兄管叔，大義滅親，攝王位而不居，何一係虛構？尚有其他大政績，見於西周書，及其一切雅頌之見詩經三百首者，豈盡不如殷墟甲骨文之可信？此下治中國史，必仍溯詩書，迄今已三千年。所謂孔子之「託古改制」者究何在？

言生必言「性命」。孟子有「性」、「命」之辨。使孔子不生當時，不周遊當時之魯、齊、衛、陳諸國，則不成為當時之孔子。使顏淵、子貢、子路、子夏而不遇孔子，亦不成其為顏淵、子貢、子路、子夏。是命必有性，性亦必有命，天命、人性，相融成體。而性、命又各有分別。故行必兼乎言，而修必貴乎行，豈徒以語言文字為學所能盡其為人之深趣！

中國人重視個性，而能和平相處。每不見當身之成功，而能在長時期之大群中，永留其影響。孔子道不行，魯人欣賞其門人子貢，謂其賢於孔子。孔子死，子貢廬墓六年，其政治生涯隨以終結。段干木學於子夏，魏文侯往見，段干木踰垣而避。此皆所謂「苟全性命，不求聞達」。似無大表現，而實為中國傳統文化奠定其深厚穩固之基礎。故在儒家思想中，早包藏有道家精神，惟莊老始暢發之而已。秦漢以下，傑士名賢，無不同具此一型，所謂「一陰一陽之謂道」是已，而豈學術分家分派之觀念所能盡其深趣之所在！

孔子又言「為己」之學。己亦一人，知為己，即知為人。人亦一物，能格人，斯能格物。物亦一天，能通於物，斯必通於天矣。故曰：

得其環中，以應無窮。

立足之地，瞬息之間，即廣宇長宙之中心。「環中」在握，斯無窮亦有窮，此之謂「止於至善」。非至善即不能止，但非能止，亦不得為至善。

中國人言「身、家、國、天下」，進則有國、有天下，退則有身、有家。亦有進至於天下而忘其國者，亦有退至於一身而忘其家者。孔子則曰：「執兩用中。」身、家、國、天下，一體相通，進退自如，斯止矣。西方人好分別，各走極端。其宗教、科學皆可忘其生命，或一意於天堂，或一意於太空，各有嚮往，而當前之性命則可置於不顧。濂溪言「無極而太極」，西方觀念可謂只是太極而無極，有進而無退，有動而無止，忘置其當前之性命，則又何極之有？

中國自古即有一「國家」觀，而西方無之。國家乃大群觀，而性命則各別觀。個別有性命，斯大群有文化。西方個人主義物質人生，不重視個人德性與大群體制，政治惟在小集團中爭權利、謀功利而止。柏拉圖之理想國憑空設想，以一「哲人王」主政，其下無家庭、無宗族，兒童盡歸公育，將來當兵、經商，乃及其他一切業務，皆由政府指定分配。此其理想，較之近百年來猶太籍之馬克斯所提倡之唯物史觀、共產主義更為專横獨斷。試問此哲人王何由產生？何由得人擁戴？此一政府乃僅憑個人空想之一種哲學，而非代表一群體國家，則此一國家、一人群，亦斷無久存之理。

耶穌亦猶太人，亦不存有國家觀。乃謂「上帝事由他管，凱撒事凱撒管」，政治截然在人生之外。耶穌受政治壓力上十字架，而凱撒終亦信了上帝、耶穌，但羅馬帝國則終於崩潰。神聖羅馬帝國，僅一幻想，難於實現。

盧騷始唱「天賦人權」說，引起法國大革命，遂有歐洲近代民主政治之出現。孟德斯鳩則分世界政府為三大型：一曰「君主專制」，一曰「君主立憲」，一曰「民主立憲」。實只專制、立憲兩型。惟求在權力政治上，加以一種法治，使政府權力有所限制而已。西方之現代國家與政府，始終不脫「權力」一意態，故孟氏有此說。

西方人又分政權為「神權」、「皇權」、「民權」三階層。其實神權乃回教主穆罕默德所唱。印度分社會為四階級，亦一種神權政治。歐洲人之宗教信仰，乃由亞洲傳入，神權政治非其本有。凱撒是一種皇權，古希臘城邦政府則可稱是民權。神權則後起。歐洲人之政治體制，實可謂乃由小團體民權，演進到大團體之皇權與神權。羅馬皇帝不能統治其廣大之領土，乃借耶穌為護法。故羅馬帝國後期，已可謂是一種神權政治。羅馬帝國崩潰，乃又轉而為現代國家之皇權與民權。首尾顛倒，反覆循環，但終無一穩定之立腳點。則因誤認政治僅一權力，而非代表人類之德性與道義，乃有此病。此誠西方政治一致命傷，無可醫療。

馬克斯共產思想出現，無產階級儼成一有形之上帝，「無產階級專政」，實為一種變相之神權論。共產思想乃成世界性，而資本主義國家則終不能脫離希臘之「城邦型」與羅馬之「帝國型」。此下西方政治，恐將無法擺脫此一民權與神權之鬥爭。宜其與中國人「即國家即天下」之觀念，東西相望，若河漢之無極矣。

西方人又說，國家乃由「土地」、「人民」、「權力」三項結合而成。則試問此三項中之「權力」一項，究何由而生？若謂權力出於人民，則只土地、人民兩項已得，何必增入此權力之一項？由上所述，西方國家乃由城邦型轉入為帝國型。兩者皆建基於「權力」，又可分「財力」與「武力」。僅尚財力，則希臘城邦盡為馬其頓所覆亡。惟武力亦必藉財力，故帝國主義必向外侵略，向外搾取。西方現代國家乃由文藝復興之城市轉來，但又必轉為帝國型。要之，資本主義仍必藉帝國主義為後盾。共產政權，亦必仍仗財力、武力。惟力是尚，此又西方文化一至可憂慮之前途。

中國政治，只重「職務」，不言「權力」。人生亦惟言「德性」，不言「欲望」。西方思想傳入中國，中國人乃亦輕內而重外，不言德而只言權。始謂中國自秦始皇以後兩千年傳統政治，乃一「帝王專制」。則試問廣土眾民，比全歐洲而有餘，此一帝皇用何權力來專制，以達兩千年之久？此非一神蹟而何？秦併六國，在朝首相，為楚人李斯；防邊大將，為齊人蒙恬。政府組織，即以代表天下，非以代表秦。自居為始皇帝，二世、三世以至萬世，乃計天下之長治久安，非於私家權力有自信。「帝王專制」四字，古代中國無之，秦後中國亦不言及。無此事實，亦無此觀念，無此語言。黃帝起，政府即以代表國家。五帝、三代，體制日益鮮明。惟封建時代，代表全國者，為王室，為天子；代表全國之各部分者，為諸侯。秦以下，代表全中國者，為中央政府；代表國內各部分者，為郡縣政府。古今一體，依然一中國，並無二致。

西周自幽、厲以下，以至平王東遷，中央政府已不足代表全中國，於是有霸者繼起。孔子謂，管仲相齊桓公，一匡天下，九合諸侯，不以兵力，而使中國人免於左衽。此非西方之神權、皇權、民權，乃中國傳統文化中固有之一種政教方式，政教力量。創業垂統，乃由主此政教者之德性。中國國家基本，則亦在此德性與力量上。惟建立與運用此力量者，亦有高下。孔子曰：

晉文公譎而不正，齊桓公正而不譎。

齊桓、晉文以下，霸業又衰。孔子曰：

如有用我者，吾其為東周乎？

是孔子繼管仲，當另有一套想法，惜其不見用未實施。孟子則曰：

不嗜殺人者能一天下。

又曰：

以齊王，猶反手。

是孟子繼孔子，亦另有其一套想法。

其他如墨、如道、如陰陽，諸子百家，亦莫不各有其一套治國平天下之想法。皆為大群體設計，不為當時某一部分人著想。遺書尚在，讀而可知。要之，莫非有一全中國、全天下存其心中。此下中國一統，乃中國人自為一統，而非齊、楚、秦、趙，某一國之力足以統一之。此為讀戰國史者首當注意一事項，否則即無以明中國人所謂之「道義」。

諸子中有楊朱，拔一毛利天下不為。孟子曰：

楊朱為我，是無君也。

無君即無群，無群即無國。楊朱為我，無國家觀，亦不成一家言。近人或疑楊朱即莊周，然莊子內篇七篇殿應帝王，非無君。尊君，乃尊其國，尊其群，而豈一人之為君？此亦中國文化一大傳統所在。莊周、楊朱之辨即在此。

秦滅六國，自稱始皇帝，以前為舊中國，此下始為新中國。則在始皇帝心中，舊中國已不存在。故秦之統一，二世而亡，亦固其宜。漢高祖為皇帝，非如西方羅馬，以豐沛征服全國。初即位，即下詔求賢，欲與共天下。武帝時，吳楚七國封建已崩潰，此下中國仍要一新中央，而公孫弘以東海一牧豕奴為全國之首相。中國此下乃有一新型式之「士人政府」，與舊傳統之政府實無大相異。而漢廷繼起諸臣，乃謂天下無百世不亡之王朝，群主漢帝禪讓，無待征誅之踵起。王莽登天子位，群情擁戴，非不愛國、不尊君，亦非反對君位世襲。惟為大群體著想，近代西方民選，事態紛繁，中國廣土眾民，其勢不可能。政府百官分職，君亦一職，尊君非即一罪惡。易君位，亦可為政府一尋常事。每一國之傳統文化，當從每一國之歷史情態妥善作解。中國史當從中國人立場求解釋，否則一部二十五史，又無從說起。

但王莽新朝，終亦不符人望，於是乃有光武中興。所謂「人心思漢」，「王道不外乎人情」，此亦為道為義，有一番眞理存其間，豈得以「帝王專制」四字說之？光武、明、章，可謂極王室教育之能事。下逮桓、靈，終於沒落，乃有魏、蜀、吳三國鼎峙。曹操一世梟雄，但僅求以周文王自居，待其子起為武王。司馬懿亦然。於是魏晉之際，禪讓、征誅、篡弒，混淆不清，在朝代更迭上，形成一大污點，並留下惡影響。若政治專尚權力，曹操、司馬懿，可以肆意欲為，何待如此忸怩？「五胡亂華」實中國一番內亂。劉淵、苻堅亦受中國教育，乃求以一新王朝興起。王猛仕苻堅，則僅求其安定北方，故戒其勿生心南犯。中國人對朝代更迭，又有「正統」、「偽統」之辨。曹操、司馬懿，皆內心自知不得為正統。王猛則知苻堅不得為正統，故有此告誡。此非深切瞭解中國文化，中國人之傳統觀念，則此等人物皆無可辨認，加以評論。此豈西方觀念所能道盡其底裏？

唐代滅亡，能不如西洋史上羅馬帝國之崩潰，實為此下中國一大幸運。五代八姓十三君，多半屬於夷狄，最為中國歷史上一黑暗時期。文化傳遞，乃在十國。宋興，一時學者競唱華夷之辨，競唱尊王，競唱孔子春秋大義。則孔子豈不乃為提倡尊王、尊中央、尊一統之中國自古一聖人？而近代國人，又必以擁護專制鄙夷孔子，於是中國史乃無一頁可讀，中國人乃無一人可尊。而宋代王室之尊賢下士，亦創自古所未有。宋後之猶有中國，則胥此是賴。宋神宗以下，新舊黨爭，宋室一蹶不復振。「君子群而不黨」，在中國亦自古有明訓。士人政府，職權之上下分配，亦貴有體制，豈得人人可自謂代表一政府，代表一國家？周、張、二程以下，理學興起，中國士傳統用意之所重，乃又轉而在野不在朝，此又中國歷史一大變。非通此下歷史，亦無以言之。

蒙古入主，中國「政」亡於上，而「學」存於下，蒙古政權不百年而遽滅。晚明東林黨又引起禍亂。滿洲入主，政又亡於上，學仍存於下。顧亭林乃有「亡國」、「亡天下」之辨。謂：

國家興亡，肉食者謀之。天下興亡，匹夫有責。

其實亭林所謂「亡國」，乃指政府王朝言；所謂「亡天下」，乃指社會大群文化傳統言。中國五千年建立，其本源即在此。中國人自信則謂其可以建諸天地而不悖，百世以俟聖人而不惑，故每以「中國」與「天下」並言，有天下斯必有中國，有中國自必成天下。中國人非不知中國之外尚有外國，而求一世於大同太平，則必以中國為中心。此可謂乃炎黃以來五千年中國人一傳統觀念。其信與否，則待此下中國人之努力。

辛亥革命，中國人自易國號曰中華民國。其實仍是此中國。惟此下則一變故常，由君主轉而為民主，一姓一家朝代更迭已不再見，國家元首憑西化選舉。故此下之中華民國，乃與以往之古中國大不同。國歌中有「以建民國，以進大同」，其意乃指打倒了秦始皇帝以下兩千年之帝皇專制，而走進了西化之大同；以上兩千年之古中國，則可不復存在。其然，豈其然乎？唐代杜佑以下，有三通、九通、十通，記載歷代政治制度，如租稅，如兵役，如考試、監察等，何一不有明確制度之規定？何曾由帝皇一人來專制？專舉一句西方話來講中國史，則可謂辛亥以後之中國，乃全無所承，赤手成家。此下之中國，慕傚西洋，先則英、法，今則美、蘇。但核武器僵持，今日不知明日，則高臥緩起，以徐待其定，亦不失為明智之一舉。

惟其民國創建，慕傚西方，於是乃有民初以來之「新文化運動」。主張「全盤西化」，繼之乃有毛澤東之馬列主義。更荒謬者，毛澤東又改中華民國為「中華人民共和國」。試問「中華人民共和國」與「中華民國」，意義不同何在？豈國家民族一切體制，均得隨一名號而俱變？亦豈一二人之權力凌駕於全體國家民族之上，乃即成其為西化？抑且馬列乃猶太人、俄羅斯人，中國人惟此是從，則豈不成為一無民族之國家？若專以新舊論，馬列雖新，務求全中國人一意順從，則又無此情理。但此亦不當專怪毛澤東，近代中國人已先言「漢帝國」、「唐帝國」。漢、唐乃中國歷史上一朝代名，非國名；中國亦非一帝國。觀念不清，專在字句名號上求變求新，則無怪荒謬百出矣！

近人又尊孫中山先生為「國父」，乃倣美國人稱華盛頓來。但美國由華盛頓創始。中山先生亦僅得為中華民國之國父，不得謂乃中國之國父。中山先生辛亥革命先征誅，後禪讓，在中國歷史人物中，尤為難得。「三民主義」首民族主義，較之馬列新傳統，則如霄壤之相隔。

今再論，美國本由大英帝國來，蘇維埃乃從俄羅斯帝國來。美國立國僅兩百年，蘇維埃未到一百年，立國基礎皆未穩。中國立國五千年，並世無匹。惟今國人喜新厭舊，民國創建七十五年來，乃常陷於搖盪不安中。不治舊國史，何來新觀念？國人好學，其試再加決策。

（原載一九七九年七月十五、十六日中央日報專欄。復陸續有所增修。一九八六年收入本書時又曾作最後修改。）

一七　中國歷史上的政治制度

政治該有一理想，從那條路，向那裏去。孔子曰：

政者，正也。

社會人事有所不正，政府便該率以正，改其不正以歸於正。治猶治水，戒鯀之防，效禹之導。故國人常連言「政教」，不言「政法」。「教」主化導，「法」主刑防，此其大不同。即就中國文字，可瞭解中國理想；「政治」兩字，亦即其例。但理想須有人領導執行，故選賢與能，乃中國政治一大事。政治屬長期性，人物隨時有變，制度乃定一長期性選擇之標準。理想、人物、制度，乃中國傳統政治最重視之三要項。茲姑就制度一項約略言之。

秦前政治制度為封建，分封列國，共戴一中央政府，王朝天子為列國諸侯所同尊。政治上大設施，大作為，一切政令必自天子出。其他不詳述。秦以下封建改為郡縣，是為中國政治制度史上一大變。遠自五帝、三王，封建制度已推行兩千年；秦以下，郡縣制度亦已兩千年。封建貴族取消，「宗法社會」一變而為「四民社會」，乃有「士人政府」。政治人物大變動，但選擇人物之制度則甚多相襲，有一貫傳綿之意。

秦代博士官，我嘗稱之曰「學官制度」。政府重視學術，特選學者加以廩給，許其自由講學，傳授弟子。政府不煩以行政雜務，對國家大政大法，許其參加討論，各抒意見，以供政府之採擇。此一制度，承襲自戰國齊之「稷下先生」制。而齊制亦有承襲，茲不詳論。而秦代博士官，乃有公開反對郡縣制，而主恢復封建制度者。在一次宮廷大宴會中，公開發言，成為一大爭論。秦始皇帝並未即由私人加以裁判，下其議於丞相李斯。丞相府復議奏上，乃有焚書法之決定。此事大為後代中國人所詬病。而秦始皇之為暴君，千古來亦從未有人為之作平反者。此事已成歷史定論，不煩再提。然近代國人崇慕西化，乃稱中國自秦以下歷代政治胥為一「君主專制」的政體，實大有商榷餘地。

法國孟德斯鳩分政治為「君主」、「民主」兩種，又分有憲法、無憲法兩種。有君主，無憲法，為「君主專制」；有君主，同時亦有憲法，為「君主立憲」；無君主，有憲法，為「民主立憲」。此乃孟德斯鳩根據西方歷史所作之分別。但在中國歷史上，無憲法，有制度。政府中各種職權之分配，皆有詳密之規定。精細周到，遠非西方憲法可比。所謂「君權」，在中國歷代政府制度中，亦有種種規定，種種限制。

即如焚書一案，始皇帝乃遵丞相意見，非逕自作主張。李斯乃一楚國學人。封建、郡縣兩項制度之得失，誠是當時政治上一大爭論。李斯主廢封建，行郡縣，亦不失為政治上一開明進步的意見。其所奏對，僅主廢除那些主張恢復封建制度之博士官，並焚其所掌書之流傳在民間者，政府所藏則仍保留。最要在禁止民間之根據歷史舊傳統，來反對政府之新創制。此乃承其師荀子「法後王」之主張，實屬當時學術思想上一大爭議，並未主張君權專制。秦始皇亦一學者，未統一六國前，曾讀韓非書悅之。韓非亦與李斯同學於荀卿，主張為當時國家創新制，成為當時一法家。韓國特派其赴秦，辦理外交事項。但韓非依然忠心韓國，並不轉忠於秦，遂死秦之獄中。始皇長子扶蘇，仍遵傳統，為守孝道而自殺。可見在當時學術思想界，本極複雜，難於一致。而後人批評秦制，則專歸罪始皇帝一人，李斯亦無資格同受譴詬。於當時情實，實未恰當。

西漢興，博士制度依然承襲。直待漢武帝始特尊儒家，表彰六經，博士官纔為儒家所專有。在學術思想史上，較之秦始皇時代，實為一轉變。漢武帝生平作為，在當時，在後世，亦多受人批評。但今日國人乃與秦始皇帝同舉為中國歷史上專制皇帝之標準人物，則實無根據。

漢武帝亦一學者，其為太子時，即奉儒者為師。即位後，即廣徵社會賢達，詢以國政，謂之「賢良對策」。此豈專制之謂？董仲舒對策合武帝意，繼加詢問，三次問對，原文俱在，可以覆誦。政府重視學人，豈即帝皇專制？公孫弘乃一東海牧豕奴，因賢良對策獲武帝拔用，打破高、惠、文、景七十年來「非有功不得侯，非封侯不拜相」之慣例。倘如此即謂專制，亦未可厚非。

漢武英明有為，引用極多文學侍從內廷人來和丞相府打交道。公孫弘雖稱「曲學阿世」，但亦不得不大開東閣門，廣攬學人，來對付武帝那一批內廷侍從。此乃中國傳統政治「內廷」、「外朝」相對立一具體例證。姑不論武帝、公孫弘為人，但當時制度如此，稍讀史書，誰能否認！

武帝卒，霍光以大司馬大將軍輔政，僅是一內廷侍從之長，但可徑由內廷諸臣集議，援用伊尹廢太甲故事，不經朝廷會議，廢去昌邑王。謂是內廷王室事，不必經外朝宰相同意。後代對此亦未加批評。所受批評者，乃霍光以內廷輔政，而權任在外朝宰相之上。此豈贊成帝皇專制？王莽以大司馬大將軍接受漢禪，由外朝群臣共同主張。意謂湯武革命不如堯舜禪讓。王室不禪讓，難防政府有革命。又豈崇獎帝皇之專制？

但王室尊嚴，則自黃帝、堯、舜迄於清季，上下四五千年，古今一律。此因中國乃廣土眾民一大國，欲求和平統一，非在政治上有一共尊對象不可。惟王室雖尊，其政權則有限制。封建時代諸侯並列，王畿千里，所轄不大。秦後行郡縣制，王室地位益高，但其限制亦益密。政府由士人組成。王室近親，絕無在政府任職之可能。朝綱失常，亦惟有外戚、宦官弄權。其腐敗處，即可見其制度之用心處。惟王室失其尊嚴，則全國即陷禍亂。然如三國時，曹操並不敢自踞帝位，先為周文王，待其子始受禪讓。而司馬懿擅權亦歷四傳，至司馬炎始正式稱帝。制度影響人心，即證人心創造制度，此乃本之全國公意，而豈某一人、某一家所能形成此局面？

東晉南渡，「王與馬，共天下」，已無帝王尊嚴。南北朝禍亂相仍，隋唐興起，中國再臻統一，王室尊嚴亦再建。然皇帝權力則更受限制。如皇帝下詔書，實由中書省起草，又經門下省審覈，兩省連署，始是一正式詔書。皇帝偶有私授一官，亦以斜封下詔示別。當時稱為「斜封官」，輕鄙之。唐代自中書、門下兩省外，又有尚書省，合此三省始為漢代之宰相。中書、門下兩省主出命，尚書省主執行。尚書又分吏、戶、禮、兵、刑、工六部。此一順序，直至清代不變。任官命職由吏部掌之。在西方，不僅專制時代無此一部，即近代民主制度下亦無之。政治領袖掌用人之權，而中國皇帝則無此權。必加以「專制」之名，此乃近代國人之無知！

吏部次為戶部。如今之內政部，惟賦稅亦歸其管制。又次為禮部，教育、考試皆歸之，外交亦屬此部。西方小國紛立，故行政首長之外，最要者即為外交官。如今美國之國務卿，亦主管外交。中國乃一大一統國家，政府組織，宰相之下為內政。余嘗謂中國文化體系重向內，西方文化體系重向外，此亦其一例。可見研討中西文化，首當分別以觀，不當專據一方作衡評。先得其異同，乃始有是非可判。

禮部之次為兵部。軍隊統制，西方必歸皇帝；近代民主政治亦不例外。如美國大總統，同時即為海、陸、空三軍大統帥。中國唐代，兵部列在尚書之下三部。在政府全體系中，實不占重要地位。皇帝既不掌握兵權，又何得肆其專制？中國政府多文人，少武人。將帥統兵在外，歸則交出兵權，有爵祿，無職掌。而文人則多大體知曉武事。此有中國人讀書為學一番甚深妙義之存在。歷史上文臣知兵超於武臣者何限？今國人又謂中國崇文輕武，信口雌黃，豈能一一加以辨正！

兵部之次為刑部。中國人重「禮」不重「法」。封建時代，「禮不下庶人，刑不上大夫」，貴族尚禮不尚法。秦漢以後，禮儀尚在刑法之上。叔孫通為漢定朝儀，君尊臣卑，亦禮非法。中國一切制度皆稱「法」，法即禮，與刑法之「法」不同。陷於刑，乃由刑部司之。故中國政府無憲法，而一切法則詳密遠過於西方，刑獨非所重。西方三權分立，司法、立法、行政，鼎足而三。中國則刑部占尚書六部之第五位，然亦獨立，他部不加侵擾。重大事則六部會商。尚書每日兩會，上午六部分部會議，下午六部共同會議。中書、門下兩省亦有會議。則不僅皇帝，政府各部門職權，皆有限制。而皇帝以下，丞相與其他各長官，亦各不失其尊嚴，各得發展其所職掌，各有自由，不害其各體制之相互和合，融為一體。西方則必以分權為尚。雙方相異，又豈語言所能盡？

刑部之次有工部。物質建設為行政最下一部門，然國家一切大工程皆掌之工部。最著者如水利工程、交通工程等，盡由政府職掌，社會私人不得從中營利。近代如美國有鐵路大王等之出現。唐代遍國皆驛站，但不能有驛站大王。近代國人又譏中國文化不重物質建設。唐代各驛站，豈非物質建設乎？或以唐代驛程比之羅馬大馬路。但羅馬乃帝國，軍隊運輸頻繁。唐代則全國和平統一，車馬交通，官私兼利，意義價值互不相同；近代則工商牟利，意義價值又不同。而中國傳統政治之為民服務，亦由此可見。

唐代政制，上有承，下有傳。其有關名著有兩種：一曰貞觀政要。唐太宗與其諸大臣議論施為，記載詳備，可資模楷。尤要者，在可窺見中國政府中君臣等級，相互合作，以共成一代之治之大概情況。君臣一倫可作代表。後代帝皇皆必閱讀。故治中國政治史，此書亦當翫誦。又一為杜佑之通典。

中國政治制度，有因有革，隨時損益。五千年廣土眾民，王朝遞起，或禪讓，或革命，或封建，或郡縣，政府不同，而國家則仍是此國家。故政府一切制度，貴能求其通。司馬遷以下，各家著史，多詳其當時。杜佑此書，則歷代連載，故得為「通史」。西方「通史」又不同，各國並立，忽存忽亡，並合記載，乃為通史；可有歐洲通史，亦可有世界通史。杜佑此書，納入世界史中，則為一「專門史」，不得謂之「通史」。此又中國文化一特徵。

抑且杜氏此書並非其私人之政治哲學，根據歷史事實，敘述其各項制度之先後演變，上自創制時之爭議，下及演變中對此各項批評，一切意見，詳羅無遺。利病得失，無所遁隱，可供後人之參考與抉擇。故讀杜氏書，便知中國歷代傳統政治制度多「學術性」，非「權力性」。「政治」兩字，已表現了中國人之傳統理想。至於如何達成此理想，則各項制度有待學術上之不斷精研。如堯舜禪讓，禹啟世襲，湯武征誅，王位承遞制度，屢作大轉變。又如周文王「三分天下有其二，以服事殷」。此見中國史皆由中國人自己創造，由中國人自加讚嘆，此亦見中國人之自有其特異處。而近代國人又必求盡掃一空以為快，此亦豈天命？誠堪嗟嘆矣！

唐代後，種種政治制度，多承通典來。惟其政府全由社會高級知識分子經由選舉、考試而拔擢任用以組成。故此政府乃得成其學術性，而非權力性。春秋時鄭子產有言：

僑聞學而後入政，未聞以政學者也。

孔門亦言：

學而優則仕，仕而優則學。

則學後乃得仕，仕後仍需學，學術、政治緊密相關，古代已然。世界其他政府，或掌握在貴族，在軍人，在富人。惟中國，封建時代，即形成為一「士人政府」；或可謂其已積三四千年。豈必選舉，乃始得賢人出仕？使春秋末，魯國亦選舉，孔子豈必當選？戰國時，亦選舉，諸子百家未遽當選；漢武帝時，未必選出董仲舒；唐太宗時，未必選出房玄齡、杜如晦。中國廣土眾民，以農立國，亦未必能效近代西方小國寡民之推行民選。不經選舉，乃亦可有理想之政治，此誠出近代國人思考之外矣。

西方民選必分黨以爭。英、美兩大黨對立，最為楷模；其他多黨紛立，每形成紛亂。然一黨得勝，一黨下臺，所論在多少數，勝敗亦在權力，不在學術。故西方高級知識分子均安心在學校教書，或服務工商界，政治活動則由一批特具性好者為之；與中國傳統政治差異甚顯，無法相比。若謂政治、學術理當分途，則中國確早已政治學術化。孰優孰劣，亦非一言可盡。

中國傳統政治亦非無權力鬥爭。尤著者，如明太祖廢宰相，此為中國傳統政治一大變。惟洪武、永樂父子兩朝，起自草野戎馬中，人事歷練，亦既有素。縱不為當時學士文人所重，而總攬大權，亦能控制，恣其應付。嗣王繼位，養自深宮，以中國政府組織之龐大複雜，一日二日萬幾，苟非宰輔，何從應付？於是朝權終落於內閣大學士之手，而閹宦乘機播弄。明代政治終不如兩漢、唐、宋之理想。明亡，黃梨洲著明夷待訪錄，即明白揭發其事。其原君、原臣諸篇，闡申中國傳統政治理想，可謂大義昭宣，亦非由其私人之一套政治哲學，自創新意；根據史實，為吾國歷代聖君賢相所共同遵循，亦千古學士文人之心聲公意。其書尚在法國盧騷民約論之前。試取比讀，孰為哲學，孰係史論；孰出冥想，孰據事實？中西雙方政治思想之相異，亦即此而覩矣。

晚清末，梨洲明夷待訪錄經國粹學報翻印流布，幾於人手一册。其時乃有康有為主變法，謂滿清王位猶可保留；章太炎主革命，謂滿洲異族統治必加排除，中國傳統政治制度可循不變。康氏有弟，亦告其兄，能廢科舉八股，創立考試新制度，作興人才，其他制度可從緩議。其時學人亦有簡編三通，本舊制度，提要删繁，廣布流傳，以供國人之研討。但一時風氣，則已群慕西化。民國創興，當時參政會遂有美國「總統制」與英國「內閣制」之爭。而中國傳統君相一體之成局，乃竟無人提出，供作討論。其實英國尚存保留君位，故行內閣制；美國則大總統為政府領袖，故行總統制。若求職權限制，則中國以往已設計周詳，遠超英、美之上，又何必改弦易轍，徒求變換，轉成倒退？

西方民主政治首要在選舉，但選舉亦有條件。中國一省一府，可比歐西一國家，鄉民多生平足跡未履城市。余抗戰時，在四川成都，識一八十餘老人，家距成都可三十華里，但生平未進成都城一步。德國一學者，晚清遊北京，城外未見一警察，心大驚奇，遂留不歸；讀中國書，成為西方一漢學家。其子傳業不輟。一國有一國之國情，即在西方，民選制度亦傳遞數百年，遂有今日，中國豈能一企而及？但中國遠自西漢，即由地方察舉賢良，貢之中央任用。是中國民選，已有兩千年之歷史。隋唐以下，考試制度代起，迄於清末，亦已千年以上。各地依賦稅額分配考試錄取名額。政府人員即普遍分配於全國之舉人、進士中。豈不中國政府民選，已遠在西方之前？近代西方亦採用考試制度。中山先生「五權憲法」，特設有考試院。謂使一大學教授，與一汽車夫同在街上競選，此大學教授未必能獲選；若求眞得人才，公開考試，未必遜於民選。此誠不失為近代一至理名言。

西方為選舉而分黨。中國古人則主「群而不黨」。群公尚和，黨私啟爭。中國政府每集會商榷，但不分黨以爭。東漢以黨錮亡，北宋以新舊黨爭致亂，明末有東林黨，乃故以惡名加於朝賢之上，而國祚亦因此而斬。民國以來，終未能組成如西方之政黨。中山先生言，國民黨乃一革命黨。革命完成，政府已上軌道，則不必再分黨以爭。中山先生雖未明言，而涵意則甚顯。中山先生又主「選舉權」與「被選舉權」同需先經考試，故「五權」中有「考試權」，無「選舉權」。此項意見倘獲實施，則當為此下政治開一新面貌，惜無人繼而暢發之。

一黨又必有一主義為號召。其實西方現代政治，惟「民主」一主義。保守、進取，僅在步調方法上相歧。馬克斯乃猶太人，非歐洲人，唱共產主義，乃經濟問題，非政治問題。俄國人列寧，借為號召，排除沙皇專制，創造「無產階級專政」之蘇維埃政府。於是共產黨乃成為國際性、世界性一組織，傳播全世界，群起革命，實則乃沙皇傳統帝國主義之變相。至是始成為政治問題。

中國本非一資本社會，群慕西化，乃有人起而慕效馬克斯、列寧，創為馬列主義。舊知識分子，留戀舊傳統，即成為有產階級，盡加剷削。故馬克斯之共產主義主要在「經濟革命」，列寧則主要在「政治革命」，毛澤東又更進而為「文化革命」。馬克斯主張「唯物論」，列寧、毛澤東加進了種種意識形態，可謂實已轉化為一種「唯心論」。而當前之世界，乃成為資本社會與共產社會一對立之局面。

中國傳統政治之惟一美德，則曰崇尚學術，超在政治地位之上。馬克斯共產思想，猶近學術研究。列寧革命，史太林一黨獨裁，則偏向政治。中、蘇國情相異，慕效列寧、史太林，乃與馬克斯原來主張更相違背。馬克斯無產階級，農民不在其列。中國無資本家，非馬克斯所反對。中國共產黨，乃提倡「農民革命」，此則離題更遠。國人崇慕西化，所作所為，乃有遠超西方之上者。實則仍是中國舊傳統，崇尚學術。惟其所謂「學術」，則一味變我之舊，求彼之新而已。人性難變，當加深警惕。

毛澤東意謂，共產思想又西化中之最新起。而中國自秦以來兩千年，則屬帝皇專制，故彼以共產專政乃符合國情。曾有美國人勸袁世凱作皇帝，謂國情如此，何憚不為？此下美國某一史學家，亦謂毛澤東承接中國傳統。毛澤東「批孔揚秦」，儼然以秦始皇自居。近代國人雖力求西化，而西方人則但亦不得不謂乃近代國人崇尚西化，蔑棄傳統之一觀念、一風氣有以助成之，此亦深堪愧怍！

國民黨與共產黨對立，但「三民主義」實應全國共遵，非可一黨專有。政治從民族來，故三民主義以「民族」為首。但尊美派則謂三民主義即美國林肯之「民有、民治、民享」。主臺灣獨立者，亦有勸國人自守傳統者。毛澤東可謂兩者兼得之。

崇慕美國之叛離英邦。不知一黨專政可反對，中山先生之「民族主義」則未可輕加反對，此又當辨。中山先生「民權主義」又謂：

權在民，能在政。

果政府考試顯其「能」，則可不煩有民選。惜乎國人深慕西方，厭棄傳統，考試院形同虛設。忽視了中山先生之民族主義，即無以體究中山先生之民權主義。「民生主義」，中國傳統自有一條路線。孔子曰：

貧而樂，富而好禮。

此兩項乃人生所嚮往。有此民族，始有此民生。資本主義、共產主義，西方所爭，實皆非三民主義中之民生主義所重。要之，三民主義乃為一國行政大綱建立，非為一黨建立。信奉中山先生者，當深切體究。

中山先生「五權憲法」中，又有「監察權」，此與「考試權」乃直承中國傳統而來。秦漢時代有御史大夫，乃副宰相。下有兩丞，一名中丞，即主監察皇室內廷事務。此亦中國傳統政治非帝皇專制一明證。此下各朝代監察制度遞傳不絕。但今「五院」中之「監察院」，其職權實為「立法院」兼代，「監察院」與「考試院」同其冷落。以西方政制作楷模，則此「兩院」之無可作為亦宜。

中國歷史上政府種種立法，皆由各機構重要職官任之。以中國傳統論，政府高出民眾之上，而學術又高出行政之上，種種立法皆富學術性。民意則有此希望，無此能力。故立法當以民為本，不能任於民。所謂「權在民，能在政」是已。西方參、眾兩院，任監察之務尚可；任立法，則係學術性，似不勝任；與中國傳統相比，最多是互有得失。決不當謂西方新而是，中國則舊而非，下如此輕率之評語。

故中山先生之三民主義，首當發揮其民族主義。中山先生之五權憲法，首當研討中國之傳統政治。決不當一依西方現況來作標準，來作解釋。至於中西雙方政治制度之孰得孰失，孰優孰劣，則當待學術界之再作衡論，豈得如今日國人之所為！

（原載於一九八一年十二月文化大學史學彙刊十一期，收入此集時略有修潤。）

一八　政與學

中國自古為一統一大國，「政」統於上，「學」統於下。黃帝、堯、舜、禹、湯、文、武、傅說、伊尹、周公，政在上，而學亦輔之。孔子起，學在下，而政亦尊之。魯哀公、齊景公、衛靈公、衛出公，以及陳、楚君臣，皆知尊孔子。曾子居費，子夏居西河，同為主政者所尊。墨子尊於天下，與孔子同。齊稷下先生七十人，厚其廩祿，恣其教授，不煩以政，為學官之增設。秦博士官亦七十人，非政職，而得參預政議。漢武帝改為五經博士，主學不主政，亦得參預政議，與秦博士同。漢宣帝欲增穀梁博士一席，亦由朝廷公卿與諸博士洽議始定。王莽、劉歆欲增設博士，諸博士皆反抗，雖勉增設，光武中興，隨即罷廢。然東漢博士多倚席不講，在野開門授徒者，則聽眾四集，其盛遠勝於國立之太學。黃巾作亂，相戒勿入鄭玄之鄉。當時儒生之見重於社會有如此。

魏晉南北朝，學在門第。魏孝文尤敬學，北周、北齊繼之，其風益甚。隋初王通講學河汾，後世聲名遠超於魏晉南北朝歷代帝王卿相一切政治人物之上。唐代亦設太學，而學者競趨進士考試，不以列名太學為榮。宋胡瑗蘇湖講學，朝廷取其法為太學規模，並聘胡瑗掌教。王荊公、程伊川任天子師，主師坐講，天子當立而聽。及南宋朱子集儒學大成，雖與伊川先後遭「偽學」之禁，然下迄元代，其注四書及詩、易諸經，定為國家科舉取士標準，歷明、清兩代相承不變。元代異族入主，一時學者群以不仕為高，而書院遍天下。地方官初到任，必先赴書院聽講學。明承其風，學者不尚仕進。吳康齋、陳白沙身居林野，名高一世。王陽明弟子亦多絕意不仕。東林始矯之，勉學者當志在廊廟，不當輕政務不以為重。清政權亦以異族入主，一時學者如顧亭林、李二曲、黃梨洲、王船山、陸桴亭，皆不仕。亭林言：

國家興亡，肉食者謀之；天下興亡，匹夫有責。

以匹夫而負天下興亡之責，非學林莫屬。

故中國人傳統觀念，學尤在政之上。政當尊學，而學必通政。可則進，不可則退；合則留，不合則去。學者可不仕，但不當學不通政，故必以經史為學。詩、書、春秋，亦經亦史。易言商、周之際，亦仍史也。政尚禮治，禮隨時變，則禮通於政適於時，禮亦史也。故曰「六經皆史」。司馬遷為史記，即上承董仲舒發明孔子春秋之義，故曰：

究天人之際，通古今之變。

而司馬遷以其父議封禪與當時帝王意不合，禀承遺志，作為史記。議禮即議政之大者，封禪之禮，即天人之際。司馬遷為此下史學鼻祖。史學即經學，經史一貫，其義如此。

唐杜佑著通典，典亦禮也。一代之政，即一代之禮，古今一貫。朝代有變，而典禮相通，讀杜佑書可知。宋代歐陽修著新五代史，明夷夏之防，最可發明司馬遷史學之大義。夷夏之辨，實即天人之際。其為新唐書諸志，則頗符杜佑遺意。司馬光與王安石新政不合，一意寫為資治通鑑一書，退於政而務於學。政在當世，學則通於後代。中國之學風，乃中國文化傳統之大意義所在。縱或學有未合，而為學大體則無逃於此矣。朱子有意為通鑑作綱目。其書由其門人弟子成之。中國學人之志節相承，此亦其一端。

清代顧亭林日知錄，首為經術，次曰治道。考論歷代政制得失，以待後有王者取法。此即經史一貫，政學相通，匹夫而負天下興亡之重任在是矣。黃梨洲寫明夷待訪錄，首指明太祖廢相之非。中國歷代宰相，自漢武帝用公孫弘，此下遂胥由學者任之。不能正學以言，亦多曲學阿世者。然終不能因噎廢食。學人任相，乃中國傳統政制一不可廢之大綱。待訪錄又有學校篇，主張當以學校為議政之所，此即古代博士官議政之遺意。梨洲受學於劉蕺山，蕺山講學上承東林。學校議政，即東林之主張。王船山有讀通鑑論、宋論，皆史學。則清初諸大儒，其學皆為經史之學，不得專目以為經學，豈不明顯之至？

經學在明古，史學在通今，皆人生實用之學。惟諸大儒皆不願在清政權下求實用，故皆立志不仕，而徒託之空言。孔子作春秋，乃天子之事，亦徒託空言而已。自雍正後，文字獄大興，空言亦所不許。一時學風，遂變而有乾嘉之經學。其實乾嘉亦非盡經學，當時自稱為「漢學」，以示別於「宋學」。漢儒治經，豈不曰「通經致用」？則乾嘉經學之致用又何在？此又不可以不論。

後人論乾嘉經學，率分吳、皖兩派。皖派當始自江永，其為學則一尊朱子。著書有禮書綱目，即上承朱子意為之。亦即會通經史，兼政與學，而可以上承杜佑；惟明白歸之一「禮」字，則上承宋學無疑。又為近思錄集注，專引朱子言注朱子所纂周、張、二程言，治宋學者必誦此書。則皖學開山乃宋學，更又何疑！戴震幼年親受學於江永，遭鄉里譴責，襆被至京師。以皖學治禮，長於天文曆算之學，助秦蕙田編五禮通考。此亦通經史，兼政學，較之江永、杜佑書益為博大。而戴震又獲交於紀昀，入四庫館，助編四庫全書。紀昀實反宋學，觀其閱微草堂筆記可知。其時學人反宋乃反清，或主改定科舉考試標準。清廷一主元、明成規，用朱子書為標準。又定陸稼書入祠孔子廟。清廷大臣尊信朱子之學者大有人在，而稼書特一地方小官，未臻顯達之位，清廷特加崇祠，用心良苦。呂留良專為科舉應用，闡申四書注，而提倡夷夏大防。湘人曾靜，憑其書遊說陝督岳鐘琪反清，文字獄遂起。呂留良開棺戮屍，全家帶罪貶黑龍江。雍正自為大義覺迷錄一書，頒之天下學宮，為應科舉者一部必讀書。稼書與留良為友，清廷非不知，而獲擢升孔子廟，以見讀朱子四書注有邪有正。邪如留良，開棺戮屍；正如稼書，則升祀孔子廟。昭示天下，朝廷懸朱子四書注為功令，善讀如稼書，不善讀如留良，功罪判然。然刺激過深，天下讀書人心終不服，紀昀即其一例。紀昀亦曾罪謫西域，歸而主編四庫全書，乃於提要中多發反宋理學之微辭。紀昀非專治經學，在其胸中當無後來「漢學」、「宋學」之門戶存在。其反宋乃反清廷，其意可知。中國學人常以學評政，此乃中國學人傳統。紀昀非能正學以言，然其編四庫全書菲薄宋儒，亦霑此傳統之餘潤。戴震屢應舉不得中進士第，既交紀昀，其為孟子字義疏證，亦染此種心理。毛奇齡先為四書改錯，已早在前。反朱即反清廷之科舉制，毛意早然。亭林日知錄明白反八股，又在毛前。各人學問深淺不同，中正褊狹又不同。戴震言主張義理乃以「意見殺人」，則明指大義覺迷錄等文字獄而言。清末章炳麟始揭出其內蘊。要之，戴震反宋，非為宏揚漢學可知。

吳派以惠棟為例，為易漢學一書，始明白揭舉「漢學」二字。宋儒自周濂溪、邵康節、程伊川、張橫渠皆言易，與漢儒言易顯不同。上溯王弼注易，亦非漢學之傳。惠棟為易漢學，乃上追漢博士之言以治易，以別於王弼以下之言易。則稱「易漢學」，亦與言漢儒經學大不同。又惠棟有後漢書補注，有漁洋山人精華錄訓纂，則於經學外又兼治史學、文學，其非專治漢學又可知。錢大昕主講蘇州紫陽書院，其學亦兼經史，而尤以擅史學名。就此二氏言之，則其時學風明示經史並重，不以專經為業。而二氏皆恬退，淡於仕進，以在野學人主持風氣，與清初明遺老志節相似。政在上，而學在下，不失中國文化之大傳統，此與宋儒又何相異？惟二氏及吳中學人，皆不明白表揚程朱。則以其自遠於政，乃不願與清廷同其號召。

言乾嘉經學者，吳、皖以外，尚有揚州派與常州派。王安國親為王懋竑朱子年譜作序，則揚州之學本崇宋尊朱。安國館戴震於家，教其子。然此下二王之學，專精訓詁，不爭漢、宋。經義述聞固以釋經，而讀書雜志則兼及諸子，亦不以專經為務。段玉裁辨「小學」二字，當遵朱子義，不當以文字訓詁為主，更非反宋。其後終於推尊其師戴震之孟子字義疏證為定論，然畢生治許慎書，卒以小學名家，不以反宋為幟，則仍與二王同其途轍。同時如劉端臨，則頗亦崇宋尊朱。是揚州派為學，決非專經反宋可知。及焦循為孟子正義，一引戴震孟子字義疏證入其書，又為易學三書，則其為學乃求為通學；又為花部農譚，旁及各處地方戲劇，其學非務專經，則其不為尊漢反宋亦可知。惟阮元迭任疆吏，於當時學人中最為顯達，而極意尊戴。然其校印十三經注疏，則亦兼宋學，非專漢學。又其纂皇清經解，取捨特具繩尺。即胡渭禹貢錐指亦未列入。因錐指兼詳史乘，而阮纂限於經解，體裁有別，非有意尊經而卑史。汪中有意為述學一書，上推亭林，似乎注重治道，尤異時趨，惜其未成。約而言之，揚州之學，既博多變，其不為專經反宋，則斷可定矣。

常州之學，經史子集一時並起，博雜較揚州更甚。孫星衍治尚書，張惠言治儀禮，皆專經之學。而張惠言又與惲敬同為陽湖派古文。洪亮吉以罪貶新疆，歸而為地理史學；尤擅短品駢文，夐絕千古，惟同時汪中堪與比肩。趙翼二十二史劄記，較之錢大昕、王鳴盛益見為異軍特起；並善為詩。其學亦文亦史，而又兼似子學，自成一家言。惲敬為三代因革論，亦史而兼子之學。李兆洛亦史而兼子，自成一家言。故稱清代乾嘉為經學時期，則斷無是處。

又桐城有姚鼐，上承方苞唱為桐城派古文。方、姚亦非不通經學考據，方氏尤多致力於經。姚氏分學問為「義理、考據、辭章」三項，辭章必本源於義理，而於考據則有妨。考據煩瑣，不能成為辭章。但姚氏亦通考據。而依龔戴震以為言者，則乃謂辭章、義理亦皆一本於考據。今謂乾嘉學者長於考據則可，謂其能兼義理、辭章、考據三者而有之則不可。湘鄉曾國藩起，方其守制鄉居，為團練，平洪、楊。然曾氏有意傳習桐城，為一古文家。又於義理、考據、辭章外，增「經濟」一門，為儒學四要項。其謂經濟，則學而上通於政矣。上自清初晚明遺老，下及乾隆盛世，清儒皆不以學言政。曾氏此番意見誠為清代學術史上一大轉變。曾氏又為聖哲畫像記，舉及清儒，曰「顧、秦、姚、王」。亦可謂顧亭林、秦蕙田以義理、考據而兼經濟之用。姚鼐之辭章，亦可兼經濟之用，則乾嘉學人知之者少。而曾氏於當時之經學，則僅取二王之訓詁，誠可謂特具隻眼矣。曾氏又為經史百家雜鈔，以補姚氏之古文辭類纂。意謂辭章不背義理，又能兼合經濟，則必兼經史百家以為學。如唐、宋古文，韓愈、歐陽修諸人，豈不皆兼通經史百家？較之方、姚於明代獨取歸有光，規模恢宏，局度廣大。曾氏自言：

國藩之粗解文章，由姚先生啟之。

誠不愧出藍之譽矣。

又戴震同時有章學誠，於戴氏之高抬經學不滿意，特論文史，與戴分張。惟經史為學，合則兼美，分則兩損。章氏貽書錢大昕，期其出為號召。錢氏兼通經史，豈願造此偏枯之壁壘？遂不置答。而章氏又創分清學為「浙東」、「浙西」兩派，謂浙西為經學，源於亭林，傳之戴氏；浙東為史學，源自梨洲，而己承之。顧、黃皆學通經史，豈寧作此分張？又謂浙東史學一本心性，則豈可不通心性，而專以考據為經學？是章氏立言雖有意力糾戴氏之偏，而己亦不免有病，無當於中國學術傳統重要精神之所在。

章氏文史通義，意在矯時尚尊經之風，提倡文史，用心不為不佳。惟中國學術精義，文史與經亦必相通，同本一源。文史通義首卷即論述諸經大義，而獨缺春秋一經。蓋當時經學本避政治壓迫，又少言義理，多言考據。雖非「曲學阿世」，但亦不敢「正學以言」。考古不涉時政，可免得罪嬰禍，章氏言史學通於時王之吏事，大義則是。但章氏亦未敢昌言時事，亦未能一本於時王吏事以為學。春秋貶諸侯，兼亦貶天子，章氏豈敢有此想？則章氏言史學而諱言春秋，亦仍與同時諸儒以考古治經同病矣。

時方編修四庫，章氏校讎通義以漢書藝文志及鄭樵通志校讎略為分類目錄之學，此乃治學術史一大綱，較之杜佑通典以及秦蕙田五禮通考，塗轍自別。章氏論古今學術流變，亦多卓識。其主張學術當供時用，誠亦學術之通義。乃其自為史學，則僅供地方修志，豈不為用已微？此亦時代限之，而章氏不自知。時代與學術互為影響，政治高壓在上，學術自無法蓬勃於下。章氏之學，不得暢所發展，在當時亦遂沉霾而不彰。

乾嘉以下，清政衰於上。道咸繼之，學術亦變於下。龔自珍起於浙，魏源起於湘。龔治春秋，魏治尚書，皆經學中之史學。龔主變法，魏主經世。學以上撼政，政亦俯就學。而所謂「今文經學」，一時乃大盛。但龔、魏皆旁通佛學，不盡在儒學經史之範圍。陳澧起於粵，其東塾讀書記較遵乾嘉之舊。然兩漢之下，繼以三國；鄭玄之外，繼以朱子；雖不主經世變法，而兼經史，融漢、宋，義理、考據互為用，而辭章、經濟，亦各有其地位；則近似一代之通儒矣。此因澧遠去京師，未入仕途，又值晚世政綱已寬，故得然。一部中國學術史，受上層政治壓迫，惟蒙古、滿洲異族統治為甚，而清代尤細切。讀清代之作，論其人其學，非另出心眼，不易適當而平允。

康有為始受學於朱次琦。次琦由宋儒義理而轉有意於史，雖一出仕，亦如陳澧，一意在野講學。康氏則有意從政，採當時通說今文經學春秋大義而昌言變法。章炳麟起於浙，以言革命下獄，與康氏為敵，主古文經學。一保皇，一排滿，但兩人皆兼通經史。惟康偏經，章偏史，亟於用世，所學皆不深；又皆旁治佛學，於中國學術史，博涉而非精通。刻意開創，不尊傳統，此皆兩氏之同失。今再推溯，則阮元在浙，設有詁經精舍；其在粵，設有學海堂、廣雅書院。康、章兩人，皆有聞而興。阮氏之創學設教，亦非無益於後世。至於康、章之未符理想，使近代中國多入歧途，則國運所係，不知誰之當責矣！

民國以下，上則政益亂，下則學益衰。胡適幼年留學美國，歸而提倡「新文化運動」。一曰「德先生」民主，一曰「賽先生」科學，則惟主西化而已。故於傳統舊學，僅有抨擊，未有發明。梁啟超、梁漱溟隨而糾其失。然二梁於舊學皆未有深入，則惟見胡氏之失，亦無以見舊學之眞。而五十年來，白話文盛行，學者皆不讀舊籍，傳統墮地，無可復拾。故在今日而論中西學術之是非得失，則只分新舊。西化則是，傳統則非，一言可盡，亦成定論。誰復起而矯之！書不焚，儒不坑，而已成此無可奈何之局面。惟有待伏生之守其文，漢帝之訪其業，則不知為何日之事矣！

今試再言西化。中國政與學合，西方政與學分，此亦中西文化相異一大端。西方古希臘，寧有堯、舜、禹、湯、文、武、周公之相傳？一城市即一政治之獨立，多數選舉，早已民主。學術則惟民間一生業。文學、科學、哲學，各自分門，各別謀生，而亦無如孔子、墨子其人之崛起。下及羅馬，希臘學人為奴，亦為師。耶穌乃猶太人，其教傳至羅馬，亦主政教分。凱撒事由凱撒管，上帝事始由耶穌管；直至於今不能革。中古封建社會，貴族在堡壘中養騎士，不聞養學人。羅馬有教廷，然「神聖羅馬帝國」則僅為一夢想。文藝復興起於城市，文藝亦在教堂，不在政府。下及現代國家興起，此乃政治方面事，不關學術。西方現代學校，則皆從教會開始，如英國之牛津、劍橋，即如美國之哈佛、耶魯皆是。普魯士始唱「國民教育」，乃隸屬政府。大學教育政府不聞不問，事屬宗教，不涉政治。神學外，有醫學、法律。醫以救病，法律則律師為罪人平反，亦在社會下層，不問政治上層。

民主政治，先以納稅額定選舉權。國會最要在討論稅額，乃商人事，非學人事。由國會多數來掌政，由普選來擴張民權，民主政治乃成多數人政治，決非學人政治。而學校教育漸由宗教轉移到科學，益為社會工商業所重視。其政學分之形態，則迄今未有變。學人亦間有對政治有主張，終為少數，不如工商業人有切身利害為多數。學術僅能影響工商業，再由工商業影響政府。在野之學，非與在上之政不相通，而終為間接，不直接，則烏所謂「正學以言」與「曲學以阿世」！

中國政學合。秦、漢以下，政治以學術為嚮導。全體政治人員，自宰相以下，皆出於學。先有察舉制，後有考試制，為之作規定。王室在政府之上，乃亦同受學。政治在中國，可稱為一種「學治」，而西方則否。今日國人僅知有西方，一依西方為依歸，乃稱中國自秦、漢以下，為「專制政治」，從政者皆仰帝皇一人之鼻息，全國人民皆聽帝皇一人之奴役。而按諸史乘，則殊不然。小戴禮大學篇「八條目」中有修身、齊家、治國、平天下，修身、齊家乃多數人共同之學，由此擴之益大，探之益深，人群治平大道，亦不外是。其人不能修身、齊家，焉能治國、平天下？然治平大業，則終屬少數人之事。選賢與能，亦由少數人任之。

西方人則修身惟在教堂中，一出教堂，則人各平等，自由進取，不違政府法律，其他不再有修。男女戀愛，結為夫婦，生男育女，即為家。亦可自由離婚，齊家無待學與修。治國另一套，無關身家修齊。外交、軍事，各成專長，更無平天下可言。故西方之為學，貴「專」不貴「通」，貴「創造」不貴「因襲」，各成為生一業，不見有共通之道。回視中國傳統之學，則百無一當。經學盡可廢，史學則「專制」、「封建」兩語已可定一切；子則思想自由，集則隨口白話。不從西方學，復有何途徑？今日吾國人心理，大體在是矣。如言學問途徑，則惟貴自我創造，不須有師道之傳。中西相異，古今亦相異，自無師道之可傳。

今再綜以言之。人各有欲，而得其所欲則必在道。但道有在己，有不在己。求富貴，須外在條件，道不盡在己。即如西方資本主義社會，亦僅少數為富人，多數則仍為工人與小商販。民主政治亦僅少數得上政治舞臺，多數則仍為平民。即以共產主義一黨專政言，黨人既不占全國之多數，而專政者則尤屬少數人。既不得其所欲，則心不安，爭不止。中國人所好在孝弟忠信，其道盡在己，有志無不得。大學言修身、齊家、治國、平天下，修身在「德」，齊家在「禮」，治國平天下之道，亦無外此德與禮。故中國人言學治，即言「禮治」、「德治」，一以貫之。即人無不得其欲，則又何他道之可言？故政必尊學，而學必求通，此乃中西文化之基本異點，誠不可不為之明白指出。

一九　政黨與選舉

「文化」乃指人生之總全體言，文化不同，其人生之各部分亦必不同。如言宗教信仰、學術體系，在不同文化下，自必各不相同。而政治為人生各部分中主要一部分，其不能相同亦可知。

中國文化重「同」重「和」，西方文化重「別」重「爭」，政治亦無例外。希臘時代，各城市分立，無國家組織。羅馬繼起，乃有國家，但由羅馬一市征服了意大利半島，及其外圍各地。環地中海歐、非、亞三洲，列入版圖者，疆境至遼濶。然皆征服地，乃一「帝國」，由武力爭奪而成。國家與征服者，仍有一大分別。

羅馬帝國崩潰，封建時代繼起，仍然無國家。及現代國家成立，各國疆土狹小，各自分裂，實仍是一「希臘型」。向外發展，非洲、美洲，殖民地林立，實仍是一「羅馬型」。西班牙、葡萄牙兩國，同在一半島上，壤地極促，但不能合成一國，而殖民勢力遠及全球，兩國劃一界線，某部分屬西，某部分屬葡，幾乎將盡歸其統治。

英、法繼起，殖民地遍五洲。但所統治，盡屬異色人種。歐洲白色人種，則依然各自獨立，不能相和組成一國。故使全球若盡歸白人統治，而全球仍必分裂相爭，斷不能有和平統一之希望。兩次世界大戰後，英、法帝國皆各崩潰。當前世界兩大強國，為美為蘇，亦皆西方傳統，不能相和合，亦勢所必然。而歐西則降居此兩大強之下，但依然小國林立，不相和合。

中國自始即和合為一。黄帝、堯、舜五帝時，只是一部落酋長時代，然有一共主，有一中央政府，已儼然一國。夏、商、周為封建時代，然諸侯之上仍有一中央統一政府，絶非如西方所謂之「封建」。西周東遷，中央衰落，霸者繼起，而王朝名號，則緜延達八百年之久。

秦廢封建為郡縣，為中國政治一大變。但同一中央統一政府，則秦之繼周，亦只是改朝換代，中國之為中國則無變。抑且秦相李斯乃楚人，大將蒙恬乃齊人，其他東方人在政府者，不可勝計。秦代之中央政府，較之西周武王、成王時，其統一性，已遠為進步。以較羅馬帝國，則相異不可以道里計。故秦代統一，斷不能與羅馬帝國相提並論。

漢興，亦僅一改朝易代，非以豐沛另創一中國。迄今兩千年，中國廣土眾民，以近代觀念言，乃一民族國家，即中國人之中國。偶有分裂，如南北朝，如五代十國，如宋、遼、金分峙，其元、清兩代之異族入主，中國之為中國則自若。

惟中國中央政府之元首，為一皇帝。其位則一家一姓，或父子相傳，或兄弟相襲，長至三四百年緜延不絶。政府元首之為一皇帝，在中國已歷四千年之久。而自秦始皇帝以下，乃為近代中國人內心一大詬病。一若中國文化無足稱道，即此一節已足論定。

其實此種觀念，乃就西方文化來衡量。果就中國自己傳統言，則尚有別解，決不如此之簡單。首先當指出者，中國人在「國」以上，尚有「天下」一觀念。大學言修身、齊家、治國、平天下，其書成於先秦。其謂「國」，當指封建諸侯之列國言。其謂「天下」，當指周天子所轄中央統一政府之全體言。固亦可兼及於中國以外之四裔，但主要實為一中國。秦漢以下，封建改為郡縣，則一國即是一天下，治國實即是平天下；固亦仍可兼及邊塞之外，而主要則仍此一中國。「天下」一觀念，其重要性不在政治上層，更要在社會下層。如宋代范仲淹為秀才時，即以天下為己任，「先天下之憂而憂，後天下之樂而樂」。清初顧亭林謂：

國之興亡，肉食者謀之。天下興亡，匹夫有責。

此「天下」乃指下層社會，不指上層政府。是則為士者之大責重任，可以不在治國，而更在平天下。亦可謂治國乃從政者之事，而平天下則為士者皆有其責。曾子謂：

仁以為己任。

仁道即平天下之大道。是則以天下為己任，此一義，孔門固早已言之。此即中國儒家教育與宗教之相近處。惟耶穌絕不管凱撒事，而中國儒家則凱撒事亦所當管。孔子所謂「用之則行，捨之則藏」是已。惟「藏」乃為退出政治，藏於大群中；其在大群中，則更無可退可藏之處。此乃儒家大義，不可不知。

大學言「天下」在「國」之上，以今語說之，不啻言「社會」當在「政府」上。古語云：

天生民而立之君。

又曰：

君者，羣也。

此言君乃為民而立。故曰：

民為貴，社稷次之，君為輕。

必為民群所歸，乃始成其為君。故君之在政府中，職位愈高，責任愈重，非以權力提高其身分。故為君必有君道，乃能盡其君職。決非西方人「君權」觀念可相倫比。故中國人言君位，必兼及君之人格、君之品德。堯舜禪讓，湯武征誅，皆是。周公制禮作樂，武王不得為開國之君，必推以歸之文王。又定謚法，如成、康、幽、厲，各就其生前在位成績，死後由群臣定其謚。直至東周，平王、赧王，始終皆有謚。謚即褒貶，而豈帝王一尊之謂？

孔子稱管仲：

桓公九合諸侯，不以兵車，管仲之力也。

又曰：

管仲相桓公，霸諸侯，一匡天下，民到於今受其賜。微管仲，吾其披髮左衽矣。

管仲在齊，僅是東周王室一陪臣，言其功在天下，即言其功在社會。國家、政府，均重政治方面。言天下、言社會，則更重文化方面。孔子又曰：

天下有道，丘不與易。

則從政仍重在天下之道。能負責天下之道，其人即屬聖賢，非經學養不可。學之優者，不容不出仕，孔子所謂「不仕無義」是也。從政優，仍須學，以求無愧厥職。中國人常以「仕」、「學」兼言，其政治觀念亦由此可想。

孔子前，堯、舜、禹、湯、文、武、周公，皆以聖人登天子位，故政與學出於一。孔子以大聖而不得位。自孔子以下，社會重學尤在政之上。孔子門人曰：

夫子賢於堯舜遠矣。

為君者亦知重學，如齊威、宣、湣諸王，廣招天下學者，謂「稷下先生」，自由講學，可議政，而不為臣。亦欲以此待孟子，孟子拒之。其意謂道可行則仕，不可行則去，不受虛廩。此即孔子「用行捨藏」之義。稷下先生並非皆齊人。孟子不為，齊君亦不之強。孟子僅一平民，見禮於時君有如此。

秦始皇曾為質於趙，備聞東方之風。及其返，呂不韋為相，方廣招三晉諸士，著為呂氏春秋，詳論治道。始皇帝即位，用前楚國一小吏李斯為相，則始皇亦有意為中國傳統一聖賢之君。中庸言：

今天下，車同軌，書同文，行同倫。

觀始皇巡狩所立諸碑，亦可謂有志於天下之風教，亦豈願為一專制暴君？

秦廷廣立博士官，即承齊稷下先生制，是始皇亦重學可知。博士中或主恢復封建，始皇詢之丞相李斯。李斯從學於荀卿，亦一儒者，主張不復封建，乃求整頓博士官位，根據古經籍主張封建皆罷免；並禁社會傳習其書，下焚書令；又以古非今者族。其意當承其師荀卿來。荀卿主「法後王」，置政統於道統上，其意異於孔孟。始皇遭後世詬厲，荀卿亦終不得為儒學之正統，而李斯更無以為人。又何人尊秦始皇為中國帝王專制之先導？

漢高祖本一泗水亭長，初不讀詩書，見人冠儒冠，必取而溺之。但其後過魯，使人祠孔林。及登基，愛戚夫人，欲廢太子。及見太子有商山四皓相隨，遂罷廢立意。是高祖亦受社會影響，知聖賢尚尊於帝皇。此即中國傳統，國以上尚有天下之觀念。此下歷代太子，必受教育。賈誼治安策，暢申此意。漢文帝重視賈誼，以一帝皇而敬禮一年輕書生，一如庶俗之交友。此下君臣關係，亦常有超政治地位之外者。政治亦在人事中，超人事，何以為政？帝皇亦一政治人物，異於為人，何以為帝皇？此一觀念，在中國，深入人心。漢文帝外，例不勝舉。

漢武帝表彰五經，一尊儒術，創建士人政府。政府用人，先博士弟子。而博士得自由為教，政府不加干涉。漢宣帝嘗學穀梁春秋，當時朝廷春秋博士為公羊，無穀梁。宣帝召開大會，由朝廷公卿與諸博士共議，穀梁春秋始得立為博士。當時公卿亦全由博士弟子出身。朝廷尊學術，而政治亦統一於學術，由此可見。

博士官所教典籍，既明白規定在上；而在野經師，仍得自由施教，學徒群集，政府亦不加以限制。則學術自由，不由政府規定。全部二十五史，天下高於國，社會高於君，學術高於政治，例證明顯，舉不勝舉。故秦下兩千年，朝代屢易，而政治法制則一線相承，無大變動。杜佑通典以下，乃有三通、九通諸書。近代國人一意以西方歷史來衡量中國，乃謂中國秦後盡屬帝皇專制；不知帝皇乃中國傳統政治中一職位。「君統」即以代表「治統」。即如近代英國，豈不仍有一世襲之王室，但於帝國實政無關。然則又何必保留此皇室不廢？在中國人觀念中，則無說以通。政治不能長治而無亂。近代西方民主政治亦不能無亂，亦不能無失職之總統。中國要為四千年長治久安，朝代更易，無傷國家之血脈，無傷社會之大體，此實大有研究之價值。豈得以「帝皇專制」四字盡置不論？

時變世易，民國以來，已不能再有一世襲之帝皇。國家元首亦當常變。此處乃另生一問題。西方政黨分立，至今未臻穩定健全之境，惟英、美始有兩大黨之傳統。中國則從來不重「黨」，故曰：

君子羣而不黨。

學術界亦不貴有黨。社會亦無宗教組織。結黨而爭，為中國人情所不喜。東漢黨錮之獄，北宋新舊黨爭，明末東林黨，此皆不如西方眞有組黨活動。中國傳統崇德尊賢，不尚多數，故曰：

千人之諾諾，不如一士之諤諤。

又曰：

善鈞從眾。

遇大政，集會群議，擇善而從，但不聞舉手投票論多少數。稍讀中國書，稍知自己傳統，當知禮讓，虛己自謙，決不赴街頭向群眾作自我宣傳，自誇才能，而又誹刺對方，認為國家重任非我莫屬。如此行誼，識者齒冷。然則當今而求慕效西方民治結黨競選，其第一任務，自非推翻自己文化傳統，徹底改變舊有觀念不可。

抑且英、美分黨，黨與黨之持論，非有甚大區別，故黨爭有勝負，而政局則安定。西方後起如意大利之「法西斯」，德國之「納粹」，乃始以一黨來號召全國，與普通政黨不同。蘇維埃之共產黨亦然。此皆主一黨專政。惟意、德新黨，意向重在國內；蘇俄共產黨，則以世界性國際為號召。黨乃超於國之上，同一黨而勢力兼及異國。

中國此下成立政黨，其性質何去何從，亦值討論。孫中山先生主張「三民主義」，組織國民黨，其性質略近法西斯、納粹以及共產黨之一邊。試問為中國一國民，豈能不尊「民族」、「民權」、「民生」三主義。此三者，尊重中國傳統，而又提綱挈領囊括了一切政治活動之重大意義。其他號召，難與對立。故三民主義在中國，與國際共產主義，其性質皆偏於一黨專政。而此兩黨之相爭，乃可於政治全局有甚大之變動與不安。即就今日言，國民黨主持民國，共產黨主持大陸中國，同一中國，而兩黨分成為兩國。此下演變，又何堪設想！

中山先生生平，於政黨一事，頗少明白指示。嘗言「國民黨乃一革命黨」，此語涵義，宜加發揮。政治乃國家民族經久不斷一事業，革命則倏起倏落，於短時期內必當完成。中山先生於民元退讓其臨時大總統職位，推袁世凱出任第一任正式大總統為條件，完成南北和約。此為中國傳統所特有之一種政治風格，堯舜禪讓，為其他民族所少有。宣統退位，革命已達成功。乃不虞南北重趨分裂，洪憲稱帝，軍閥割據，接踵繼起。中山先生謂「革命尚未成功，同志仍須努力」。乃不得不再赴廣州，黃埔建軍。中山先生親晤段祺瑞、張作霖言和，終於北平一病不起。是則革命仍未成功。中山先生又分革命為「軍政」、「訓政」、「憲政」三時期，軍政以武力統一全國後，尚須訓政，使國民到達某一程度時，乃可實施憲政。殺身成仁，捨生取義，革命僅乃一犧牲時期。逮及訓政、憲政開始，全國和平，出仕已屬榮顯，與參加革命大不同。中山先生意中，似謂屆時國民黨已可解散。故五權憲法中，有「考試權」代替「選舉」。不僅對「被選人」有限制，即對「選舉人」亦有限制。又不詳言結黨競選事。中山先生意中之民主政治，與西方相異者，大體在是。

西方民主政治初建，選舉人資格亦多限制。西方乃一工商社會，民眾對政府所爭，主要在租稅額一項。選舉人資格，亦以其向政府之納稅額為標準。此下逐步改變，始達於普選之階段。中國傳統政治意識，與西方大不同。自漢武以下，已創建一士人政府。有察舉、考試種種措施，皆求選賢與能，納全國人才於同一政府之下，以達成其政治之任務與理想。西方近代亦已採用中國考試制度，以輔助其政黨制度之所不及。中山先生之重視考試，可謂亦得其啟示。

「監察權」亦中國政府自古有之，自秦以下，御史大夫為副丞相，即負監察之權。上自宮廷，下至全社會，皆受監察。後世又分立諫院，主要以諫天子為職。官位卑，而責任重。果以忤天子去職，失一卑位，而得眾望，可為其私人將來之政治資本。中國人之政治用心有如此。中山先生之五權分立，誠使各得盡職，則總統雖位居五院之上，其職權亦有限。惟五院之上有一總統，政府則融合一體。西方三權分立，政府仍然是相互敵對，而不見為一體。惟今日我國憲法則參雜各方意見，復以附合美國體制為原則，違背國情，在所不計。是否一國政治必當抄襲外國，則為此下一大試驗，利害禍福，非可預知。

惟中國傳統，政府與社會為一體。史傳人物，有政治的，亦有不屬政治的。政治人物賢奸互見，而奸人惟見於政治之上層。政治下層及社會人物，則惟賢得列，奸者不得見。統計全部中國歷史人物，賢人當遠超於奸人之上。此為中國人觀念，天下高於國家，教化重過政治一絕大明證。故中國傳統，政府、社會本屬一體；而西方則政府、社會常為敵對之兩體。近代西方民主政治，則由社會向政府爭權而來，故選舉權必掌於社會。然如今日之美國，猶太人擁有資本權，黑人擁有生殖權，均對選舉有利。最近黑人已競選副總統。再此以往，美國政治寧得不變？中國傳統政治選賢與能，考試制度利弊得失，可以隨時改定。土廣民稠，普及教育已難，普選更不易。蚩蚩者氓，豈勝選任一國家元首？即美國開國以來，歷屆總統已歷四十任，其眞得為一理想政治人物者有幾？此非美國不出政治人物，實乃限於體制。孔子曰：

中人以上，可以語上；中人以下，不可以語上。

民眾普選，都在中人以下，烏得所選必上乘之望？此為近代西方民主政治一大缺點。

又西方國家既多分立，而每一國家之內又然。如英國有英格蘭，有蘇格蘭，有愛爾蘭，一國三分，迄莫能改。美國則為聯邦制，自十三州增至五十州，各州自有憲法，自有州長議會選舉，互相平等；故欲再添新州，其事甚難。美國之獨不效歐西國家之無限擴張，其端在此。中國自秦以下，為郡縣統一，既非「帝國」，亦非「聯邦」。一國有一國之傳統，不讀中國書，何能談中國事？近日國人又好言「地方自治」，不知中國重合不重分，重通不重別。民國以來之軍閥割據姑不論，即各省有大學，亦必爭本省人為校長。中國往例，一名學者，可為全國各書院院長，何得以地域為限？如此則國立不論，即一省立大學，亦可延聘全國名學人為校長，何得限於本省？而中國傳統，一地方政治首長，必限用外地人。而今日則模倣西例，必限用本地人。又中國一地方政治首長必經中央政府遴任，而今日則必限於地方民眾選舉。如由中山先生任中國大總統，由中央政府選派一廣東省長，一中山縣長，較之由廣東省、中山縣之民眾選舉，孰得孰失，孰高孰下，豈不可推想以知。中國重人治，西方重法治。法是死的，人是活的。中國人向不信死法可以治活人。西方重法不重人。以法治國，中國惟韓非法家主之。秦始皇帝讀其書而好之，此下中國人向不看重韓非，而秦始皇帝亦常受詬病。今日國人，慕效西化，乃必競推韓非，而秦始皇帝則仍受深斥，則真不知其所可矣！

陳烱明主張「聯省自治」，明為中山先生所不許。今中央政府播遷來臺，臺灣只中國一小省，而在中央政府下仍自有省、市、縣、鄉、鎮、里各等級各首長，而其各首長多由民眾選舉，各地域各部門皆得自治，而猶有人起而主張「臺灣獨立」。其病何在？在於中國人之不自信，而必信美國人。縱如中山先生言論文字昭彰在目，而國人仍亦不信。在中國既無一人足信，則一不識字老婦，投一票，何得遽認為其是神聖之一票？國家前途豈得寄望於此等風氣之下？

儻使中山先生復生，再言「訓政」，恐將不為國人所接受。儻言「憲政」，則「五權」中之考試、監察兩權已形同虛設。儻言政黨與選舉兩項，則不知中山先生又將何言？再論大陸，已經共產黨統治三十餘年，民不聊生，而人口則已達十億之多。不識一字者何限？又不知所受是何等教育？依近代國人所認識、所想望之西方民主政治，則大陸全國又將何以開展其新政首要之選舉一項？換言之，將何由結為政黨，何由普行選舉，何由言自治，何由言統一？千頭萬緒，一依蘇維埃既不可，一依美國恐亦難。而中國自己傳統，國人已群加忽棄，眞不知將何途之從矣！國人非無有心人，其亦曾慮及之乎？

二〇 權與能

孫中山先生「權在民，能在政」一語，可引歷史為證。西歐君民分隔，盧騷創為民約論，法、英革命繼起，遂有近代之民主政治。然政府領袖雖經民選，而民眾終須接受政府之領導，此亦「權在民，能在政」之一證。

中國歷史，自始即然。先是一「宗法社會」，封建制度即從宗法來。在下者擁護其上，在上者領導其下，君民一體，實即氏族一家。政府不向民眾爭「權」，民眾亦不向政府爭「能」。夏、商、周三代之政治制度即如此。

周代東遷，王室無能，一統之業，轉歸霸者。齊桓、晉文挾天子以令諸侯，惟天下終不心服。霸政衰，而民權遂出現於下。惟中國社會與西歐社會有一大不同處：西歐乃一商業社會，故民權乃操之於商人；中國自「宗法社會」轉成「四民社會」，故民權乃見之於士人。管仲相齊，首創霸業，管仲即一士。晉文公亦賴多士輔助。孔子以下，士退在野。戰國游士，即表民權，但多不抱國家主義，而抱天下主義。秦始皇帝之統一中國，不得不謂其仗此風氣，憑此意態來。惟始皇帝藉靠秦之強力，乃乘機以起。李斯諫逐客書，極言秦之立國乃借助於東方之游士。此皆權在民而能在政之證。始皇帝未一天下，即讀韓非書而好之。此下始皇帝暴政，不得不謂由韓非啟其端。所謂「權在民」，乃屬發蹤指示。所謂「能在政」，乃屬實際踐履。民意為行政者所本，發蹤指示是其「權」。然如何達其理想，則必待政之「能」。戰國百家風氣皆在討論此為政之道。民權提升，已有極深淵源。始皇帝好法家言，其長子扶蘇則好儒家言，少子胡亥受學於宦者趙高，亦守法家言。儒與法之為道，高下判然。為政者其所學異，而其政之高下亦隨以判。始皇帝以李斯為相，亦以其所學之同。從政者之選於學，此則尤為「能」之所在。

近代西方民主政治，多循資本主義、帝國主義，而亦本之民意。代表民意者乃商人，此外尚無與抗衡。但資本主義、帝國主義又當如何善為推行？則能在政，必由少數人任其責，又豈民眾多數之所得預？馬克斯倡為共產主義，無產階級意識興起，列寧借其說推翻帝俄政權，創為蘇維埃共產國家。英、法諸國，則資本主義之舊勢力一時驟難推翻，然罷工風潮亦屢起不息，法國今政府並已有共產黨參加。是英、法政府終不能不接受民意，此亦為「權在民」一證。而主政者如何善為調處，使英、法暫不為蘇維埃之繼起，此則其事在政。

惟西方近代民主政治，其議首創於盧騷。共產政權，其議首創於馬克斯。雖亦自一二學人發其端，而西方社會傳統則學術並不重視，必待眾議從同，其間必歷有一階段。中國社會尊賢重士，學術高踞在民眾之上，而學又尚同不尚異，故學之影響政，其勢更直捷。若可不再經民眾一番抉擇，如西方之分歧紆回。此則治史者所當注意分別。

如劉、項爭天下，群士皆歸沛公，項王有一范增而不能用，遂以敗。故漢高得天下，即有求賢詔，謂願與群賢共此天下。此乃中國政治特有現象，非沛公之特出。國人習於見聞，亦加忽視。賈誼之於漢文帝，董仲舒之於漢武帝，皆發生重大影響。兩人皆在野寒儒，乃遭帝王賞識。此下中國政治傳統尊賢，上層領導人亦有其功，而士人政府之基礎遂以奠定。在西方絕無其例。政治必尚學、尚道，然實際執行則終在政，故曰「能在政」；其學、其道則在民，故曰「權在民」。今人乃以西方觀念，認為中國兩千年來為「帝王專制」，斯則遠失之。

近代國人羨慕西化，以傳統之「士」與官僚一體視之。不知中國社會，士為四民之首，民權正表現於士之一階層。士若無權，而如西方之商權亦驟難表露。民國以來，政權操於軍人之手。軍閥割據，為禍有年。國民政府北伐成功，軍閥方解體，而日本侵略，八年抗戰；初得寧息，共產黨已踵起。中國本非一資本社會，又何來有無產階級之共產思想？此則不得不歸罪於中國當時之智識分子。其實近代國人所稱之「智識分子」，即傳統之所謂「士」，其在社會，本屬有權；乃誤以西方觀念，認為無權。心懷忿悶，不甘自居為士，必提倡民權，乃倡為「新文化運動」。但民權於何表現？一派則主新文學運動，提倡白話文、通俗文學，發洩自由思想，但比較所需時間較長，較不見速效。一派則主共產主義，此則最為直捷，可使民眾立刻起而參預政治，又有具體之外援。乃先有陳獨秀、瞿秋白，繼之有毛澤東。其實三人在中國社會中，亦皆一士。士即有權，即三人之影響現代中國可知矣。

一國家，一民族，必有其文化傳統，即社會傳統、歷史傳統，其權勢潛伏不可侮豈不即此可見？

毛澤東之大錯誤，正為其接受當時新文化運動之號召。一則以中國傳統之士與官僚同視，又一則以中國政治傳統乃帝王專制。故乃批孔反孔，而又以秦始皇帝自比。其紅衛兵之「文化大革命」，實較其身所浸染之新文化運動，更為慘酷無忌憚。根據情實，平心論之，可謂毛澤東受當時中國一輩智識分子提倡新文化運動之影響，實遠勝於其受馬、恩、列、史共產思想之影響。

是則毛政權之成立，實成立於其當時中國之社會風氣，即其時之學術風氣。此亦所謂「權在民」之一證。毛政權之作為，民眾無如之何，此亦可謂「能在政」。然當時民意豈誠欲有如毛政權之出現？而毛政權亦豈自求如此之慘敗？故權在民而無法表達，能在政而無法施展，則勢不能免於亂。即就清代言，清政府初建，如孫夏峯，如史可法，如顧亭林、李二曲、黃梨洲、王船山、陸桴亭，有其力量，有其影響，此即所謂「權在民」。清王室之有康熙，亦可謂是一種「能在政」之表現。如雍正之所為，則離於在民之權，並不得謂之在政之能矣。嘉、道以下，如川、楚教匪，如洪、楊，如捻，亦可謂皆求表達民權。而眞實表達民權者，乃在曾國藩之湘軍，以及李鴻章之淮軍，清廷能加利用，遂以苟延咸、同以下之殘喘。中山先生辛亥革命，此誠民權之表現。而袁世凱、馮國璋、段祺瑞在政無能，即無以表此民權之要求，乃始終不免於亂。故民權不表現，政能不確立，此皆一世之亂源。惟中國傳統士人政府，下以表達民權，上以確立政能，使二者能緊密和合，融成一體，則為中國傳統政治之理想所寄。故自秦以下兩千年，雖不免時時有亂，而終能撥亂以返治。今日則士傳統已絕，資本傳統與勞工傳統則尚未成立，而智識分子之西化信仰則充斥而益盛，遂無民權與政能之表達。此為現代中國之危機。

中山先生三民主義，首民族，次民權，殿以民生。今國人觀念則正相反。首重民生，家財富裕，則改入外國籍。美國、加拿大近二十年來，國人入籍者已難計數。次之亦寧為殖民地居民，故不願香港之改隸為國土。全國民意以及俊秀，多不願安居國土為一中國人，多願遷移國外為一外國人，則中國前途又何望？此一風氣，乃從近百年之鄙華崇洋心理來。以如此心理而昌言自由，則盡屬個人自由，而非國家民族之自由。

毛政權即如此。故馬、恩、列、史奉為開國之元祖，為國人最當崇拜之模範。「東方紅，出了一毛澤東」，亦只得屈居第五位。儻毛政府有能，「大躍進」有成，大陸居民豐衣足食，則馬、恩、列、史豈不將更高捧上天，而豈炎、黃、唐、虞之所能比？而中山先生之民族主義不亦成為一種落後主義嗎？實則縱使海外自由民眾，信奉中山先生之「民族、民權、民生」三民主義，亦終不如其崇仰美國林肯之「民有、民治、民享」謂更偉大而高深，親切而平實。此乃時代國民心理，中山先生復起，不知將何以施行其訓政？

近代國人又好言「自由、平等、獨立」，乃從當前日常生活言，不從國家民族歷史文化言。故民權亦必模倣近代西方之民權，而非中國自有民族傳統之民權。言及中國歷史，則必曰「專制政治」、「封建社會」。民既無權，政又何能？故必先言「民生」在「民權」之上。而所謂「民族」，則實當為以後繼起之新民族，而非歷史傳統以往之舊民族。中山先生之三民主義其書尚存，然乎？否乎？國人其試再究之。

故就中國傳統觀念言，民有權，始可使政有能。果使吾全國民眾壹是皆以鄙華崇洋為懷，則政府之能亦盡在崇洋。惟崇蘇崇美，則又成問題，又須選擇。當前世局無安定之望，即美、蘇，亦同有此感。落後國家，又何待先事擾攘，自討苦喫。暫守中立，以待美、蘇敵對之解決，世局平定，如今所謂之「第三國際」，亦屬一道。當前弱小國家政治之能，其惟在此矣。

世變逼在眉睫，孰高孰強？孰勝孰敗？美、蘇不自知，但轉瞬即可知。安於故土，安於舊俗，安於落後，莫求前進，此亦處當前亂世之一道。不法孔、孟，亦可法莊、老、釋迦。不得已而思其次，亦一道矣。五代時有馮道，自稱「長樂老」。當時亦受稱慕，宋儒乃始非之。馮道為人，亦儒亦道亦釋，但求自安自樂。毛澤東在其得政後，儻能慕馮道，或亦可安然長樂，國人亦少受其苦。周恩來居毛政權下，其自處乃不失為馮道之流。政治人物中，如馮道，如周恩來，求之西方歷史，殆少其比。此亦吾中國落後民族所特有之角色。與其為毛澤東，不如為周恩來，今日大陸人心覺悟正如此。

今吾國人既不甘為孔孟，又不願為莊老，更不肯為馮道與周恩來，而必西方人是慕。「非我族類，其心必異」，西方人亦豈易慕？則何不眞心誠意以中山先生為師表，信守其所創三民主義之首先第一項民族主義，不慕美，不慕蘇，自己看重自己。文化傳統，歷史背景，不當忽視。乃始於「權在民，能在政」一語，亦知精研以求其深義之所在；而民生問題，亦庶獲得一出路。國人賢達，其勿忽之！

二一 國與天下

中國人生當分「身、家、國、天下」四階層，而修、齊、治、平，其道一貫。故「自天子至於庶人，壹是皆以修身為本」。此為中華民族傳統文化提綱挈領最要一說法。雖語、孟之書，早已有此主張，而明白簡要綜合闡說以昭示於國人，則首在小戴禮記中之大學一篇。宋朱子定此篇為四書之一，並冠四書之首，成為此下七、八百年來中國人初識字一部人人必讀書。此實為朱子對中國傳統文化一大貢獻。

西方人主張「個人主義」，家與國皆受限制，而可謂並不知有天下。希臘人知有城邦，不知有國。羅馬國人，則可分「征服者」與「被征服者」，而雙方對國之觀念自不同。羅馬人亦有家，然其家與中國人之「家」大不同。亦可謂羅馬人知有天下，然與中國人知有之「天下」則更不同。直至於今，亦可謂西方人仍不知有中國觀念中之家、國與天下。姑以最近英國與阿根廷之爭奪南大西洋福克蘭群島之一事言，即可為西方人知有國不知有天下一明證。實則當前世界，由科學進步，已到達一國之上共有天下一境界。天下不寧，國又何得安？故今日之世界，實為中國傳統觀念、傳統文化，「平天下」

一觀念，當大放異彩之時代。姑就中國史略加闡釋。

中國古史遼遠，甚難詳定。而後代史則多有國人未加注意，亟待闡發者。如近代國人定有巢氏、燧人氏、庖犧氏為「三皇」，此頗有合於原始人類文化演進之程序。然有巢、燧人、庖犧三氏，究在何年何地存在，則難詳定。此下經神農、黃帝、堯、舜，以迄於大禹氏之萬國，則中國早已有一「身、家、國、天下」同時並存之文化大統，和平合一、太平大同之大社會。縱謂其僅是曙光初露，但決不得謂其無此光芒，無此局面，無此理想。此下憑以演進，於是乃有殷、周相繼，中國後人稱之為三代先王之世，即中華此下文化傳統深本大源之所在。而秦以下之中國，乃得確實建成一民族國家。

今人必謂秦以下之中國，乃一「帝王專制」之中國，不知皇古以來，犧、農、黃帝三代相傳，已演成為中國人與中國。而中國人與中國以外，則尚有非中國人與非中國之天下。秦以下之中國人，豈並此而不知？今姑舉最淺顯者言之，秦始皇帝築為萬里長城，即知長城之外之尚有天下。秦始皇帝只求中國自安，其專制亦僅在國內，並未求專制於天下。當時人盡知朝鮮乃由中國箕子遷入，與中國同一血統，同一人文。而萬里長城僅到大同江，過此以南即放任不加管理。此下中國國防僅止於鴨綠江，而朝鮮三韓，則終不在中國人求加統治之下。

安南早列秦郡，兩漢以下，分離獨立。直迄晚清之末，韓、越常為中國之隸屬國，與中國為同文。中國亦教韓、越科舉考試，選賢與能，成一文治政府，或賢人政府；卻從不教以帝王專制。此有兩國文字書籍歷史為證。韓國文獻猶存，越國淪為法國之殖民地。對日抗戰時，余曾路過河內，尚見其種種典册，碑碣古物，可資考證者不少。今則未聞人述及於此。要之，越南非中國之殖民地，兩千年來，與中國為友不為敵，即就中國史考之可知。

漢以前之中國人以匈奴為夏禹氏之後，則同樣不視為敵人。此下直迄唐代之突厥，宋代之蒙古，兩千年以迄於今，其與中國之關係，中國人如何應付此一區域，二十五史記錄已詳，具可考證。要之，中國人自秦以下，並非僅知有國，不知有天下，不煩詳論。

今所欲論者，中國人此種觀念，絕不與西方相似。西方人視國外盡是敵，抑不許敵我之相安而並存。中國人之「天下」，則敵我一體，同此天，同在天之下，同為人，不同一政府，此謂小別而大同。余幼時備聞國人譴責古人，謂其閉關自守，不知有天下，而妄謂國之外有天卜。但如中國之萬里長城，固可謂其閉關自守，然終不得謂中國古人不知長城外之有異民族同居此天下。惟能於天下內閉關自守，則乃中國文化之長處，而非中國文化之短處，豈西方之帝國主義、資本主義所能比？若謂中國古人不知有西歐，則此乃耳目之知，非心胸之知。當時之西歐人，又豈知有中國？

近代英國殖民地遍天下，而如美國，如加拿大，如澳洲，同文同種，先後相爭獨立。惟血統、文化相異之其他民族，大之如印度，小之如香港，則必加以嚴密之統治，豈許其輕易脫離而去？此見西方帝國主義，必有其深一套與中國人相異之觀念。孟子以大國事小國為「樂天」，小國事大國為「畏天」。西方人「天」非可畏，亦非可樂，宜其無如中國人之天下觀。耶穌信上帝，非信天，科學則以戰勝自然為任務。「天」屬自然，亦在被戰勝之列。人與人、國與國相爭，而天之與其他自然界萬物，則尚無與人平等相爭之資格。故中國傳統觀念下之天人關係，在西方則斷無其相似之存在。

今再專就中國內部人文言，辛亥革命後，國人常號稱漢、滿、蒙、回、藏「五族共和」。清代滿洲人入主，而關外遼寧、吉林、黑龍江三省，已與關內諸省同一統治，無大分別。蒙古雖未改為省區，而蒙古人與中國人之關係，則實遠深於滿洲人。滿洲皇族亦特親蒙古人，更超漢人之上。蒙古在清代乃成一特殊區域。而在其入主中國以前，早已奴役歐西之俄羅斯而為之帝王，歷有兩百年之久。故西方人先不知有中國，而早知有蒙古。故後起人類學家，其論人種，東亞則舉蒙古人為代表，中國人亦隸屬其下。近代國人一切學術皆尊西方，故論東亞人種，亦同樣稱「蒙古種」。實則以地域言，稱蒙古不如稱突厥，更不如稱匈奴，尤可稱玁狁。謂中國屬「玁狁種」，殊較近情。而周口店之「北京人」，宜亦可稱之為玁狁種。惜乎近代之中國人，乃無雅量，無膽識，不敢創此新名稱，不知「北京」一名，更屬晚起，何得以「北京人」稱之？至言「漢蒙共和」，依西方人觀念，則當言「蒙漢共和」，蒙在先，漢在後，乃庶有當，而惜乎非史實之所許！

回族則更疏遠。唐代以來，回教即傳入中國。回、佛組織不同，回教勢力勝於佛教，亦更在耶教之上。惟其來入中國，中國人獨能以和平相安處之。元室入主，而回教勢力之在中國則更大。下迄明代，乃有「土司」制，普遍設立於廣西、貴州、雲南諸省。土司不僅為回族，並有自古相傳之苗族。土司一制，仍不失為中國傳統政治自杜佑通典、鄭樵通志、馬端臨文獻通考三通之後，一至有深意之新創制度。試問土司豈亦由帝王專制？在帝王專制之傳統政治下，亦豈得有土司制度之出現？而近人則於明代以下之土司制度，沉默不贊一詞，究不知其作何評價矣！至於西域三十六國，直自兩漢張騫、班超以下，其在中國國際政治史上，迭經幾多變化，直至清代中葉，乃始有新疆省之建立，此亦值甚深闡述。

西藏自唐代以來，亦與中國有甚深甚密之交往，清中葉後，乃始隸屬中國版圖。而中國亦僅為一宗主國，西藏仍不啻為一隸屬國。討論中國文化，討論中國人國與天下之觀念，討論中國傳統所謂治平之道，西藏一區域，亦自主，亦和合，其在中國政治傳統下，中央與地方之關係亦有其深值闡發者。則所謂漢、滿、蒙、回、藏之「五族共和」，其在中國傳統文化中，實有其深妙獨特之成績。而此下之政治制度，又當作何安排，作何改進，實大有待於此下國人之繼續努力。此在西方，則無可模倣。而對自己傳統文化之認識，其大本大源之精義淵旨之所在，又豈可擱置不加理會？而豈「民主、自由、法治」之西化新口號所能勝任而愉快？然則中國此下果一意慕傚西化，先求分黨競選，以中國疆土之廣大，亦能如當前之西歐，分達數十國，日以相爭圖存，已屬甚難期望之莫大幸事。而所謂漢、滿、蒙、回、藏之五族共和，終將由何道以達成，此豈不值國人之熟思而深慮？

然則中國又何以經五千年歷史之演進，緜延擴大，以有今日？扼要言之，不外兩端：一則在個人之上有一家，一則在一國之上有一天下。身、家、國、天下遞演遞進，縱其有一極深厚之個人觀，而終不害於身之上有一家，家之上有一國，國之上有一天下。層累而上，而終不害其以個人為中心。否則家何以齊，國何以安，而天下又何以平，而使每一人得安樂生存於其下？此處乃有一極深厚、極精妙之心理修養，故大學八條目於「修、齊、治、平」之上，必先有「誠意」、「正心」兩關，而於誠意、正心之上，又必有「格物」、「致知」兩關，此中皆有甚深妙義。西方人於此皆所不論。而今日吾國人亦置之不加理會，則又何以續加因應而演進？

然則今日吾國人果將何道之從？世界局勢不安不定，紛亂日增，已所共睹。英、法已成過去，美、蘇亦難望將來，國人慕傚西化，言變言新。變在當前，必有一新局面之出現。則國人之所期望，豈不昭然如在目前？孔子曰：

後生可畏，焉知來者之不如今？

能寄望於可畏之來者，此亦中國傳統文化一深意，豈必盡求之於自我之當前？凡我國人，又何焦躁不安之有！

二二　政治與社會

近日國人，又每疑中國史籍多言政治，少言社會。深言之，中國自來本無「社會」一觀念，因亦無「社會」一名詞。國人依據西方觀念來讀中國書，自應有此疑。抑且政治即社會中最主要所表現一事項，言政治亦即言社會。中國古人言：

天生民而立之君。

若謂民屬社會，君屬政治，則政治由社會而產生，亦即以社會為依歸。中國文化大傳統，在政治、社會之相互影響間，特有一深義，即政治常由社會來領導，不由政治來領導社會。此一層必當申述。

中國古代乃一種「封建政治」，乃由「宗法社會」來，封建即依據於宗法，此即所謂「禮」。禮之主要內容，即是宗法，富自然性，與政府制定法律強人以必從者不同。故中國人所謂之「禮治」，與西方人所謂之「法治」，意義大不同。中國古代政治組織，由宗法來，同一政府，即同一宗族。凡所統治，亦多同在此宗族之內。列國由諸侯分治，天子所統治之中央，則僅王畿千里。天子與諸侯亦同一血統，同是親屬。其所謂「法」，主要即是宗法。及周室東遷，春秋、戰國時代，宗法在政治上乃漸失其重要性，「親親」轉而為「尊賢」。但由社會來領導政治，非由政治來領導社會之大傳統，則可謂依然仍無變。

「禮」今俗亦稱「道理」。中國人觀念，政治須由天理、人道來作領導。法律則僅是政治下面一小項目，豈得與禮與道理相比？中國人又有「道統」與「法統」之別。「法」乃指政治上之大經大法言，但亦不得與「道」相比。道則必在天下大群，即社會方面。戰國時，齊有稷下先生，招集弟子，自由講學，不治而議論。所講即道，不負政治實際責任，僅從旁加以議論批評。是中國人觀念，於「政」與「道」，高下輕重，其所分別，已顯然可見。孟子主講學明道，其事即退隱亦可；若苟從政，則須行道。遂辭稷下俸不受。荀子則三為稷下先生祭酒，其論政主「法後王」，宜與孟子意見不合。

秦代博士官，即承齊稷下先生制來，亦尊重社會自由學術思想之一種表現。雖為政府一正式官位，亦不負政府任何實際的行政責任，只備政府作顧問與參議。博士官與稷下先生皆七十人，乃承孔子門人七十弟子來。此亦當時政府俯從社會、道統高出政治法統之一證。但當時博士官有反對秦廷之廢封建、興郡縣，謂其有違歷史傳統；而秦廷乃堅不主復封建。此乃當時實際政治上一大爭議，遂使秦廷不得不廢止某些博士官，而焚其書。此則由政府出面來禁止某些講學自由，而又禁止根據古代來批評現代，成為政府法統轉高踞在社會道統之上。此事乃大反中國之傳統，遂永為後世人詬病，為秦始皇帝一大罪狀。由中國傳統觀念言，則為秦始皇帝輕蔑上代之道統。由近代國人之新觀念言，則謂秦始皇帝之「專制」。亦復一重道統，一重法統，分別顯然。

漢高祖初即位，便下招賢令，謂願與天下諸賢來共治此國家。政治大原則，不親親則尊賢。要之，中國歷史傳統並無以天子一人來統治全國之一觀念，則亦顯然。此下乃有「賢良對策」一制度，求由社會賢良來指導政府，此又與政府君相來統治社會之觀念有不同。所謂賢良對策，乃由政府舉出幾條當前重要的政治問題來向社會賢良請教，謂之「策問」。賢良們各自發抒自己意見為「對策」。原文有記載，明白可稽。漢武帝因於當時賢良政策，遂來改革朝廷上的博士官制度。把代表後起「百家言」的博士盡廢了，專由研究古代經典「王官學」的來任博士，謂之五經博士。但此事並非有意限制學術思想之自由。百家言在社會仍可自由傳述，政府博士官則盡用治王官學者來擔任。所謂王官學，更在百家言興起以前之古代。中國政府本多專掌實際政治以外有關學術方面之官吏，如詩即掌於學官。書與春秋即掌於史官。易則掌於卜筮之官。禮則如天文曆法等，更由多官掌握。秦始皇帝罷免博士官，並禁以古非今，則專掌古代王官學之博士，正多遭罷免。如此則不免現實政治凌駕在學術傳統之上。漢武帝則又尊重傳統學術於現實政治之上。上視秦始皇帝，此一轉變，實涵有深義。而近人乃常以秦始皇帝、漢武帝並稱，此則大失之矣。漢武帝又起用公孫弘為相，公孫弘在東海牧豕，亦由賢良對策出身。中國歷史上以一平民為宰相，古代早有其例。秦始皇帝時之李斯，亦即其一。但自公孫弘始，宰相任用之制度乃大變，此下宰相可謂全由士人任之，絕少王親國戚。此亦由漢武帝始。

西漢因有新的博士官制，遂有國立大學制之創興，由博士官分科任教。太學行政與課程內容，一任博士自定，政府不加干涉。太學生畢業後，或留中央為郎，或返地方為吏，均有出仕政府之途徑。此下中國政府乃成一「士人政府」，盡由社會上之士來組成。故當時說孔子「為漢制法」，乃是說漢代之法統即承孔子所提倡之道統來。遇太學中設科教讀有爭議，亦由太學博士會議公決，政府大臣亦得參加。其時政府大臣實幾已全由太學生出身，則此等會議，宜可參加。

如春秋本以公羊傳為教本。漢宣帝曾學穀梁春秋，即為天子，不能直接命令太學以穀梁傳為教本，遂下詔太學舉行會議，終於增加穀梁傳，與公羊傳同為教本。而民間又有左氏傳，到王莽時亦經太學會議增為教本。東漢起，又經罷廢。惟在民間則左氏傳仍盛行，直待西晉大臣杜預為作注，左氏傳乃得列為此下太學之教本。是則左氏廢於上，而仍盛行於下。其他經籍尚有其例。此見社會學術自由，可以影響政府，較之政府之影響社會，其力或更大。

西漢末，東漢初，太學五經教本既已確定，而社會之自由講學，私門授徒，創說新經義，則更為發展。學者多不進太學而投向私門，一大師所在，學徒群集，結廬成市。如此情況，幾於遍國皆有。東漢末，鄭玄乃高踞兩漢經師之冠冕。不應政府徵召，稱為「徵君」。黃巾作亂，戒不得入其鄉。中國傳統政治社會之相互關係，以學術為其最重要之一項，而上下之間，孰為主，孰為從，專就兩漢論，即已可資闡明。

漢代於徵召「賢良」之外，又徵召「孝廉」。徵召賢良，主要在向其請教政治問題。徵召孝廉，則為提倡社會風氣，乃政府從事對下教化之一端。迄於東漢，孝廉乃更成為選舉之主要對象。而社會亦由此興起了一大變。位居高官，縱廉亦不得無餘財，退而居家，敬宗卹族，此亦一孝道，而又得不為一豪戶。此下「門第」之興，實與提倡孝廉有甚深之關係。而門第乃為此下中國社會一新景象，一新特色。政治亂於上，而社會得安於下。若非有門第，東晉亦無以南渡，南朝亦無以支撐。五胡至於北朝，亦無以構成一胡漢合作之局面。要之，在魏晉南北朝時期，中國社會力量之貢獻，乃遠過於政治力量。換言之，中國歷史文化大傳統，寄存於下層社會，實更大於上層政府。此惟門第之功。故言中國社會，於「四民社會」一傳統名稱下，不妨增設「門第社會」一名稱。

佛教東來，影響社會大，影響政府小。政府君相大臣雖亦有信仰佛法者，但政治大傳統則大體承襲兩漢。惟梁武帝不免以私人信仰，羼混進政治任務中，乃以招致一朝之禍亂。下及唐代，帝王多信佛，但不再蹈梁武之覆轍。政治傳統則更能承襲兩漢，而不斷有改進。尤其是科舉制度之推行，使士人政府之組織益臻擴大，而社會門第勢力亦漸歸衰退。惟在社會上則產生了一大危機，即士傳統變形，不免招致道統力量之渙散。此一事，或為向來論史者忽視，而實值鄭重提出。

唐代科舉重辭章，魏晉以來之一部文選，人人朗誦。故曰：

文選熟，秀才足；文選爛，秀才半。

然史學已不如兩漢。經學訓詁考據，義理闡發，須有師傳。故科舉興，而太學制度遂衰。求仕者不向太學，轉向科舉。不務道義，僅誇才能。而士風遂因此而大壞，治道亦由此而不振。求仕者為數遠多於入仕者，而社會士之地位乃遠不如政府之官僚。師道亦衰。高尚不仕，則為僧侶為道士，老、釋地位，亦超然於孔子儒家之上。故唐代學業以詩成風。漢、唐雖同稱盛世，而唐代之詩人，就文化大傳統之意義與價值言，其所貢獻，遠遜於漢代之經生。韓愈力矯其弊，倡為古文，曰：

> 愈之所志於古者，不惟其辭之好，好其道焉爾。

又曰：

> 非三代兩漢之書不敢觀。

又提倡師道，闢佛闢老。其道終不行。士風頹於下，而政風亦壞於上。五代後，中國終以復興。此乃中國文化傳統之功，非唐人之力。

北宋雖仍守唐代科舉制，不加廢止，但有從旁矯其弊者。有胡瑗、孫復、范仲淹諸人之書院講學。甚至中央太學亦模倣胡瑗蘇湖講學制度，並擢胡瑗為太學之長。此又上層政治取法下層社會具體之明證。

此下如周濂溪、張橫渠、程明道伊川兄弟，周、張、二程之講學，下開元明兩代六七百年之理學新風氣，其實亦即胡瑗書院講學之變相。下迄清代中葉，乾嘉以下高唱「漢學」，以上與「宋學」為敵，其實仍即是書院講學之遺風，非有所大變。故若以唐代為「科舉社會」以與「門第社會」劃分，則宋以下，又可稱「書院社會」以與「科舉社會」劃分，而其為「四民社會」之大傳統則一。有如明清兩代之進士與翰林院制度，其實亦即是民間講學之變相流傳，尤值闡申者。

今再要而言之，中國文化大體，道統必寄存於社會，政治法統則必尊道統。漢武帝之表彰五經，最足發明此義。此下歷代帝王乃亦終不敢以道統之繼承人自居，讀歷代帝王詔令可知。此亦中國文化傳統一最要精神之表現。惟中國社會信仰，有道統，無宗教。佛法傳入，而中國社會乃遭遇一大變。兩漢以來道統一尊之精神，由此乃不振。最著者則在師道上。唐代一和尚，可得尊奉為國師。每一僧侶，亦盡得「師」稱。而士人乃循至無師。如是演變，豈不社會之基本已臻搖動，而上層政治自亦無安定之望？其轉變之重要性，則首見於士之一階層。

唐代之士與漢代有大不同，一則漢代之士在門第之前，而唐代之士則在門第之後。漢代之士上承戰國諸子，其志在治平道義上；唐代之士則上承門第與佛法。又唐代雖仍有太學，但以科舉取士，而以南朝梁代之文選為考試標準。故唐代士風，身世窮達，其觀念乃又超於治平道義之上。故就漢代經生，與唐代詩人，即可見漢、唐社會之變。

社會變，斯政治亦必隨而變。道統不振於下，而政治法統漸趨於無所遵循。單靠政治權力，一中央，一帝王，何得以維持一世之治？此即見中國傳統文化一大衰敗。首識其危機者，為唐中葉之韓愈。然今誦讀其集，送別贈新，飲讌酬酢，此乃唐代之士風。碑碣銘誌，諛墓榮終，此乃門第之遺習。西漢前有賈誼、董仲舒，後有揚雄、劉向，何嘗作此等文字？後人讚愈「文起八代之衰」，實豈得與西漢相比？至其討論義理，鑽研學術，如原道、師說之類，則在全集中所佔篇幅不多，又焉得與先秦諸子之家言相比？韓愈幾乎為唐代惟一傑出之士，而其成績乃如此，其他又何堪言！宜乎柳宗元不敢以師道自任。讀其集，亦多崇揚佛義，少發揮儒道孔、孟、莊、老之精言，較之愈又遠遜。李翺隨愈而起，其意乃欲會通儒、釋，但僅見麟爪，未成體製。宋儒起，於文尊韓，於學崇李。唐代士人之特為後世甘拜下風而不敢仰企者，仍惟李、杜之詩。韓愈、李翺之文，最多亦僅得與李、杜媲美。故唐代乃一「科舉社會」、「辭章社會」，僅以詩誇，唐詩在中國文化學術史上，亦自有其標格，如是而已。然中國之一切詩辭、文章之作者，果其於經、史、子三者無深造，斯其為詩文亦無足觀。所謂「一為文人，便無足道」是也。其實全部文選中，亦豈遂無眞文學可取？斯則可為知者言，難與俗人道矣。然在中國全部學術史上，集部終不能與經、史、子三部爭勝。今姑以近代之藝術觀念言之，下與書家、畫家媲美，則仍為遠勝矣。此亦不可不知。即如清代，先之如王漁洋名擅一世，亦僅為一詩人；後之如鄭子尹，詩學超經學之上，然其詩雖可好，終不入學術之林。如古文，明代之歸有光嶄然露頭角，亦不能入學術史。中國學術史上，詩文終是另一格。此亦不可不知。晚清曾國藩分學術為

「義理、辭章、考據、經濟」四項，韓愈於義理、考據、經濟三項，皆未躋上乘，而得為唐代士人之冠，則唐代之士，亦即此可獲定論矣。

故論唐代學術著述，惟佛教天台、禪、華嚴、唯識四宗，各有超人上品。或譯或著，傳誦後代，貢獻良大。其他惟有關實際政治之紀錄，如貞觀政要，尤其如杜佑通典，亦值後人重視。但杜佑之史學，不得比司馬遷。尤其是經、子方面，唐代乃闃焉無人。故唐代在中國學術史上，實僅可稱一文學時代，前不如南北朝，後更不如宋。而韓愈則不得不為唐代文學中之第一人。則唐代可稱述者，除富強外，人物則可謂渺乎在後矣。其過不在政治，而在社會。苟以個人之表現論，則韓愈、杜甫皆上無千古，下無千古。苟以其處身社會論，則韓愈後之不能比歐陽修；杜甫前之不能比陶潛。唐代人之傾倒於韓、杜，一時影響之活潑幽深，大有無堪衡量者，斯則社會關係，所謂生非其時也。

五代終成中國歷史上一黑暗時期。北宋歐陽修重倡韓愈古文之道，但為本論，不效韓愈之闢佛。謂政教明於上，則佛法自衰於下。而一時巨儒競興，昌明師道者，上自胡安定，下有周濂溪。奮起變法者，上自范仲淹，繼以王安石。當時社會，乃始有道統與師道之復興。而言學術思想，則在中國歷史上又每以漢、宋對比。宋代實為中國歷史上之「文藝復興」時代，而唐代實乃其衰落時代。所謂「復興」，則在社會，不在政府。

有一最值提起者，漢代以周公、孔子並尊，而宋以下則改稱孔、孟。「孔孟」代替了「周孔」，此中寓有絕大之深義。中國文化傳統，在古代，每稱堯、舜、禹、湯、文、武，一時之政治領袖，同時亦即為道統所寄，是法統、道統乃若混而不分。周公則僅居相位，未為天子。法統所尊，自武王以至於成王；而道統則在周公。其地位不僅在其姪成王之上，亦轉若在其兄武王之上。孔子志學周公，不必躍居政治上之最高位置，為天子，為帝王，而亦可行道於天下。故孔門德行之科，用之則行，捨之則藏。非得用而行，即捨而藏可也。孔門四科中之言語、政事、文學，皆有關於用而行。孔子又曰：

不仕無義。道之不行，已知之矣。

則孔子在當時，其志在出仕用世可知。而儒學之重仕亦可知。故戰國每以孔、墨並稱。孔子乃特為「百家言」之創始人。漢代孔子則與周公並尊，乃為「王官學」之繼承人。南北朝、隋、唐，孔子乃與老聃、釋迦並尊，如一宗教主，其地位乃超政治領袖帝王之上。唐代孔子為「至聖先師」，其意義亦在此。

後人或以宋史於儒林傳外，別出道學傳為一疑。不知儒者正貴出仕用行。苟社會儒林日盛，地位日高，人數日增，先之如東漢之黨錮，次之如魏晉以下之門第，繼之如唐代之詩人，不免皆有流弊。更繼之如北宋之新儒，在政治上多得重用，而又多有意見，多起紛爭。前有慶曆，後有熙寧，兩度變法，皆無成功。而北宋之國運亦以衰歇。濂溪以下之道學家，則不貴出仕，而其道更能暢行於社會。

於是政治地位乃更當在社會之下。但儒義終不成為一出世之宗教，而其地位乃更超於宗教之上。故以中國傳統文化言，兩漢「儒林」之外，終不能不有宋以下之「道學」。道學既非百家言，亦非王官學，又非宗教，其所立志陳義，乃特有其更高之地位。實則其大本大源，則仍師法孔子，並無違離。此實中國傳統文化自身內在一發展，而非近代人所謂之開創。此為宋代道學對中國文化大傳統一新貢獻，其意義價值乃更超於漢代儒林之上。故漢代尊五經，而元明以下乃改尊四書尤超五經之上。此為中國讀書人人人所知，而其涵義之廣大深遠，則實有難以言語盡者。

唐代尊孔子為「至聖先師」。古代尊帝王為「聖」，孔門弟子亦尊孔子為「聖」，而曰：

夫子賢於堯舜遠矣。

豈不如西方宗教，亦尊其教主於政治領袖之上？惟西方政教分，中國政教合，則中國之尊道統尤在政統之上，豈不中國為師者尤尊於西方一宗教主？惟唐代之尊孔子，其用意則不然。下至宋代，儒學重振，孔子高出於帝王，乃始不與周公並稱，而以孟子繼之，此誠宋人對中國文化傳統一大貢獻。不僅遠超於唐人，但又不同於戰國時代之百家言，亦不同於南北朝、隋、唐之老聃與釋迦，實亦遠超於漢人之尊經而上之矣。

元代以蒙古入主，統一全中國，為中國傳統政治一大衰落。但社會則依然是中國社會。專以學術思想之自由一點言，不少大儒隱退在野，以講學傳道之大任自負。其有不免仕進者，如許衡，乃終不得預於道學之大傳統。但元代統治階層，亦知尊儒重道，亦承襲唐代之科舉制度，則不得不謂是許衡諸人出仕之功。元代又於全國郡縣中設書院，長官到任，必先到書院聽講，此猶是尊道統於政統上之遺意。科舉考試，一遵朱子四書集注，其影響後世，乃可與漢武帝之表彰五經相提並論。此等亦皆許衡諸人出仕之功。故中國「社會」實際常在「政治」之上，而學術思想乃於社會中常保其自由，即在異族統治下猶然，亦信而有據矣。

明代起，中國歷史上又有兩大新形態出現。一則士人多沿襲元代風氣，不以仕進為榮。此在中國之道統上論，終不免有缺陷。修身、齊家、治國、平天下，一以貫之，不關心治平大道，終非中國道統之正。此須待東林講學，始明白求矯其弊。二則明太祖廢宰相制，則為中國治統上一大變。有明一代，亦無明白糾其非是者。直待清代黃梨洲明夷待訪錄一書，始力陳其不是。此兩大變，亦互為因果。士人既不關心政治，則在法統上，明太祖始有此廢相之決定。然而社會自由，則明代法統亦無能加之以禁止。

清代亦以異族入主，其治統一如蒙古元代。而社會自由，則仍沿舊貫。故顧亭林言：

國之興亡，肉食者謀之。天下興亡，匹夫有責。

苟非社會有思想學術之自由，試問此匹夫又何得負天下興亡之責？故中國傳統政治，在積極方面之主要原則，為「民之所好好之，民之所惡惡之」，政治措施，一以民意為依歸；在消極方面之主要原則，為對社會自由不加干涉，而學術思想之自由，則尤其主要者。私家講學之影響，其力量常遠超於國立大學之上。其他如門第興起，如佛教流行，胥由社會培植，不由政府促成。即在經濟方面亦復如是。牧民如牧羊，惟視其後者而鞭之。然如西漢鹽鐵政策，如對民間經濟橫加干涉，實則仍對民間經濟作一開放，防止私家經濟之獨占，妨害自由經濟之發展；此仍為政府對社會經濟政策之一種民主精神，與專制獨裁風馬牛不相及。

近日國人乃謂中國政治自秦以下為「帝王專制」，而社會則始終為一「封建社會」。不知西漢五經博士弟子畢業太學，為郎為吏，以組成一「士人政府」，此即中國民主政治一不成文之憲法，直傳至晚清之末而不變。惟帝王一位世襲，而又有宰相制度輔其缺。西方近代民主制度，乃由民間向政府爭稅額，要求政府每年預算決算必須公開，而民意代表則最先以納稅額高達某一程度為標準。僅在此一項上起爭執，較之漢代之賢良對策，其意義價值何堪相提而並論！若謂中國是一專制政府與封建社會，誠屬擬不於倫。

西方文化體系中，有法統，無道統。若謂有之，則屬宗教。然西方又政教分，「神聖羅馬帝國」僅有一理想，未能實現。直至最近，全歐洲在宗教同一信仰下，可有數十國分立。大學全由宗教創始，與政府不相關。政府創辦國民小學，此為「社會」屬於「政治」，非「政治」屬於「社會」之一證。故西方政治法統下之所謂民意，最先只在經濟財富上。繼之以普選，亦僅論多少數。多數即是，少數即非。計較在數量上，不在品質上，則「人」亦下同一「物」。馬克斯之「唯物史觀」，乃可用來解釋西方史，不能用來解釋中國史。「千人之諾諾，不如一士之諤諤」，故中國民意代表，惟曰賢良，曰博士弟子太學生。如是則中國社會除父母子女親屬之不平等以外，豈不又有知識教育上之不平等？但孟子曰：

人皆可以為堯舜。

此則在道統上一屬「平等」，而力求其品質之向上，則仍屬人之「自由」。惟待個人之各自努力，此則為一種「獨立」精神。

故中國人求「自由、平等、獨立」，主在求道、明道、傳道上努力。而五倫之道，則亦人人平等，而可獨立、自由以求。在日常生活中之物質擁有上，則又力戒其不平等。故不見有資本社會之產生，乃亦無共產社會之反動。孔子曰：

貧而樂，富而好禮。

則財貨縱有不平等，而每一人之品性行為則仍有其平等。在西方社會中，惟在宗教方面，乃始有自由平等。而宗教信仰，亦趨於組織化。羅馬有教廷，有教皇教宗之選舉，則宗教亦變成一「法統」。當年北方新教亦為反抗此法統而起，然新教仍亦不免於法統化。耶教在歐洲社會流傳，自當接受其文化大傳統之束縛，難以避免。今日西方學校亦全納入法統之下，全歸於組織化，為師、為弟子，皆有一定之資格與年齡限制。縱是一極誠之好學者，亦得在規定年齡下畢業；縱是一極高明教授，亦得在規定年齡下退休。中國社會終生以學，終生以教，乃絶無此限制。要之，西方在組織化與法統之下，乃有自由平等。中國人之自由平等，則在「道」，超乎法統與組織化之上。故惟中國，乃有團體中之個人，同時有個人外之團體。此個人與團體，同屬道，非屬法。同屬形而上，非屬形而下。故非經西方人昌言自由平等獨立，中國人乃向不鄭重言及於此。

先秦九流十家中，惟墨家有「鉅子」組織，近似耶教。然其風不久即息。「流」者，如水之同向於海。「家」則必有傳，子子孫孫，繼繼承承，始為成家。司馬遷言：

藏之名山，傳之其人，成一家之言。

惟有傳人，乃成家言。然師弟子之傳，乃道統，非血統；乃人倫，非自然；而皆出自由，不加組織。孔子為百世師，非由一組織中選舉得來。故中國人所謂道統，乃與政治上之法統大不同。道統亦有規矩，而非由法律；不從外面限制，乃從內自嚮往，自遵守；故既自由，亦平等。

佛法東來，亦無組織。南朝四百八十寺，各自獨立，各有自由，其上並無一總組織。初唐禪學盛行，五宗七派，盡屬自由分衍，非有組織劃定。「宗」如宗族之宗，即猶古代之家言。「派」則如水流之歧，即猶戰國時代之有九流。中庸言：

其人存，則其政舉；其人亡，則其政息。

政必主於人，人必主於道，故政統必遵於道統。孔子曰：

人能弘道，非道弘人。

故道統乃由人心所建立。處於內者為「性」，値於外者為「命」，故道即人之性命，而人之性命亦即是道。西方學校如英國之牛津、劍橋，可以緜亙五六百年，至今依然，此皆有一組織。中國書院講學，即如朱晦庵、陸象山，皆一代大師，其道則傳，其當身講學之書院，則隨其人而熄；所存則是建築遺迹而已。此由無組織。然道則決不在組織上。

近代西方民主政治，又必有政黨組織。但中國則「君子群而不黨」，傳統政治中無黨。東漢黨錮之獄，實本非黨，乃由外面加以黨名而錮之。北宋新舊黨爭，亦本非黨，乃如近代人所謂自由意志之對立，亦互加對方以黨名，非眞結有黨。故舊黨操政，亦即有洛、蜀、朔之分；此亦有三派自由意志，非組織有三黨。晚明東林黨，起於東林書院之講學，欲加之罪，乃以黨名之。小說中有水滸傳，梁山泊忠義堂一百零八位好漢，宋江為之首，然乃結義，非組黨。以「替天行道」為標幟，則仍自居為道統。結義在五倫中為朋友，有道義，非法律。故自中國文化傳統言，可謂有自由無組織；西方則稱自由組織，乃憑組織爭自由；此亦其一異。故西方之自由，內由組織，加以支持；外有法律，加以制裁。其眞得稱為「自由」與否，亦大有商討之餘地矣。

元、明、清三代，漕運工人中有「幫會」，俗稱「江湖」，乃以表示其非正常社會之所有。亦以明其在野，與政治無關。此種在野結合，戰國時代有「俠」。或疑俠從墨來，惟墨有「鉅子」組織。團體分散，為謀經濟給養，海濱煮鹽，深山煮鐵，本非一種資本主義，而或與政治法令有違背，受壓制。韓非書言：

儒以文亂法，俠以武犯禁。

其實儒士發表言論，批評政治，乃一種思想自由；俠者自由結合，自謀生存，其來歷或由墨家兼愛主張；皆非政治性，而具有一種道統之意味，流行在社會下層，而似有亂法犯禁之嫌。故戰國時，

「儒」、「俠」並稱。及西漢後，俠亦失其集團，而僅有以私人稱俠者。如梁山泊，則又為集團之俠，不免以打家劫寨為生。至後起漕運工人之幫會，則為勞工集團，自為生活依賴，而有一種俠義之風流傳其間，成為一集團。在西方社會中，絕不見有此等集團之出現。即現代西方之勞工結合，亦與中國社會之幫會絕不同。此亦是文化本質不同，無可強求其類似。

中國之幫會，非有政府之高官嚴法臨其上，而幫會中之一規一則，開拓及於數省數千里之廣，緜亙達於數十代數百年之久，而遵守奉行之者，乃臻數十萬，以至數百千萬之眾。抑且在內有其和，在外不見其有敵。在前有其嚮往；在旁在後則未見其有所逃避，有所抗拒與攘奪。中國國民性之堅韌與其柔順，誠有難知難解者。此亦社會道統之一鱗片爪，實繼兩三千年之風氣教育，乃得陶冶成其如此；而在上之政令法統，乃亦莫奈之何。

孫中山先生從事革命，認為中國江湖幫會力量大可運用。但自西化運動起，中國一切舊傳統盡遭廢棄，即此種幫會亦不禁而自絕。中山先生言：「國民黨乃是革命黨」，此亦謂革命可有黨。革命完成，憲法建立後，是否仍該有黨，則未加明言討論。三民主義理當贏得全國信從，自不該由一黨來專政，反把三民主義的號召力運用得狹了。在中國文化傳統上說，三民主義應是一道統，而不應僅成一法統，或僅為一黨之黨綱。西方政黨，只在爭法統權力，並無道統觀念之存在。中國之政治傳統，則憑於道統，而法統觀念則僅成次要。

近代國人「自由、平等、獨立」三口號，亦皆來自西方。其實中國社會上之自由、平等已較西方為多，上文已略有申述；獨立亦然。伯夷、叔齊與武王、周公同尊，此即尊其一種獨立精神。孔子曰：

伯夷、叔齊，古之賢人也。

人當在群體中能獨立，但不當外於群體、違犯群體以求獨立。伯夷、叔齊之不同意於武王伐紂，其用心亦在群體，故孔子稱之曰「求仁得仁」。能在群體中獨立，始為眞獨立。孟子則尊伯夷為「聖之清」，即指其能不受外面一切汚染，此即一種獨立精神。清初有李二曲，居土室中，惟顧亭林來，乃得下土室相見。此種獨立不懼、遯世無悶之精神，亦得謂之聖之清，乃可與三千年前之伯夷、叔齊後先輝映。李二曲之不屈仕於清廷，近代國人皆知愛敬。但伯夷、叔齊反對湯武革命，則近人不易同意。至於此三人，皆無意結合團體，從事反抗革命，而僅作個人表現，此則均不易得今日國人之贊許。可見如何來提倡獨立，宜仍由文化傳統之商討，非可一憑西方式樣為模範。

在中國歷史上，類此三人流芳後世者尚不斷有人。即如東漢初年之嚴光，中期之梁鴻，末年之管寧，此等人物，眞是指不勝屈。中國文化傳統最重人之品格，而時不同，地不同，位不同，每一人之品格，則必具有一種獨立性。其得稱為聖之清者，雖不出世，而仍在群中，但實是獨立。而其獨立，則仍必在道之中，不在道之外。中國社會尊道統，但「道」必有「己」，故亦最富獨立性。獨立人物之在中國社會中，亦最得寬容，最受敬仰。孔子言：

過我門而不入我室，我不憾焉者，其惟鄉愿乎！

「鄉愿」僅求群眾化、摩登化，無個性，不能獨立為人。能知人當各有個性，能獨立，則相互間自見為自由、平等。今日國人又好言「突破」，此語亦來自西方。但突破非獨立，乃求超出於他人之上，或脫離於他人之外。若果突破了中國社會之舊傳統，此下社會至少當為一無傳統之社會，較少自由、平等、獨立之社會。若以一意模仿西方為突破，則縱說是突破了為古社會之奴隸，至少仍當為西方異民族社會之奴隸，又烏得謂「突破」！

即如孔子，以一平民，平生以師道自任，自由來學者逾七十人。但一旦死，墨子繼起，即以非儒反孔創新學派。此下九流十家，相踵繼起，人持一說。儒、墨雖為顯學，亦僅其中之一二。秦始皇帝罷黜經學博士，焚民間經書，又禁以古非今，最為對儒家一重大打擊。直至董仲舒賢良對策，始提出尊五經罷百家之主張，而儒術始獨尊。然上距孔子之死已數百年。孟子之學本亦立為博士，罷百家遂亦廢。直待唐代韓愈闢佛，自比孟子，然距孟子死已近千年。待宋代歐陽修出，韓愈始再見尊；王安石則僅提孟子；然同時司馬光，則仍疑孟、非孟。再待百年後，朱熹出，孔孟並尊之論始定。在此近兩千年內，不斷有人自由提出其主張，並不一以孔孟為尊。亦可謂孔孟道統，乃於南宋後始獲確立。

然朱熹以後，學術界仍是一自由，仍無組織，無會黨。所謂道統，仍憑社會人物之自由獨立精神，不斷繼起，不斷宣揚，而亦不斷有人加之以反對。朱子同時即有陸象山，繼起又有明代之王陽明，皆非反孟而反朱。明太祖則又明白想要反孟。直至近代，乃又有批孔、反孔之新潮流出現。凡此皆中國社會一種自由、獨立、平等之舊傳統之不斷表現。果使耶穌生中國，無強大之教會組織，無教廷教皇之堅強支持，即耶穌是否亦能如孔子之見尊，而仍能成為一教主，其事亦仍待討論。今日國人則謂孔孟道統胥由帝王專制之提倡；典籍尚存，史實明白俱在，何不一加審讀？

而尤有其異者，伯夷為聖之清，已與西方社會之所謂獨立精神有不同。又如柳下惠為「聖之和」，乃以「爾為爾，我為我，爾焉能浼吾哉」為「和」。此尤與西方人結黨為徒，以舉手投票競獲多數以取勝為和者大不同。而伊尹之任，則以堯舜其君、堯舜其民為己任，此又與西方為黨魁競選總統，以得代表人民為之公僕為己任者，大不同。要之，文化傳統既不同，則社會一切之有意義、有價值之所在，尤將見其無往而各有其不同。斯又隨處相異，有更僕而難加指數者。

中山先生手創民國，乃親以正式第一任大總統職位讓之袁世凱。不久即洪憲稱帝，毀棄此民國新法統於不顧。中山先生退居在野，完成其「三民主義」之構想。在廣州建臨時政府，又親身北上，欲與段祺瑞、張作霖言和，而病死於北平之醫院中。窺中山先生之意，似欲由其所主張之三民主義成為一新道統，以高出於民國新法統之上。而此新法統之最高位置大總統之職，則中山先生實非有意爭取。及對日抗戰勝利，製造民國第一部憲法，國人乃竟以美國林肯總統「民有、民治、民享」之三口號，來替換了中山先生「民族、民權、民生」，而同亦稱之曰「三民主義」。不久又毛澤東崛起，以承接馬、恩、列、史之共產主義、無產階級專政，來攘奪中華民國之新法統。擾攘鬥爭，民國七十餘年來，迄無一日寧。或尊美，或尊蘇，多主以西方傳統來替代中國之舊，似已成為中國社會近代一潮流。獨中山先生一人，可謂有意承接中國五千年來之舊傳統，運用其自由、獨立之新思想，來求中西雙方文化之平等。故中山先生乃一依中國舊傳統，以「先知先覺」自居，勉其信從者為「後知後覺」，而全國人民則盡歸於「不知不覺」之列。此種意想，惟在中國舊傳統中有之。中山先生縱不以孔孟自居，求之中國史，亦當如董仲舒、韓愈、朱熹諸人之傑出其倫類。孔子曰：

後生可畏，焉知來者之不如今？

此下中山先生之影響終將仍待國人後生之自為抉擇，而豈中山先生一人之力所能為？今日國人所群相推奉者，曰「科學」，曰「民主」，亦皆承襲於西方。民主乃法統，非道統。科學僅為手段，非目的。若謂西方道統在宗教，則又在天上，不在人間。若果謂法統之外仍該有道統，則中國之一尊西方，果將尊其政治為道統，抑將尊其宗教為道統，則豈不仍待我國人之自加論定？今國人又群相提出「社會」一觀念之重要，則中國社會如余此文所述，亦究有深入研討之價值否？此亦待孔子所謂可畏之後生任其責矣。

二三　羣居與獨立

中國人好「群居」，西方人好「獨立」。此又中西雙方文化相異一要端。人生不能離群，而西方人乃於群居中好獨立。人必有一「己」，此己即具獨立性，而中國人則於獨立上好群居。故中國人乃在異中求同，其文化特徵乃為一「和合性」；西方人乃於同中求異，其文化特徵乃為一「分別性」。推此求之，中西雙方文化異同率無逃於此矣。

人生自幼至老，本屬一體，和合無間，而仍可分為嬰孩以至少年及中年、老年為三期。年齡有別，而生命無殊。但西方人注重其分別，未成年人即教以獨立。嬰孩即不與父母同房而臥，待其識字上學，則以童話為教本。及其成年，則教材又別，儼若為另一人生。中國則自嬰孩以至成年，同教之以孝悌之道，教材大體相同，無特別所謂之童話，專供幼童閱讀。直迄老年，孝悌乃人生大道，當永遵勿失。成年人離家出門服務，遇年長十年左右，即以兄視之；過此則以父輩視之。其在家之子弟心情，依然保存不失，猶如童年，豈非人生一快樂？而就他人言，常若有子弟在旁，豈不亦是一番怡悅與安慰？「王道不外乎人情」，眾所歸往，斯即王道，乃為人群相處之大道。故王道非政權，此則首當辨認。

孟子曰：

愛人者人恒愛之，敬人者人恒敬之。

孝弟即是愛敬。中庸言：

天命之謂性，率性之謂道。

人群相處，一如其居家。孝弟愛敬，即本於性。孟子曰：

大人者，不失其赤子之心。

性不變，斯道亦不變。惟時不同，地不同，所遇對方之人與群亦不同。周公之孝文王與大舜之孝瞽叟自不同，故道貴隨時、隨地、隨人而修。修道以為教，教不同而道自同，道不同而性則同。孔子曰：

入則孝，出則弟，謹而信，汎愛眾，而親仁。

此一教不僅可以自幼至老而不變，亦可歷千百世而無變。此亦中國傳統文化特性之所在。

西方人不言「道」，而愛言「權」。道者人所共由，故尚同，而必和；權己所把持，故各別，而必爭。道如大路，人人得行。權如天秤，必分兩端，眾所聚則傾；求其平，則銖兩必爭。然又不得無變，變又失平，故平權實非治道。此為西方社會之常態，故其亂常多於治。

中國人言命為性，西方人亦言天賦人權。其實未成年，受父母養護教育，何來有權？中年投入社會，能獨立，尚權則必爭。即在家庭中亦然。西方人言父權、母權，夫婦則必言平等。人各有權而平等，則不見一家之同情，而相處乃必爭。年老不能爭，又不能獨立，乃無地位。入養老院，更復何權可言？故謂「兒童如在天堂，中年如入戰場，老年如進墳墓」。此乃人權社會之實況。今世乃群向此途邁進，誠亦大可憐憫之事。

西方人言「人權」，主要為對政治。人群有良政，則其群安而可大；有惡政，則群亂而趨亡。中國乃廣土眾民，五千年一大國，其有良好政治可知。中國人論政必重「道」，曰「王道」、「治道」。而西方則政必歸於「權」，故曰「神權」、「王權」、「民權」。神非有權，乃主政者託神之名以張其權。王權則直誇己權，法國路易言：「朕即國家」，是也。民權最先乃由在下者與政府爭稅額，於是而有選舉權與審議權。權不在全民，而在少數納高稅額之人。然即在少數中，相互間亦不能無爭，於是而有法。相傳英國某時某地區，僅有一合格選民。逢選舉開會，其人登臺為主席，宣布開會；又下臺為選民，自舉名；又作另一選民，舉手呼贊成；再登臺宣布被選人姓名；又下臺舉手呼贊成；乃如兒戲。但言民權選舉者，乃群傳此為嘉話。此見西方法治，亦不能無不合情理處。中國人之法，有「律」復有「例」，亦皆能求其變通。

國會開議，則必分黨以爭。若只分兩黨，則所爭尚可有條理，不致紛呶。惟近代只有英、美兩邦差能接近；其他諸國多黨分立，則爭益亂，而議不定，權亦無可見。爭議以多少數定勝負，論量不論質，以一票之差定是非，則可謂無是非。而是非只定在此一票，其又何以言治？故所謂民權，實亦一無是非之權。人各有權，則皆是而無非。是與是相爭，惟有判以力。力不能見，以一票之差來定多少數，則「權」又何在？「力」又何在？故民主政治之實際政權，乃仍多操於政治元首一人之手。儻謂政權以憲法為限，則事變之來，憲法豈能一一預為規定，以資應付。近人謂西方民主政治乃「法治」。政是一活的，權亦是一活的，法則是一死的，豈能以死的法來規定、領導活的政與權？西方民主政治之起，實際乃為防亂，非以求治，故富限制性、消極性，實非有積極性、前進性。故常由社會來推動政治，而非由政治來領導社會。其崇尚多數，亦可謂有當於政治性之大原則。惟西方之多數，實乃個人主義之多數，非大群之多數。此則大堪研討之事。

若就中國傳統言，政必論道，合理則是，不合理則非。中國君主世襲，然為君亦有君道。舉國尊君，亦一道。君無道，即不當尊。「聞誅一夫紂矣，未聞弒君也。」其君失道，即為一夫。中國傳統論政，重道不重權，亦不重法，其要旨在此。

然齊家、治國，其道究不同。大小難易，相差甚鉅。惟其基本則皆在人。其最高理想，則在人各有道，不在人各有權。中國乃一廣土眾民之大國，其中央統一政府之組織甚龐大，管理極繁複，縱使其君掌大權，亦難統治。故求國之治，必須有道，須求人人同行此道。但性情不同，斯行亦不同；以不同性行之人，而能同行此一道，斯始見其道之大。孟子舉伊尹、伯夷、柳下惠為三聖人。伊尹「聖之任」，乃有志負大群之重任。一官必有一職，百官分職，即各分一任。君亦一職，其次有相，相之職僅次君一位。伊尹在畎畝之中，即以堯舜其君、堯舜其民為己志，肯願擔當此大任。其五就桀，五就湯，以及相湯之故事，今不論。太甲為君失君道，伊尹放之桐宮，自攝政。及太甲悔過，伊尹又迎太甲重歸君位。方其攝政時，乃是代君行道，而非與君爭權。且以臣代君，亦無法可據。伊尹之為聖即在此。

其次有周公。天下未定，武王卒，武庚、管叔叛於外，成王年幼，周公攝政，興師東討，大義滅親。成王年長，再退居宰輔之職。周公亦如伊尹，亦可謂聖之任者。漢有霍光，為大司馬大將軍輔政。昌邑王無道，霍光不學無術，或告以伊尹事，乃廢昌邑王，立宣帝，漢室以安。三國時，劉先主卒於白帝城，臨死告其相諸葛亮，少主可輔則輔之，不可輔可自為之。諸葛亮出師北伐，宮中廷中事，皆囑咐有人，可謂大權獨攬。然其告少主，成都有桑八百株，薄田十五頃，臨死不使長分毫。則其鞠躬盡瘁，非爭權，非謀利，亦可謂聖之任者。歷代尚多有其人。「將在外，君命有所不受」，內而宰輔，外而將帥，皆可不受君命。君無能，國亦可治。

伯夷「聖之清」。武王伐紂，伯夷、叔齊扣馬而諫，獨以武王為非。乃不食周粟，餓死首陽之山。孔子稱以為古之仁人，孟子推以為聖之清，後世亦同尊伯夷、叔齊之為人。群道大，不能風吹草偃一面倒。孔子謂：

韶，盡美盡善；武，盡美未盡善。

則王位繼承，惟堯舜禪讓為盡美盡善，湯武革命終仍有憾。光武中興，其同學嚴光，獨垂釣富春江上，光武訪得之，嚴光卒辭歸不受祿，則亦猶伯夷之清矣。宋之范仲淹，自為秀才時，即以天下為己任，乃亦推崇嚴光，曰：

先生之風，山高水長。

則有任不害其有清，乃亦有出仕在朝，直言極諫，如漢武時有汲黯，唐太宗時有魏徵，骨鯁之臣，何朝無之？此實亦伯夷、叔齊之流亞也。

柳下惠「聖之和」，三仕三已，無喜慍。其仕必盡職，故能三起。其仕亦必直道，故亦三已。不務求進，亦不務求退，故稱其和。秦漢大一統以後，如柳下惠之和者，其人則更多。政府當為一國人才薈萃之所，而人之才性各不同，大略分之，當不出此三型。孔子稱殷有三仁，微子去之，似伯夷；比干諫而死，似伊尹；箕子為之奴，則似柳下惠。惟伊尹、伯夷易受人注意，柳下惠則易為人忽略。戰國秦師東侵，戒勿近柳下惠墓，則柳下惠之深受後世崇敬，乃至聲名遠播全中國，亦可知。中國文化傳統，重在教人如何做一人。或仕或隱，同有其道。為任、為清、為和，才性各不同，而其大道則同。同此人，同此道，乃能合群而為政，此是中國人論政、論道一大原則。

孔子「聖之時」。人性表現有不同，而孔子則為集大成之聖。隨時隨地而發，乃若兼此三型，變動不居。孔子深許顏淵，乃曰：

用之則行，舍之則藏，唯我與爾有是夫！

孔子又論人性為「狂」、「狷」、「中行」三類。伊尹之任為狂，伯夷之清為狷，惟孔子乃得謂之是中道。柳下惠則僅得謂之和，不得謂之中道。孔子之中道，兼存伊尹、伯夷之兩型；而柳下惠之和則於伊尹、伯夷兩型外，自成一型。惟孔子乃會合伊尹、伯夷、柳下惠三型而為一。其存於中者至廣大、至精微，故得發而時中。三子之存於中者與孔子異，故其發於外者乃亦不免時有異。

中國人做人，非不重獨立。伯夷、伊尹、柳下惠則為獨立人格之三型，孔子則為三型以上更高之一型。孔子最惡「鄉愿」，與世浮沉，隨俗流轉，「生斯世，為斯世也善」，則無獨立人格可言。孔子三十而立，此即已臻於人格之獨立。獨立不懼，遯世无悶，則近伯夷。孔子曰：

吾非斯人之徒與而誰與？

是獨立又必貴能處群，群居而又不能獨立，則為鄉愿。即以居家論，為子必獨立成為一子，有其獨立之人格，大舜、周公皆然。惟為子者之獨立人格其主要則在孝，為幼者之獨立人格其主要則在弟。居官為臣，亦有其獨立人格，其主要則在忠。伊尹之任即其忠。清與和雖非忠其君，但亦忠其群。忠、孝皆人群同居之大道。人之獨立，亦必獨立在此群，非可獨立於此群之外。群而無獨，斯不成群；獨而無群，又何以成其獨？中國人之講人群大道，主要在此。此即人之心、人之性、人之情，而烏有所謂人之權？為子者無權以強其父，為臣者無權以強其君。即為父、為君亦然。父無權以強其子之孝，君無權以強其臣之忠。斯必自反，為父則止於慈，為君則止於仁，如是而止。故每一人必有其各自獨立之道，斯即人群同居之大道。不僅有任，亦可有清、有和，而孔子則尤能會合此三者而變通運用之，但依然不失孔子之獨立人格。若謂人必有權，則惟父慈、子孝、君仁、臣忠，乃及任、清、和、時四種品格，乃始得為人之權。其權則在能自獨立而不與人爭，而豈今人之所謂權？

今國人競尚西化，不言「人道」，競言「人權」；不言「治道」，競言「政權」。於是言政治則必曰君權無上，帝皇專制。則秦漢以下兩千年來之中國，除歷朝帝王外，乃無一人有獨立人格可言。惟陳勝、吳廣、黃巢、李自成、張獻忠庶或有之。此豈有當於情實？

再言社會，中西亦不同。中國既未成為一資本自由之社會，亦非農奴社會、封建社會。中國自有其特殊之一套。國人求西化則可，亦無權強五千年來之古人全歸西化。以往之舊歷史，與今國人所嚮往之新文化，自可不同。今人則謂只是西方人先走了一步，中國人遲走了一步，故中國只如西方之中古時期。一切以西方歷史來解釋中國之固有。但如印度，如阿拉伯，亦各有其一套，又豈得盡以西方歷史作解釋、作評判？

今日國人競尚西化，但又或轉言「尊孔」。孔子固當尊，但孔子乃集任、清、和之大成，而為「聖之時」，則尊孔亦當尊伊尹、伯夷、柳下惠。又當尊孔子以下能任、能清、能和之歷代人物。今日國人競言獨立，競言人權，則能任、能清、能和，亦各是一種獨立人權，豈能一筆抹殺？果能各從其性之所近，學得任、清、和三型中之一型，而各具一獨立人格，豈不於政治社會各有益處？豈必盡求西化乃謂學孔子之「時」乎？

西方人言獨立，言人權，凡事必出於爭，乃以法防制爭。故西方言「民權」，同時必言「法治」。但法治乃以防制少數，民權則必崇尚多數。但如孔子、墨翟、莊周、伊尹、伯夷、柳下惠皆具獨立人格，皆屬少數。西方民權政治，必結黨競選，上述中國此等人恐難當選。在議會中，此等人有提案，亦恐難得多數通過。故在西方歷史中，求如孔子、墨翟、莊周、伊尹、伯夷、柳下惠一類之人物，乃亦難得。孔子言「群而不黨」，不結黨，則又何從於崇尚多數人權之社會中，獲得其出頭之機會？惟墨翟主有黨，但在中國，墨家至秦代即始衰。清末群尚西化，乃又提及墨家。此又史例之至顯然者。今國人亦同尚多數，則中國古人仍惟墨翟一人可宗，孔子、莊周、伊尹、伯夷、柳下惠，將全不可提。此又今日極具體一問題，值得吾國人之研討。

西方主結黨，共產主義亦有黨。意大利羅馬教廷所在，耶教之黨最所盛行，而共產主義亦最猖獗。故自世界第二次大戰以來，三十多年，而意大利之政府改組，已過五十次。即在英、法、德、美之邦，亦不能禁止共產信仰之流行，只防其成為多數而止。西方社會昌言人權，乃不得不然。中國則尚少數，孔子如天之不可階而升，伊尹、伯夷不論，柳下惠之和亦無黨，亦少數，而仍見尊。故中國人重尚獨立，而不言權，不言黨。西方人言獨立，又言黨，無黨則獨立而無權。故主張獨立，又主張結黨，亦大可詫異之一端。惟中國無黨而有群。有黨則其群不能大。中西雙方至少亦互有得失。今日國人一意西化，尚群乎？尚黨乎？於此宜當深思。僅知結黨，終非善為合群之道。故人道合群為首，結黨必居其次，亦至易明白一事理。國人其試思之！

二四　羣與孤

人生有「群」與「孤」之兩面，不能偏無，但亦不能無偏向。為求平衡，於是尚群居者轉重孤，尚孤往者轉重群。姑舉農業社會與工商社會，或鄉下人與城裏人為例說之。

農業社會以鄉下人為主，工商社會以城裏人為主。似乎鄉下人常見為孤，而城裏人必群居聚處。其實不然。農村人都以家庭為本，又安土重遷，生於斯，長於斯，老於斯，死而葬於斯。又有宗族鄉黨，戶宅與墳墓相毗連，不僅與生人為群，亦復與死人為群。故農業社會實是一群居社會，而城市工商社會則不然。

工業人各操一藝，如梓匠輪輿，皆封閉在各自之工作場所，可以互不相關。農業人，同此田野，同此耕耘。在雙方心理上，農業是和合的，群而不孤。工業則是分散的，孤而不群。商人更甚，各是一店舖，同賣一種貨品，如藥材等，可以一條街盡是藥材舖，而相互孤立，有競爭，非合作，不成為一群。

工商人亦各有家，但與農業家庭不同。農業家庭乃成一工作單位，日出而作，日入而息。春耕夏耘，秋收冬藏。舉家人隨其工作之變異而內心有合一之感。故農民心理，個人與家庭，工作與生活，常若成為一體，不加分別。工人則不然，主要工作在於一人，憑其一人之工作養其家，家人不易參預此工作。其工作又是朝夕不異，寒暑如一。故在工人心理上，每視己之與家，工作之與生活，若可各別而為二。莊子言：

大馬之捶鈎者，年八十矣，而不失毫芒。大馬曰：「子巧與？有道與？」曰：「臣有守也。臣之年二十，而好捶鈎，於物無視也，非鈎無察也。」

故工人之用心常孤。輪扁之告桓公曰：

臣斲輪徐，則甘而不固；疾，則苦而不入。不徐不疾，得之於手，而應於心；口不能言。臣不能以喻臣之子，臣之子亦不能受之於臣；是以行年七十而老斲輪。

然則雖父子傳業，其工作之甘苦則不能傳。捶鈎之與斲輪，年達七十、八十，其家可以有孫、曾，然所操工藝，則存其一心，不得與家人共喻，故其心則常孤。古人以家業世世相傳為「疇人」。然農與工傳業不同。國語云：

人與人相疇，家與家相疇。

後漢書云：

農服先疇之畎畝。

農尚辛勞，不尚技巧。苟有技巧，亦與人同之。且農業必通於天時地利，而成其和，不如工之較可自外於其他萬物，而專一以成其技巧。故雖同稱疇人，而演繁露必曰：

疇人者，籌人也，以算數名之。

此見農之傳業與工之傳業有不同。在農人每見其業之可以相通而為群，而業工者則每感其為分別而成孤。

抑且莊子所言業工者之技巧，乃就農業時代之工業言。迄於近世工商社會之工業，轉以機器為主，一工廠麕集數百千工人，不啻為一機器之奴。縱言工作八小時，晨往晚返，在其工作時間，轉苦無所用其心，而其心之孤可想。逮其歸，乃始見為有生活，故生活與工作更見隔絕。而工作外之生活，若惟剩有消遣與娛樂。家庭又未必為其消遣與娛樂之最佳場所。於是歌廳、舞場、劇院、餐室，乃至電影院與電視機，專供其消遣娛樂者，其中之意義價值，乃轉若在其家人之上。

業商者則更甚。雖曰貿易通有無，必投入群中以為業，然往往離家去鄉，獨出孤往。重利輕別，久而不歸。故商人心理，尤易抱孤獨感。人生常求平衡，習於群居生活者，一旦離群孤處，其心易生異樣感覺，故中國詩人好詠孤況。孤寂雖若有不慣，而孤淸之生活亦覺可喜。抑且其人生既偏重於群的一面，故能孤立孤往，孤獨超群，每易見為可貴。而心情之孤，實因其人之能不忘其群而然。蓋習於群居之人生，雖處孤境，其心猶常有群。而偏向於孤的一面之人生，其身雖處群境，其心亦猶不忘其為孤。

農業文化與工商文化，在物質生活上，其相異處易見；而在其精神心理方面之相異，則非善觀人生者不能知。徒見工商城市人好群，農村鄉裏人好孤，此皆皮膚之見；於雙方內心深處藏於隱微，則窺見不易。此乃文化相異處，即親身生活其中者，亦難自知，更何論於他人之瞭解？

西方工商社會，好言自由戀愛，一若視此為人生主要一事項。其文學作品，亦多以此為主題。實因男女雙方，自始即都抱一種孤立感。雙方既各自孤立，其結合為夫婦，進入共同生活，宜必先有一番戀愛之情，庶使兩心結為一心；然此兩心之孤立則始終存在，故自由離婚，亦為順理成章之事。甚有認「結婚即為戀愛之墳墓」者。夫婦如此，則家庭之結合，其內情亦可想。在其物質生活上，固有一團結；但在精神生活上，未必與之相稱。故西方工商社會，則必尚小家庭。老年分居，成為必然之常事。中國以農業文化為傳統，首尚家庭團聚，年老不離其家。為父母必尚慈，為子女必尚孝，兄弟姐妹相處又尚弟，一家人相互間以一心相處。孝弟之道即仁道，即是人與人相處之道，而以家庭為其出發點。孔子曰：

為仁由己。

仁道貴於由一己做起。父母之慈，子女之孝，皆貴於雙方之各自分別遵循。其修行固在己，其對象則在己以外之他人，即屬群。故中國人自嬰孩幼小，即在此種群居心情中培育長大，與人相處，極少孤立感，人與人無甚深之隔別。男大當婚，女大當嫁，此若人間一例行事。父母之命，媒妁之言，皆為我謀，不為剝奪我自由。夫婦結合，乃是一種群居生活之開始，惟求和好，相親相愛，事屬當然。故戀愛之主要在婚後，不在婚前。但夫婦在相愛中又須相敬如賓，常保留有對方之地位，此乃在群之中求別，在合之中求分，求孤與群之平衡。不如西方人自幼至老，皆重個人自由。婚姻必先戀愛，則在別之中求群，在分之中求合。雙方人生目標，本無大異，而途徑有不同。此非深透雙方人文心理，則不易有瞭解。

西方人因在孤的心情中生活，故自外面觀之，若其甚愛群。如日常健康運動，中國人往往屬個人的，如八段錦、太極拳之類。西方人則愛群體運動，乃成為競技性。則參加運動者，仍在群體中發揮其孤獨感。尤其是參加競技者尚屬少數，圍而觀者，則每在萬人、數萬人以上。外面看是大群體，其實仍是個別娛樂。中國舊俗，此等現象較少見。中國人主要在從群中求有孤，西方人主要在從孤中求有群。雙方之心理出發點不同，斯其表顯在外之一切事象亦不同。農業文化與工商文化之實質相異，當從其內心求之。若僅從物質生活、經濟條件作外面觀察，則自難中其肯綮，得其癥結之所在也。

即就宗教言，西方耶教信仰，本屬個別的，各由每一人之內心直接上通於上帝與耶穌。其在同一教堂，同作禮拜，同唱讚美詩，同為祈禱，正亦是從孤中求有群。西方社會每星期必有此一共同儀式，乃為西方孤立人生一莫大之調劑。及至近代，科學與宗教，顯相對立，然終不能偏廢。中國人亦信天，並信祖宗。於天之下，共同存此人類，成為一體；於祖宗之下，共同存此宗族，亦共同成為一體。孔子曰：

人而不仁，如禮何？人而不仁，如樂何？

在禮樂之共同儀式下，尤貴保留有各別之心情。此則為從群中求有孤之一例，與耶教心情，顯有不同。

人生所內蘊之心情，每於文學中流露宣達。中西雙方人生不同，亦可於其文學中尋取。西方文學重戲劇與小說，莫不以人事為主，但非個人的。分立的個人，不易成一本戲劇與一本小說。中國文學則重詩歌，詩歌所詠，常屬個人，不屬群眾。常屬個人之內在心情，而非外在之人事。在中國詩歌中，又常愛詠一「孤」字。其僅詠心情境界，而不明落一「孤」字者姑不論；專就其明白拈出一「孤」字者，在古今詩人中，幾乎觸目皆是，隨手可得。此下試略加申釋。

如張衡賦：

何孤行之煢煢兮？

陶潛辭：

懷良辰以孤往。

又詩曰：

中宵尚孤征。

又陳子昂詩：

日暮且孤征。

杜甫詩：

片雲天共遠，永夜月同孤。

又曰：

骨肉滿眼身羈孤。

又謝絳詩：

夜永影常孤。

又蘇舜欽詩：

江湖信美矣，心迹益更孤。

陸游詩：

燈孤伴獨吟。

又曰：

僵臥空山夢亦孤。

元好問詩：

雪屋燈青客枕孤。

此等詩句，皆明著一「孤」字。但讀者當知詩人之心情，正為常有其家人或更大之鄉里親族之一群，乃至於一國之與天下，存在其胸懷中。所以以孤為詠，正以詠其離群之獨。則詠孤正所以詠群。心情之孤，正從其群居生活中來。商人重利輕離別，隻身孤羈，在其心中，不覺有孤，此自不見於吟詠。其遠行探勝，結隊旅行，江湖信美，正足怡情悅性，亦不感有孤。其一意從事於藝術、學業工作者，永夜一燈，正是其工作之好時光，其心中亦不存有孤獨感。

正為人生求平衡，中國文化傳統重群居生活，故於自然現象中偶值景物之孤，往往別有會心，特加欣賞。書經已稱「嶧陽孤桐」。如陶潛詩：

萬族各有託，孤雲獨無依。

謝靈運詩：

亂流趨正絕，孤嶼媚中川。

此皆傳誦千古之名詩句。又如柳貫詩：

千峯不盡夕陽孤。

庾信詩：

石路一松孤。

元好問詩：

霜松映鶴孤。

楊萬里詩：

夕陽斜照一塔孤。

水經注：

獨秀孤峙。

何以中國詩人於自然景物中，獨愛此一孤？一則人生遇孤獨，此等景物，可以相慰，元稹詩所謂「我與雲心兩共孤」是也。此正見愛孤之內心乃由愛群而來。二則「為仁由己」，人生大道，正貴從孤往獨行之士率先倡導。老子云：

六親不和，有孝慈；國家昏亂，有忠臣。

此為菲薄忠孝而發。但教孝，本求群道之和；教忠，本求群道之治。而忠孝諸德，亦必先期於人類中之少數。故尊孤亦即為善群。晉書：

挺峻節而孤標。

舊唐書：

塵外孤標。

沈約賦：

貞操與日月俱懸，孤芳隨山壑共遠。

柳宗元詩：

孤賞向日暮。

孟郊詩：

孤懷吐明月。

陳與義詩：

先生孤唱發陽春。

韋應物詩：

孤抱瑩玄冰。

歐陽修詩：

倏然發孤詠。

陳傅良詩：

忽然一長嘯，孤響起空寂。

凡此之孤，皆須人立意追求。岑參詩：

來尋野寺孤。

蘇軾詩：

中休得小菴，孤絶寄雲表。

陸游詩：

偶來徙倚小亭孤。

此等小亭、小菴、野寺之孤，亦成為中國畫家之絶好題材。中國詩人皆愛取孤處入詩，陸鏗詩：

天際晚帆孤。

孟浩然詩：

開軒琴月孤。

僧皎然詩：

清影片雲孤。

司空圖詩：

人影塔前孤。

蘇軾詩：

茅簷出沒晨煙孤。

此等詩句，豈不皆可入畫？昧者不察，乃謂中國詩人、畫家，其心無群。王昌齡詩：

誰知孤隱情？

張九齡詩：

孤興與誰悉？

齊書薛侃傳：

欹園琴之孤弄。

李群玉詩：

雅操入孤琴。

張羽詩：

歲寒誰可語？莫逆有孤琴。

白玉蟾詞：

何處笛？一聲孤。

群中不能無孤，而孤者終不見諒於群。孔子已勉之，曰：

德不孤，必有鄰。

至於其孤而至極，孔子亦曰：

知我者其天乎！

可見此孤中乃寓甚深境界。梅堯臣詩：

共結峯巒勢不孤。

蘇軾詩：

道人有道山不孤。

文天祥詩：

本是白鷗隨浩蕩，野田漂泊不為孤。

此皆極詠其不孤，然亦正以彌見其心情之孤處。

近代國人，競慕西化，既主追隨潮流，又主個人自由。然個人亦當有不追隨潮流之自由。又自「新文化運動」以來，群認舊文學為已死之文學。不知中國舊文學與其藝術，其間莫不有中國文化傳統中甚深的人生理想，與其親切之體會與實踐。今只群認西方文學戲劇小說中有人生，然此乃從外面敍述，又都限在人事圈子之小範圍以內。而中國詩人與畫家之所詠所繪，則直抒其心坎所得，從人生內部敍述。又其所得，不僅限於人事上親切之經驗，並亦曠觀宇宙自然之大，天地品物之繁稠，興感涵詠，陶情治性，而達於人生之廣大隱微處。今顧不認其與人生有關涉，否則鄙之為封建人生與貴族人生，譬之以塚中之枯骨。則如本文所舉，人生心情孤處，豈亦盡限於封建時代之貴族乃始有之？今既盡力提倡個人自由，又寧可只向群處，只向社會物質人生方面去鬥爭攘奪，卻不瞭解人生別有此內心孤處？如中國詩人之所詠，孤高孤獨，孤吹孤唱，孤韻孤標，孤超孤出，孤論孤賞，苟非尊重個人自由，何來有此等吟歎？「生斯世也，為斯世也善，斯可矣」，此之謂「鄉愿」。孔子曰：

過我門而不入我室，我不憾焉者，其惟鄉愿乎！

樂意追隨潮流，此固不得不謂其亦屬個人之自由。然孔孟儒家所重，別有狂狷之士，慕為絶群、殊群、出群、越群、邁群、高飛不逐群者，此亦同一種個人之自由。捨己從人，惟變是尚，固是自由。然「國有道不變塞，國無道至死不變」，寧得謂其獨非有一己之自由意志者之所能？近代西方，政界爭選舉，工商界爭罷工，必結黨合群而爭，所爭者乃謂是個人自由。然個人之在黨，其自由亦當有限。遯世無悶，獨立不懼，如伯夷之清，不食周粟，餓死首陽山，此亦一種個人自由。韓昌黎伯夷頌有云：

士之特立獨行，適於義而已，不顧人之是非，皆豪傑之士，信道篤而自知明者也。一家非之，力行而不惑者寡矣；至於一國一州非之，力行而不惑者，蓋天下一人而已矣；若至於舉世非之，力行而不惑者，則千百年乃一人而已耳。若伯夷者，窮天地亙萬世而不顧者也。

此亦可謂其表揚個人自由之心情之達於極致。中國人因尚群居人生，故必言仁。但在群居人生中必貴有孤立精神，故言仁又必兼及義。孔子許伯夷以仁，昌黎頌伯夷以義。既不能有不仁之義，亦不能有無義之仁，個人自由與群居為生，乃可相得而益彰。故中國人又貴能和而不流，中立而不倚。此「中」、「和」二字大可參。所謂「中」者，實本於每一人內心之孤；「和」則是群道之公。尊群而蔑孤，斯將有仁而無義，群道亦將喪。元好問詩：

端本一已失，孤唱誰當從？

此一孤，正即每一人之心，乃群道之大本大源所在。苟非深有會於中國傳統文化之精義，亦無可以淺見薄論作闡說矣。

西方十八世紀有名小說魯濱遜飄流記，已成為近代西方三百年來一部家喻戶曉之文學名著。在西方之評論家有謂：此一書，乃為每一個人之生活寫照。每一人都是命定要過孤獨生活的。魯濱遜飄流荒島，正是人類生活普遍經驗之一種戲劇化。此正足證明本篇上文所述，西方人生之偏於孤而疏於群；亦同樣可以證明西方文學之偏於人事而較缺於內心之認識。但就東方人觀念讀此書，魯濱遜亦並非眞能營為孤立生活者。魯濱遜之流落荒島，隨身尚携帶有鐵釘長釘、大螺旋起重機、大剪刀、斧、槍、玉蜀黍和米種，以及其他物品。此諸物品，論其來歷，有在其當身，並有數百千萬年以上之相傳。苟非其隨身有此諸物品，此下在荒島之生活，必然和本書所述，有絕大之相異。如是言之，魯濱遜實非能由其個人單獨營生，乃是其倚仗於其當身及其以前數百千萬年人類生活之共業，以完成其在荒島之一段生活者。故中國人言人生，必首重一「仁」字，人不賴群，更何從營其生？然如魯濱遜飄流記所描述，則只描述其個人之如何奮鬥努力，卻不見在其內心流露懷念群居為生之情感。此則東西雙方文化相異、生活性情相異一重要之證明。今我國人，幾乎群認中國前代人生已死去，惟當一意追求西方人生，以為吾儕之新人生，斯誠不知其立論根據之何在！

又魯濱遜之流落荒島，已二十七歲。在其先二十七年中，實已接受了人類群居為生之不少訓練與經驗。果使魯濱遜在十七歲或七歲時流落此荒島，更不知將何以為生？魯濱遜在荒島過了二十八年，逮其回到人群中，已快近六十。人生最重要之一段生活，恰在荒島上度過。是不啻謂重要人生過程，乃如魯濱遜之在荒島。蘇東坡詩：

萬人如海一身藏。

就東方人之人生經驗與人生理想言，即在京華宦海中，人事錯雜，果其人自身有修養，仍能保留其一份孤獨心情之存在，仍不失其個人內心之自由。此乃中西雙方文化人生理想上大異不同之所在。至於如伯夷之采薇首陽，亦屬單獨營生，與魯濱遜之飄流荒島，實無甚大之不同。惟魯濱遜乃遇不得已，而僅恃個人活力，自謀生存。在伯夷則豈不可已而不已，彼孤獨之心情中，別自有一番為人類大群之懷抱。此雙方之故事流傳與文學想像，各自有其寄託與深義，為求瞭解雙方文化人生之內情者所當兼取並觀。終不宜僅取一面，而擯棄其另一面於不顧不議之列也。

（一九七六年二月八日聯合報副刊。）

二五　中國家庭與民族文化

家庭是中國文化中最重要的一部分。文化有其歷史傳統，而其精神則可隨時有變。今日國人喜新厭舊，只想推翻舊的，創建新的，此亦可說是一種時代精神。本篇主要在陳述歷史上的舊家庭狀況，至於此下如何開創新家庭，發揚新理想，來符合此時代精神之所要求，則並不擬及。

文化乃人生之整全體。各民族人生不同，斯即文化不同。家庭乃當前舉世所共有，但各民族間亦各有別。中國人講人生，注重倫理，不重個人主義，不獨立，不平等，不自由。人生乃由人與人相配搭，相聯結，相互成倫，而始融成此群體，此之謂「人倫」。

中國人倫有五：夫婦、父子、兄弟、君臣、朋友。前三倫屬家庭，君臣一倫屬政治，朋友一倫屬社會。可見中國文化體系中家庭之重要性。

夫婦為人倫之始。動物有雌雄，但不必有配偶。犬早與人為友，但無配偶。鷄普通受人畜養。老子曰：

鷄犬之聲相聞。

陶潛詩：

狗吠深巷中，鷄鳴桑樹巔。

可證鷄犬與人生之親切。鷄亦有雌雄，無配偶。禽中有鴿，雖不如鷄犬之日常與人相處，但亦易相近。鴿有配偶，成雙成對，永不分離，亦不再有第三者介入。

中國人認此等雌雄相處為「性」，鷄、犬、鴿皆有性，皆本於自然，而各不同。人為萬物之靈，人性能觀察，能比較，能選擇，能學習。孔子曰：

性相近，習相遠。

人有男女，但不效法狗、鷄，願以鴿為榜樣，為標準，為模範。詩三百首，首關雎，為古代人類結婚典禮時所歌唱，可證中國古人認為人之男女婚配結為夫婦，其事當效法於鴿。至少夫婦一倫，乃向鴿學習，故詩人詠之如此。

中庸云：

天命之謂性，率性之謂道，修道之謂教。

各率性即為「道」。人則修明此道，從中有一番比較挑選，擇善固執，則須「教」。道屬自然，屬天；教屬文化，屬人。人中有天，人學鴿，即學鴿之天。最先少數人學，關雎詩中所謂之「君子」與「淑女」。再由少數人教多數人，成禮成俗，此即是中國人之所謂「天人合一」與「天人之際」。少數人始能盡性知天，大雅、流俗之別亦在此。中國文化淵源，非宗教，非科學，又非哲學，乃是性情。如鴿成雙成對，易見易知，易效易習，天道乃成為人之常識，亦即宗教，即科學，即哲學。學於鴿，便成為人倫之首夫婦之道之規範。惟其責則在大雅君子，不在流俗小人。

由夫婦之道推廣出君臣之道。戰國王蠋言：

忠臣不事二君，貞女不更二夫。

屈原離騷亦以男女來比君臣。有夫婦始有家，有君臣始有國。修身、齊家、治國、平天下，其道一以貫之。夫婦亦屬人性，男女非結為夫婦，即違失了人性。只是人性經習，遂有夫婦。中國人性命天人之學，非西方之哲學，亦非科學，非宗教，只是一種日常人生普通常識實踐之學。中國古代文學，即表達了中國古代之人生。詩言比興，人比鴿，而興起了夫婦之道，比興亦中國文化進展一極值研考之途徑。

人生複雜，夫婦百年偕老，只是一標準，一規範。中國古代，夫再娶，婦再嫁，亦常事。但夫婦一倫，關雎以下，緜亙三千年。歲月愈久，情感愈篤，可歌可泣之事，文學史籍，愈後愈盛，難於縷述。姑舉柯鳳蓀新元史列女傳一例。宋季程鵬飛被俘於興元張萬戶家為奴，張以所獲一宦家女妻之。婚三日，女勸程逃，程疑之，訴於張。張箠女。越三日，女復勸程，程又訴之，張命程出妻。臨別以一繡鞋易程一履而去。程亦悟，遂逃亡。後為元人陝西參政。事隔逾三十年，不復娶，遣使訪得其妻，遂重為夫婦。此事始見於陶宗儀之輟耕錄，明初修元史，陶書未出，此事遂未錄入。柯氏為新元史，始加補入。近代編為平劇，名韓玉娘，又名生死恨，至今演唱不衰。程鵬飛當金、元晦盲之際，淪落虜區為奴，婚配非父母命，亦非媒妁言，更非自由戀愛。三日而離，隔三十年，男不娶，女不嫁，隆情偉節，實超尋常。在春秋時，晉公子重耳出奔，謂其妻季隗曰：待我二十五年而後嫁。其妻對曰：「我二十五年矣，又如是，則就木焉。請待子。」重耳在齊，桓公妻之，其妻齊姜殺侍婢勸之行。時隔近二千年，以一不知姓名之女子，乃兼春秋時季隗、齊姜兩女之美德。至程鵬飛夫德勝重耳，更不論。豈不以同為中國人，同具此一番性情，同在中國傳統文化人倫名教薰陶之下，故得有此表出？今國人則必詬之曰「封建思想」，斥之曰「禮教吃人」，不得與西方之自由戀愛相比擬。男女各得獨立自由，夫婦成為一暫時之名色，一若惟此乃當於人道。理論思想變，實際生活亦隨而變，但人之性情則終難驟變。余觀平劇韓玉娘之演出，座中常有聲淚俱下者。又如王寶釧寒窰十八年，此出說部，事實虛構。然余遊西安，乃有一寒窰遊覽區，余曾往品茗小坐。此故事在倫敦演出，英人亦轟動。儻韓玉娘亦能在歐、美上演，宜必受欣賞可知。然則中國社會夫婦一倫，縱今世慕西化已突變，思古幽情恐仍難免。

有夫婦然後有父子。有中國式之夫婦，乃可有中國式之父子。而中國人教孝，尤為中國傳統文化一特色。自宗教言，人類各從上帝降生，耶穌告聽眾：「誰為吾母？誰為吾姊？年老之女皆吾母，年長之女皆吾姊。」耶教中有聖母，乃後起事。佛教則謂人生由作業輪廻，欲超苦海，先離父母妻室，出家修行。西方科學生物學，人類由其他生物進化來。中國人獨守常識，謂父母生我，父母不啻是我天。故蓼莪之詩曰：

哀哀父母，生我劬勞。

又曰：

哀哀父母，生我勞瘁。

又曰：

父兮生我，母兮鞠我。拊我畜我，長我育我，顧我復我，出入腹我。欲報之德，昊天罔極。

唐人詩亦謂：

誰言寸草心，報得三春暉。

我之生命從父母來，此乃人生常識，故曰「天下無不是的父母」。我之生命從父母來，父母對我那有不是？中國教孝大端在此。詩又曰：

母也天只。

論我之生，則母更重於父。禽獸不知父，但亦必知其母，而孝道終少見。烏反哺，詩人稱之曰孝烏，但亦僅有之事。西方宗教、科學、哲學，所講皆宇宙人生大道理，父母生我，轉若小節，置之不講。中國人三千年來，乃只在此小節上講究孝道。今國人譏我民族庸劣落後，宗教、科學與哲學豈如此般簡單？中國人之人倫大道，宜乎不為今日國人所重。民初「新文化運動」，亦必非孝，義即在此。

中國人倫有夫婦、父子，乃有「家」。詩疏有曰：

家，承世之辭。

承世謂其世代相承。若僅夫婦為家，則是暫時的，子女之家，即非父母之家。此乃不承世之家，即非世代相傳之家。中國如孔子家，自孔子迄今，已傳七十餘代。若自孔子上溯，其先為宋大夫、宋君，更先為商代。自商湯以前，更可上溯。故孔子一家，已相承逾百世，可謂全世界獨有之一家。

中國有「家譜」，即是家史，所以詳其家世。除孔子一家外，歷久相傳一二千年之家尚多。故中國人稱父祖、稱子孫，若無祖孫，則上無承，下無傳，非中國人所想像之家。故中國人說：

不孝有三，無後為大。

於是有家必有「族」，乃成中國之民族、國族。中華民族緜亙五千年，乃為全世界特出稀有之一民族，其要端即在此。

今日國人喜言「獨立、自由、平等」，但中國夫婦一倫，即有大不平等處。何以夫婦成婚，必妻到夫家，不夫到妻家，此即可算是一大不平等。但天地單付女方以生育重任，則先已不平等。左傳疏：

妻謂夫曰家。

桃夭之詩曰：

之子于歸，宜其家人。

此「家人」乃指夫家言，妻去夫家乃言「歸」。故為婦又為媳，明是妻從夫。故又曰：

夫者妻之天。

又儀禮喪服傳：

女子有三從之德：在家從父母，出嫁從夫，夫死從子。

女性既主三從，乃若無獨立之人格。此乃中國社會以能承襲世傳為主，認為此乃人生一大理想，於是女性乃若有此委屈。中國人又以夫婦比天地。易大傳：

天尊地卑，乾坤定矣。

天地乾坤，平等中有不平等，故有尊卑。若必求男女平等，則即就今日西方言，在此亦尚有甚遠距離。惟西方婚後即成一小家庭，夫妻各自脫離其原有之家，故其父母與子女間，只有上半世關係，下半世即日疏日遠。其視中國孝道，至少已截去了下半截。故「個人主義」與「人倫主義」大不同。

但若眞從個人主義言，何以男女交媾必成為婚姻，如此豈不雙方仍有不平等、不自由、不獨立處？是則男女之道，以西方觀念，與其學於鴿，不如學於狗。狗亦非無可取，有忠犬、義犬，只無夫婦一項關係而已。譚嗣同仁學，主張廢中國五倫之四倫，而獨存「朋友」一倫，亦即此義。其實朋友一倫，仍亦有不平等、不自由、不獨立處。如夫婦為朋友，又何以生育子女之責必由女性任之？故眞講個人主義，則必無「倫」可言；眞講獨立、自由、平等，則必無「群」可言。必重財富與法治，然財與法究能使此人群常相繼承否？國人賢者，主張西化，曷不一申論之！

余曾認識一美國青年，交往甚稔。其父母乃一中產家庭，開設一油漆廠。培植其子畢業大學，即勉其獨立。其子乃在一教會任職。有祖父擁產數百萬以上，一人獨居，已逾二十年，雇一女管家兼看護。余謂此青年：「君今亟於謀生，他日當可分得祖父遺產。」彼謂：「祖父遺產，即其父母亦不存懷，據常情推測，大半當由女管家承受。」余又問：「數十年前中國人，常舉美國為例，勸人遲婚。今中國一般婚姻較美國為遲。君今年尚壯，為何亟亟謀婚事？」彼謂：「不成婚，返家仍是一兒子。婚後返家，乃為一賓客。余未成婚，父母邀我假期回家，又不能急求離去。若成婚，自有家，遇假期，不必定回父母家。回父母家，亦可自定居住日期，父母不再相強。」此乃美國家庭。祖孫三代，各成一家，各自獨立、自由、平等。今日我國家庭正向此邁進。然其間仍有不同處。

中國父母尚多守慈道，節衣縮食，罄其所有，為子女謀求學業上進。國內大學畢業，猶供留學費用，待得外國最高博士學位始止。又兼負子女之婚嫁費。父母過於慈，乃益形子女之不孝。子女備受父母照顧，易見其此下之忘恩負義。抑且為子女時，已心存自由、平等，對父母不加尊敬。而為父母者，幾乎即以賓客待子女。子女自少受家庭驕寵，一旦出至社會，心轉不滿。幼年即視父母如平人，壯年入社會，豈所遇皆得如在家之父母？益感人生獨立、自由、平等之重要。苟若在家知道尊敬父母，一旦出至社會，所遇全不如父母般之尊嚴，乃知己已成人，心中自感一大舒坦；亦知個人入人群，所需於獨立、自由、平等者亦有限。此是人生幼年期家庭中一番大教育。今日父母不教孝，已無春秋時代所謂之「義方」，此實是父母之不慈。此下子女長成有知，亦不感激其父母往年對己之驕寵。

余居華盛頓，見參、眾兩院議員之子在街派報。在芝加哥一牛肉館，見大學女生暑假來此服務。又一友告我，彼曾住一旅館，隔室一老婦，旅館主乃其親生女，但此老婦亦得付房租。可知西方人重視全人生之獨立、自由、平等，非專為錢財，實亦尊重對方之人格。故西方家庭無老無幼，各以「獨立」為主。「自由」乃在其獨立可能範圍中求之，此之謂「平等」。

中國子女在學費零用外，尚多需求，不知獨立、平等，惟爭自由。父母遺產，分所應得。贍養喪葬，則其自由。余曾遊星、馬，社會資產多由華僑掌握。華僑初至，襆被不完，艱苦創業。二世弘業，三世守業，四世以下業即多敗。故華僑從商，鮮有門第可言。古人言：

遺子黃金滿籯，不如一經。

經學傳家，必待其子女之自努力；財富傳家，則易傳不易守。富家子與創業人有辨。今日中國家庭，半新半舊，不中不西。既非個人主義，亦難創造出資本主義之社會。果一意慕效西方，似乎首當改造中國之家庭。首當教其子女儘早獨立，爭自由於家庭之外，不當縱其享自由於家庭之內。能獨立，能刻苦，始能創業。坐擁遺產，即不啻削弱其創業之才能。富家可有窮父母，當亦可有窮子女，乃始為平等。中國人言「詩禮傳家」，「孝弟傳家」。今則競尚興業，但不宜專尚「財富傳家」。西方人雖重財富，而財富不為害，因其重個人之獨立故。中國人重性情，亦可彌補其不重財富之缺，乃有中國世代相傳之家庭。兩者間亦各有得失。未可謂重財富者皆是，重性情者皆非。至於性情、財富，如何兩相全，兼相濟，此須有智慧安排。新舊相雜，中西各半，恐終無善後之策。

中國家庭中又有「兄弟」一倫，此實已越出小家庭之外，而雜乎家庭、社會之間。論語：

弟子入則孝，出則弟。

入則在家庭，出則在社會。孟子：

徐行後長者。

亦指出在社會言。在家不必有兄長，惟在家知孝，出門自知以幼輩自居，自有弟道當行。齊語：

不慈孝於父母，不弟長於鄉里。

墨子非命篇亦言之。中國舊俗，長我十年，即當以禮事之。故曰：

老吾老以及人之老，幼吾幼以及人之幼。

推家庭以至於社會，遂使社會相處，亦各不獨立、不平等、不自由，而自有一套秩序。「長幼」即其著者，故曰：

有事弟子服其勞，有酒食，先生饌。

此縱非即是孝，但亦人道所有。中國人對師長稱「先生」，學生自稱「弟子」，此亦友道。友道亦即從孝道來，故弟子之事師，亦等如其事父母。

孔門創「心喪三年」之禮。今日則無長幼，無先後，人人平等。小孩進幼稚園，其師即稱之曰「小朋友」。及其回家，心感地位驟降，宜再難以孝道告之。今日中國人亦尚言尊師，其實已決非中國古道之尊師。人人平等，尊又何在？故西方人處家庭，即猶其處社會。中國人處社會，即猶其處家庭。西方人言獨立、自由、平等，乃由其處社會言。中國人言「孝、友、睦、婣、任、恤」，乃由其處家庭言。中西兩方人生不同，文化不同，要端在此。

今日國人每言「封建家庭」、「父權家庭」，此亦依社會立場言；又競言「民主、法治」，此亦社會立場。西方家庭，則僅是社會中夫婦共同生活之一暫時組合。中國家庭，既不民主，又非法治，乃在社會中自有一套千古相傳之法度。故以西方觀念繩束方，則中國人生活將無一而可。今日國人又好言「大同社會」。然中國古人言大同，亦從家庭生活為其立腳之起點。故禮運言：

人不獨親其親，不獨子其子。使老有所終，壯有所用，幼有所長。矜、寡、孤、獨、廢疾者，皆有所養。男有分，女有歸。

一切皆就家庭言，其重要性乃在性情道義上，不在財富權利上。今人僅知有獨立、自由、平等，僅知有個人之財富權利，無親子老幼觀，亦不許有男女分別，此恐與中國古人所想像中之大同社會已遠異其趣。若必從個人主義、財富權利上求大同，則西方之共產主義或轉近之。要之，中西人生不同，文化相異，終不可以無辨。

今日國人競言新文化。既主新文化，宜亦主張新家庭，於是有新夫婦、新父子，乃今國人又尚言孝道。其所謂孝，宜亦是一種新孝。惟「父子」一倫乃對稱的，既有新孝，宜亦當有新慈。更要是在「夫婦」一倫，夫婦變，則父子自變。而夫婦、父子，自中國文化舊傳統言，乃特為五倫之主。夫婦決不當獨立，父子決不當平等，而亦遂無自由可言。今既主新夫婦、新父子，宜亦有新倫理。但破舊易，開新難。求破中國三千年人倫舊統，其事恐亦不易。開闢新道義、新途徑，其事恐更難，非咄嗟可冀，當待新聖人出。而今日國人又主張平等，互不相尊，新聖人恐難出現。本文僅闡舊統，於此亦不敢深言，希讀者諒之。

（刊載於一九七七年七月三至五日中華日報副刊。）

二六　中國文化中之五倫①

一

「人倫」二字，始見於孟子，曰：

聖人，人倫之至也。

荀子亦曰：

① 編者按：本篇所述，又重見於雙溪獨語篇十一、十二。本篇後出，文字小有修改。

聖也者，盡倫者也。

倫有「理」字義。人之相處，其間必有一些分別，次序等第，謂之「倫理」。故人倫即指人相處之道與義。盡倫者，即盡其分別次序等第間之道與義。故人倫即人事，即人與人相處之道。人之處群，必有其配偶搭檔，以相與共成其道義。「倫」字又有匹配義，有相伍為耦義。五倫亦始見於孟子，曰：

父子有親、君臣有義、夫婦有別、長幼有序、朋友有信。

中庸亦言：

天下之達道五，君臣、父子、夫婦、昆弟、朋友之交。

兩書所舉相似，而以孟子為尤允。一則人生必先有父子，有前後輩相續，始有人道可言。禽獸各自獨立，父子不為伍，則群道終不立。故就人文進化順序言，必先有父子，乃始有君臣，而中庸以「君臣」一倫占「父子」之前，此顯不如孟子之允。二則人有獨生，無兄弟姐妹，則「昆弟」一倫不徧賅，孟子舉「長幼」，兄弟亦已在內，此亦較中庸為允。亦有以「夫婦」一倫為人道之最先者，易序卦傳：

有天地然後有萬物，有萬物然後有男女，有男女然後有夫婦，有夫婦然後有父子，有父子然後有君臣，有君臣然後有上下，有上下然後禮義有所措。

中庸亦曰：

君子之道，造端乎夫婦。及其至也，察乎天地。

此等皆後起儒家說，著重於陰陽觀，故特舉夫婦一倫為首。又曰：「有上下而後禮義有所措」，立言更為失當。儒道乃以禮義定上下，非為有上下始有禮義。

其次當辨者，乃在人群相處之道之內而有此五倫，非於人群相處之道之外而別有此五倫。簡言之，五倫在人道中，但亦不能謂五倫即已盡了人道。人之處群有其道，其在群中必有最相親接、最相合作之人，相互成雙成對，各為耦伍以處群。而如何處此耦伍盡其道，其關係為更大。故五倫各有對方，應各盡各職以合成一道。孔子言：

君君臣臣，父父子子。

是即謂君有君道，臣有臣道，君臣之間，貴乎各盡其道。而孟子則合言之曰：

君臣有義。

父子之間，亦貴雙方各盡其道。而孟子則合言之曰：

父子有親。

凡孟子所舉有親、有義、有別、有序、有信，此五者，皆是人類大群相處中所應有，惟特別在此五倫中，比較最易顯出。如「朋友有信」，非謂處其他四倫可以無信。亦非謂處朋友一倫只要有信，而可以不親、不義、無別、無序。可見所謂五倫，乃就人類大群相處中，抽出此五項要端來設為五倫；又就每一倫指出一共同相處之主要標準，以教人對於對方之各能善盡其道。而在此目標下，每一倫之雙方，又分別各有其應盡之道。如父子一倫，貴在能有親，而父母一方曰「慈」，子女一方曰「孝」，在此雙方之盡慈、盡孝中而相互合成此一「親」。其他四倫皆然。

人之處群，必先無逃乎此五倫之外。人對此五倫，各有其應盡之道。推而遠之，擴而大之，此處五倫之道，亦即是處大群之道。而此諸分別，實亦非分別，應知其背後有一大根本，實和合為一「道」，宋儒稱此曰「理一分殊」。人之處群，貴各就自己分上，各就五倫所處，而會通到達於此「理」，又貴能會通和合於此五倫以外之其他一切人事而共成為一「理」。中國文化重實踐，貴能從各自之切己實踐中，透悟出人生大道之會通合一處。不在多言，而言之亦轉有不盡。孔子曰：

吾道一以貫之。

講五倫亦當知其一貫處，當更知五倫之道與一切人道之一貫處。

二

先言「父子」一倫。孔子曰：

父父子子。

可見父有父道，子有子道，雙方對立平等，相互成為一倫。大學曰：

為人子，止於孝。為人父，止於慈。

「孝」與「慈」乃父子相互間所合成的一番相親之情。此一種相親之情，中國儒家奉以為人類相處最主要之基本大道。人若不相親，何能相處？以不相親者相處，徒增苦痛，終不能久。父子之間，正好能培養此一種相親之情，乃可從家庭推廣到國與天下，使天下人各能相處相親，此為人類理想最終極的一最高希望。人在家庭中，父母、子女各能相親相處，此為人生理想最初、最基本、最起碼的要求。

論語：

葉公語孔子曰：「吾黨有直躬者，其父攘羊，而子證之。」孔子曰：「吾黨之直者異於是。父為子隱，子為父隱，直在其中矣。」

父子有相親之情，父攘羊而子隱之，即便是直道。若子證父罪，反違於道。道有曲直，曲處亦有道，非盡在直處。人之相處，固專是人與人，或個人與大群，而其間尚有種種差異，當分別各盡其道。中國人特設五倫之道之意義即在此。

孟子曰：

責善，朋友之道，父子責善，賊恩之大者。

又曰：

古者易子而教之。父子之間不責善，責善則離，離則不祥莫大焉。

推此義，父子之間不論善惡，善亦吾父，惡亦吾父。人情亦即是天理。瞽瞍之惡，終為舜父。舜為天子，瞽瞍則為天子之父，不聞為舜臣。堯子丹朱，舜子商均，皆不肖。堯、舜不傳以天子之位，但不聞不認其為子。故父子乃天倫，定於天，非人所能變。

孟子：

桃應問曰：「舜為天子，皋陶為士，瞽瞍殺人，則如之何？」孟子曰：「執之而已矣。」「然則舜如之何？」曰：「舜視棄天下，猶棄敝蹝也。竊負而逃，遵海濱而處，終身訢然，樂而忘天下。」

皋陶為臣，君臣之倫，臣止於敬。舜命皋陶為士執法，皋陶惟有敬守其職，有犯殺人則執之，不問其他。舜則處父子之倫，瞽瞍雖犯殺人之罪，舜不忍見父之死而不救。然在君臣一倫中，舜又不當禁皋陶之執法。乃惟有自違法，自犯罪，竊負而逃。見父攘羊而隱不為證，其罪小；因父殺人而竊之以逃，其罪大。抑且舜為天子，棄天下於不顧，其罪更大。然而天下後世，皆曰舜之孝，更尊之曰至孝。殺人者死乃王法，父子天倫，而王法可以不顧。然則父犯殺人之罪，為子者皆可越獄行竊，負父而逃否？是又不然。舜為天子，若瞽瞍果置於法，是不啻由舜置之法；而又不能為父而毀天下之法，則惟有棄位而逃。若在凡人，父死於法，則哭泣收葬，哀祭盡禮，如是則已。此是天理、王法、人情，三者兼顧，而人情實又為天理、王法之本。違情之法不可立，反情之理不當守，培養人情，則由父子一倫始。

中國後人言：

天下無不是底父母。

其實此語乃從上引孟子語中來。父母儘可有不是，但就為子女者之心情言，父母始終是父母，不能因其行為有不是而不認其為父母。但亦不聞人言「天下無不是底子女」。則父子一倫，其間自有尊卑分別。又中國傳統，教「孝」重於教「慈」。此孔孟以前已然。大率言之，慈可以有一限度，即此便算是慈；但孝則沒有一限度，不能說即此便算孝。又且不慈可恕，而不孝則不可恕。老子曰：

六親不和，有孝慈。

正要在家庭種種不合理逆境中完成此一分孝。後世只聞稱崇舜，卻不聞責怪瞽瞍。只說閔子騫孝行，卻不說其父母不是。此中亦有道理，茲試姑加推究。

其一，慈屬自然先起，孝則人文後續。父母護育嬰孩，至少要經三年之勞。此下童年，仍需父母撫養，此即是父母之慈。若赤嬰初生，即棄之田野；孩提之歲，即逐之門外；此始是父母之不慈，而人道亦將絕。故即就三年之免於懷抱言，此已是父母之慈。慈屬天生，亦須經人文陶冶。而中國人則特別提倡孝道，遂成為中國文化一特徵。

其二，父母養育子女，待其成年，仔肩已盡。其自身則轉入晚境，精力就衰，不應續盼其對子女有更多之努力。但子女成年後，則如雛燕離巢，羽翼豐滿，高飛遠走，天地方寬。若不以孝道相敦勸，恐興風木之歎，徒增蓼莪之痛。故慈是人生自然現象，孝則必待人文教育培植。

其三，人自幼年迄於成立，此一段時期，乃屬人生之預備時期。最當就此時期教以孝道。有子曰：

孝弟也者，其為仁之本與！

仁為人生大道。人在幼年期，在家雖孝，在其能力上，尚未能獨立為人；但在其心情上，則薰沐於人生大道中，實已與為聖為賢，同一本色，同一踐履。中國人提倡孝道，乃使人在其幼年期無力為人時，而早已在人生大道上邁步向前。他年成立，即可與其幼年時同一道路前進。此為中國人教孝一甚深淵旨。少成若天性，習慣如自然，何況人在少年時本有此天性，易成此習慣！只因幼年未經訓練，此後踏入功利複雜之社會，反使失其最良善、最寶貴之天性。是父母不教子女以孝，正是父母之大不慈。古人曰：

愛子，教之以義方。

孝正是義方之大者。

其四，孔子曰：

弟子入則孝，出則弟，謹而信，汎愛眾，而親仁。行有餘力，則以學文。

孔門以「博文」、「約禮」為教，然博文之教，非盡人所能享得此機會。在為子弟時，無機緣從師受學者實眾。而且博文仍必歸於約禮，如孝弟，如謹信，如愛，如親，此皆約禮之大者。而為子弟者皆可受此教訓。故約禮是小學，博文是大學，而約禮又是大學之最終歸宿。其人雖未有進受大學之機會，但其為子弟時，於為人大訓，已徹始徹終受過，此為孔門最高教育宗旨與理想所在，而教孝則其最先、最高之第一項。

故中國人提倡孝道，乃是根據人類心性而設施的一項特殊教育，其主要目標，注重在為人子女者之心性，並不是專對父母而有孝。故曰：

孝，德之本，教之所由生。

人類教育由此開始，人類德性由此建立。故曰：

老吾老以及人之老，幼吾幼以及人之幼。

人類如何善處其前一代與後一代，如何使人類能超越其年代間隔，而繩繩繼繼，在其心情上能脫去小我軀體之自私束縛，而投入大群人生中，不為功利計較，而一歸於性情要求。父子一倫，教慈教孝，是此種教育之最先開始與最後歸宿，並不在養成人類對家庭之自私，而實為養成人類群體大公無我之美德。

孝之反面為不孝。若使人幼年在家做一孝子，將來處身社會，亦易成一善人、一仁人。若使其人幼年在家即是一不孝子，將來處身社會，亦難成一善人、仁人。中國人最認為惟有不孝、不善、不仁之人，其貽害社會特大。故五刑之屬三千，而罪莫大於不孝。務使人自幼即不為不孝，以根絕其將來不善、不仁之滋蔓，故教孝為人道莫大之先務。

三

其次說到「君臣」。父子在家庭，君臣在政府，各為一倫，亦當雙方對等，各盡自己一方之義務。故孔子曰：

君君臣臣，父父子子。

君有對臣之義，臣有對君之義。大學曰：

為人君，止於仁。為人臣，止於敬。

君憑高位，臣居下位，君臣職位有尊卑。故為君者，必知善待其臣。不論其臣為狀若何，而為君者則必先以仁心待之。

抑且君權位高，職責重。季康子問政於孔子，孔子對曰：

政者，正也。子帥以正，孰敢不正？

然則為臣下者之不正，乃為之君上者不帥以正之罪。人能反躬自責，此亦仁心之一端。季康子患盜，問於孔子。孔子對曰：

苟子之不欲，雖賞之不竊。

是則為下多盜，其罪亦在上。季康子又問於孔子，曰：

如殺無道，以就有道，何如？

孔子對曰：

子為政，焉用殺？子欲善，而民善矣。君子之德風，小人之德草，草上之風必偃。

不責風吹，卻責草偃，事豈得理？孔子之論臣則曰：

以道事君，不可則止。

又曰：

勿欺也，而犯之。

定公問：

君使臣，臣事君，如之何？

孔子曰：

君使臣以禮，臣事君以忠。

孟子言之尤顯豁。有曰：

欲為君，盡君道；欲為臣，盡臣道；二者皆法堯舜而已。不以舜之所以事堯事君，不敬其君者也；不以堯之所以治民治民，賊其民者也。孔子曰：「道二，仁與不仁而已矣。」暴其民甚，則身弒國亡；不甚，則身危國削。

又曰：

將大有為之君，必有所不召之臣。

其告齊宣王曰：

君之視臣如手足，則臣視君如腹心；君之視臣如犬馬，則臣視君如國人；君之視臣如土芥，則臣視君如寇讎。

又齊宣王問卿，孟子對曰：

有貴戚之卿，有異姓之卿。君有大過則諫，反覆之而不聽則易位；此貴戚之卿也。君有過則諫，反覆之而不聽，則去；此異姓之卿也。

齊宣王又問：

曰：

湯放桀，武王伐紂，臣弒其君，可乎？

聞誅一夫紂矣，未聞弒君也。

孔孟論君臣一倫大義，率具如是。然中國自秦漢以下，君臣體位有一大變。秦前為封建，秦後為郡縣，一君巍巍在上，全國受其統治；萬民孱孱在下，無不受統於一君。君尊臣卑之勢，遠甚於孔孟時代。遂使後人論君臣一倫，每嚴於臣而恕於君。乃特提一「忠」字，與「孝」並言。忠臣孝子，乃若並懸為中國人做人兩大標格。此已與孔孟言父子、君臣兩倫異。

抑且「孝」專對父母雙親言，從不移作別用；「忠」字則為對人之通德，不專為君而有忠。論語云：

為人謀而不忠乎？

楚辭：

交不忠兮。

是凡人相交皆當忠。又當忠於職責，故吏以愛民為忠。臨患不忘國，公家之利，知無不為，皆為忠。又君亦當忠，故曰：

上思利民，忠也。

則人人當孝，亦人人當忠，中國人每以「忠」、「孝」並言，又以「仁孝」、「忠義」並言。教孝所以育仁，教忠所以全義。離了仁義，亦無忠孝可言。不仁不義，其孝是「私孝」，其忠是「愚忠」，皆是小忠小孝。小孝妨仁，小忠妨義，皆要不得。故此君臣、父子二倫，皆當從仁義大本源上來踐行忠孝，不當在忠孝小範圍裏來阻塞仁義。

晏嬰不死齊莊公，曰：

君為社稷死，則死之。

然亦伏屍哭之成禮而去。義只如此，不死不便是不忠。龐籍為相，以公忠便國家為事。只忠於一姓一家者，非「公忠」。蒙古入主，及其亡，中國人亦有為之殉者，後世並不以忠許之。清之亡，亦有以「遺民」自處者，更為人所不齒。此皆所謂「妾婦之道」，不得以忠論。孟子又曰：

天下有道，以道殉身；天下無道，以身殉道；未聞以道殉乎人者也。

凡言「殉節」、「殉忠」，皆當知「殉人」、「殉道」之辨。殉道可尊，殉人可卑。以強力迫人作殉者，更可惡。

從另一方面言，中國士大夫，都帶有一種反政府的傳統氣息。舉其著者，西漢末，大家起來擁護王莽受禪。東漢有黨錮之獄，魏晉以下，迄於隋唐，門第高過了王室。北宋諸儒鑒於唐末藩鎮及五代十國之紛亂，最提倡尊君，但范仲淹、王安石皆得君信任，主持變法，而遭受舉朝之反對。其間是非且不論，要之，反范反王，未必皆小人，而為臣者不聞專以唯阿為忠。北宋程伊川，南宋朱晦菴，皆遭「偽學」之禁。明代東林，亦標榜清議反朝政。其明揭貶君非君之論者，前有朱晦翁，後有黃梨洲。孔子曰：

不仕無義。

但後世尊高蹈不仕一流。至於犯顏直諫，守正不阿之臣，散見史册，更難歷數。此等皆能在君臣一倫中，發揮制衡作用。故中國自秦以後，雖為一中央政府大一統的國家，歷時兩千年，而君權始終有一節限，不得成為專制。其誤國召亂者，每為昏庸之君，而暴君較少見。儒家君臣以義之主張，至少已呈顯了其極大之績效。

四

次言「夫婦」一倫。戴記孔子告魯哀公：

夫婦別，父子親，君臣義。

孟子亦言：

夫婦有別。

夫婦生則同室，死則同穴。人生中最相親者無過於夫婦。此所謂「別」，乃指夫婦與夫婦間必有別，亦泛指男女有別。嚴其別所以全其親。古禮叔嫂授受不親。嫂是兄妻，叔縱未娶，亦當有別。中國人最重性情，其文化體系，亦一本性情而建立。夫婦之有愛，尤為人類性情之最眞摯者，然必為之立禮別，亦如築堤設防，使水流暢順，而勿致於氾濫。若只言自由戀愛，則亦可自由仳離。以父母之命媒妁之言定婚配，未必全是怨耦；僅憑男女雙方自由戀愛，亦未必全成嘉耦。白首偕老，亦何如中途分張？中國夫婦一倫，驟視若過重禮別，其實際意義，乃為夫婦雙方感情求保障。

抑且五倫在其相互間，必求和通會合，不貴獨立乖張。夫婦、父子兩倫，尤為密切，首當情禮兼顧。春秋時，魯敬姜哭其夫穆伯，僅晝哭。哭其子文伯，則晝夜哭。孔子以為知禮。後人說之曰：

哭夫以禮，哭子以情。

夫婦易偏於情，故貴節之以禮；父子易偏於禮，故貴親之以情。其間若有偏輕偏重，乃亦各有斟酌。戴禮郊特牲有曰：

男女有別，然後父子親；父子親，然後義生。無別無義，禽獸之道。

此數語闡釋父子、夫婦兩倫相關，極為深切明白。不嚴男女之別，則夫婦一倫終不安。夫婦不安，則父子不親。人道至於無相親之意，則義於何立？理智之計較，功利之衡量，法制規律之束縛，皆不能導人於義。中國古人言：

發乎情，止乎禮義。

當知一切禮義皆必發乎情，而情之發則必止於禮義。夫婦一倫，主要正在此。中庸曰：

君子之道，造端乎夫婦。

亦與郊特牲數語相發。

中國古代，有「出妻」之俗，其起源當甚古。孔門亦有出妻，禮疏有「七出」之文，亦不知所始。「七出」者：一不順父母，二無子，三淫，四妒，五惡疾，六多言，七竊盜。論其大義，主要乃為顧全家庭，然亦多有不合情理者。如公儀休見其家織好布而出妻，漢王陽為其婦取東家樹上棗而去婦，此皆過甚其事，未可為訓。又如孔雀東南飛所詠，傳為曠世悲劇。要之，當時出妻之風必頗盛，故頻見於歌詩。如曹丕、曹植、王粲各為出婦賦，可見其事為世人同所憐憫。然亦有妻自求去者。如晏嬰御者妻，從門窺其夫為晏子御，意氣揚，乃求去。朱買臣妻為其夫賣樵帶讀，亦求去。可見雙方各有互求離散之自由。下至北宋，范仲淹、王介甫家，亦尚出婦。而南宋詩人陸放翁之賦釵頭鳳，亦為後世傳詠。惟出妻之風，似乎愈後則愈少見。程伊川有言：

> 今世俗乃以出妻為醜行，遂不敢為。

可見出妻一俗，為人心所不許，輿論所共譏，故乃遞衰。妻自求去，亦隨之少見。此亦中國社會尚情忠厚之一證。

「七出」之外又有「三不去」：一、有所取，無所歸。二、與更三年之喪。三、前貧賤，後富貴。出妻必令其可再嫁，故每有以對姑叱狗等微罪為辭。使出妻已無家可歸，則何論再嫁？此一不出。出妻主要為不順父母，與更三年之喪，此二不出。糟糠之妻不下堂，昔日貧賤所取，今為富貴，則三不出。此三不出，固非有人出此主張，立此條文，強人如此。亦由社會輿情，得所慕效，積漸蔚成風氣。惟有此三不去，則七出之條可施行之範圍已大大削減。又於七出中無子、惡疾兩條，認為非本人所欲，不關人事，不當出。故七出為後世律法所許者，僅得其五。要之，中國社會於夫婦一倫，重其偕老之意則自見。

又夫死再嫁，此亦自古通俗。如晉公子重耳自狄去齊，謂其妻曰：

待我二十五年，不來而後嫁。

其妻曰：

我二十五年矣，又如是而嫁，則就木焉。請待子。

狄非禮義之邦，夫別不歸，自可再嫁，故重耳請其待我，而狄妻允待終身，此已開後世婦女守節之風。亦出眞情，非關強制。

列女傳：魯陶嬰，少寡，以紡織養幼孤。或欲求之，嬰作歌曰：

悲黃鵠之早寡兮，七年不雙。宛頸獨宿兮，不與衆同。飛鳥尚然兮，況於貞良？

聞者遂不敢復求。是以一鄉婦而守節。又秋胡久別，歸途戲妻，其妻拒之。歸家見夫，乃即途上戲之者，遂投河而死。傅玄秋胡詩：

彼夫既不淑，此婦亦太剛。

婦積年矢志自守，夫歸，乃戲途中之女，則無怪婦之怨憤。此則由守節而成烈行，事出至情。傅玄雖譏其太剛，要自獲後人敬仰，至今傳述不輟。

三國時，曹爽從弟文叔早死無子，其妻夏侯令女，恐家必嫁己，乃斷髮，又截兩耳。曹爽被殺，一門盡滅，夏侯家上書與曹氏絶婚，強女歸。女以刀斷鼻，血流滿被。或謂之曰：

人生世間，如輕塵棲弱草，何辛苦乃爾！

女曰：

仁者不以盛衰改節，義者不以存亡易心。曹氏衰亡，何忍棄之！

事聞於曹爽政敵司馬懿，聽使乞子養為曹氏後。此事可歌可泣，後人讀此事狀，豈能不增感動？此皆事出至情，豈理智議論所能強，亦豈理智議論所當貶？戰國王蠋有言：

忠臣不事二君，貞女不更二夫。

戴禮亦曰：

壹與之齊，終身不改。

然古人雖有此言，在社會上對於夫死再嫁，終是認為當然，斷未有為寡婦守節作硬性之規定。下至宋代，范仲淹母改嫁朱氏，仲淹隨母姓朱；後始回宗。程伊川言：

取孀婦，是取失節者配身，即己失節。

或問：居孀貧窮無託，可再嫁否？曰：

餓死事小，失節事大。

中國歷史上如孟母、歐母、岳母，以寡婦撫養孤兒，終為歷史文化中大人物，此類不勝縷舉。若寡婦不守節，如孟子、歐、岳此等人物，失於培育，此誠不得不謂是大事。然如范仲淹讀書山寺，斷虀畫粥，其貧窮可想。其母若非改嫁，恐母子均不獲存全。仲淹亦宋代一大偉人，果使早年餓死，亦非小事。後仲淹既貴，創立「義莊」，使宗族孤寡者皆得養，既少餓死之逼迫，而社會守節之風，乃更為普遍。

明史列女傳謂：

婦人之行，不出於閨門。詩載關雎、葛覃、桃夭、芣苢，皆處常履順，貞靜和平。其變者，行露、柏舟，一二見而已。劉向傳列女，不存一操。范氏宗之，亦采才行高秀，非獨貴節烈。魏、隋而降，史家乃多取患難顛沛，殺身殉義之事。國制所褒，志乘所錄，里巷所稱道，流俗所震駭，而文人墨客借以發其偉麗激越跌宕可喜之思，故傳尤遠而事尤著。然至性所存，倫常所係，正氣之不至於淪澌，而斯人之所以異於禽獸，載筆者宜莫敢忽。明興，著為規條，巡方督學歲上其事，大者賜祠祀，次亦樹坊表。僻壤下戶之女，亦能以貞白自砥。其著於實錄及郡邑志者，不下萬餘人。豈非聲教所被，廉恥分明，故名節重而蹈義勇歟？

清代承續此風。直至最近七、八十年來，俗尚始大變。夫婦一倫變，則父子一倫亦必隨而變。中國文化，以家庭為重要一單位，家庭制度破壞，文化傳統亦必隨之。如何善闡性情，復興禮教，通其變而不失其宗，則有待於後起。

五

今試再言「長幼」或「兄弟」。論語曰：

弟子入則孝，出則弟。

孟子亦言：

長幼有序。

所謂「弟子」亦不專指家庭。中庸始改言「兄弟」，後世多沿中庸，以兄弟為五倫之一。儒家言五倫，本由人倫大道中分別濃縮而來，亦當由此五倫會通融解而化成為人倫之大道。即就長幼與兄弟言，兄弟即長幼之濃縮，長幼即兄弟之融解。有其分別，亦有其會通。

五倫中父子、兄弟，同屬天倫。兄弟異體同氣，皆屬父母之遺傳，故既知孝父母，則自知兄友弟恭。中國古書每兼言「孝」、「友」。如詩：

張仲孝友。

後如晉書有孝友傳。善事父母為「孝」，善於兄弟曰「友」，兄弟一倫，宜可包在父母一倫中；惟五倫各有分別，夫婦一倫既主有別，叔嫂尚不親授受，則兄弟之親自有限隔。後漢許武與兩弟分財，曰：

禮有分異之義，家有別居之道。

此為父母之後事。西漢初，陸賈有五男，出所使越得橐中裝賣千金分之，子二百金，令各生產。石奮有四子，父子官皆至二千石，一門孝謹，雖齊魯諸儒質行，皆自以為不及。此兩家，一為小家庭型，一為大家庭型。然後世自以小家庭為常。

南北朝時，門第方盛，然亦率為小家庭制。南朝宋周殷有曰：

今士大夫父母在，而兄弟異居，計十家而七；庶人父子殊產，八家而五。

又北魏裴植，雖奉母贍弟，而各別資財，同居異爨，一門數竈。史稱其「染江南之俗」。蓋北方胡漢雜處，形勢所逼，故多大家族同居；南方無此壓迫，故尚小家庭。至於「共甑分炊飯，同鐺各煮魚」之誚，此或貧寒下戶有之。唐宋以下，父母在而別籍異財，皆有禁，則見小家庭制已蔓衍流行。若如陸賈、石奮，有四子、五子，異財同居，此亦各有得失。若僅一子無兄弟，而父子殊產，則誠不可。唐張公藝九世同居，高宗問其本末，書百「忍」字以對。居家如此，轉成苦事。明浦江鄭氏累世同居幾三百年，其對太祖問，曰：

惟不聽婦人言。

則於夫婦一倫，似亦未能全顧。在中國社會，特稱此等曰「義門」，乃因其少有而稱之，非是以小家庭為不義。漢末應劭風俗通有曰：

兄弟同居，上也；通有無，次也；讓，其下耳。

此因東漢崇尚兄弟讓財，故有此議。實則兄弟分居是常，讓固不必，能通有無即為上。後世儒生過高嚴之論，皆未為社會所取。

人可無兄弟，但出門必有長幼之序。兄弟限在家中，長幼則擴及社會。故兄弟一倫必擴為長幼一倫。先生為兄，後生為弟。古人每以「父兄」、「子弟」並言。曲禮：

年長以倍，則父事之。十年以長，則兄事之。

今亦可稱父老兄長為「先生」輩，子弟為「後生」輩。人生即由先生、後生兩世界積疊更迭而成。自呱呱墮地，迄於弱冠成年，是為後生。大聖如孔子，亦曰：

三十而立，四十而不惑。

至是始由後生躋身為先生。方其為後生時，一切生活，養育、教導、訓練、扶掖，都由先生輩負其責。苟無先生在前，究不知後生當如何生活，如何成熟？亦可謂後生一輩，乃全由先生一輩代為雕塑營造。故後生輩乃接續先生輩一貫而下，不覺有衝突、有破綻。人壽百年，但人類生命則已經歷了五十萬年以上，長江後浪逐前浪，不斷成為萬古流。

固然後生較先生可能有開新進步，但亦有限。如每一人之軀體，自嬰孩而長大成人，而日趨衰老，豈不亦日有變，而變亦有限？不能於朝夕間，故我驟失，新我乍成。亦如家，祖與父為先生代，子與孫為後生代。如是層累積疊，逐代蛻變。家與家皆然。亦有驟興驟衰，倏起倏落。要之，必有一段時間之緜亙與交替。孟子曰：

其進銳者，其退速。

莊子亦言：

美成在久，速成不及改。

人類生命之高出於其他生物者，正為其有一段較長之幼稚期，即後生期。人在後生期中，此一段未成熟的心情，則更值重視，更待教導。教之「孝」，教之「弟」，教之「徐行後長者」，教之「有事服其勞」，教之「有酒食，先生饌」，教之「恭」，教之「順」。人生一番最寶貴之心情，正在此時養成。孔子「溫、良、恭、儉、讓」，大聖人之盛德光輝，其實仍是一未成熟時之後生心情。為子弟當如是，為大聖大賢亦復如是。故曰：

大人者，不失其赤子之心。

中國民族，亦可謂乃是一未成年的後生民族。中國文化，乃是一未成年的後生文化。後生謂其未成熟，故猶得有長進，有前途。在後生心目中，常有較其先生一輩之存在，此謂前輩、長輩，己則為晚輩、後輩，所以成其為後生。故後生不自獨立，必依倚追隨於先生一輩而加之以繼續。實則孰能呱呱墮地即獨立為人？孰能抹殺了自古在昔而其命維新？故中國民族，同時亦為一好古敬老之民族；中國文化，同時亦為一好古敬老之文化。後生一代常緊貼於先生代，沉浸在先生代中，滋養潤澤，更無分別。推而論之，所謂「天人之際，古今之變」，亦復如是。若後生代必欲擺脫先生代而宣告獨立，徑自挺進，此如破釜沉舟，過河拔橋，固未嘗不可收一時之奇功；而人生段段切斷，只望將來，不顧已往，有後無前，只求成熟，不問生長。後生一輩看先生輩，只是老腐敗，陳舊不鮮，摧枯拉朽，不值顧惜。不知我之神奇，即自此腐敗中來，而轉瞬又必自成為腐敗。何如先生、後生，交融合一，常保留此一段未成熟時之後生心情，如幼孩之眷戀其父母，弱小之敬畏其長老；生命源泉，長此不竭，生生成成，前瞻無底？此中國人之所謂「不忘本」，所謂「飲水思源」、「厚德載福」。此一種心情，卻即可從「徐行後長者」五字中透露。而長者之於幼者，前輩之與後輩，則匡之、直之、輔之、翼之，使自得之，又從而振德之。在人生中有後生，遂使先生者感其責任之未盡，亦感其步伐之有繼；不使人生若一潭枯水，而汩汩乎其味厚而情多。此即長幼一倫在人生大道中占有重要地位之所在。

六

「朋友」在五倫中為最後一倫。孔子自言所志，曰：

> 老者安之，朋友信之，少者懷之。

人之處群，先生前輩，是為「老者」；我之後生子弟，是為「少者」；又有同輩，志行相合，是為「朋友」。我之處老，求能安之，亦當使老者安於我之奉事；我之處少，求能慈之，亦當使少者能常懷我慈而不忘；不僅我交友以信，亦當使朋友之信於我。果如此，我在人群中，乃能人我融洽，不感彼此之隔閡，此即孔子常所提倡「仁」之境界。人生心情，莫貴於此；人生事業，亦莫大於此。孔子大聖，其所志亦惟在於此。

但朋友非即同輩，相交相識即是。孔子曰：

有朋自遠方來，不亦樂乎？

此承「學而時習之」言。學成行尊，慕我者自遠而至，此是我同類相近之人，在我心情上，自會感到莫大之快樂。曾子曰：

君子以文會友，以友輔仁。

「文」即人文，孝弟忠信，政事文學，皆文也。講學以會友，必我自有所學所立，乃有同志相類者來與我友。而朋友間之講貫琢磨，相助相益，即皆所以輔成我之仁道。此在我之事業上，自會獲有莫大之進境。人生必貫徹前後，有先生，有後生，上有古，下有後，乃使小我短暫之人生，緜延而成悠久無窮之人生。人生亦必破除彼我，融會人己。朋友即是我之化身，遂使我狹隘之人生，擴展而成廣大無限之人生。此是朋友在人生中莫大意義之所在。

中國古人，在朋友一倫中，為後世稱道者，前有管、鮑。管仲曰：

生我者父母，知我者鮑子。

然必我有可知，乃求知我之人。「人之相知，貴相知心」，得有知心之友，此是何等快樂事！「二人同心，其利斷金」，朋友能成我事業，輔我以仁者，其故在此。管、鮑之後有廉、藺，稱「刎頸交」。亦惟兩人同心，遂使趙國安定，得禦強秦而無憂。

人群中與我志同道合者為朋友，其主要關鍵則在「己」。若己無志無道，又何從求友。孔子教人：

無友不如己者。

世之論交，或擇權勢，或慕名位，或附財富，或從種種便利，此皆所謂「市道交」。皆是以物易物，不能以心交心。故曰：

道不同，不相為謀。

彼我志不同，道不合，何得相交？五倫之道，其對象皆在外，其基樞皆在己。曾子日必三省，曰：

與朋友交而不信乎？

子夏亦曰：

與朋友交，言而有信。

正為吾志吾道，與友相交，可以竭意披誠。交友即所以立己，亦即所以達己。夫豈言必信行必果，為硜硜之小人，乃以為朋友相交之道乎？

孟子曰：

責善，朋友之道也。

成為朋友，乃可責善，否則言人之不善，當有後患。孟子又曰：

不挾長，不挾貴，不挾兄弟而友。

友也者，友其德也，不可以有挾。有所挾帶，乃是私貨。無論其人之長與其貴，以及其與我之親善如兄弟，我皆不當挾帶此等私心以與為友。友者，乃友其人之德，乃其人與我志同而道合，可以求為吾輔，相與責善以共達此志與道。孟獻子百乘之家，而有友五人。孟獻子與此五人友，在孟獻子心中，並不自挾有此百乘之家；在此五人心中，亦並無孟獻子之家，否則不能以相友。魯繆公亟見於子思，曰：

古千乘之國以友士，何如？

子思不悅，曰：

以位，則子君也，何敢與君友？以德，則子事我者也，奚可以與我友？

人之相友，惟在此心，惟此赤裸裸的一心，志相同，道相合，外此當各無所挾，乃得成交。人生中心情最樂、事業最大者，莫過於此，所以朋友得與父子、夫婦、兄弟、君臣共成為五倫。

孟子又曰：

一鄉之善士，斯友一鄉之善士；一國之善士，斯友一國之善士；天下之善士，斯友天下之善士。以友天下之善士為未足，又尚論古之人。頌其詩，讀其書，不知其人，可乎？是以論其世也。是尚友也。

是朋友有此四等。其等第之高下，亦即從我自己一心之高下而判。若我尚不得為一鄉之善士，即亦無友可言。若我以交一世士為未足，雖異世不相及，頌其詩，讀其書，論其世，可以知其人，越世而知古人之心，即可與古人為友。可以上友千古，亦可以下友千古。千古之下，乃亦有越世上友於我者。必至是，而後我之心情，我之事業，乃可以上下古今而無憾。

故人道絕不能無友。有天子而友匹夫者，堯之於舜是已。「將大有為之君，必有所不召之臣」，湯之於伊尹，桓公之於管仲，皆學焉而後臣之。此非君臣，乃師友也。燕郭隗言：

帝者與師處，王者與友處，霸者與臣處。

唐人杜淹曰：

自天子至庶人，未有不資友而成。

必欲君臣、父子、兄弟、夫婦四倫之各盡其道而無悖，則朋友責善、輔仁之力為不可少。故曰：

人非人不濟，馬非馬不走，土非土不高，水非水不流。

又曰：

不知其子視其父，不知其人視其友，不知其君視其所使，不知其地視其草木。

此皆見朋友於五倫中之地位。

古人又連言「師友」。荀子禮論篇曰：

天地，生之本；先祖，類之本；君、師，治之本。

後世習用「天地君親師」五字，殆本於此。戴禮學記：

五年博習親師，七年論學取友。

禮運曰：

安其學而親其師，樂其友而信其道。

荀子又曰：

非我而當者吾師，是我而當者吾友，君子隆師而親友。

論語：

三人行，必有我師。

是知「師」與「友」乃同類，師即寓於友之中。故又曰：

嚴師而畏友。

朱子曰：

人倫不及師者，朋友多而師少，以其多者言之。

後世社會日趨複雜，群道日形龐大，遂若取友日易而日多。徐幹曰：

古之交也近，今之交也遠。古之交也寡，今之交也眾。古之交也為求賢，今之交也為名利。

故徐幹有譴交篇，朱穆有絕交論，抱朴子有交際篇，劉梁有破群論。群日大，交日廣，不能善用此朋友一倫，遂使人之志日小而道日狹，恩疎而義薄，輕合而易離。古者朋友有通財之義；父母在，不許友以死。今則人各知有己而已，實不知有友。友之質日變，如范式、張劭之故事，遂若神話，曾莫之信。此一倫既滅，他四倫亦喪。唐元次山有言：

居無友則友松竹，出無友則友雲山。

與大自然雲山、松竹為友，猶勝於酒食、遊戲相徵逐，笑語相下，握手出肺肝相示，指天日涕泣相誓，而虛偽不以信相交。不能以志與道相責相輔，而群道敗於其有友，不如謝絶，尚庶全此孤獨。然此非友之過，乃人不能善取友之過，實己之過。人之道義，由有師友而能立能達。能善盡此朋友一倫，庶父子、夫婦、兄弟、君臣四倫皆能盡，而群道之日暢日遂，亦必於此乎幾之。此乃朋友一倫之大意。

二七　五倫之道

一

道家言相反相成，儒家言執兩用中。凡屬敵對，皆可和合，融成一體，此屬中國人觀念。而中國社會亦如此，兼容並顧，積私以成公，凡公皆為私；絕不如西方社會資本主義與共產主義相互對立，勢成水火。中國社會重五倫，每一倫皆雙方對立，結為一體。由此倫理，以造成此社會。

「夫婦」為人倫之始，而中國夫婦一倫，與西方言自由戀愛大不同。自由戀愛在尚未結為夫婦之前，男女雙方顯為兩體，故西方人言「結婚為戀愛之墳墓」，又稱「戀愛非占有，乃犧牲」。中國夫婦則稱「和合」，既必相愛，尤主相敬。理想夫婦，日常相處，當須相敬如賓，既非占有，亦無犧牲可言。各保其私，共成一公。夫婦之間，既非各私而無公，亦非一公而無私，相對和合，謂之「倫理」。故曰「夫婦有別」，別即各成一己，又得和合也。

但中國習俗，一夫多妻，近人遂謂其重男而輕女，而以姨太太為中國文化一特徵。其實此俗亦有來歷，當為闡申，加以原諒。中國古代乃一封建制度之統一，天子為天下共尊，下有列國諸侯，與天子有君臣之分，此又另屬一倫。尊為天子，亦不能無夫婦。而中國又為一宗法社會，王畿千里之內，為之公卿大夫者，同屬一宗一姓。同姓不婚，則天子議娶，必當求之異姓諸侯之家。姬、姜最親，故周天子求婚多娶之齊。婚禮隆重，往返不便。故齊女既嫁為周天子之后，即終身不再歸省。其他諸侯婚娶亦然。魯女嫁齊為后，即不歸省魯邦。凡此皆為政治關係，而家庭情誼之私則不得不求稍變。古人定此一禮，亦有其斟酌調停之苦衷。故曰「禮不下庶人」，在庶人間，自可不守此禮防也。

夫婦成婚，在求有後。天子、諸侯，其位世襲，苟使無後，則政治上易多糾紛。然成婚豈必能有後？在庶人中，娶妻不育，可以再娶。而上層天子、諸侯，則不宜輕論再娶。不得已，乃增媵妾之禮。出嫁者之姐妹行，可以隨嫁，俾多生育機會，亦減家庭糾紛。乃亦有此國嫁女，而他國有願隨嫁為媵者，藉此增加國際親密，事亦可行。故天子可有九媵，諸侯公卿則第減。他日或嫁為妻者不育，而諸媵有育，皆得為後；而夫婦一倫則可以不變。媵之子即后之子，不得降后位以讓媵，以免節外生枝，另有曲折。而豈「重男輕女」之謂乎？

後代禮變，而亦仍有斟酌。如出仕在外，或不易迎養父母，妻代夫職，留奉翁姑。而夫在外，則納妾伺候。要之，乃夫婦同心，同為一家養老育幼計，男治外，而女治內，夫婦一倫，相親相敬之情誼，仍可維持，不得於納妾一事輕肆詬厲。小節有變，而此夫婦一倫之文化大傳統，則仍保持不變。

俗稱妻為「內人」，夫為「外子」，中國重內輕外，則妻不輕於夫。西方人則重外輕內，夫婦各自騖外，又烏得成一家？

中國男性失偶得再娶，女性失偶不再嫁，居寡守節一事，又為近日國人詬病中國古人重男輕女一話柄。其實女不再嫁，中國自古並無法令規定，後世亦然。此仍是一種社會風俗，乃出民間之自由，惟政府亦每對此加以褒獎。既為民間重視，則政府褒獎，亦不得議其非。至於民間何以有此風俗之長成，此須對史實詳加考證闡發，非本篇所能盡。姑舉一事言之，如北宋范仲淹早孤，其母不能養活其子，乃改嫁。中國女子三從，幼從父母，出嫁從夫，夫死從子。仲淹母為子再嫁，亦從子一變例。仲淹長，復姓范，非不孝。但其母之改嫁，亦非不慈。在夫婦、父子兩倫中，自可有此種衝突之存在。仲淹既居官致富，乃設「義莊」，凡范、朱兩姓，鰥寡孤獨失教養者，皆得義莊資助。使早有義莊，仲淹母亦不必改嫁。至程伊川言：「餓死事小，失節事大」，亦非詬及仲淹母，但或有感於仲淹事而發。茲不詳論。

明末，顧亭林母居寡守節，嗣亭林為子，明廷曾加褒獎。亭林母遺戒亭林，勿仕二姓。其母果有此遺戒否，今亦不詳求證明。要之，其母受朝廷褒獎，嗣者心中必受影響。亭林乃為明遺民中一大賢，為民族文化傳統一大榜樣，則近代國人亦未嘗加之以非議。又同時柳如是以一名妓嫁錢謙益為妾，老夫少妾，豔聞盈天下。而謙益出仕清廷為貳臣，如是竟自縊死，乃大受後人之敬仰。豈復計其為妓為妾，而亦豈國人之重男輕女有以致之？

有夫婦，乃有「父子」一倫，更為中國人所重視。而在父子一倫中，亦有種種難題，出人意想之外者。如其父攘羊，其子隱不作證。孔子說：

二

父為子隱，子為父隱，直在其中矣。

攘人之羊，在公則必治其罪；子為父隱，一若因私害公。此正見中國人在公私之間，另有一種想法，另有一番安排。果使人人無父子私情，那還有大群之公可言！

孟子曾設一譬，謂舜為天子，皐陶為士，舜父瞽瞍殺人，皐陶執法，殺人者死。君臣一倫，亦屬平等，舜不能以為君之尊而強其臣失職違法；然終不忍其父之死於法，則惟有牢獄中私盜其父，離天子位而遠奔於海濱。其時之司法大臣皐陶，則亦只有裝癡作聾，不加查究。舜之違法輕棄帝位，後世亦不當追咎。要之，父子一倫之不當毀棄，則顯然矣。

孟子又言：

父子之間不責善。

相互責善，乃人群大義。然父子之間責善，則有傷父子之情。故古者易子而教。孟子又曰：

人皆可以為堯舜。

然不當盡責其父為堯舜，亦不當盡責其子為堯舜。人皆可以為堯舜，乃公義；父子不責善，乃私情。而中國五倫中最為重要之父子一倫，則情又勝於義，私又勝於公。公義必通之於私情，即父子之不責善而可知。

父子一倫亦復與夫婦一倫有衝突處。子長當娶，女長當嫁，結為夫婦，則自為一家。此在古代已如此，觀井田制可知。然為子者仍當孝養父母，於是為媳則奉侍翁姑，此尤為西化東漸後中國人自詬重男輕女一明證。然此中利害，實亦別有衡量。愛因斯坦之「四度空間」，為近代西方科學一時推尊之一項新發明。其實中國人自古即重時間觀。為母者在家得子女親切侍奉，較之為父者之多出門不在家已遠勝。西化東漸，婆媳之間易起衝突，小家庭制驟盛，最受損者，姑尤勝於翁。含飴弄孫之樂，已不可得。果論事業性，則男必勝於女；若論情感，一家團聚，女性要求尤過於男性。此亦在大生命中，男女兩性所不可避免之差異。然則小家庭制之有傷於女性，實必更多於男性。為媳不奉婆，若是女權伸展；然轉瞬之間，媳即為婆，亦不再得媳之奉養。男性晚年成鰥，尚可以事業消遣；老婦寡居又奈何？故通就人生長時期而論，中國人善為女性謀，似更深於西方矣。屈於此，則伸於彼。若以自由戀愛論，則西方似女性有伸；及為父母，則中國女性，未必屈於西方；達於老年為翁姑，則中國女性遠較西方為伸舒。當前中國女性之受苦，則正為五倫之道之不再受重視。人類女性較更富情感，西方個人主義、集體主義均重功利，不重情感，則女性受損更大。事理甚顯，不煩詳申。

三

夫婦、父子兩倫以外，有「兄弟」。俗稱父子、兄弟為「天倫」。然亦有獨子、獨女無兄弟、無姐妹者。孔子言：

弟子入則孝，出則弟。

則弟道不限於家。蓋「兄弟」即「長幼」，在家為獨子，出門則仍有長幼之序。兄友弟恭，亦兼愛敬言。夫婦既愛且敬。父子既敬亦愛。兄弟之友恭亦猶父子之慈孝，仍是此一愛敬之心，惟在程度上三者各有差別而已。論語又言：

四海之內皆兄弟。

有長幼，即當知有愛敬。惟不當如墨家言「兼愛」，視人之父若其父。果如墨家言，豈非人類一大幸福？而無奈天賦人性乃不能然。惟四海之內皆兄弟，則人性所能，故兄弟一倫亦盡人所當有。中國人重長老，但同亦重幼小，惟長老對幼小當多友愛心，幼小對長老當多恭敬心。「幼吾幼以及人之幼，老吾老以及人之老」，則太平大同之道在是矣。詩有云：

兄弟鬩於牆，外禦其侮。

其在家門之內，兄弟可各以其私相鬩；門外有侮，則共禦之。中國五倫之道，惟在此一分愛敬心。但愛敬亦可有其私，惟有「親」、「疏」之別，又有「能」、「所」之別。所愛所敬在己外，此是公；能愛能敬屬己內，此是私。私最親，惟貴推親以及疏，推私以及公。「通天人，合內外」，當於此闡之。

兄弟一倫亦或於父子一倫有衝突，如周公之大義滅親，誅管叔、放蔡叔是矣。伯夷、叔齊乃孤竹君之二子，其父愛叔齊，父卒，伯夷讓位，謂父命當遵。叔齊不肯立，謂焉有攘兄位之理。遂兄弟偕亡，而國人立其仲子。在伯夷，則孝悌之道備；在叔齊，則恭於兄，而違父意，於孝道若有遜。但父意亦非不可違。如瞽瞍欲殺舜，舜屢逃之。孔子亦教曾子：「小箠則待，大箠則走。」故不能謂叔齊乃不孝。中國後人亦常兼稱伯夷、叔齊。或獨稱伯夷，則如孔子稱泰伯三以天下讓，亦不及虞仲，稱其兄即連及其弟，非於虞仲、叔齊有貶也。惟泰伯、虞仲讓之王季，而及文王，則立德又兼立功，故孔子尤稱之。伯夷、叔齊之見稱，猶在其「恥食周粟」事，以其關係君臣一倫之道更大。季札之讓位不居，則似於孝悌兼有虧，而同見稱於後世。可見中國人孝悌、君臣之道，其主要者，尤在自成其一己。豈有己不成，而得稱孝悌、為良臣者？至如燕噲之讓位於子之，則兩無足稱矣。

四

夫婦、父子、兄弟三倫均在家庭之內，而兄弟一倫，則可推及門外。「君臣」一倫專屬政治，與上三倫又別。孟子曰：

君之視臣如手足，則臣視君如腹心；君之視臣如犬馬，則臣視君如國人；君之視臣如土芥，則臣視君如寇讎。

則知君臣一倫亦如夫婦、父子、兄弟，雙方有其公，不害各自之有其私。君臣亦相平等，而臣之視君可如寇讎，則甚似出格之論，而中國古史上亦有其實例。楚王囚伍子胥父，而招子胥兄弟，謂來則父可免死。子胥兄謂，往則俱死，不往則父罹難而不救，不如己往，由弟出亡。遂父兄俱殺，而子胥奔吳，終復父讎。父子乃一家之私，而子胥以楚人借吳兵覆楚國，豈不以私滅公？然後世論者，終不以此罪子胥，但稱頌申包胥而止。此見人群相處，亦可無國、無君臣，而終不能無父子關係。故父子一倫應較君臣一倫為重。然無夫婦，則亦無父子。故此兩倫當同重。兄弟一倫在長幼，人群相處亦到處遇之，抑父子亦已寓有長幼之別，故此一倫亦附帶父子一倫中，中國人常連稱「子弟」是也。君臣一倫乃大別。六親不和，可得視如寇讎否？

但子胥僅獲見諒，不以此見稱。舜殛鯀於羽山，而繼用其子禹治水。禹盡其力，水患終治。「殛」乃流放，非殺戮。鯀之治水亦禍及萬民，罪有應得。禹贖父愆，幹父之蠱，斯為大孝，不得與子胥事相比。中國人言五倫大道，乃盡在人人之日常踐行中，非如西方哲學懸空提出一眞理。故欲知其得失，亦當從其歷史演變中據實體玩，亦非可僅憑議論思辨來加以評定。

後世繼孔子尊孟子為「亞聖」，其書亦為人人所必誦。至少自元以下，亦積六、七百年之久矣。乃今國人又稱中國自秦以下為「帝王專制」，則君臣一倫在中國歷史上當早失其存在。今姑亦舉一例，歷朝用人惟以選賢舉能為尚，帝王親屬，如諸伯叔，如兄弟，豈竟無一賢者？然朝廷極少用及。史實具在，可資證明。蓋因政治不免刑罰，故為帝王者，必戒用親屬；而其親屬亦安之勿求進用。亦如古代女子出嫁為后，則絕不歸省其親。孟子曰：

動心忍性。

能於此戒忍，其他糾葛則自能免，又豈一人專制之謂乎？

在西漢之初，雖宰相之貴，亦有下獄受刑者。當時群情謂，宰相不當下獄，乃由朝廷賜以自盡。今日國人則亦以此為中國帝王專制一明證。不知當時群情乃以尊臣，非為尊君。不求史實，輕肆臆斷，寧得有當？古代行封建制度，君臣關係已極複雜。如魯君為周天子臣；而魯三家則為魯君之臣；三家之宰則又為三家之臣，於魯君則為「陪臣」，其於周天子則位分隔絕。孔子曰：

禮樂征伐自卿大夫出。

則如管仲是矣。又曰：

陪臣執國命。

則如陽貨是矣。孟子亦曰：

君一位，卿一位，大夫一位。

君臣之間，僅是職位之大小高卑而已，非謂天子一人，乃獨出於天下之上。然在孟子當時，已提出其「貴族之卿」與「異姓之卿」之分別。異姓之卿不得於君，可以離職去位，並轉至他國。貴族之卿不得於君，而果是君不盡其君職，則可以另立君。如是則為君者，寧用異姓卿，不願用貴族卿，如秦之多用客卿是矣。秦漢以下，古代宗法關係已從政治組織中退出，郡縣一統，帝王乃若獨尊。實亦不然，朝廷群臣皆直轄於三公，非直轄於天子。古代有「禮不下庶人，刑不上大夫」之說。至是禮亦下於庶人，而刑亦上於大夫。然舊觀念未能驟泯，故主宰相下獄不如自盡，始為不失身分。亦即「士可殺，不可辱」之義。而豈出於帝王之專制？

又「將在外，君命有所不受」，武臣統兵在外，而竟可不受君命，豈不將成政治上一大危機？又豈帝王專制之謂？近代西方民主國家，其政治領袖亦同時為海、陸、空三軍之大統帥。即如美國參加韓戰，麥克阿瑟不能下令轟炸鴨綠江，則何以制止中共之人海戰術？麥克阿瑟亦終以一老兵退職，雖備受國人歡迎，而總統之命，則不動如山。南、北韓亦終以三十八度線言和。儻使麥克阿瑟亦不受總統命，則此數十年來世界局勢宜當大變。今日西方民主政治之統治權，豈不更嚴於中國古代之帝王專制？其間是非得失且不論，而中西雙方文化傳統有不同，須加瞭解，再作評判，則斷然可知矣。

漢代政治顯然有「王室」與「外朝」之別，而王室亦受外朝管制。宰相下有御史大夫，御史大夫下有中丞，即任管制王室。漢武帝始以大司馬大將軍輔政，所輔之政指王室言，不指外朝言。大司馬大將軍統兵在外則有權，退師回朝，軍隊即復員。大將軍乃一爵名，有位無職，不得問朝政。而其時霍光為大將軍，與漢王室為外戚，故使輔政以統制內朝。而霍光循伊尹故事廢昌邑王，不詢外朝宰相意見，謂此乃王室事，非外朝事。不知伊尹亦外朝之臣。但霍光亦僅能專制王室，不能專制外朝；而後人亦不以此加罪於霍光。下及王莽，乃以大司馬大將軍篡漢，而其議則出自外朝。中國政治傳統當就中國史加以評判，此又一例。此下史實複雜，暫不詳論。要之，不當以「帝王專制」四字作空洞之反案。

五

君臣一倫之外，復有「朋友」一倫。如漢光武與嚴光，乃朋友，非君臣。亦有誼兼君臣、朋友之兩倫者。而中國人又稱「天、地、君、親、師」，師與君、親並尊，乃獨不在五倫中。凡從師皆自稱「弟子」。孔子之死，其弟子心喪三年，則師猶父。故俗常言「師父」。孔子曰：

有朋自遠方來。

則師弟子亦如朋友。俗又「師友」並稱，則朋友一倫中，兼師、弟子可知。中國朋友一倫有通財之誼，故顏淵死，其父請孔子售馬以為顏淵槨。孔子拒之曰：子鯉死，亦未有槨。苟使以顏淵比伯魚，如孔子之子，則顏淵父亦受學於孔子，即孔子之弟矣。故朋友一倫，其義亦通於父子、兄弟之兩倫。中國人又稱：

父母在，不許友以死。

則朋友不僅通財，即生命亦相通。然朋友一倫又與兄弟一倫相別。論語言：

四海之內皆兄弟。

若言「四海之內皆朋友」，則為不倫。

中國文化傳統中，師道最尊嚴。人必有父母，亦必有君，同時亦當有師。即貴為天子亦然。如東漢章帝師張酺為東郡太守，章帝過其郡，先行師弟子禮，再行君臣禮。則君臣不妨為朋友，而朋友亦不妨為君臣。

亦可謂中國全部文化傳統乃盡在此五倫中。五倫實只一心，曰「愛」，曰「敬」。非此愛敬之心，則不得有五倫。中國提倡五倫，亦只在教人實踐修行此愛敬之心而止。人人同具此一分愛敬心，則人道已盡。一切事變，皆以此一分愛敬心應之，更復何事。此一心愛敬，中國人則稱之曰「德」。「志於道」，則必「據於德」。明其德，即所以行其道。「道」屬公，而「德」則私。非有私德，何來公道？而今日國人群慕西化，又言中國人尚「私德」，不重「公德」，乃如一盤散沙。余幼時即聞國人以「各人自掃門前雪，不管他人瓦上霜」為言。不知五倫即皆自掃門前雪。各有夫婦、父子、兄弟、君臣、朋友，各得自盡其道，斯可矣。清官難斷家私事，君臣一倫豈得去管人家夫婦父子間事？至於他人瓦上霜，自可不去多管。說得儘明白，而還肆批評，則復何可言！且中國五千年成一民族國，廣土眾民，在大一統之下，又猶稱其如「一盤散沙」，而又稱其為「帝王專制」，則誠無置辯之餘地矣！

晚清譚嗣同早慕西化，著有仁學一書，謂中國有五倫，西方只有朋友一倫。斯則誤以人相交接即為朋友，大失中國朋友一倫之義。朋友一倫，亦從人與人之愛敬心來。謂朋友一倫通於其他四倫則可，謂有此一倫即可無其他四倫則大不可。今世界方盛言「國際關係」，國與國之間亦當有一分交誼，亦當以中國朋友一倫之大義通之，即所謂「友邦」是也。今日世界認有友邦，即有敵國。而中國於朋友一倫外，凡非朋友，亦非即仇敵。人各有私，亦可人各有友，豈得有友又必同時有敵？公私必對立言之，則中國五倫之義宜無一可通矣。

六

今國人又謂五倫皆屬私德，當增設「第六倫」以應現時代之需。遂有主立「群己」一倫者。依中國語言，道屬公，德屬私。人皆修私德，行公道，「道德」合成一辭，即是公私融成一體。即如君臣一倫，君亦有私，故又言：

自天子至於庶人，壹是皆以修身為本。

修身即修其私，家、國、天下皆屬群。非修己私，何以處群？中國人正為悟得一大生命，而大生命正在小生命上見。除卻小生命，何從去尋大生命？夫婦有其大生命，即在夫婦雙方之小生命上見。父子、君臣皆然。群體上只見大生命，不見小生命。故五倫乃「私」對「私」，群己則「公」對「私」，不得成一倫。

或主張以「勞資」雙方為一倫。資本家與勞工宜可對立，如一廠主與一勞工，不屬君臣，即屬朋友，應可包括在五倫中。資本主義則有共產主義與之對立，如勞工集體罷工，則在資本國家與共產國家內，應付之道有不同，而皆與五倫之道不相關。若依中國五倫之道，則既不許有資本主義，亦不許有共產主義，中國社會公私兼存並包，不容再有此種之對立。今日國人所當努力者，在如何發揮舊道德來應付此新時代，故曰：

周雖舊邦，其命維新。

時代新則命運新，命題新，命義新，一人、一家、一國皆如是。以一人言，中年時代決不與幼年相同，老年時代又不與中年相同，然其人之生命則一。中國人惟悟此義，故每一人之私生命可以不朽。一家一國一民族，各可綿延數千年至今。西方人則不然，各人之小生命死後，惟有靈魂上天堂，家與國均不得久傳，此因其不悟有一大生命之存在。故曰，「一天人，合內外」，乃中國文化大生命所在。而中國社會乃另有一套，即如上述五倫之道是矣；不得以西方相擬。

故中國五倫中，惟父子一倫最其主要，而孝道則亦為人道中之最大者。然非有夫婦一倫，則父子一倫亦不立。父子屬「天倫」，而夫婦則屬「人倫」。非有人倫，即天倫亦不立。而男女之別，實亦本於天，非人力所為。則中國所謂「一天人」，即此二倫而知矣。既有夫婦，即有「內外」。妻娶自外而主內，夫生於內而主外。兄弟一倫之內外合一，上已言之。天人一，內外合，又何公私之別乎？若自西方觀念言，靈魂各是一私，惟天堂乃一可以共處之公。此世界則必有末日，因其公私對立，無各私和合之大公也。資本主義、共產主義各居一偏，或偏左，或偏右，亦如左右手，何以不可共供一身之使用？則群己權界之爭，勞資雙方利潤公平之分配，若使人與人間共同培養得一分相互愛敬心，亦終易解決耳。

又中國人言「倫常」，常之中必有變，凡變則皆所以求常。「常變」又如「公私」，相反相成，貴能執兩用中。今日國人則惟言變不言常，求變求新，不貴守舊守常。觀念已變，如何能不遠復，回到己身來？己身實只是一小生命，而舊與常則乃一大生命。此亦一大值商討之問題。

（一九八二年五月七日青年戰士報。）

二八　中國五倫中之朋友一倫

㈠

幼年讀譚嗣同仁學，謂中國有五倫，而西方則惟有「朋友」一倫。其言亦若有義據。然中國朋友為五倫中之一倫，與西方之獨為一倫大不同。即中西雙方之所謂「朋友」，必大不同。此則不可不論。夫婦為人倫之始，夫婦乃「人」合，非「天」合，亦猶朋友。但既為夫婦，必求生育子女，成為家庭，與朋友大不同。父母、子女皆為「天」合，亦與朋友不同。惟兄弟一倫，推及長幼。論語言：

弟子入則孝，出則弟。

當其出，則有長幼之序。惟長幼一倫中之至親者，則為兄弟。詩曰：

兄弟鬩於牆，外禦其侮。

是也。至曰：

兄友弟恭。

則凡長幼相聚皆宜有之。

君臣一倫亦以人合，若與朋友為近。然君尊臣卑，其位不能無分別，此則與朋友異。論語言：

有朋自遠方來。

則師弟子亦當納入朋友一倫中。中國人稱「天、地、君、親、師」。勿論天、地，以君、親、師三者言，無君不成群，故君為一群所共尊。無父母則無生，故父母為一群中各別所當親。師則明道、傳道，尊君、親親之道，皆由師傳。而師之當尊、當親，則尤有高出於君父之上者。

何以言之？君有不當親，如孟子曰：

聞誅一夫紂矣，未聞弒君也。

是矣。父母當親，而親之之道，則可以各不同。古者易子而教，則如何教人子之各親其父母，有待於師。而為父母者，轉不當自任其教。故中國乃常以「君、親、師」並言。而朋友一倫，乃有轉出於父子、君臣兩倫之上者。孔子傳教，顏路、曾點之登門受教，年齡當相差不遠如兄弟；顏淵、曾參亦同在孔子門下，則如父子輩。孔子曰：

回也，視予猶父，予不得視猶子。

則孔子亦視顏淵如子矣。孔子死，其弟子心喪三年，則其親孔子如父，而尊尤過之。故朋友一倫，有時乃超出於父子一倫之上。周公誅管叔，放蔡叔，大義滅親，兄弟一倫可以至此。但周公亦不能無友，則不煩言而知。

孔門兩世出妻，今不能詳考。論語僅載伯魚兩次過庭聽訓一章。伯魚在孔子心中，恐尚不能如顏淵。顏淵卒，孔子哭之慟，曰：

天喪予！天喪予！

伯魚先卒，不聞孔子有如此。孔子仕為魯司寇，其去魯，惟門弟子相從。是則在孔子生命中，朋友一倫為最重。後代人物類此者尚多，此不詳及。

孔門之教，曰「孝弟忠信」。有子曰：

孝弟為仁之本，本立而道生。

但亦有人知孝弟而不仁，惟未聞有其人能仁而不孝不弟者。草木有「本」，能生能長，本之可貴在此。孔子曰：

十室之邑，必有忠信如丘者焉。

舉「忠信」，不舉「孝弟」。孝弟易，忠信難。亦有在家能孝弟，而出門則不忠無信。但忠信亦為人之本。孔子捨其易而言其難，以見人之無異於己。曾子曰：

為人謀而不忠乎？與朋友交而不信乎？

言「為人謀」，不言「為君謀」，則五倫中君臣一倫，亦猶兄弟、朋友。兄弟乃言長幼，而君臣則言上下。人可以無兄，但不能無長於我者。人可以不出仕，不為臣，但必有在我之上者。忠於事，故凡為人謀皆必忠；而與朋友交則必信。「信」與「忠」有不同，忠有人己之別；信則心心相印，彼我一心。人之相交，貴相知心。彼心如我心，我心如彼心，身雖異而心則同，兩人如一人，始謂之信，乃始為朋成友，而豈市道之交之利害為友乎！故朋友有通財之義，則朋友亦如一家。「父母在，不許友以死」，可以許友以死，則朋友乃如一身。朋友一倫，其深切之義可知。

故朋友一倫，乃在其他四倫之到達終極處而始有。儻謂未有其他四倫，可以僅有朋友一倫，則決非中國五倫中之朋友亦斷可知。西方主張個人主義，並夫婦、父子亦不成倫，則更何有於朋友？譚嗣同僅見西方亦有人與人相交，乃謂其只有朋友一倫。但不知相友有道，日常相交非友道。中國古代有「士相見禮」，乃望其相交後得成為朋友，故其禮鄭重。儻相見即成相交，相交即成朋友，則又何待有此鄭重之禮？能知此禮義，則相見相交而不成為友，亦無大害。今人廣交無禮，則其去朋友一倫益遠，宜乎今之人相交滿天下，而卒無一友。互不相信，吾道日孤，斯為人生一大苦悶，而終亦無以解之。

人生廣大複雜，每一人僅占人群大全體生命中之至狹小、至單純之一部分，其不能與人生大全體相比，亦固其宜。然既處此人群大全體中，則終當求此狹小單純之個人人生能與此廣大複雜之人群大全體相融和、相會通，勿相離而相遠。此乃人群共同一理想，為每一人所當努力。中國五倫之道，其要旨即在此。夫婦、父子、兄弟三倫限於家，君臣一倫限於國，惟朋友一倫，在全社會中儘有選擇自由，亦儘有親疏遠近之斟酌餘地，而其影響亦至大，有非前四倫之可相擬者。

朋友一倫亦與人之為學最相關。獨學而無友，則孤陋而寡聞。孔子無常師，亦有教無類。其所從學廣，所傳教亦廣。孔門有四科，言語有宰我、子貢，政事有子路、冉有，文學有子游、子夏。才性、興趣、遭遇各不同，故子貢、宰我相異，冉有、子路，子夏、子游亦各相異。而同受學於孔子之門，相互間切磋琢磨，相薰陶，相影響，在各一人之生命中，乃有其他人之生命之羼入相融合，潛移默化而不自知。使此諸人不同登孔子之門，將不得各有其如此之成就。

即如孔子，傳教既廣，豈於言語、政事、文學諸科，造詣盡必超於諸人之上？孔子特分其端緒，而揭其終極。諸人之分別成就，以傑出於同學間者，或亦有超乎孔子之上，而為孔子所未及。四科中最高為德行，然如顏淵，任外交使命，豈必勝於子貢？治軍、理財，豈必勝於子路、冉有？其從事文學，又豈必勝於子游、子夏？故德行一科，長在通達，不在專精。即孔子亦猶然。韓愈言：

弟子不必不如師，師不必賢於弟子。聞道有先後，術業有專攻。

即此之謂矣。

孔子後有墨子，其傳教更廣。儒分為八，墨分為三。如墨經所言，殆有甚遠離於墨子之初教者。此下中國學術傳統盡如此。齊之稷下先生，秦之博士官，既群處多接觸，豈無相感染？故中國學術界，雖多分別，終多相通。此下亦然，暫不詳論。

學問相通之主要點，在求人生相通。惟高居君位，最不易與人通。中國歷史上如漢武帝、唐太宗，皆有為之君，而亦能最多與人通。漢武帝廣延文學侍從之臣，及其晚年，既下司馬遷於獄，又任之以中書令，則漢武之心情居可知。唐太宗從父起義，其群僚中即有十八學士。其次惟漢光武，亦多太學時同學，同在朝廷。又其次如曹操，亦能廣攬多士，惜所志不正，但亦僅敢冒為周文王，不敢親受禪居天子位。此非畏後世史筆，實亦受親身群僚影響使然。至如劉備之與關羽、張飛，又其與諸葛亮，其朋友情誼，皆遠超君臣名位上。朋友一倫之深切影響人生者，當由此等處微闡之。

明太祖乃一僧寺中小和尚出身，彼雖亦能廣攬多士，然內心終不脫自卑感。其於多士既不能相處如友，亦不敢指揮如臣，遂多猜忌，多戒備，乃至廢宰相，開中國歷史一大惡例。推以言之，居君位，亦宜有友；宰相、群臣，亦當與君為友。君臣一倫，即可包在朋友一倫中，乃始符於政治之理想。中國政府多用士，士與士始得同事如友。尤其如明清兩代，進士入翰林院，即為開其多友之門。晚清名臣如曾滌生，其學其人，皆成於其為進士之一段時間內。觀其與諸弟之家書而可見。及其以湘鄉團練出平洪楊，幕府賓僚，稱盛一時。諸賓僚多不習兵事，更有出滁生治文學之外者。晨夕相處，大賢多方面之人生，實多從朋友交遊中養成，而學業、事業，亦皆受其無形之霑溉。

西化東來，家庭、政事，變端已多。即朋友一倫，亦今非昔比。余幼孤家貧，民元，年十八，即在鄉村小學教讀為生。迄今七十餘年，未離教職。自念生平得益友，多於師。然友道亦限於職業，除學校同事外，交遊甚少。然余之得成為今日此一人，則非余一人獨成之，乃胥賴先後諸友之輔成。余心所感，亦非言辭筆墨所能宣。余著師友雜憶一書，亦僅指陳其蹤跡之粗略而止。

余畢生忙於教讀，迄今追憶，乃如一幅白紙，空無所存。而生平諸友，一言辭，一笑貌，乃有深留腦際如在目前者。因知此等皆已為余生命之一部分。今諸友率多逝世，東坡詩：

泥上偶然留指爪，鴻飛那復計東西？

則余生亦僅如一塊泥，偶留飛鴻之指爪而已。每誦東坡此詩，感慨良深。然孟子言知人論世，使非此世，何得有余此人。而余之生為此人，乃猶得留有此世，則此生亦不虛矣。如顏淵，豈不以留有孔子之一指一爪在其心中，而其死，孔子慟之曰：「天喪予！」後人念孔子，亦必追念及於顏淵。朋友一倫之在人生中，其意義為何如？

今世則皆以職業為友，或以學業為友。西方人皆如此。職業、學業，即其人生。如柏拉圖，如康德，畢生治哲學，其為人，即見於其著作中；未受業者，亦各求自樹立，自表現。哲學然，文學亦然；其各學各職亦莫不然。一有名之政治家，亦必與其他從事政治者為友；非誠為友，亦各以成其當身之事業而已。其所用心，則各專在其所從事之學業、職業、事業上，而非有一內心潛在共同之人生。其在家，則有其家庭生活；其在各公司、各機關，則有其公司機關之生活；其在學校，則有其學校生活；其從事政治，則有其政治生活。要之，生活則屬於個人，其之於朋友，則有親於夫婦、父子、兄弟、君臣之上者。然而中國五倫中之朋友則於此有異。因中國朋友一倫，乃同屬我生命之一部分；而西方則僅在外面事業關係上，非可認為即是我內在生命之一部分。

同業者，為友亦可為敵；甚至夫婦，同成一家，亦可為敵；同營一商業，則為敵更多於為友。同從事於政治，則必分黨以爭。若以同黨為友，則異黨即成敵。尤其如各項運動會，相爭為冠軍，有敵無友，亦可謂敵友不分。觀眾可達四、五萬人，非敵亦非友，今人則稱之曰「群」。人生即在大群中，而此群則轉瞬可合可散。易乎其為群，亦難乎其為群矣！

中國古人並稱有生死之交。「父母在，不許友以死」，則許友以死亦常事。子畏於匡，顏淵後。子曰：

吾以汝為死矣。

顏淵答曰：

子在，回何敢死？

其時顏淵父尚在，而孔子疑淵之死。淵之答，則以孔子在，故己不敢死。則在顏淵生命中，孔子之生命當較其父之生命為更重。孔子尚在，顏淵得從學，則顏淵之生命當更有意義，更有價值；尚勝父母在，得盡奉養之勞。此見中國人生命觀，不限其一己之軀體。父母生命，師之生命，皆成己之生命之一部分。夫婦、兄弟、君臣亦然。夫婦既為同一生命，則夫死，婦守節死，亦屬常事。而今日國人則必謂是中國人之重男輕女。則許友以死，豈不亦是中國人之重友輕己乎？

仁義為人之大生命，故「殺身成仁，捨生取義」，捨小而取大，仍是貴其生。西方人生命觀不同。如有人謀刺美國總統雷根，法庭判其有精神病，得無罪不死。西方人重視生命乃如此。謀刺雷根，不僅有傷雷根之生命。雷根乃一政治元首，群心所歸，所傷實大。然謀殺犯之生命仍當重。亦如雙方對陣而戰，一方敗而降，對方亦必受其降而全其生。中國則以戰敗為辱，將軍者更為大辱。故有「斷頭將軍」，無「降將軍」。西方人以生命愛國，中國人則以愛國為生命。斷頭而死，則捨其軀體之生命，以全其愛國之生命。而其生命，則依然可寄存在其他愛國者之同一心情中。故中國人視生命亦如一道。孔子曰：

朝聞道，夕死可矣。

不聞道，則不知己之生命之究為何物。交友亦有道，故與朋友交，亦我生命之所在。能交友，其人之生命始大。此其為義，亦有重於夫婦、父子、兄弟、君臣四倫之上者。

今欲宣揚中國文化，宣揚友道，亦一要端。如一國之政治元首，能廣其友道，多交名賢，即此一端，便可於世道有大影響。學者能多交其他專家，哲學、科學、文學諸家，多相與為友，此便於學術上有大影響。非僅讀其書，聽其言論，而尤貴於日常生活之相親。則在各自生命之內心潛存處，可各有轉移，各有融通；而其影響之大，則非具體所能盡。轉移生命，始是轉移文化一大關捩；而中國朋友一倫，乃於此有其深究之價值。

㈡

人道有「相處」與「相交」。相處之道，如夫婦、父子、兄弟、君臣、朋友五倫，皆彼此相處融成一體；偶相交接，則彼此不相關切。老子曰：

有德司契，無德司徹。

聖人執左契，而不責於人。

契分兩半，雙方各持其一。老子曰：

其人即執右契者。夫婦之道，相互愛敬，「琴瑟友之，鐘鼓樂之」，此為君子之德。為夫者自盡夫道，不以責其妻。舉案齊眉，此乃孟光之德。為妻者自盡妻道，不以責其夫。父母之與子女亦然。父母之慈，於其子女，顧之育之，養之長之，非必責子以孝。子女之於父母則有孝。「天下無不是的父母」，雖父頑母嚚，舜之孝自若也。若必以道責人，此之謂「市道」，乃相交之道，非相處之道。以己所有，易己所無，交易各得其所，日中而散，與常相聚處者不同。

但父子一倫與夫婦一倫有別。父子乃「天倫」，而夫婦則屬「人倫」。「遊子寸草心，難報三春暉」，使非春暉，何來寸草？子女之生，來自父母，更勝寸草之與春暉。「投我以桃，報之以李」，孝心則本之性情，非以為報。或問孔子：

以德報怨，何如？

孔子曰：

何以報德？以直報怨，以德報德。

「報」乃人生之直道。孟子曰：

君之視臣如犬馬，則臣視君如國人；君之視臣如草芥，則臣視君如寇讎。

則事君之道，亦可以言報。「殺父之仇，不共戴天」，如伍子胥之報楚平王是也。而屈原則為宗親之臣，君亦宗親，則身分與伍子胥不同。作為離騷，沈湘以死，非以忠君，乃以報國。君之於我可言交，身之處國則非交。如岳武穆之於風波亭，亦報國，非忠君。

朋友亦如君臣，盡我忠信以交，斯已矣。朋友不忠不信，則不成為朋友。故中國人言人道，必言孝慈。推此心以處世，即執左契而不以責人也。西方人有「相交」，非「相處」，合則聚，不合則散，一皆人與人相交，此老子所謂「無德司徹」也。「徹」者，孟子「助、貢、徹」之「徹」，故王弼注曰「法」。老子用此字，亦其書晚出之一證。西方人非以「德」相處，乃以「法」相交。而法亦創自人。誰創之？又使誰守之？故法必定於多數人之同意。多數人之意變，斯法亦隨而變，則人之處世，其道無定，惟隨多數意見而變。己又何得為多數？則惟有結黨。曰「黨」曰「法」，斯即道矣。故西方人乃知有「道」而不知有「德」。人之無德，何以處家，何以處國，何以處天下？不能處即不能安。一家不安，不能以法治；一國、一天下不安，亦不能以法治。不治則亂，亂則可稱曰「無道」。無德斯即無道矣。今國人乃欲創造「群」與「己」之「第六倫」，混中西而一之，亦所謂「風馬牛之不相及」矣。

西方人好分別，故離人以言道。若於人與人相處之外別有道，人乃遵此道而行，則又何自由可言？人不能離此道，道亦不離人以為道，故必合言之曰「道德」。西方宗教既主人生原始罪惡，則人之生本無德，必有待於「法治」。老子生二千年前，已知其事，故曰「無德司徹」，斯亦可怪也。老子又曰：

天道無親，常與善人。

此則老子亦分別人有善惡。西方人亦好分別，乃有所謂慈善事業；而行此慈善事業者，西方則不稱之為「善人」。斯誠無往而不見其有所分別矣。

西方人又分「眞、美、善」為三。眞則自然之眞理，美乃見於藝術，善則屬人之行為，但必信仰上帝而始有。則眞、善、美皆在人之外，不在人之內。要之，可謂無人之存在。苟有之，則惟見人之有「欲」，不見人之有「德」，則又何「人倫」之可言！

二九　中國文化傳統與人權

「人權」一詞譯自西方，中國向無此義。然最知人權大義，最尊重人權者，則惟中國傳統文化為然，並世其他民族難與倫比。

姑舉一例為證。中國自黃帝以來，即已明確成立一民族國家。一民族，一國家；一國家，一民族。道一風同，向心凝結。五帝、三王以下，土日擴，民日聚，而其為一廣土眾民大一統的民族國家，則不變不息，有進無已。秦漢以下，易「封建」為「郡縣」，而其為一廣土眾民大一統的民族國家則仍然。迄今五千年，並世各民族、各國家，誰與相比？苟非尊尚人權，又曷克臻此？

大學言「修身、齊家、治國、平天下」。身不修，即家不齊；家不齊，即國不治；國不治，即天下不平。此四者，層累而上，本末一貫，而以修身為之本。修身由「己」不由「人」，此即中國人之「人權」。一家之人盡能修其身，斯其一家齊；一國之人盡能修其身，斯其一國治；天下之人盡能修其身，則天下自平；無他道矣。

何以修身？大學「三綱領」即言其道，曰：

在明明德，在親民，在止於至善。

明德者，備於身而自顯。明其明德，如孝如弟，如忠如信，則自能親民。如夫婦相親，父母子女相親，又兄弟姐妹相親，則家自齊。所謂家齊，乃其闔家之人，人人有明德，人各自明其德而相親，斯之謂家齊，非有一法律臨其上而制之使齊。

人有明德，斯能相感。父慈可感子使孝，子孝亦能感父使慈。相親斯能相感，相感則更能相親。人之相處，能各以其德相親相感，斯即人生之至善。人生亦惟求能止於此至善，而更復何求？齊家如是，治國、平天下亦如是。人人自能之；而又必待人人之自能之，非可從外從旁有強力以使之然。此即中國人對「人權」之認識。故中國人權有八字可盡，曰：

樂天知命，安分守己。

中國人不言「人權」，而言「人道」。「道」本於人心，非由外力，此始是「自由」，始是「平等」。「權」則是一種力，力交力必相爭。力與爭則決非中國人之所謂道。中國俗語云：「力爭上流」，此亦指修身言。彼人也，我亦人也，彼能是，我烏為不能是？希聖、希賢，此即力爭上流，而豈與人之相爭？

大學「八條目」在「修身、齊家、治國、平天下」之前，尚有「格物、致知、誠意、正心」四條目。「物」字古義，乃射者所立之位。射有不得，則反求之己，此之謂「格物」。射不中的，非目的不當，亦非射者之地位不當，乃射藝有不當。家不齊，非家人之不當；國不治，亦非國人之不當；天下不平，亦非天下人之不當；乃齊之、治之、平之者之自身之道有不當。過不在人，而在己，不能以己志不得歸罪他人。此尤中國人尊尚人權之大義所在。

故「格物」斯能「致知」，必先知有此規矩不能踰越，乃能反而求諸己，求方法上之改進，而一切正當知識遂從而產生。故孝子不能先求改造父母，「天下無不是的父母」，即父母而善盡我孝，此之謂人道。吾道所在，即對方人權之所在。豈得背棄父母不加理會，即顯出我之人權？換言之，在人有「權」，我斯有「道」。既人各有一分不可侵犯之權，則亦必有一套和平廣大可安可久之道，以相處而共存。其與高唱人權，相爭不已，高下得失，亦不待言而可知。

周武王伐紂，戰於牧野，紂之眾皆反戈。彼輩亦知紂之為君無道，武王始合君道，叛殷而服周，此亦紂眾之人權。自古不聞以紂眾之反戈為非者。然伯夷、叔齊則以武王不當伐紂，扣馬而諫，武王謂其「義士」而釋之。周有天下，伯夷、叔齊恥食周粟，餓死首陽之山。伯夷先曾以不違父志，讓國出亡。其弟叔齊亦不欲凌其兄而居君位，遂亦讓國偕行。兩人皆以孝弟修身而讓國，又豈能同意武王之出兵爭天下？然後世皆崇奉周武王，不聞以其革命為非。而孔子稱伯夷為古之仁人，孟子尊伯夷為聖人。人生必有群；君者，群也。有群則必有君，故尊君亦愛群一大義。君有一時之善惡，而君臣上下，乃千古之大防。伯夷之存心，亦惟此千古人群之大防。故孔子稱伯夷「求仁而得仁」，與周武王之弔民伐罪同得稱為「仁」。當孔子之時，君道已久不行，孔子雖尊伯夷，而亦未效伯夷之隱遁餓死。孟子稱「伯夷聖之清」，乃聖中一格。孔子為「聖之時」，則為集聖之大成。而周武王與伯夷與孔子，乃同為中國古代之聖人。要之，自盡其心，自明其明德，自修其身，自行其道，及其至，雖事業有大小，地位有高下，而同得為聖人。由此亦可覘中國文化傳統之大義深旨所在。

中國古人又以「經」、「權」並稱。經，常道。然道雖常而必有變，衡量其是非、利害、得失、大小、輕重而為變者，稱為權。故經必有權，而權必合經。變之與常，是一非二。多數人惟當守經守常，惟具大智慧、有大見識之少數人，乃能通權達變。孔子「述而不作，信而好古」，歷史經驗乃人道守經守常之所本。然孔子又曰：

人不知，而不慍。

又曰：

知我者其天乎？

此乃孔子之隨時代而通權達變處，豈盡人之所知？故孔子「十有五而志於學，三十而立，四十而不惑」，此乃其為學之守經守常階段。及於「五十而知天命」，乃其為學之上躋於通變之階段，又豈人人之所能企？

故孔子又曰：

弟子入則孝，出則弟，謹而信，汎愛眾，而親仁。

此乃多數人所當守。又曰：

殷因於夏禮，所損益可知也；周因於殷禮，所損益可知也；其或繼周者，雖百世可知也。

此則少數人始能知，斷非多數人事。知識不平等，亦可謂即是人權不平等。然人權終有一平等處，則即修身是也。修身有高下，人各不同；但亦有一平等處，即人人對人當知有所尊、有所親。果使人人知修身，則人之在大群中，亦必各得有尊之、親之者，而治平大道亦盡是矣。

西方言人權，主要乃為多數人言。人人有權，各自平等，各有自由，遇有爭端，惟賴法律為解決。然法律不教人有尊，不教人有親，僅保衛各人之權利，禁人之為非作惡而已。中國人言道，則主在教人知所尊，知所親。此尊與親之兩種心情，最是人權基本所在。果一付之法律，法律豈能強人孰尊而孰親？重法而輕道，則人權終不立。

大學一書，在中國成為一部人人必讀書，已逾六、七百年之久。大學言修身，乃教人在大群中如何做一人。西方注意教育普及，乃正名為「國民教育」，其意在教人在某一國之政府下如何做一公民。教人在人群中做一人，與教人在某一政府下做一公民，此兩者意義價值大不同。在上者既要求民眾在其政府下做為一公民，斯在下之民眾勢必要求對此政府有預聞之權。此一要求，乃成為近代民主政治之理論根據，而政治遂成為多數人之事。大學又言：

自天子以至於庶人，壹是皆以修身為本。

則依中國之道言，多數人欲預聞政治，仍必先自修身。孫中山先生根據中國自己文化傳統，乃有「權在民，而能在政」之辨。民眾有權要求政府用人選賢與能，政府不賢能，決不能久安於位，此即「民權」。然選賢與能，則非多數民眾之所能，其事仍當由政府少數賢能者任之。中山先生乃於「五權憲法」中特設一「考試權」，不僅「被選舉人」當經考試，即「選舉人」亦當先經考試，此始有符中國傳統文化之深義。

抑且在人群中做一人，必當知有尊，知有親；必當知謙虛，知退讓；必當知與人和、不與人爭之大義。果使稍受中國文化傳統修身大教之陶冶，而使其人出頭露面，在街頭大眾前，自誇己長，指摘人短，以博取多數之選票，則必恥此而不為矣。果使西方民主政治結黨競選之風氣普遍流行於吾國，則國人向來所受修身大教，主謙主讓，主退不主進，主和不主爭，群認為人生美德者，勢必淪胥以盡。而伯夷之「清」，柳下惠之「和」，雖其德性修養已臻於聖之境地，亦將不得預於競選之林。即以伊尹之「任」，亦當隨時代潮流而變其風俗。至如孔子之「時」，則不知對今日之民眾競選，將具何意見，抱何態度？要之，當前之所謂民主政治，一切榘範在西方，不在中國，則身為中國人，惟有作東施之效顰，邯鄲之學步，亦復何「人權」之可言！

文化傳統本有相異。西方政教分，宗教信仰獨尊耶穌、上帝，不尚多數。西方政學亦分，學術各部門，科學、哲學、文學等，各有專門，各有權威，亦不尚多數。惟近代民主政治則轉而尚多數。每一事之是非從違，即從舉手與投票之多少數而定。其言「人權」，亦指政治言。中國文化傳統則政教合，政學亦合；惟學術必在政治之上。未聞不受教，不尚學，無知無識，亦得與聞政事者。不先修身，焉得問政？西方人主分，故於人事中，政治亦獨立分出為一項；中國人主合，則政治亦只視為人事中一項。政治領袖與社會平民，職位有高下，而其為人大道則仍合一不分。惟當一政治領袖，其權大。所謂「權」，乃其通時達變之權。故為一庶人，能守經守常即可；為一政治領袖，通時達變，須具大智慧、大見識、大修養、大決斷，庶可勝任。中國歷史上，歷代帝王能勝任愉快者，實不多，猶賴有政府中其他文武百官，輔之弼之，承之翼之，以共維此大業；但猶治亂相乘，不易見常治久安之局。一部二十五史，言之非不詳，而豈「帝王專制政權」之六字所能恰當表達之？今吾國人，又奈何不重視吾五千年相傳民族國家之「民族權」與「國權」？五千年來，凡吾國人所能組織成此一廣土眾民大一統之民族國家，以緜延長久而不壞，其所經營，豈能不聞不問？而僅曰：「我有人權，我亦當預聞國事。」乃不惜釀亂以相爭。則國人必曰：「西方進步，我豈能故步自封，常此守舊而不前？」則試問：西方之進步又何在？自第一次、第二次世界大戰以來，西方實在退步中。美、蘇對立，豈即英、法之進步。兩次大戰後，不知警惕，不加謹慎，大戰之再起，又豈即是美、蘇之進步？今日美國總統以「人權」二字來呼喝蘇聯，而蘇聯人則以整軍經武為對美國爭國權之惟一上策。苟無國權，又何有人權？人權乎！人權乎！其終將以何辭作解答？竊恐在西方亦未有一定論。我國人追隨其後，恐終亦望塵而莫及。

茲當遵依中國文化傳統來試釋西方所言之「人權」。竊謂人權當不屬於分別之個人，而當存在於和合之群體。人之處群必有其道，必當有所尊，有所親。人生來自父母，中國人提倡孝道，為子女者必當對其父母知親知尊；斯則為父母者，必各得其受尊受親之地位；此可謂天賦之「自然人權」。人之處群，所當尊親者，不只父母；推此知有尊知有親之心情，以修之身，而見於行，斯其人亦必受人之尊親；此可謂乃經文化陶冶之「人文人權」。由此道，而使人群成為一相尊相親之人群，亦為一可尊可親之人群。國治而天下平，即在是。

西方人重個人主義，乃謂人權分屬個人，爭富爭強，自尊自親。近代西方國家之帝國主義，乃至其社會之資本主義，胥由此根源來。但耶穌言：「富人入天國，如橐駝鑽針孔」，是耶穌不教人爭富。又曰：「凱撒事，凱撒管」，上帝不管凱撒事，則凱撒當非可尊可親，是耶穌不教人爭強。惟西方政教分，故在政始言人權，在宗教則不言。人生與罪惡俱來，豈有權爭入天國？

中國孔子之教，與耶穌又不同。孔子「五十而知天命，六十而耳順」。凡所聞人之一言一行，入於耳而皆順。蓋孔子至是始知，凡屬人，皆有一分天命在其身，故皆可尊，皆可親。惟當有所教導感化，以使歸於正，故能所聞不逆。至七十則「從心所欲不逾矩」，此心能對人知尊、知親，而能達其極，斯我心自無不是，乃可從其所欲而不逾矩矣。若使對人不知親、不知尊，斯其人即不足尊、不足親。此乃中國文化要旨。惟耶穌則教人對上帝當知尊、知親而已。至今日之言人權者，除其小己個人外，果誰當尊、誰當親？如謂惟當各別自尊其個人之地位，自親其個人之利益，而人與人之間，既互不相尊，亦互不相親，則所謂人權亦僅一法律名辭而已。若謂法律可以齊家，可以治國，可以平天下，則除上帝外，誰能來制定此法律？故中國人向不重「法」，而一切最後則歸之於「天命」。天命則猶人生中最高最大之法律。然誰知此天命？則仍貴由少數以達於多數。中國教人，惟教多數親少數，尊少數，而豈尊多數個人各自之人權？然果使吾國人能對此五千年炎黃以來，歷祖歷宗所艱難締造之民族國家、歷史文化傳統，古聖先賢之嘉言懿行，知所尊，知所親，則道在邇，不煩求之遠。中國人權即可由此而得。

今人言「人權」。「權」字本義為權衡，舜父頑母嚚弟傲，日以殺舜為事。何以處其家？此須舜之自作權衡。周武王伐紂，伯夷、叔齊扣馬而諫，武王不從。既得天下，伯夷、叔齊恥食周粟，餓死首陽之山。陽貨欲見孔子，孔子不見。陽貨時其亡而往拜之。孔子是否當答拜？則須孔子之自權。楚聘莊周以為相，允之拒之，則待莊周之自為權。司馬遷以死罪下獄，非出五十金贖，則自請宮刑可免，亦待遷之自權。嚴子陵垂釣富春江上，光武招之，仕乎否乎，亦待子陵之自權。曹操封關羽以漢壽亭侯，留乎去乎，亦待關羽之自權。岳飛出師朱仙鎮，朝廷以十二金牌召還，父子終死風波亭下。文天祥在蒙古獄中，為正氣歌，卒赴刑場。曾國藩以在籍侍郎辦團練自衛，應鄰邑之呼援，卒以平洪楊。即如為陳勝、吳廣，為黃巢，為李自成、張獻忠，為吳三桂，為洪秀全、楊秀清，何亦非其自權？又何一非其自由？以上不過偶舉其例。讀一部中國史，皇古不論，唐虞以下四千年，即一部人權史，亦即一部自由史，豈不昭彰已顯？

中國人分人為「狷」，為「狂」，為「中行」。孔子所最不齒者為「鄉愿」，「生斯世，為斯世也善，斯可矣」。此非其人自為權衡之一種自由乎？即如一部西洋史，希臘人亦自權自衡，自由為希臘人、羅馬人。中古封建社會，近代國家資本主義、帝國主義諸色人等，亦何一不然？直至晚近世，始有「自由」之呼號，更進而有「人權」之主張，此非一可怪之事乎？試一比讀中西雙方史，始知其深蘊之所在矣。今國人則群以不知自由、不知人權為中國古代人恥，不知其較鄉愿之可恥又如何？

三〇 簡與繁

人生有喜走向簡單，有喜走向繁複，此亦中西文化一歧點。姑以音樂為例，中國在三千年前即極知重視。其時樂器有金、石、絲、竹、匏、土、革、木八種，但以絲竹為主。詩曰：

鼓瑟吹笙。

絲音之主為琴瑟，此後漸變出箜篌與琵琶。琵琶彈奏自較琴、瑟為簡單。又其後有胡琴，不用指彈，只用手拉，只兩弦，更簡單。笙如莊子所謂之「比竹」。其後僅用一管，如簫、笛，亦更簡單。明代崑腔以笛為主，清代皮黃以二胡為主，皆極簡單。其他樂器皆屬配音，亦有趨於簡單之致。中國人重視人生之整全體，一切發展盡視其對此整全體之功用與影響而定。

中國古人重視禮樂，禮為主，樂為副，樂當配於禮而行。書有言：

詩言志，歌永言，聲依永，律和聲。

樂以配於詩，言語則配以文字。詩以言志，所謂「志」，實屬情感方面。尚書所言皆關政治，故用散文體；詩以表達情感，故用韻文體。所言不同，文體亦隨之而不同。情感不易言宣，喜怒哀樂，有無可言者；情志深處，又決非一兩語可為表達；則惟有表達之以聲。如哀則哭，喜則笑。然哭笑又嫌太簡單，仍不足以深達人心之深處，遂有歌以代。我之情志，只一語可盡，而又萬語千言不能盡，則以詩以歌。詩限於文字，仍屬言；而歌則永其言，使其一語纏綿，反復而不盡，此所以達吾之情。又依聲而副以樂，使吾之歌更盡其纏綿反復，悱惻動人，而吾志遂庶可達。是情為「志」，「言」副之，「詩」又以副言，「歌」則以副詩，而「樂」則又以副其歌。其間有主有副，而副則終不當轉而為主。如人無情志內蘊，何來有詩有歌，更不必有樂。故樂之在人生中，少可自發展，自為主，以成為人生中一獨立項目。此乃中國人生主要趨嚮之一例。

試再以旁例說之。禮，婦有容。而戰國策言：

女為悅己者容。

此又不同。其意不在禮，而在情。女之有情而為之容，亦如唱詩言志，以永其言而已。故此女之為容亦決不違於禮，非特為容以求取悦於人，猶歌者之非特為此聲以取悦於人。失其本主，而徒求取悦於人，於是音樂乃始在人生中自有其獨立發展之前程。中國人則不樂有此等獨立發展，遂稱之曰「淫聲」。淫，多餘意，如稱「淫雨」。女有淫色，樂有淫聲。聲與色，在人生整全體中，皆有其正當作用，因亦皆有其意義與價值；多餘則為淫為害，為中國人生所力戒。

古詩三百首之配有樂，此本有甚深意義。但古樂漸衰，今樂日興，樂聲漸趨於淫，後人乃僅誦其詩，而不復配以樂。故至漢代，有詩經，無樂經。因古樂淪亡，而今樂又日趨於淫。經學家講究人生，不再加以提倡。然歌與樂之在整體人生中，終不能缺。燕人送別荊軻，歌曰：

風蕭蕭兮易水寒，壯士一去兮不復還。

此亦詩以言志。「壯士一去不還」六字，豈能盡當時送別者之情意？然亦僅此六字可言，乃只有加以歌唱，以永其言。當時亦或可有人隨帶樂器，配合歌聲以為之和，而庶可更多其表達。惟記者則僅言送別者之歌，而未及其樂。此即古詩三百首中風詩之流變。項王困於垓下，而有「虞兮虞兮奈若何」之歌。試問此七字，內涵項王當時幾許心情，非以詩歌唱，其何以達。但此垓下之歌，以當時情勢言，決不附配以樂器，亦可知。但以樂副歌亦人心一種至深厚之自然要求。後人言：

絲不如竹，竹不如肉。

則歌聲自勝於樂聲。但樂聲之附帶於歌聲，則此下中國一部音樂史終屬常然。

漢高祖以一泗水亭長貴為天子，衣錦榮歸。豐沛父老，鄉里民眾，集會歡迎，高祖有「安得猛士守四方」之歌。較之項王垓下之歌，一喜一悲，而亦憂深思遠，有其說不出、說不盡之一番心情，付之一歌，附之以樂；此與垓下情勢大不同。但此等音樂乃始於人生有大意義、大價值，亦可謂乃漢初開國一氣象，豈僅為音樂歌唱而止？在中國文化體系中，音樂不能有其專門獨立之發展，此等妙義，又豈盡人可知？

武帝在位，始命李延年廣搜各地民歌集為樂府，此亦三百首中風詩之遺響。能下察民情，瞭解各地之風俗疾苦，此亦為政一要端。然而時變世易，一千年前周公制禮作樂之深情密意，漢武時已不能追求恢復，此亦無足深怪。要之，音樂乃中國文化體系中一要項，則無可否認。

曹孟德揮兵南下，而有「月明星稀，烏鵲南飛，繞樹三匝，無枝可依」之詩。蔡文姬自匈奴南歸，而有胡笳十八拍之歌。凡此之類，皆淵源深遠。下至唐代，七言絕句，仍皆付之歌唱。其事多見於唐人之傳奇雜載中。宋代則有詞，元代則有曲，文學流變，但亦多副之以歌樂。至於絲竹樂器，雖多獨立吹奏，但終不得謂在中國文化傳統中，音樂有其獨立發展之一途。如明代之崑曲，清代之平劇，樂器演奏，皆佔重要地位。但其演變，主要在文學一端，而音樂則僅為其附屬品，亦不待深論而可知。

今論文學。詩經為三千年前一部文學總集，為中國文學傳統之鼻祖。此下三千年之中國人，無不愛誦知敬。即近代國人提倡新文學，排拒舊文學，亦於詩經尚少詬詈。竊謂專就此書，正可闡申中國文學之特性。孟子曰：

詩亡而後春秋作。

春秋之為史，含有極濃之政治性，而孟子不以春秋繼尚書，顧以繼詩經。竊其意，尚書只收集一些政治文件，乃歷史材料，而非一部歷史著作。詩經則包羅西周一代，遠自后稷、文王以來，又旁及列國諸侯，既富社會性，更富歷史性。其在西周一代政治上之實際運用，亦更重要過於尚書。苟不熟當時之政治情況，即決不能竊其詩中大義妙用之所在。此可說明中國文學自始亦即無其獨立性。換言之，文學亦當在文化之大體系中而始有其地位與價值。樂以輔詩，詩以輔政，必與其他事項會通配搭，始能於人群大道社會整體有其相當之意義。詩言志，志亦然。其他事項莫不然。此為中國文化傳統一大特色、大要項所在。

孔子曰：

誦詩三百，使於四方，不能專對，雖多，亦奚以為？

春秋時代，國際外交多以唱詩代達辭令，其事具詳於左傳。孔子又曰：

不學詩，無以言；不學禮，無以立。

人與人相交，必以言語傳達意志，而又戒直率冒犯，故以詩代言，斯則最為有禮。國際外交辭令，尤為重要。孔門四科，「言語」猶在「政事」之上。如是言之，修身、齊家、治國、平天下，皆有待於學詩。孔子又曰：

人而不為周南、召南，其猶正牆面而立也與？

面牆而立，豈處群之人道？則詩之為用，不僅以言志，乃使言與言相接，志與志相通，人生之整全體由此而立而成，豈僅以取悅於人或擅名於己，而有音樂與文學之發展？

離騷繼詩經而起，同為中國文學古遠之鼻祖。「離騷」猶「離憂」，乃由屈原之憂心而作。然屈原所憂，不在其私人，而在其宗邦。忠君愛國，志不得伸，終於沈湘而死。非知屈原其人，非知屈原之時代，非知屈原當時之天下，即不知屈原之所憂，亦即無以讀離騷之為文。故欲通離騷，首須讀史記屈原列傳。知其人，知其世，乃能談其文。亦如不知周公與其時代，即無以讀詩經三百首。故中國傳統文學，必與史學相通，必與其作者之身世，與其當時人生之整全體相通，乃知作者之志之所在，而其作品之意義價值始顯。換言之，即文學非有獨立價值可言。文學之意義與價值，乃不在其文學之本身，然後乃得成其為文學。此又豈今日所謂文學專家之所得預知！

詩如此，騷賦如此，即散文亦然。戰國時文字最為後世傳誦致敬，認為文學之上乘楷模者，有樂毅報燕惠王書。讀此書，當先知樂毅其人、其身世，及其離燕去趙之經過。知其人，讀其書，又當論其世。必先有知於當時之人生整全體，以及作者個人之所志所立，而尤要者，則在讀者所自立之志，如是始可會得其作品之精義妙道所在。若必脫離一切，專以文學言文學，則中國文學決不如此。

繼樂毅報燕惠王書後，有諸葛武侯之出師表。諸葛武侯高臥隆中，即以管仲、樂毅自比，斯其有志當世為一大政治家可知。然其出師表言：

苟全性命於亂世，不求聞達於諸侯。先帝三顧臣於草廬之中，遂許先帝以馳驅。

則其出處之間，亦可謂略與樂毅相似。所謂「苟全性命」，苟不知人生之整全體而有其所志，則何為

「性」，何為「命」，亦豈易言？逮及荊州失守，劉先主逝世，大局不可為，諸葛固已知之，故曰：

鞠躬盡瘁，死而後已。

此亦即全其性命之所在也。此種為人處世之大志大節精神所在，苟非有通於我中國傳統人生大道，即人生之整全體，則又何足以及此？故非其人則無其文，非其志、非其世則無其人。樂毅與諸葛武侯，時代不同，此為「命」不同，而兩人之於「性」之表現亦若有不同，此兩文遂亦不同。以此兩人比之屈原、周公，又不同。故曰：

苟日新，日日新，又日新。

文學亦日新又新，墨守前人成規，豈得成為一文學？但又豈立意創造之作品，乃得成為文學乎！

上舉周公、屈原、樂毅、諸葛亮四人，皆從事政治，隨其所需，而得創造出中國文學之極高榜樣。而在四人之當時，可謂乃尚未有「文學」一觀念之存在。此四人亦絕未想到撰出文學作品，成為一文學家。中國人開始有文學觀念，可謂即在諸葛亮同時之曹操，即後世所謂之「建安文學」。操子丕乃有典論論文一篇，備及當時諸文學家，而曰：

文章，經國之大業，不朽之盛事。

後世之有文學獨立觀當始此。但必以文章為經國大業，是其文學觀仍未能脫離政治觀之證。然彼兩晉、宋之際有陶潛，唐代開元、天寶間有杜甫，皆未於政治上有表現，而獨以文學擅名。人心中，亦何嘗欲專為一詩人或文學家？韓愈「文起八代之衰」，為「百世之師」，而曰：

愈之所志於古者，不惟其辭之好，好其道焉爾。

則亦豈專一有志於文學而以古文家自命？即如十國時之李後主，及南宋之辛棄疾，亦何嘗欲專成一詞人？近代國人，乃專認元代明初之劇曲、說部為文學，因其略有似於西方文學之所為；不知其特為中國文學中一歧流、一別派、一旁枝。時代人物不同，而作品亦隨而變。上述古人多求在時代中做人，近代國人乃求特出時代，在時代外做人。讀古人之作品，當先知其作家。讀近代作品，可不詳究其作家。亦可謂中國一部文學史，凡其作品乃均涵有作者之一番苦心存在，而此心當不得僅謂之文學創作心，乃正胚胎於全體文化之傳統中而生此心，亦非別有所創新。清初，金聖嘆以董解元之西廂記，施耐庵之水滸傳，媲於莊周、屈原、司馬遷、杜甫，定為中國「六大才子奇書」。此實不失為一種通識。

聖嘆亦在異族政權統治下，故特寄意於西廂、水滸之作者，而豈如近人之強為區分，必以開新除舊之見羼其中乎？

小戴禮大學篇提出「修身、齊家、治國、平天下」四項，條貫而上，為人生之大本要旨。中國並無「社會」一名稱，所謂「天下」，實猶西方人所言之「社會」，而廣狹不同。西方「社會」在「政府」之下，中國人言「天下」，則在「政府」之上。政治乃人群中一組織，然所能講究治理者亦有限。「天下」則更超「政治」之上，猶言「人道」尤超於「治道」之上。小戴禮禮運篇言「天下為公」，即指普天之下之全人群言。古今中外全世界人，言「社會」則花樣百出，言「天下」則全體如一。簡單、繁複之分別，主要乃在此。

周公事業主要終在政治上，孔子事業則超乎政治而在天下後世人群大全體上。中國人尊孔子為「至聖先師」，其地位尤超堯、舜、禹、湯、文、武、周公而上之。中國人又言：

作之君，作之師。

師道當猶在君道之上。此又中國人一特有觀念。

范仲淹為秀才時，即以天下為己任，先天下之憂而憂，後天下之樂而樂。其時宋以外尚有遼與夏，天下分裂；仲淹僅為宋朝一秀才，未登仕途，乃即知以天下為憂。此惟中國傳統之士，乃有此想。仲淹極推東漢嚴子陵。子陵值光武東漢中興，垂釣富春江上，不出從政，其出處進退實有關人道之大。孟子稱伊尹「聖之任」，伯夷「聖之淸」，柳下惠「聖之和」。莊周、屈原、陶潛、杜甫，不從事政治活動，而同受中國後代人崇奉。其仕其隱，亦有外在條件。為淸為和，同得為聖。顧亭林有言：

國家興亡，肉食者謀之；天下興亡，匹夫有責。

其言「天下興亡」，乃指人倫大道，風俗民情，即人生之總全體，近人謂之「文化」。政治僅文化中一項目，在政治上無可用力，猶可在天下更高處、文化之廣大面用力。惟其用力中心則在各己個人身上，至為簡單。苟無此中心，則時地不同，性情不同，各有志向，各自努力，各闢途徑，互不相關，並生衝突。在人事繁複中，亂端迭起，而無一共同大道可遵，乃僅於繁複中求其融和會通，此事甚難；西方社會即如此。

希臘乃一商業社會，各人經商道路不同，向外發展，相習成風，影響及於學術界。如文學，不重作者從人生內部深處自吐心情，以獲讀者之同感；專從外面獵取戀愛、戰爭、神話、探險等題材，講造故事，曲折離奇，緊張刺激，取悅人心，消遣娛樂，斯即至矣。所謂文學之美，在外不在內，在事不在心。如此發展，乃於人群大道日趨日遠，轉增紛擾。

又如音樂，中國重由內發出之心，西方重向外發展之音。故中國音樂與文學常能融合為一體，而西方則音樂、文學各自獨立，分別成兩途。以樂器言，如中國之笙，轉入西土，演變為風琴，組織繁複，音聲之變，日漸超越。尤其如各樂器合奏，益增繁複。音樂乃若離開人生，別有一境界獨立在外，待人尋求，由人發現。不知音樂本亦從人生內部發出，如鳥鳴獸啼，在鳥獸內心自感舒暢。西方音樂則變而益遠，至少由聲動心，非由心發聲。愈失其簡單，愈趨於複雜，遂使人生問題日漓而失眞。

更如希臘有哲學，乃為人生要求認識問題、解決問題之一項學問。但亦不本之於內，而主向外尋覓，乃有「宇宙論」、「形而上學」等討論。而在中國則無之。中國所謂「一天人，合內外」，仍主反就己心自找出路。故論語論「仁」，孔子並未把自己意見組織成一套「仁的哲學」來自我發揮，只就其門人隨問隨答，留待問者之自悟自定。儒家如此，道家亦然。凡屬中國思想，都不獨立成「哲學」一門，亦並不講究「邏輯」，強人服從。但由此卻正見其自信之深。孔子曰：

人不知而不慍。

又曰：

知我者其天乎！

但自信深，而對人則有仁有禮；此即中國之人道，亦可謂即是一種人生哲學。西方則如亞里斯多德言：

我愛吾師，我尤愛眞理。

惟求自伸己見，恐人不信，多方作證，成篇累牘，著作專書。但多外面發揮，而己心之內蘊則轉少。人生外部何等廣大繁複，道路分歧，景象各別。聰明智慧無繼承，無積累，各自向前，乃終不能有一共同之定見，則又何所謂「前進」？所進則惟日趨複雜而已。孔子卒，墨翟、楊朱競起，皆反孔子。孟子則曰：

乃我所願，則學孔子。

各人為人群一中心，皆可自擇其所學。一世盡臻於亂，而我一人仍可自學自修以臻於自治。孔子曰：

後生可畏，焉知來者之不如今？

孟子即孔子之後生。孔子能自修其身，孟子亦然。兩千年來願學孔子者多矣，各得自修自治，不隨一世以俱亂，人道遂終得一大傳統，與天地以俱存。孔子畏後生，此誠一種甚深之人生哲學，而自信之堅，亦建基於此，豈待言辯？孟子曰：「予豈好辯哉？予不得已也。」今誦孟子書，其所謂「好辯」，亦與西方哲學中之「辯學」有不同，其故可作深長思。

莊周與孟軻略同時，兼反儒、墨，唱為「齊物論」。孟子曰：

物之不齊，物之情也。

階前小草，豈能與千年古柏相齊？牆角一老鼠，豈能與深山猛虎相齊？莊子則以比竹「人籟」、眾竅「地籟」為喻。風為地籟，兼眾竅聲為聲，「吹萬不同而使其自己，咸其自取」。眾竅自發聲，合為一和，「泠風則小和，飄風則大和」。風非有聲，乃和眾聲以為聲。人間世群言共鳴，合成一大共和聲，豈能以一聲蔑眾聲？然莊子則效大鵬高飛遠走作「逍遙遊」，但世間除大鵬外，亦自有鷦鷯，不妨兩存。此其意境何等恢宏，亦何等豪放！

其實儒家亦與莊周持義無大相異。孟子告曹交：

子歸而求之，有餘師。

不屑之教誨，是亦教誨之矣。孔子曰：

有鄙夫問於我，空空如也，我叩其兩端而竭焉。

鄙夫亦自有其意見，孔子亦只就其意見推及其正反兩端而加以叩問，使此鄙夫自有所取捨，執中亦出其自取。孔子之所最惡者曰「鄉愿」，以其隨眾無己見。孔孟亦何嘗欲以一聲掩眾聲？但孔子又曰：

君子之德風，小人之德草。草上之風必偃。

孟子又曰：

待文王而後興者，凡民也。若夫豪傑之士，雖無文王猶興。

豪傑之士，即猶莊周之言大鵬。故儒、道兩家，義非大殊。中國三四千年來一部思想史，實乃集眾呼聲成一大和，如吹笙管，眾口一聲，先後一調，誠可謂簡單之至。

西方人則各務自創一調，自成一聲，以不和互異為尚。不自闢蹊徑，則不得認為一思想家。故一部西方哲學史，則日趨繁複，不相協調，而成一爭衡不統一之局面。循此以往，爭衡愈多愈烈。宗教若求大同，然宗教與哲學仍不和，仍有爭。

科學則更多歧，更繁複，更以啟人爭。故西方學術最後乃歸趨於科學一途，惟求知物，不求知人。人亦物中一物，與物為伍，乃至從物為奴，而人事乃更趨於複雜。果使有物無人，宇宙重反於大自然，則較當前人世豈不轉趨簡單化？豈此乃非人性之所嚮往乎？即以醫學言，中國人認人身一體，醫理亦力求簡單。西方醫學重解剖，病生一處，即加割除，其對全部人生亦如此。希臘病，割除希臘；羅馬再病，割除羅馬；全部歐洲史，直到現在，依然如此。一部西洋史，乃一部人類病痛割除史。歷經大手術，病痛越大；愈求簡單，愈趨複雜。中國則四千年來依然一中國，首重衛生調養，割除大手術極少應用。此亦「簡單」與「繁複」之一具體明例。今人乃謂中國無科學，焉得如孟子之好辯者起而辯之！

總之，中國主從整全體來推申及於各部分，故其事簡單；西方主從各部分來會合組成一總全體，則其事繁複。何以有此歧趨？則散見本書各篇，此不一一詳論。

三一 尊與親

(一)

「天、地、君、親、師」五字，始見荀子書中。①此下兩千年，五字深入人心，常掛口頭。其在中國文化、中國人生中之意義價值之重大，自可想像。但在西方則似乎僅有「天」與「君」兩字。耶穌自稱為上帝之獨生子，上帝事由他管，凱撒事則由凱撒管。天上、人間劃然分開。但他則由凱撒管了，釘死在十字架上。此後羅馬皇帝亦信了耶穌，但上帝只管皇帝之死後，人間事則仍由皇帝管。一時有「神聖羅馬帝國」之想像，但終於做不到。政教分離，「天」與「君」在西方遂生、死兩界分

① 編者按：此五字非荀子原文，此處云云，蓋溯其原而稱之。荀子禮論篇原文為：「天地，生之本；先祖，類之本；君師，治之本」。此下各篇同此者，不另注出。

別為兩尊。

孔子亦尊「天」，論語可證。莊老道家，以及鄒衍陰陽家以下，乃「天」、「地」並尊。有些處則「地」代表了「天」。天高高在上，那管得塵間私人一切事？塵間私人亦無法一一接到天，於是在人間由「君」來代表天。西周統一天下，上推文王為開國之君，乃言文王之神在天，克配上帝。諸侯來朝，皆祭文王；在其國內則只祭其境內之山川，所謂河嶽之神是已。民眾則只祭土地神，即所謂「社」。「稷」為五穀神。天子祭社稷，則天上、人間同有尊崇，融成一片。而人間則自有尊卑之別，故民眾不得逕祭天，只祭土地神。

周文王天下同尊，祠在京師，列國諸侯須赴京師與祭；在其國內，惟得祭其開國之祖，不得祭文王。卿大夫亦各祭其祖，須陪赴諸侯之祠，始得祭其國君。故惟上帝與天子乃天下所共尊。此下則人各私其私，親其親；天子則以至尊待天下以至公。此下諸侯、卿大夫各等職司，層累而下，斯民各得所親，可各伸其私；層累而上，以獲天子與上帝至尊之兼顧。故俗言「天高皇帝遠」，尊而不親，而仍覺其可親。此乃中國人文大體一極細密之組織，務使此總體之尊而可親，此乃其極深用意之所在。

西方如古希臘，尚未成一國。城邦分治，選民集議，亦並無一共尊共親之對象。故希臘社會，實為一無尊無親之社會。個人主義之功利觀念，遂得普遍流行。

羅馬帝國建立於武力，故其社會，乃有尊而無親。耶教傳入，群信上帝天國，仍是有可尊而無可親。或可尊在上帝，而可親則僅在凱撒。羅馬人亦知有家庭，但尊父，稱「父系家庭」，社會則尊法律，故仍若有尊無親。則大群集居，宜趨於崩潰，而無可收拾。

中古封建時代，堡壘貴族亦各仗武力，若論大群，則亦無可歸嚮。當時有「神聖羅馬帝國」之幻想，欲依上帝神權來統治各貴族，以教廷之教皇為代表，其地位乃高出封建貴族之上。然政教終屬分離，教皇實無權力來統治貴族。於是私人內心要求直接上帝，則反覺教皇橫梗其間，乃有馬丁路德之新教興起。實際則終有「文藝復興」之城市興起，此乃「希臘型」之復活。繼之而有現代國家，則為「羅馬型」之復活。於是政治所尊在人間，宗教所尊在天上。而帝王專制，終非可尊，遂又有「人權運動」之革命興起。政府改為民選，政治元首成為「公僕」。「獨立、平等、自由、人權」之呼聲，彌唱彌高，人類大群，乃無一共同所尊。於是在國內則爭財富，乃有「資本主義」；國際則尊武力，乃有「帝國主義」。西方社會乃徹頭徹尾，只向個人主義之功利觀念一途上前進。

至於宗教所尊之上帝，則轉覺各人可以私下相親。但耶穌明說：「富人上天國，如橐駝鑽針孔」，而資本家大富翁，仍亦信上帝，似乎上帝亦仍許其進入天國。此如父母之親其子女，子女雖驕縱，父母終亦不忍深究。是則上帝之道，亦不能如人世界父母之教子以義方，當終不能領導此世界，惟留人一條可親之路而已。故近代西方雖自然科學備極發展，天文學、物理學、生物學新發明競起，處處與宗教信仰有衝突，而科學、宗教終亦並存，不忍放棄其一，亦只為此。

中國社會則不然。雖說「天高皇帝遠」，而「地」在天之下、君之上，則可尊又可親。人生必在地，天亦必倚於地而見，政亦隨於地而施。「普天之下，莫非王土；食土之毛，莫非王臣」，天、地、人之關係，亦可據是而見。故地之可尊，一如天與君，而其可親則過之。中國人言「天人合一」，其最顯見者，則莫過於「人」、「地」之合一。凡一名勝，必有古蹟；凡一古蹟，皆成名勝。聖賢明德，乃與河嶽山川結不解緣，同尊同親。即如城隍土地神，到處有之，皆與其地之孝子烈女、忠臣義士，亦同尊同親。人生地上，後人乃若與前人同群同生，長宇廣宙，融成一可親可尊之境。故中國古人，言「天」必兼言及於「地」。中國人之「天地」並言，亦中國文化一特徵。又由土地而旁推及於金、木、水、火，地上萬物，合為「五行」，同此德，亦同此心，可尊可親。人地合一，乃天人合一之具體實證，而為人生之最安樂之所在，亦為人死之最後歸宿處。中國人從未認為人死必離開地而升上天去，此亦與西方信仰一大不同處。西方人之視地，則惟有利用價值，既不親，更亦無足尊。而中國人之人群相尊，尤其尊「師」，乃有更在其尊「地」之上者。

人之有生，賴於父母。故父母之尊，實可上擬於天，而親尤過之。中國五倫最重孝，孝為百行之首。故父母之尊乃在君之上。中國人只言「移孝作忠」，可見人當先有孝，亦必共有孝。出而從仕為臣者，遇父母喪，必告假乞歸，守哀三年；君喪則無此禮。故不孝則非人。既有孝，斯必有尊有親，不能有個人主義。人之孝其父母，乃本其有生之情義，非為功利。孝如此，百行亦當然。天地生人，亦非為功利，乃一大自然。中國人言道義，亦一本於大自然，故曰「殺身成仁，捨生取義」，仁義亦天地大自然。故人亦必以仁義為情義，而豈功利之足云！

明此「天、地、人」之自然大道義以教人者是為「師」。不明此道此義，則人而非人，故人生自幼即從師受教。師之可親，擬於父母，可尊則尤有在父母之上者。父母生我，使得為人；師教我，使知為人之道。父母之親，則若有私；師之尊，則一本之公。故父母重撫育之慈；道義之教，則在師。若父母教子女以孝，似若父母有私；故父子不責善，又易子以教，乃見道義之大公。

韓愈師說篇云：

師者，所以傳道、授業、解惑。

人道即天道，人道淪喪，禍亂相尋，天道亦無以見。人生必有業，業皆以善道，亦即以善我之生。君亦一職一業，亦有君道，亦待師之教。故人群中有師，其位當尤在君之上，為君者亦必尊師。孟子曰：

聞誅一夫紂矣，未聞弒君也。

紂無道，乃為一夫可誅。則為君者，亦必尊道、尊師可知。於道、於業有惑，則賴師為之解。故傳道、授業、解惑三者實一事。

聖君必推堯舜。孟子曰：

人皆可以為堯舜。

非言必效堯舜之為君，乃學堯舜之為人。為師莫高於孔子，孟子曰：

乃我所願，則學孔子。

然不曰「人皆可以為孔子」。故孔子弟子曰：

夫子賢於堯舜遠矣。

則師尊於君，中國古人早有定論。故人可以不仕，但不可以不學；人可以不親於君，但不可以不親於師。中國人重道尤過於從政，尊師尤過於尊君。自稱「弟子」，則視師猶父兄；又自稱「門人」，猶言家人。孔子死，門人心喪三年。孔子曰：

回也視予猶父，予不得視猶子。

則孔子、顏淵豈不如父子之相親？

孔子終生，門弟子七十餘人。此後師道益廣，而弟子之親其師，則若無減。即君之事其師，如東漢之明、章二帝，其尊其親，亦一如社會之平民。下及北宋，王荊公、程伊川為君師，爭當坐講，君為弟子當立而聽。當時從之，後人亦未有非議。則中國「天、地、君、親、師」五者中，惟「親」與「師」為最當親，亦最當尊，自孔子以下兩千五百年來未有變。事例昭彰，不能縷舉。

人生有親，乃由人之「性」；親中又有尊，乃屬人之「行」。「仁」本於性，乃見人之「德」；「智」由於行，乃成人之「業」。生而不知有親，是為不仁無德；生而不知有尊，是為不智無行。尊必尊其親，親必親其尊，尊與親又必相和合融為一體，斯為德性與事業行為之合一，即「仁」、「智」合一，此為人道之大本，乃人生之原始與歸宿之所在。西方人男女戀愛，結為夫婦，斯亦成家；但父母、子女之愛則較淡。子女成長，各有婚嫁，又別成家。故其人道，似以夫婦結合為中心，異性相合，乃暫時的；中國家庭以父子相傳為中心，世代緜延，此為長時的。兄弟亦可分財別居，但同尊一父母，其精神則仍屬一家。於是世代相傳，由家成族，有祠堂，又有義莊，緜延至數百千年以上，仍有一共尊之祖先。

母族則稱「外家」，為表親。故中國乃為一「宗法社會」，古代之「封建政治」亦由宗法社會來。由親親而貴貴，中國民族之大一統乃在此，與西方中古時期之所謂「封建」大異其趣。故中國古代之封建政治，以生物學言，乃同一「血統」；以文化學言，則由親親而達於尊尊，乃同一「德性」。尊君亦尊其祖先，亦尊其所親，非憑權力以為尊。井田授地，亦非「農奴」，君民上下一皆有其所親，仍屬平等。

亦可謂中國社會乃一「個人中心」之社會，而非「個人主義」之社會。人孰不有父母祖先？親而尊之，斯一家一族即以個人為中心，但決非個人主義。或疑中國社會「重男輕女」，但在一家中，母更親。周人尊其祖為后稷，但生民之詩述及后稷母姜嫄，而不及其父，豈此之謂重女輕男？依西方人觀念來解釋中國事，必有難圓其說者。姬、姜兩族，世代聯姻。果使男女必爭平等，婦不為媳，壻不為子，子女各自成家，不復親其父母，則只有效西方之短暫家庭。親既不存，尊又何來？人之所親所尊，不從其自然內心來，乃轉從外面財富、權力來，人生苦痛即由此。若不尊財富、權力，而求一共尊，則惟有宗教。但上帝、耶穌，可尊終不可親；而仍留一凱撒，強之必尊，故遂不斷其「獨立、平等、自由」之要求。但人類之群體又何從而維持？於是尊凱撒轉而為尊法律。近代西方之民主政治，必得三權分立，民主乃由法律來。然法律亦終非可親。人群相處，而心不相親，又何以善其群？此誠一大問題。

故人群相處，終必建基於各人內心之相親。有親斯有尊，尊必本於親，則天理人情，吾道始可一以貫之矣。此道由師而傳。師之傳其道，則首貴教人以「修身」。大學言：

自天子至於庶人，壹是皆以修身為本。

其實修「身」只在修其「心」，此曰「明明德」。必使其心知所親、知所尊，則齊家、治國、平天下皆一以貫之矣。修身則必由「己」，不能由他人作代，亦不能由己代他人。故惟修身乃最獨立、最平等、最自由之人生大道，而必屬於個人。其實一切可親可尊，皆由各自一己之心來。而己心之有親有尊，乃更見己之可親可尊。故謂中國社會乃以個人為中心之社會，但決非個人主義。

西方宗教信仰似近中國之所謂「道」。惟中國人於「人道」、「天道」有分，故曰：

天道遠，人道邇。

而耶穌不就本身可親之人道，而只教人信在遠之天道，此則與中國異。中國以「人」教人，孔子「述而不作，信而好古」，非自創教，乃稱述古人以為教。漢、宋儒教，皆承孔子。故其道乃人群之道，乃我民族自古相傳之大道，可廣大，可緜延。今人乃譏中國人為守舊泥古。宇宙間寧有一日新月異之上帝與天堂？又寧有一日新月異之國與群？惟個人在人群中，無尊無親，乃見其短暫多變為可慨耳！

西方哲學，亦歷兩三千年。但必人人自立說，自創論，始成一家。故西方哲學，均重思維探討辯論，而無所謂「傳道」。中國師道，惟貴善述古人之道而傳之。孔子傳述周公，上及堯舜，墨子述禹，莊周述黃帝，許行述神農；戰國九流十家，皆有所述。鄭康成、朱晦翁，為漢、宋兩大師，亦功在傳述。師之貴與尊，在其人，更遠過於其知識。略近西方之宗教，而與哲學為遠。近人但稱孔、孟、莊、老、鄭、朱為「思想家」，斯又失之。或稱「學者」，乃庶近似。

抑且中國成年猶從師，一大師之門人弟子，盡屬成年人，其學乃謂之「大學」。終身於學，斯乃人生大道。韓昌黎言：

弟子不必不如師，師不必賢於弟子。

而為弟子者必尊師，此為禮之常然。故中國之師道，乃與中國之歷史文化、民族精神相融而為一。西方近代之「國民教育」，乃教幼年為一「國民」，不及成年；亦非教以「為人之道」；進入大學，則惟傳播知識；皆與中國之所謂「小學」與「大學」者不同。

近人又謂國人尊孔，乃由專制皇帝所提倡。董仲舒三年目不窺園，尚在其為賢良對策前，豈亦由漢武帝所提倡？武帝在即位前，亦師儒家受學。及其即天子位，尚屬一青年，讀董仲舒天人對策，而加喜愛，乃因近其師傳。此下中國乃有「士人政府」，豈不與「帝王專制」背道而馳？後人尊董仲舒更尊於武帝，乃為尊其「道」與「學」。公孫弘不能正道以言，乃曲學以阿世，特為後世所輕鄙。漢宣帝欲立穀梁博士，須經博士論定。東漢太學生則輕視朝政。東晉南渡，「王與馬，共天下」。此下南北朝多門第執政，亦非帝王專制。孔子之尊，乃由歷代中國學人之自由意志之共相推尊。周濂溪言：

士希賢，賢希聖，聖希天。

中國乃一「四民社會」，士風如此，而政風隨之。故中國人尊孔乃遠在其尊帝王之上；帝王亦必尊孔，始為國人所尊。而歷代學人見尊過於帝王者，亦累世有之。

今人又每以孔子與耶穌、釋迦同視。惟耶教必結黨以博人信。佛教僧侶沿門求乞，不聞僧侶沿門傳教；高僧則居深山，世人自往學；但教「出世」，則與孔子之教「淑世」異。而孔子之非一宗教主，則亦一言可盡。人自束脩以登孔子之門，乃自求其尊、親，孔子則「學不厭，教不倦」而已。中國人重言「信」，必自信其己，而後能信及他人，人亦自信之。即有上帝，亦必由己之信。不求自信，而僅求信上帝，則顯存有功利之心，而非道義之歸矣。父母則可親可尊，不在其可信；師道亦然。

今再要言之，個人主義與功利觀念，不成家，亦不成國，又何以言及天下？宗教信仰，靈魂死後登天堂，仍屬個人主義之功利觀念。即如佛教之言「涅槃」，中國學人亦謂之是一種個人功利觀。必人與人相親相尊，乃始是中國之人倫大道。宗教之信在外，親與尊則在「心」在「德」，此即人生之至善。故中國文化惟以人之德性為重，所謂「一天人、合內外」，端在此。此乃中國文化之深義所在，當加以深切之體認與宣揚。

㈡

中西文化各走了一條不同的路線，雙方亦各有其升降起落，同以曲線前進。若隨時以一平切面來衡量，則極難判定其是非得失之所在。近百年來，此兩線始緊密接觸。中國滿清政權，已走衰運，即無外憂，內亂亦不可免。嘉慶末之川楚教匪，即其顯徵。而西方則正值上升之期。西、葡、英、法，揚威海外，所向無敵；帝國主義，殖民侵略，如日中天。鴉片戰爭，英倫以一島國，迫使清廷割地賠款，開埠通商。國勢之強弱高下，儼有霄壤之別。然而各有因果，各有其內部之所以然，非可邯鄲學步，捨己從人。正是自毀生命，萬無是處。毛澤東既死，迷途知返，乃謂將採「中國式的社會主義」，此意亦非不是。但中國以前究是何等一社會？惜乎近代中國學人乃尠有措心及此者。

馬克斯論西方，先為「農奴社會」，次為「封建社會」，下及近代乃為「資本主義社會」，而主張改為「共產社會」。以中國社會論，既非西方之資本主義，亦不同於其中古之所謂「封建社會」。中國自古以來，有一中央政府，決不當與西方中古時期相提並論。又西方希臘、羅馬時期皆有城市，而中古時期無之。中國則唐、虞以下，早有城市，即政府所在地。中央政府所在稱「京師」，如西周之豐、鎬。諸侯政府所在地曰「國」，如魯之曲阜，齊之臨淄。此下復有分封，是曰「都」。如魯三家分封，有費、郈、郕三都。此下尚有城市，如子游為武城宰。戰國時，齊國共有七十餘城。專以商業名者，如陶朱公所居之陶。中國古代社會，即以城市為中心，此又與西方中古時期大不同。

城市既為政府中心，社稷宗廟、君臣百官廨署皆在。民眾亦同居城中。農民郊外授田，春、夏、秋三季出居城外，故曰「田中有廬」；冬則歸入城居。士、農、工、商同為民，農屬第二位，焉得獨為農奴？封建時代十一而稅，漢三十稅一，唐則四十稅一，輕徭薄賦，乃中國傳統政治一要點，故農民乃特受優待。

工業亦由官派，同亦世襲。百工亦稱「百官」，凡所製造，皆供公用，非私產。鹽鐵全國共用，漢代有鹽鐵政策，由政府經營，使不得成私家資本。其他如絲綢、陶瓷以及製茶、開礦等，凡所社會共需，可成私家資本者，均由政府設局經管。故中國雖廣土眾民，地大物博，國內商業極臻繁盛，而始終不能有資本主義之產生。非屬「共產」，而求「均富」，此亦可稱中國文化一特徵。

商業在古代，亦由公營，設官為之，主要在國際通商。民間僅日中為市，各以所有，易其所無，交易而退，非有街市商店。孔子謂子貢「不受命而貨殖」。此乃子貢奉使出國，道途所經，隨便買賣，乃以贏利。此下乃有自由經商。然商居四民之最後，備受政府種種限制，歷代皆然。唐以後科舉考試，必報「家世清白」，祖先三代中有經商者，即不得預考。「商」與「仕」嚴格分別。又稱「信義通商」，經商者不得以謀利害其信義。此見中西社會，分別各走一路線，不得以西方社會之各名稱來相比附。

中國乃一宗法社會，「小宗」、「大宗」有別。小宗五世則遷，大宗百世不易。唐、虞、夏、商、周時代固然，即秦、漢以下亦仍然。東漢以下之「門第社會」，即古代「宗法社會」之變相。宋初有百家姓。每一姓皆可上溯至唐、虞、三代，乃至唐、虞以前。其一家之史，即可與一國之史息息相通，血液流注，融成一體。而每一個人，即不啻為此一全體之中心。此為宗法社會即中國文化大傳統一特性。

中國自春秋以下，又可稱為「四民社會」。士居農、工、商之首，「親親」之外，尤當「尊賢」。中國五倫中夫婦、父子、兄弟三倫皆主親親，君臣、朋友兩倫則主尊賢。堯舜禪讓，皆尊賢。禹讓天子位於益，國人思念禹德，共擁其子啟接天子位。是由尊賢而又歸於親親。此見中國人心理，親親亦歸於尊賢。

夏桀無道，商湯起而征誅，東面而征西夷怨，南面而征北狄怨。湯之革命，代夏稱帝，是又以尊賢代親親。商紂無道，周武王起而征之。而武王軍中一車載文王木主。及代商有天下，尊文王為開國之祖。此亦親親中有尊賢之一證。周人追溯始祖，必推后稷。而后稷亦有父，周人不之及。此又親親中尊賢之一例。姜姓祖神農，同於姬姓祖后稷，此皆農業社會之尊賢。故曰：

賢其賢而親其親。

所尊則必賢，而仍在親親中。權利勢位，非所尊、親。周初封建，不專姬、姜二姓。興滅國，繼絕世，凡古賢聖，亦皆封其後，此亦由尊尊而親親。故中國社會，乃由此尊尊、親親之兩語而定；中國歷史，亦由此尊尊、親親之兩語而變。孔子殷人之後，乃曰：

郁郁乎文哉！吾從周。

又曰：

如有用我者，吾其為東周乎？

是則孔子之尊賢尤在親親之上。此亦深得周公封建制禮作樂之大意，而承續光大之。中國人尊君乃尊其賢，非尊其位。否則孟子曰：

聞誅一夫紂矣，未聞弒君也。

君如不賢，乃一匹夫，何足尊？其他政治人物亦然。商有傅說起於版築之間，乃一工人。又有伊尹，耕於有莘之野，乃一農夫。而皆為一朝之相。周初有伯夷、叔齊，乃孤竹君之二子，讓位在野，餓死首陽之山，而後世推以與傅說、伊尹同尊，皆稱之為士。春秋時，齊桓公首創霸業，其臣管仲、鮑叔牙先皆士。晉公子重耳出亡在外，從者三人，亦皆士。士之見尊，亦中國傳統文化。及孔子起，而士乃益尊益顯。此皆證中國社會尊賢之風。

秦併六國，改「封建」為「郡縣」，皇帝之位乃益尊，而始皇帝乃永為後世詬病。然始皇帝亦知尊賢，李斯為相乃楚人，大將軍蒙恬乃齊人，其長子扶蘇亦從在軍中。劉邦以一泗水亭長而躍起為皇帝，自言能用張良、蕭何、韓信，此亦為能尊賢。及即天子位，即下詔求賢。但又恢復封建，非劉氏不得王，非有功不得侯，此又並重親親、尊賢之兩意。及吳楚七國亂後，武帝起，一尊儒術，尊賢之意乃益顯。公孫弘為相封侯，雖其曲學阿世，後世不謂之賢，然亦不害武帝尊賢之用心。博士弟子為郎為吏，創後世「士人政府」之新局，此誠一種尊賢政治。惟王位世襲，猶存前世親親之意。

宣帝以下，舉朝諸臣競言自古無不亡之王朝，與其下啓征誅，不如王室先自禪讓。雖蒙殺戮，言者繼起，遂有王莽之受禪。但王莽亦非賢，無以副眾望。光武中興，則仍漢室之賢。曹操、司馬懿僞為禪讓，實則篡弒，有才無德，不賢之尤。魏晉而下，中國遂臻衰運。然如劉淵、石勒、苻堅，胡人而慕漢化，北朝魏孝文益然。隋文帝、唐太宗賢君迭出，中國重臻盛世。趙宋經五代後，益尊賢，有

「不殺士」之家訓。而士之見重，更超越前代。蒙古、滿洲入主，科舉制度仍保持，社會尚賢之風依然。中國文化傳統精神，亦可由此一端而見。

孫中山先生肇建民國，秦以下兩千年之王位世襲告終。創為「三民主義」、「五權憲法」，「民族主義」主承續民族傳統文化；「民權主義」主「權在民，能在政」，不失尚賢之意；於西方「三權」外特增「考試」、「監察」兩權，皆中國舊有。考試為政府求賢，隋唐科舉承兩漢選舉來。中山先生主張「被選舉人」、「選舉人」均當先經考試，此即古人所謂「善鈞從眾」，賢鈞亦當從眾，不當不論善惡、賢不肖，而徒務從眾。當先尚少數，乃及多數，義始深遠。漢代舊制，丞相主行政，御史大夫副丞相主監察。御史有中丞，監察王室內朝。地方行政，則郡國太守外有州刺史，亦司監察。監察之外，復有專司諫議者。唐代三省中有門下省，明代尚有六科給事中。中國自秦以下之傳統政治，考試、監察兩權佔重要地位。實際史跡，一部二十五史綱羅詳備；復有通典、通志、通考，三通、九通，詳陳其利弊得失之所在。近人以「帝王專制」四字，盡棄古籍而不讀，則論政惟有一趨西化，乃無絲毫自由可言。中山先生之五權憲法，即承其民族主義來，乃有超乎西方三權以外之兩權。近百年來，能於中國與西方以平等地位看待，則實惟中山先生一人。「民生主義」亦非慕效西方專重經濟。中國歷代田賦制度、兵役制度等，君民一體，百姓一家，亦均不失親親傳統之大意。故不本於民族主義，亦難究民生主義之深旨。

不幸近代國人群以「帝王專制，社會封建」八字括盡了中國以往傳統，則與中山先生之民族主義已大相違背，其他更何足論？孔子曰：

必也，正名乎？名不正，則言不順，事不成，禮樂不興，刑罰不中，民無所措手足。

今為中國社會正名，當稱「宗法社會」、「四民社會」。為政治正名，當稱「士人政治」、「尚賢政治」，庶為近情。中山先生之民族主義，乃指以往舊民族，今人則僅望開來創造之新民族。兩者相異，尤當深思明辨，萬不可忽。

以今日言，可謂社會士階層已沒落，政治尚賢之意已消沈，社會惟求工商化，政治惟求民主多數化。要言之，則惟求「西化」。而自兩次世界大戰以來，西方已成美、蘇對立，除美、蘇外，已別無西化可言。以中國較之美國，乃成為一「無產社會」。如此則馬、恩、列、史以無產階級一黨專政，豈不於我轉為合情合理？毛政權乃以此特興。再論政治舊傳統，中國所重在「禮樂」，輕視刑罰，財與權更所不論。西方則尚「法」不尚「禮」。大資本大企業大組織皆賴法。豐衣足食，衆所想望。但資本愈集中，企業組織愈龐大，無產階級愈普遍，如此則勞工守法，何樂存之？馬克斯在倫敦親睹其現象，唱為共產主義，仍是一種變法，非變禮。並其所變在社會經濟，不在政府。其說傳至蘇維埃，始變為政治性。一旦移來中國，則又五千年相傳之舊禮，成為馬克斯思想之大敵。此禮為何？曰親親，曰尊賢。

中國社會上下一體，本由宗法來，但宗法之維持擴張則需賢，故親親中必尊賢。禮尚祭祀，祭祀則最崇賢。故中國社會、政治得融成一體，秦前之「封建」與秦後之「郡縣」無大殊別。資本主義則重私財。馬克斯共產主義，乃求私財公有，此則與禮無關。中國之禮，則有公無私，凡私皆融入公中。由「宗法」而產生「井田制度」，亦公私融成一體。百工之官亦然。後代有「社倉」，有「義莊」，亦公私共成一體。如鹽鐵，如茶政，如漕運，一切財賦政策，皆求公私融和，合歸一體。此皆中國傳統政治尚賢不尚權之所致。故中山先生言「權在民而能在政」。革命即革去其不賢，禪讓即讓於賢。西方人高唱「民權」，中山先生則說之曰「權在民」，謂政治當一依民生為依歸，非當由民眾來作主張。既如此，則「能在政」，亦「權在政」；五權皆屬政。惟選舉屬於民，而中山先生則主「選舉」與「被選舉」皆先以考試，則仍上下一體，禮即體，則仍是一「禮治」，與「法治」不同。西方尚法，則統治與被統治顯分兩級，顯成兩體。無產階級專政，則專以財富分階級，不分智愚、賢不肖。共產主義之本於「唯物史觀」，洵可謂信而有據矣。此與資本社會之專重富又何異？知此則知東西雙方之政治社會，乃亦各有其一貫相承處。

今必慕效西方，則必破除社會之尚宗法，政治之尚賢，人與人無親無尊而後可。孟子曰：

仁之於父子，義之於君臣。

今則不講仁與義，惟求財與權，乃庶可獲西方化。毛政權首懲「溫情主義」，主要在家庭。次則懲「有產階級」之意態，即指才智與賢能。民族傳統文化，即民族之大財富；盡破一切傳統，無文化，乃成無產、唯物。馬克斯乃一猶太人，亦如耶穌，無深厚之家國觀。惟耶穌則獨尊上帝，馬克斯則轉主唯物。列寧、史太林，則非其比；毛澤東則更非其比。列寧借共產思想作政治運動；毛澤東則借作文化運動，一若非掃盡中國五千年舊文化，即無以完成馬克斯之思想。今國人於馬、列、毛三人亦尠知辨。

中國社會擁有四五千年來親親尊賢之文化大傳統，唯物史觀絶不相當。中國人所重在「同德」，非「共產」。然則當前如鄧小平，果欲行「中國式之社會主義」，首當知親親。家庭宗族百姓，一國如一家，公中有私，私中有公，非無產，亦非共產。深一層言之，則財富絶非人生要道。國以民為本，民以食為天，食求果腹，與剩餘價值、資產無產無關。知此義，即賢者，尊之信之，不待結黨競選。則「民主」、「獨裁」現代化口號，亦豈能挽回當前之國運，而使我民族再登康莊之大道？然孔子曰：

> 後生可畏，焉知來者之不如今？

拭目待之，又復何憂！

三二　色彩與線條

繪畫有「色彩」，有「線條」。西方人生似重色彩，中國人生則重線條。姑以男女言，西方人重戀愛，情感方濃，男忘其男，女忘其女，兩人渾如一人。但此種態度有其限止，正常人生不能老如此。西方人言「結婚為戀愛之墳墓」，結了婚，成了家，以前那一種濃郁色彩便消褪了，不能再存在。中國人重夫婦，男女雙方有其分別，兩人間若有一線條，然此乃人生正常狀態，可久保勿失。

以幾何學言，線條在兩面中間，無寬度；有了寬度便成面。因此夫婦間縱存一線，實則兩體融和合一，有界隔還是無界隔，此為中國之理想夫婦。其實五倫盡如此。賓主相見，顯有界隔，情味和洽，則不啻一體。線條乃和合成體無可避免之必有現象。

「君子之交淡若水」，此言其無濃郁之色彩。言辭讚頌，貨物餽贈，過分在禮貌上用心，亦如酒食徵逐，同為一種「市道交」。色彩濃，則情味淡。君子之淡，則淡在色彩上；水則融成一體，淺深流止皆然。人與人相交，則必有一彼此之界線。故論語以「繪事後素」為「禮後」。君子相交，禮隨於情。但必有其禮，而後情乃可久。人事貴於有線條正如此，形體已成，而再加以線條之劃分。此為中國文化，所謂「止於至善」。徒求色彩之濃，則不能久而不變。

朋友然，君臣亦然。君臣無貴賤，同為國，同為民，亦一體，惟職位不同而已。君臣之「禮」，亦君臣間一線條，亦實如無此線條。果真有此線條，則君臣間隔，不成一體，又何從相與為政？今人惟重「權」，有君權，有臣權。臣權在下，恐受吞滅，制為法律，求加保障。君臣非一體，衝突不可免。

以人體言，如首領，如胸腹，如手足，苟使各為一體，則人體分裂，烏得為人？故人體不可分，首領、胸腹、手足乃體中之部分，各居其位，各有其職，而血氣相通，可分而不可分，猶如幾何學上之線條，實無此線條。余之謂中國人生重線條，乃指此。即師、弟子間，亦當有線條。教者當為學者留餘地，不當蔑越學者之位以為教。孔子曰：

學而時習之，不亦悅乎？有朋自遠方來，不亦樂乎？人不知而不慍，不亦君子乎？

此乃學者之三大要事，孔子未作定論，亦未加詳論，僅粗引端緒，以待學者之自思索，自體會。又曰：

不憤不啟，不悱不發。

教者之啟發，必有待於學者之憤悱。故教者如一鐘，大叩則大鳴，小叩則小鳴，不叩則不鳴。孔子又曰：

不患莫己知，求為可知。

盡其在我，知與不知，事屬他人。人我之間，不得不有此一線條。此線條即中國人所謂之「禮」，乃中國人生、中國文化主要精神之所在。

西人似無此線條，亦知盡其在我，而不留他人餘地。教者儘為教，色彩太濃，已侵染淹沒了學者之地位。惟恐人不知我，不厭在我之表現，則人我之間，倘其見解不相投契，惟啟相爭，而不得融和成一體。貴賤之外，有貧富。富者崇樓峻宇，畫棟雕梁，務極其富有之色彩；相形之下，貧者之草廬茅舍，幾若不得成為家。貧富儘有界隔，而非線條，則貧富不相和。中國社會亦非無貧富，孔子曰：

貧而樂，富而好禮。

貧者若不知人間之有富，自足自樂；富者則自戒誇耀。貧富之間乃僅見一線條，即孔子所謂之「好禮」。西方社會無此一「禮」字。家與家如此，國與國亦然。今人所謂「國際」，亦當使國與國之間僅有一線條，此即為國界。同立國於天下，貴相和相通，不貴相爭相凌，故得有界若無界，此亦有道。一天下，平天下，即此道，亦如一國、一家、一身之為道，各有部位，各有界線，而相和成一體。故人必自修其身，又能通於他人，不加隔閡，不加侵犯，則可以齊家、治國而平天下，而豈爭富、爭強、爭權、爭位之所為乎？

今言通商，日中為市，以所有，易所無，各得其所欲，交易而退，中國古代商業乃如此。其間當有信有義，而豈攘利謀富之謂？使必攘利謀富，求己之有，乃以致人於無；於己有得，乃必於人有失。則經商不如整軍，希臘轉為羅馬，而循至於近世之帝國主義與殖民政策，乃有共產主義繼起。西方文化演進如此。此亦如繪畫之僅務於色彩，而不知有線條。

色彩外加，若具體；線條則本體所涵，若有若無，乃抽象。西方人生重外，重具體，如富、如強，如權、如位，莫不相與重而爭之，有增無已，即自己本身人生亦為淹沒。試問大富、大強，其對人生本身意義價值究何在？故色彩愈濃，而內涵則愈淡。此如飲膳，「五味令人口爽」，而或致傷及胃腸。又如「五色令人目盲，五聲令人耳聾」。又且口舌耳目萃於臉面，通於全身，傷及此則必害於彼，增於外有害其涵於內，即小可以喻大，即近可以喻遠。而西方人又好分門別類，專業以求，則其人生各部分之外加，其有害於人生全體之內涵者，亦推而可知。當前世界種種病痛，則皆感染西方文化有以致之。中國人生則務求有節有止，有廉有度，相通而不害其內，則積久亦自能及於外。此所謂身修、家齊、國治、天下平，吾道一以貫之也。

目之於色，耳不必知；耳之於聲，目不必知；互不相知，而自有其相通。所以人生當知有線條，而線條實非有其存在。西方幾何學，積點成線，積線成面，積面成體；此乃一說。亦可謂有體乃始有面，有面乃始有線，有線乃始有點；此則為又一說。否則以無厚、無寬、無長之點，何能積成一長寬厚之體？果使點亦有其長、寬、厚，則點即成體，而幾何學亦無可成立。西方個人主義，若能眞為一個人，其生命無厚、無寬、無長，則何能成人之大群？惟當先有此大群，乃始有國、有家、有身。有此大群之和通而合一，悠久而常存，故得在此群中成其為一人。見父母必知孝，見兄弟姐妹必知友，夫婦相處必知相愛敬，君臣、朋友相處必知有忠恕。其一人生命之有長、有寬、有厚，皆於其身外之家、國、天下得來。儻僅視一身為我生命之所存，而家、國、天下皆在我生命外，與我生命無關，則我此一身，豈不將如西方幾何學上之一點，無長、無寬、無厚，又烏得謂之為有生？故人生之內涵應為仁、孝、忠、恕之「明德」，人生之外揚應為修、齊、治、平之「至善」。大學「三綱領」已言之。今人則以食、衣、住、行為人生，不以身、家、國、天下為人生，則誠孟子所謂「人之異於禽獸者幾希」矣。

原始人類先有此天下，群生演進，乃有國有家，乃始有今日之人生。有巢氏、燧人氏之世，當已有群，斯即為天下。庖犧氏興，其時當建有國。庖犧氏始定嫁娶之禮，而其時或尚未知有家。自神農、黃帝以至於堯、舜，而中國人群家、國、天下之各線條始漸顯。此下中國人繼此演進，而始有今日之中國。

希臘人海外經商，非不知有天下，但抱個人主義，則天下僅為人類謀生外面一環境。猶太人到處播遷，亦非不知有天下，但謂人類創始於亞當與夏娃，則亦仍是個人主義，而天下大群，亦在個人生命之外面。直至近代西方，仍為個人主義，無天下觀。國與國相分裂，以侵略吞併為務。僅得有小家庭，而夫婦仍以自由離婚為個人之權利；近乃盛行男女同居，而婚姻制度可有可無。則可謂直到今日，西方之「國」與「家」，實尚未成體，相互間仍不能如中國古代之各有其線條。「天下」終如一外加物，惟「個人」乃有其確定之存在。

釋迦佛教，認生、老、病、死為人生「四苦」，若求擺脫，乃有「四大皆空」之說，則整體人生失其意義，但實仍為個人主義。耶穌唱為靈魂上天堂，而有「世界末日」之說，則整體人生失其價值，而各自一靈魂，則仍屬個人主義。惟中國人觀念，則修、齊、治、平，個人生命即在天下、國家整體生命中，而又為天下、國家整體生命之一中心、一本。此說乃恰合於幾何學中「體、面、線、點」之觀念。大學「三綱領」、「八條目」，即明白昌言個人與天下之融成一體。「三綱領」中之「明德」屬於個人，亦通於天下，故「明明德」斯必「親民」。惟此乃「至善」，既可普及於天下，亦可單屬於個人。知此義，乃知人生之有「止」。「止」亦人生一線條。西方人則儘在色彩上著意，求富求貴，爭權爭利，個人如此，家、國亦然，有進無止，前途難言。將來不可知，即如過去無存在，而人生則終於在不斷前進中落空。

是則西方人生雖重外加，而所加則只在「點」上，不在「體」上。既不在體上，亦不能有長度、寬度，愈務其厚，而愈見其薄。觀於當前之人生，豈不然乎？

三三　禮與法

老子言：

失道而後德，失德而後仁，失仁而後義，失義而後禮。

此由老子重自然，輕人文，認惟「道」乃自然，「德」以下皆已落入了人文，故有此言。其實人文亦從自然演出，亦即自然中一枝節一表現。依儒家言，德出於「性」，性即自然。中庸言：

天命之謂性。

韓愈言：

> 足乎己無待於外之謂德。

是也。人類既具此德，便演出「仁」來，仁乃人之德性中一最先亦最高之項目。有此內在之德，與外達之仁，乃始有一切人道可言。孔子曰：

> 志於道，據於德，依於仁。

是矣。孔子言人文之道，而其道乃由天來。孔子十五志學，五十而知天命，即知此人文大道之本源來歷。當謂「有道始有德，有德始有仁」，乃為有當於自然、人文演進之道之大順序。老子重本輕末，乃有此失。

人類原始時代，惟見有自然之道；由是而演出「德」與「仁」，乃始有人文之道。「義」與「禮」，則為推行仁道之兩項目。仁根於其內在之德，義與禮則仁之表現於外在之枝。孔子常「仁」、「禮」並言，而曰：

> 人而不仁，如禮何？

則仁在內，禮在外；仁為本，禮為末。至於「義」，在論語中其地位似尚不如「禮」之重要，故言「仁義」，或言「禮義」，義皆居次，有其遵依，似無獨立地位。

墨子始重言「義」，孟子並言「仁義」，而荀子則重言「禮」。孟荀皆闡揚孔子之道，孟偏內，荀偏外，孔子則執其兩端用其中，更為周到而完備。老子言：

禮者，忠信之薄，而亂之首。

是亦謂禮當本於忠信。忠信亦德之內存，亦仁之所有，外見於禮，較之內存於德者，自易趨向於薄，非謂禮無忠信，讀老子原文自知。至其曰「亂之首」，則禮亦在治道中，非可謂禮即為亂，亦讀老子原文而可知。

惟人道演進至於禮，當已為人文之道之最高階層；離失於此即成亂，此亦無可疑。然則人群果失於禮而亂，又當奈何？今姑為老子續下一語，則或當曰「失禮而後法」。荀子言禮，韓非學於荀即繼言「法」。韓非書中，又多闡申老子義。司馬遷言：

申韓本於老莊，而老子深遠矣。

老子書不言法，此即較申韓之深遠處。而申韓實從莊老來，司馬遷所言，亦見其深遠。

中國重「禮治」，西方重「法治」。然西方社會亦非無禮，中國政治亦非無法，主從輕重之間，乃成雙方文化一大差異。中國古人言：

禮不下庶人，刑不上大夫。

此已「禮」、「刑」並言，惟禮在上，刑在下。此乃在西周盛世，宗法封建，禮乃其大端。宗法重「孝」，孝道乃仁道中最主要者，則宗法亦仁道之本。以今日語言之，政治即建基於人之「性情」。換言之，即建基於人之「德」。所以禮治亦即是「德治」，非可離人之德性以為政而治。「刑」非人之德性，外於德性乃有刑。故刑法乃政治之末梢，非政治之基本，不得已而用於庶人，但決不能尚刑以為治。

自孔子以下，可謂禮已下及於俗庶。儀禮十七篇，乃「士禮」，實起於孔子之後。禮既下及於士，遂亦廣及於庶人，而刑法乃亦上及於高級行政人員，即大夫一階層。因宗法封建，即不啻政府操於一家長、族長之手。春秋、戰國以下，宗法政府日趨崩潰，士、庶人升進從政者日多，則在政府中亦自不能只尚禮而不用法。禮下及庶人，而刑上及大夫，此為秦漢以下政治與上古三代政治一大演變，亦可謂乃由社會演變到政府。社會既變，政府亦不得不隨而變，是亦一種極自然之趨勢。

然變亦由漸不由驟。如西周之初，周公誅管叔，稱為「大義滅親」。一門親族同執政，何得論法？以義滅親，乃禮之變，非法之所能定。下及戰國，如吳起在楚，商鞅在秦，乃客卿，非親屬，則可以法處，不以禮遇，「刑不上大夫」之說遂漸廢。下及李斯，以楚國一庶民為秦相，父子同遭斬首，烏所謂「刑不上大夫」？漢興，蕭何與高祖同起，最相親，然其為相，亦以罪入獄。行政不能無法，有罪嫌宜當下獄受審。然當時一般人心理，皆以周祚八百載，秦二世而亡，故群尊禮而鄙法，認為既居宰相之位，又焉得下獄受審？士可殺不可辱，宰相尤為士中之冠冕，豈得施刑？故此下漢廷大臣遇罪嫌，乃僅由皇帝賜死，不再下獄受審。乃以表示皇帝尊禮大臣，不敢以法相處；大臣自盡，乃表示其地位之尊，其人格之高，而死生則猶在其次。故此下中國武臣有「寧為殺頭將軍，不為降將軍」之風。下至宋儒，亦有「餓死事小，失節事大」之說。此皆重視「禮」在「生」之上。孟子已言：

嘑爾而與之，行道之人弗受；蹴爾而與之，乞人不屑也。

所謂「無羞惡之心，非人也」，「羞惡之心，義之端也」。禮之本在仁，而禮之節則為義，過此一步，雖死不蹈。中國文化傳統尚禮之風有如此。尚禮則主者與受者，人我易成為一體；尚法則執法者與犯法者，彼此敵對。故禮啟和，法啟爭，此為二者之大別。今人競慕西化，輕禮重法，乃以西漢賜大臣自盡為「帝王專制」之一證；此猶指鹿為馬，而竟不知馬之外尚有鹿。萬物有生，何必只是一形？可悲亦可歎矣！

從中國文字言，「禮」即「體」。詩云：

相鼠有體，人而無禮。

鼠屬自然生命，有此體，即有此生。人類進入人文生命，單有此身體，則僅為禽獸生；前進而為文化人生，則必處大群中以為生。禮即是此大群之生之體。飲食、衣服、居住、行走往來，此屬維持生命之手段，而非人類有生之體。人生之體在其群，非可單獨以為生。禮則以處群，離群即無禮，斯不得有人生之體矣。衣食住行所需，皆屬物質，皆在身外，亦僅以補給維持此身。其生命之內存於心者，則為人之情感。中國人則謂其最主要者曰「仁」，仁即人生群居之情。故曰：

人而不仁，如禮何？

則禮雖表現於外，而必屬於心。仁與禮當表裏一致、內外一體，亦不能僅存此仁而無禮以為表。

人生之禮最大者有二：一曰婚禮，一曰喪禮。夫婦人倫之始，無夫婦即無人生，即墮退為禽獸生。禽獸之生，亦有演進成夫婦者。故婚禮最為人文之大禮。而喪禮則更大於婚禮。「禮尚往來，來而不往非禮也，往而不來亦非禮也。」惟死生之際，喪葬哀祭，有往而無來，有施而無報，最見此情之眞，此心之仁，合死生為一體。故喪禮尤大於婚禮。西方文學重悲劇，中國人則哀禮猶重於喜禮，孰為有當於人生之眞情？此亦一大別。

中國人言社會，則尤重其「禮俗」。「俗」亦禮也，惟俗限於一地一時，禮則當大通於各地各時，其別在此。故中國言「天下」，而西方則僅言「社會」。而其言社會，則僅重經濟，不重禮俗。如此則將何以得大群之長治而久安？老子以禮為忠信之薄，而亂之始。如婚姻之禮，相與為偶，即終身不變，此非忠信之厚乎？一死一生，乃有葬祭之禮，此非忠信之尤厚乎？人無忠信則其群亂，群之亂，則非「法」無以為治。故當曰「禮失而後法」。西方人婚姻，法尤重於禮。結婚、離婚莫不有法，無法則無以為夫婦。然法制雙方之「外」，禮則實根於雙方之「內」，而相通相和，成為一體，則亦可謂禮厚而法薄矣。中國社會既貴禮，彼我相通，則不待法之制其外。余抗戰時寓成都北郊賴家園，識一老農，年踰八十，其家距成都府城不到二十華里，步行兩小時即達，但此老農終其身未到府城。中國人未赴城市，未睹官府衙署者，到處有之。晚清一德國人至北京，城內亦有警察裝門面，城外無之，大驚奇。遂留中國，研究中國文化，讀中國書，成為西歐一有名之漢學家。中國廣土眾民，乃可無警察，近代國人則亦謂之「帝王專制」。不知民眾尊王，乃其禮，而政府之統治，亦不待警察。此亦中國文化一特徵。

中國崇禮，精義深旨，繁文縟節，非片語可盡。如衣服，西方人主要在求個人合身，中國人主要則求在群中得體。故西方衣服亦一種藝術美，即使特出群中亦為美；中國則衣服之禮亦在道義中，非可謂之乃藝術。但亦可謂中國道義乃人生最高藝術，則中國之衣服是一種群體美，須其融入群體以為美。故西方人袒胸露臂，衣服可不掩其肉身，衣服乃是「藝術美」，肉身則為「自然美」；中國則以衣服掩其身，露其肉身，則為非禮；冠冕裙釵都為禮，非為美，故曰「得體」。亦可謂此乃中國之一種「抽象美」，即「人文美」，乃屬「精神之美」。西方則重「具體美」，即「自然美」，實亦一種「物質美」。

如平劇，梅蘭芳、程艷秋皆以男性為名旦，亦有以女性演男角者，男女互易，不覺其不自然。此因中國人重抽象尤過於重具體。「人皆可以為堯舜」，聖賢亦一種人文抽象美。若必求具體，則如富貴，又烏得人人同有之？故西方女性美，則具體言三圍；中國則曰「窈窕淑女」，言其德性，乃在抽象。又或言其動態之美，如西施之顰，而東施效之；又曰「巧笑倩兮，美目盼兮」，一笑一盼，皆屬動態人文，非具體物質。

又如民間遊戲，舞龍舞鳳，皆屬抽象動態美。龍最無具體可求，乃於人人之心意想像中得滿足。論語言「北辰眾星拱之」，此亦非具體，乃一抽象。中國人尊君，亦如在天之北辰，在地之龍，亦皆尊其抽象，尊其「位」，非尊其「權」。位則虛。為君者能恭己而南面，僅居虛位，不仗實權，則其尊長在人心。今人以西方憑仗實權之君，疑中國自秦以下兩千年為「帝王專制」，則擬不於倫矣。

然抽象亦不離於具體。離具體，則無抽象可言。易言：

亢龍有悔。

凡具體則無不卑下，無不平常，能於具體中呈現其抽象，始有高貴稀奇可言；而抽象必落入具體中。孔子門人稱孔子賢於堯舜，因堯舜猶高居天子之尊位，孔子則一卑下平民，乃更見其偉大。孟子曰：

規矩，方圓之至。

方圓亦一抽象，規矩則落於具體。西方人重具體更甚於重抽象，柏拉圖榜其門曰：「不通幾何學，勿入吾門。」幾何亦一種抽象之學，而柏拉圖之於方圓，則從具體求之，認為眞方眞圓乃在天上；落入世間，則其形非眞。是世間實無抽象可求，則西方人之重具體，亦由此可推。

今以禮言，天子居朝廷，進宗廟，萬方諸侯皆來朝，雅頌即屬治平之大禮。然庶人賓主相聚一堂，亦同是禮。中國人以天地萬物為一體，「關關雎鳩」通於夫婦之禮，「呦呦鹿鳴」通於賓主之禮。上下交相敬。孔子之在魯，進而仕，退而離去，魯君及三家皆於孔子致敬禮。其游齊，及在衛、在陳、在楚，各國君臣亦均知敬禮。老而返魯，魯君臣仍敬禮不衰。雖不聽孔子言，而敬禮有加，孔子當身固親受之。蘇格拉底在雅典，青年相從講學，乃下獄幽死。其所講較之論語，一屬玄言，一屬實論。孔子對時政明加譏評，而備受尊養；蘇氏未有具體陳說，而遽嬰罪戾。尙禮重法，東西社會顯不同。

孔子後有墨子，亦顯獲諸侯之尊禮。下至於孟子，「後車數十乘，從者數百人，傳食諸侯」。見梁惠王、齊宣王，皆當時一世鉅君，其致敬禮於孟子者又何如？而柏拉圖則在自己宅第中，講學著書，不聞雅典政府於彼致敬禮，亦不聞其他城邦社會上下於彼有若何之禮遇。

下及羅馬，希臘諸學人多以家奴為師。猶太人耶穌，自稱上帝獨生子，於偏僻小漁村傳道，信從者得十二人，而上十字架與兩盜同釘死。其徒乃潛入羅馬，黑夜地下講道。其時乃值中國西漢之初，如淮南王、河間王，皆廣攬賓客群聚講學。其風傳至中央，武帝亦心慕之，乃以天子之尊，禮賢下士。朱買臣以會稽一樵柴漢，其妻恥而離之，武帝乃加親遇，任為宮庭侍從。朝廷無此用人之法，而帝王有此賞識之禮。在上者有禮以親其下，在下者又烏得無禮以敬其上？而今國人則鄙之曰「專制」。而不知「專制」、「民主」，皆西方語，皆從法律制度言；中國則崇禮。叔孫通為漢定朝儀，尊君卑臣，後代學人譏之。禮之深義，叔孫通固未足與語，但其所定朝儀之尊卑，亦與近代國人所深譏之專制有別。要之，「禮」與「法」必當辨。

在上既重法，在下者亦不得不對法有爭。耶教徒始在社會下層興學，首為在下犯法者作律師辯護。次為醫，為貧病者治療。但避不言政治，乃由納稅人爭選舉議員，始成民主政治。政府徵稅，必得納稅人同意，此亦法，非禮。至如為君者上斷頭臺，政治領袖稱「公僕」，更為非禮。上下無禮，何以言治？此為西方歷史演進與中國大不同處。

中國人道貴「人」，而西方無之。如言「男人」、「女人」，在中國語中同是「人」，而西方則分別為兩字，無同一「人」稱。又如中國語，「希臘人」、「羅馬人」、「英國人」、「法國人」同是「人」，而西方則主要以地區為分別，亦無共同一「人」稱。即此一端，可證西方人自始即無一共通的「人」之一觀念。孟子曰：

彼人也，我亦人也。

西方似無此觀念，則宜其個人主義之伸張，非賴法，無以成為群。中國則在大群中有個人，由禮以見其相互之分別。若果各個人本自分別，則獨立、平等、自由，何待有禮來再加以分別？然果各以獨立、平等、自由為務，則何以成群？群日大，爭日烈，惟有繩之以法，而法亦終難以作長久之維持。

今國人則一慕西化，惟知法，不復知有禮。夫婦之禮，則謂之夫婦之不平等；父子之禮，則謂之封建思想；君臣上下之禮，則謂之專制政治。清末譚嗣同有言：「中國有五倫，西方人惟朋友一倫。」其實中西雙方之所謂「朋友」亦不同。苟使西方人亦知有如中國人所謂之朋友，則烏得不知有父子、兄弟、夫婦、君臣其他中國之四倫？譚嗣同受知於光緒，終以身殉，中國傳統君臣之禮未盡擺脫。此下如王國維，曾為宣統師，乃不薙長辮，終亦於頤和園投水自盡。此亦有君臣之禮存其心中。然譚、王兩氏此等行為，拘小禮，傷大道，實未可謂有當於中國傳統尊五倫之要旨。王國維昧於民族大義，堪供嗤笑姑不論；譚嗣同在保王變政運動中為「六君子」之一，其所為雖亦忠君愛國，實亦不足為當時之楷模。中國人之知禮守禮，其中乃有一套大學問。王國維治文學，獎許及於曹雪芹，實已深染西化，未能通達大禮可勿論；譚嗣同首得讀王船山遺書，出處進退，此誠中國士人所講求之大禮所在，果以譚氏較之船山，則相差遠矣。通時達變，大仁大義，此乃中國尚禮一重大精神之所係，譚氏似不足以語此。

禮之大者姑勿論，而論其小者。余生晚清之末，幼時見婚禮中新娘必穿紅裙，禮畢即卸，平時決不穿。遇家族有禮，始得再穿；死後入殮又必穿。紅裙乃婚姻之表幟，女子必成年出嫁始得穿，所以每逢穿紅裙，即不啻告其已為一成人，必鄭重將事，是謂「禮教」。此乃教其心深處，而豈法律禁戒所能及？不憶何時起，遂不見此紅裙，此之謂「禮廢」。

中國稱衣冠之邦，亦不憶自何時起，男子乃無冠。尚憶民國十六、七年間，教書蘇州中學，講堂上學生二、三十人，各戴一帽，各不相同。余告諸生：「如此成何形態！」然其時尚各穿一長袍，以後則長袍亦不見。衣與冠皆以蔽身禦寒而止，不知國家社會遇大典禮，何以為容？但當時尚有此感想，此後則並此感想而無之。

又其時中學開學、放學必在禮堂行禮，大學則無之。喪禮為中國社會相傳一最大典禮，今則盡在殯儀館舉行。弔者可集千人以上，送葬則數十人而止。公墓興，私墓幾廢。要之，喪葬已變成一公共儀式，私家哀情轉非所重。喪服亦廢。中國之人生變、文化變，當以禮之變為最重大、最首要。所變者，不在其儀式之表於外，乃在其情感之存於心。中國民族成為舉世最大一群體，其來源首當及於其心之能有誠。孔子曰：

人而不仁，如禮何？

迄今則人而不仁，無情無禮，不知將何以維其後？但遇一運動會，則觀者可上萬人，又有「聖火」傳遞，更形隆重；國家大慶典，遊行結隊可達數十萬人，一時喧傳謂其空前；皆尚局面觀瞻，不問內心情感，一散會則渺不復存矣。此非「禮」變，實乃「心」變，乃實際人生一大變，此社會將何以維持？今日國人深慕西化，則惟有待西方人來作維持，庶國人有所追隨。

實則西方自始即是一商業社會，個人之交接，以及群體之團結，皆賴財富。故不貴禮而貴法。中國此下立國，群認惟有進為一商業國家，乃始有望。西方又是一宗教社會，宗教亦有禮，惟在信仰上。中國此後儻能亦同有此等宗教信仰，豈不亦庶有望？而中國文化大傳統中之所謂「禮」，則與商業與宗教信仰皆有扞格不相容處。僅言民主、科學，似非窮源探本之圖，此有待善言歷史文化者有以闡發之。古人言：

捨其舊而新是謀。

捨舊非難，謀新實難。此則待吾國人之善謀之。

三四　教育與教化

（一）

余嘗言中國文化主「和合」，西方主「分別」。和合中亦有分別，惟共有所主，乃見和合。

民初創辦新教育，率言「德、智、體」三育，後乃增「群」為四育，今又增「美」為五育。就中國傳統言，教育在教人如何「做人」，「知識」屬其次。雖不識一字，亦得受教做人。人生乃一「自然人」，受教育應為一「理想人」，或稱「文化人」。西方則似乎認為自然人生即是人，不再有理想人；惟宗教似乎開始教人做人，但所重只在死後靈魂升天堂，「凱撒事凱撒管」，其人生前仍是一自然人，教會並不過問。近代西方開始有國家義務教育，其大學則由教會創始，最先有神學與邏輯，為傳教主要所需；醫學、法學，則為醫師、為律師，可以救助人；如是而已。此下大學教育分院分系，課程繁多，則胥為傳授知識，重「智」不重「德」，重「技」不重「行」。中國則惟以「德行」

為教育主要目標，顯成中西文化一大歧點。即中小學教育亦然。中國近代新教育一切皆承襲西化，但傳統心理積習一時未能盡皆祛除，故於各門課程外，又特加品行分數一項，此見未忘德行教育之重要。故德育在智、體兩育之上，而其實際重要性則為智育。

體操、唱歌兩科，本屬身心修養，而在中小學中，則視為附屬課程。中國傳統教育首重禮、樂，即猶近代之體操、唱歌，而近代則轉不重視。定為德、智、體三育，乃為注重運動，甚至出國競賽，爭取國家民族榮譽。其實運動只是一項技術，果為私人健康衛生，則不需做種種比賽，多耗精力，而有損智育之進修。甚至各項運動，乃分別成為各項專門教育，或跑步，或跳高，分別至數十項目，一青年即專門受此一項之訓練。如此以為人生之教育，從中國傳統教育言，眞可謂無理之尤。

「群育」一名，尤不可通。人之處群，端賴德性，次之則為知識。中國傳統言齊家、治國、平天下，乃德育，亦智育，此即是群育。除卻家、國、天下，更何有群？中國傳統又以父子、兄弟、夫婦、君臣、朋友為五倫，除此五倫，又何有群？至如日常生活乃及開會、旅行等，皆當有德育，並需有智育，除德、智兩育外，不需再有「群育」一名稱。苟使除卻德智，特別來提倡群育，不知如何提倡法？果其群育別有一項技能，則就中國傳統觀念言，可謂乃反群育之至。

「美育」則更難獨立成為一目標。西方哲學家有「眞、善、美」之分，中國則無之。不善而美，要不得；不眞而美，亦要不得。善而誠即是眞，亦即是美，此即是一種「德」。但中國傳統在人文方面，很少言一「美」字。即如女性，中國詩人有「淑人」、「佳人」之稱，但亦少以「美人」為尊稱。

故以中國教育言，決不能有「美育」一名目。亦可稱中國有「藝術學」，但亦不得稱之曰「美學」。今乃有「德、智、體、群、美」五育，可加分別，各自發展，則歌女、舞女亦經美育，核武專家亦經智育；此等教育之於人類，其為禍為福，恐難判定。依中國觀念言，中道而行，為一善人，此其「自由」；違道為惡，則不得有自由。同為一善人，斯即「平等」；求富求貴，爭權爭利，斯即求為不平等。處群惡中，仍可為善，斯即我之「獨立」；富貴權利，則必爭於人、取於人，非可獨立得之。凡中國人之大群相處，自立為人，則惟一道，曰「德」曰「善」，斯即中國教育傳統之大宗旨所在。中國人又以「立德、立功、立言」為「三不朽」，然「業」與「言」皆隨其「德」以立。苟非有德，則又何業、何言可立？故中國傳統最重此「德」字，而知識在其次。「德」乃共通性，「知」則有分別性。愈分愈細，則忘其共通所在。如今又並言德智體群美五育，則德與智之意義與地位，已遠為低落。當前之人生日歧，世亂日亟，人莫不惶惶然不知所歸嚮，亦胥此之由。在西方傳統下，則惟歸嚮耶穌。兩年來，羅馬教皇每赴一地，群眾圍聚每達二、三十萬以上，可見西方人心之一斑。但齊家、治國、平天下，人生具體大道，耶穌均所不言。此誠一無奈之事。

今人於學校教育外，又言社會教育、家庭教育。此又言紛意雜，轉失教育之眞意。教育功能主要當由學校負之。中國人本無「社會」一名稱，群居相聚，重言「風俗」、「風氣」，可以影響人，陷溺人，鼓勵人，但非教育之比。人人各當受教育，而教育此群體，主持其風氣，轉移其風俗，以啟導人心之嚮往，則非大德高賢莫能勝其任。西方人無此觀念，不知人品有高下，僅在法律上作平等觀，防制其為非作歹，而不知以教化作領導。譬之治水，西方如鯀，僅知築堤防；中國有大禹，乃知導其流以歸於海。此乃通知水性以為治，正乃如孔孟儒家之通知人性以為教。知共通之人性，乃知共通之人道，斯知有共通之教育。故中國人言，主持教育者為「師」，「師」即有「眾」義；非通知大群之共同性，又何以成為人師以有教？西方教育以「知識」為教，故尚「專家」；中國教育以「人道」為教，故必尚「通德」，此又其異。

至於家庭，乃社會中一小團體。有「家風」，亦有「家教」，亦由家中之賢德長者主持之。但家中子弟，仍必送學校受業。中國傳統有「易子而教」之語。孔子之教伯魚，其事俱詳於論語，實不能如其教門弟子之詳且盡。故凡賢父兄，均不能盡心力以教其子弟。果使無學校之教，又何得專責社會與家庭以為教？今人因青少年犯罪問題，不能詳究學校教育之得失，反以責之家庭與社會，則學校豈反無其責？孟子曰：

遁辭知其所窮。

此等多立名目，廣為說法，實皆「遁辭」。當前世界其途益窮，其道益窄，則遁辭亦益張。如人人爭財求富，則有各種科技以及各種企業方法以輔導其發展，復有種種法律以防止其氾濫。又人人爭權求貴，則有民主政治結黨選舉等種種規定以使其步伐之常有範疇，復有種種法律以防其踰越。一若思慮周詳，防備嚴密。然而舉世之求富求貴，循至國與國、群與群相爭相亂。當前世變，今日不知明日，群言龐雜，實多遁辭，各有所獲，亦各有所窮。觸目驚心，寧非明證？

途窮則知返，西方人則必返之於宗教。果使人人不求富，不爭權，盡到禮拜堂懺悔禱告，斯亦未嘗非一道。終奈其稍安則思變，仍趨權、富一路，又將來一次「文藝復興」；而當前之世變，則仍必接踵追來。然則人生究何望？曰：仍必望之於教育。教育與宗教大不同。教育重在人性與其當前之處境，此則正中國傳統文化特殊精神之所寄。國人不此之究，而一惟西化是慕，斯亦無奈之何矣！

中國古代不言「教育」，而常言「教化」。「育」、「化」二字，有「自然」與「人文」之辨，倍當深究。如養育嬰孩，此屬人文。易言：

果行育德。

此「育」字，則深具自然功能。中庸言：

贊天地之化育。

「化育」連言，實多屬自然天道方面，而「教」則偏在人文方面。西方教育與宗教分離，偏在人文。

中國則言「教化」，一天人，合內外，更重自然方面。孔門四科首「德行」，「德」本於「性」，則人而通天，由人文而重歸自然。此乃中國文化中教育一項之重大目標所在。故西方宗教重在死後，而中國教育則重在生前。顏子居陋巷，一簞食，一瓢飲，人不堪其憂，顏子不改其樂。人文修行之與自然天道，短暫狹小之個人生命與廣大悠久之宇宙生命，均已融為一體，顏子乃可謂受孔子化育最標準、最理想一人物。其內心之樂，又何樂如之？而顏子不壽。儻以近代國人教育觀念言，或當謂顏子於體育有未盡，而於群育、美育，顏子似亦皆有所缺。然顏子則謂：

> 夫子博我以文，約我以禮。

則今人之所謂體、群、美三育，豈不均已存在孔子「博文」之內？抑孔子之「約禮」，亦已及於體、群、美之三育。孔子曰：

> 吾見其進，未見其止。

則顏子之學，常在進步中。今國人自慕西化，輕薄孔、顏，此辨自亦為言中國教育者所當知。

道家如莊周，亦樂舉顏子為言。東漢中葉，名士黃憲，人稱其「汪汪若千頃陂，澄之不清，淆之不濁」，或以顏子相擬。宋代理學家周濂溪，教二程「尋孔、顏樂處」。又曰：

學顏子之所學。

胡安定主教太學，乃以「顏子所好何學論」命題。中國人不敢輕言孔子之為教，乃好言顏子之為學。從來中國人於顏子無貶辭，無異論。而中國人之好學，其心誠摯，其情深厚，並世民族亦無其比。故中國人好稱「學者」。人而能為一學者，斯即其最高之人品。而中國人之學，不僅在其少年時，尤在其中年、晚年，時時有學。即為官從政，亦多不忘學而好之。至如西漢初曹參，以一軍人，任齊相，乃知遍國中求賢問學。賈誼陳政事疏，主太子必從師為學。此下即帝王亦有師，亦向學。四鄰受中國文化，如朝鮮，如越南，如日本，帝王從師，亦多有之。

西方則政治領袖惟有信宗教，不聞尚有從師為學之事。而西方人士所謂「學」，亦多在人文界，甚至有「反抗自然」、「戰勝自然」之口號。故教育愈發達，而人文地位愈增，不僅人自相爭，抑且與天地大自然爭，德性淪喪，而人心亦轉以不安不樂。如顏子之居陋巷，貧而樂，自亦不為當代人所齒矣。

近代大學任教稱「教授」，實本一職業。其所傳授之知識，亦儼如一商品。來學者多知識、多技能，亦如一商人之能自成一資本家。則西方教育豈不亦儼如一職業？中國教育則大道之行，為政者亦當受教，而教之為業乃高出於人生其他一切業之上。「天、地、君、親、師」，師之地位之尊如此。故中國人每不敢自稱「師」，孟子曰：

人之患，在好為人師。

但不諱言「學」，故「學者」乃為人類一最高尊稱。今人不知中國傳統文化中此等深義所在，乃改稱「學者」為「知識份子」，或「高級知識份子」。一切語言盡皆西化，即教育一門亦無以異。然則自今以往，做一中國人，語言觀念，盡當以西方為準，並亦有似是而非者，則亦何所謂社會教育？

今人又好言「復興文化」，則中國以往之教育恐首當注意。儻必以復興文化責之人，則弗以責之師，當以責之學者，尤其責之中年以上之學者。中國傳統文化，學者多在中年以後，乃在今日大學畢業以後，乃大學，非幼學、小學。「大學」者，大人之學也。求其標準，則如顏子。顏子未著書立說，亦未建功立業，而又生活貧困，但其於中國傳統文化則有大貢獻。亦可謂中國歷代莫不有顏子其人者出。今日中國社會何以無顏子，其中必有一番深義，或可資求欲復興文化者尋究。

(二)

「新」、「舊」觀念，又為近代國人相爭一要端，教育亦然。當前之所謂新教育，已與百年以上之傳統舊教育相違異。喜新厭舊，固是近代國人一普遍心理。西方屬新，群所嚮慕；傳統屬舊，群所鄙棄。但苟無舊，何來新？人之嬰孩以迄青少年豈不是人生一舊，中老年乃人生之新？人生豈能有新無舊？果人生無舊，尚有何情味？天地更是一舊，天地變新，則人文何所寄託，又何堪留戀？抑且西方人亦喜舊。埃及金字塔，競相重視。埃及尚非西方直接之祖先，希臘則更受重視。余遊英倫，參觀其牛津、劍橋兩大學，尤其是牛津，亦可見英國人尊古崇舊之心理。余遊美國耶魯、哈佛兩大學，美國人心理尊古崇舊大體亦然。哈佛一小樓，專以招待外賓，自路右遷路左，自基層起整棟遷移。屋宇不大，陳設亦簡，儻另構新屋，既省財力，又可創新規模，而哈佛則以能保持此一舊屋為榮。又如芝加哥大學，新校舍落成，牆壁故加塗飾，以減其全為一新學校之愧慚。

惟西方人之慕古好舊，重在外面物質上；人文方面無可慕無可好，乃付闕如。學術方面亦僅知以人為學，不知學以成人，故僅重學，不重人。即一人生哲學家，其人生亦無足稱道。中國孔子，除晚年作春秋外，本非有意著書。論語乃薈萃其門弟子所記，言簡意深，後人闡申不盡。更要者，乃由孔子之學以成孔子之為人，故曰：

吾無行不與二三子。

又曰：

如有所立卓爾。

反求之己，則先得吾心之同然，一貫相承，何待自起爐竈，再創新說？希臘如柏拉圖，一意著書立說，所言務求詳盡，期無罅縫，乃使後起者不能不趨變趨新，別成一套。故亞里斯多德謂：

吾愛吾師，吾尤愛眞理。

其實西方人所謂之「眞理」，乃在人生之外，則亦宜其人各一說，可以日變而日新矣。

故中國人之慕古好舊，乃在人文方面，尤要則在人生內部之本身，即心性方面；而外面事物，則轉加輕視。中國人慕堯舜，而堯舜時一切器物此後盡無存在。宮殿、墳墓亦無可考。迄今古蹟留傳，則首惟曲阜之孔林。中國人好古守舊之所偏重，即此可見。

人生有異同。中庸言：

天命之謂性，率性之謂道，修道之謂教。

「性」與「道」，乃人生最大相同，亦即最大相異處。此即所謂「命」。地域不同，世代不同，時空異，斯凡人之性與其所行之道亦必有相異，故人生事業各相異。尊其大同，人生雖只百年，而性命自可常存；尊其小異，則所得甚少，而所失則甚多，轉不如一器一物有其相同，斯得長留矣。

如為一網球家，即不得同時為一足球家、籃球家、棒球家。如從事開礦，即不得同時又從事於造船。又所事相同，必於競爭比賽中始見「我」。運動會必爭一冠軍，工商諸業，必爭為一廠主資本家，始為出人頭地。但得於己，必失於人；又不能常保。人群日相爭，終不得安樂，而常陷於紛亂。今之世局豈不如此？

實則同異、內外亦無可深辨。人皆求同，但亦可傑出異人；人爭求異，天下烏鴉一般黑，又何以異？各尊一己之性命，事若務內，而孝弟忠信則必見於外。各重一己之事業，務外而無己，無己又誰其成者？論新舊，實一體，無舊則無新。故心理物象，有可辨，有不可辨。天地大自然，乃亦日變日新，但亦一常仍舊。

近日國人好言新，但凡所謂「新」，實指西方言。其實乃亦有中國遠出於西方之上之新。如言「國」，中國遠自黃帝、堯、舜以來，列國並存，而共戴一中央政府，其元首為帝、為天子，成為統一之大國，此事遠早於西方。中國人言一統，有統亦有散，統益大，散益遠；西方則有散無統。本於散以求統，則難大難久，至今乃為一四分五裂之天下。中國之國統，乃由人生性命之統來，而中國人則謂之為「道統」。西方重物質，亦以物質建國，曰「富」曰「強」皆是。今之資本主義與共產主義，民主自由與極權獨裁，亦從人生外部之財力、權力上生此分別，與人類心性之共同大生命無關。故其所爭，亦惟在「力」不在「道」，有強弱，有勝負，而無是非、本末可辨。中國自民國成立，民主憲政，定時選舉，政府按年改組，但立國大本則以個人經濟為立場。此亦可謂由散求統，但七十年無寧日，竊恐其終難如往古傳統之可大而可久。則國人當前之喜新厭舊，亦不啻捨本務末之謂矣。

又如學校，遠自西周中央已有辟雍，乃至鄉里之庠序，此不詳論。而國立大學之創立，亦遠自西漢武帝時。豈不中國之「新」實遠早於西方，乃若益見其為「舊」。中國儒學傳統遠自周公、孔子，綿歷三千年，包括了一部中國學術文化史，可謂政治史亦在其內。守舊、開新，一貫相承，學術文化乃一大生命，又何新舊可分？中國民族五千年之生命，所繫亦在此。若必斬絕舊生命，始能產生新生命，試求之宇宙生物，又寧有其例？

又中國社會師弟子相從講學，主要乃在中年以後。顏淵、子路從學孔子達三十年之久，直至明代陽明講學，其弟子相隨亦多達二、三十年以上。此風下迄清代猶未變。故書院講學就世界教育史言，亦可謂乃中國之一「新」。今則新教育開始，從學年齡率在三十歲以前；小學以至大學，師長當可達百人。此屬中國傳統教育下層「小學」一階段已大變，而中國傳統教育之上層「大學」一階段，則已廢失無存。

夫婦好合，百年偕老，已成為中國自古相傳五千年來之舊風氣、舊傳統。今臺灣僅一千八百萬人口，據統計，不到半小時即有離婚案一起，按月當得一千五百件。夫婦關係變，父母子女家庭關係亦隨而變。自此以往，舊家庭當不易再遘。故中國之宗族制度，宗法社會，就世界之社會史言，亦可謂乃中國之一「新」。

中國五千年來之舊文化、舊傳統，家庭生活與學校教育，以及政治制度，當為其主要之三根幹、三基礎；今則皆已解體，恐再難復興。即商業上之機械與資本，乃及工廠與公司組織，亦當追隨西方而變。則試問何一乃可不變？又可不追隨他人而變？此實深堪警惕矣。

簡言之，中國重「人」，西方重「物」。中國人言：

人惟求舊，物惟求新。

今日國人最所醉心者，曰科技，曰財富，皆物非人。由科技爭財富，由財富爭權力。今乃由政府來倡導科技、財富，再由擁有財富人回頭來向政府爭權力，而主要根源則在科技上。能發明科技而加運使，乃得為新人才。「人才」建國，實即「科技」建國，物為主，當重；人為副，可輕。自中國觀念言，則本末倒置。若更求重人而輕物，則中國人之「舊」或將又轉為此下世界之一「新」。期吾國人能於人、物輕重，乃至風氣新、舊間，面對當前國際之實際情勢，而再加深思。於一務求新中，風氣人心能轉一新方向，更臻一新境界。不僅吾國家民族前途所賴，亦於世界情勢增添一新希望。幸吾國人能勿忽此。

三五　操作與休閒

人生之勤勞操作，與休閒娛樂，同占重要。而中西人生對安排此兩部分，則有重大之不同。西方社會對此，自始即有其嚴重之分別性。如古希臘郊野農民，僅供奴役榨取，乃無休閒娛樂可言。羅馬軍人主政，農民仍供奴役，與希臘無異。中古封建時代，貴族僅封閉在堡壘中，工農皆供奴役，更無休閒娛樂可言。文藝復興，城市興起，稍復希臘、羅馬時代之工商生活，而農人則仍僅操作。現代資本社會，即工商業亦惟少數資本家有休閒娛樂，多數則仍勞動操作。其如何獲得少許休閒娛樂生活，則無人計慮及之。故「自由」、「平等」，實乃社會多數人向少數人爭取此休閒娛樂生活之口號而已。

中國社會則不然。遠在夏、商、周封建時代，即有城市。除中央政府所在地「京師」以外，諸侯則君有「國」，卿有「都」，大夫有「邑」。春秋時代，國、都、邑之可考者遠超兩百以上，大體為政府百官、宗廟社稷、貴族家庭及農工住宅一集合區，而以政治為中心。農作地在郊外，田中有廬，以便春耕、夏耘、秋收之操作，冬令則歸城居。百工城中授宅，生活有廩餼，其操作等如一藝術活動，僅給公家之需。商人最居少數，亦居城中，僅供上層國際貿易，亦官給廩餼，不為私生活顧慮。農人最勞苦，然井地授耕，亦僅供九一、十一之稅，生事易足。故中國古代實一「宗法社會」，乃同一血統之共同生命一集合體。雖分貴族、平民，亦團聚如一家，與西方社會大不同。農、工、商各有盈餘，乃擇城中曠地，日中為市，各以所有易所無，交易而退，如是則已，非如後世有商業店舖之街道。孟子曰：

勞力者食人，勞心者食於人。

各有所勞，亦各有休閒。而勞力者之休閒，則由勞心者為之安排。

詩有豳風，豳非國非都，僅一邑。從其七月之詩細玩其農民生活，勤勞即似一休閒，操作同是一娛樂，融成一體。非於勤勞、操作之餘，來別尋一休閒娛樂。此實中國人生活一理想境界，遠在三千年前之豳農已得之。此下歷代有「憫農詩」。農人生活固可憫，然玩賞其詩，亦一如豳詩所吟唱、所描寫，其生活非真有可憫。其他鄭、衛、齊、晉、秦、陳諸國風詩，民間風俗各不同，然同有休閒娛樂，為此下三千年來國人同所追慕，故得同與二南、豳詩傳誦不絕。

當時貴族生活則備詳於雅頌諸什。祭祀、盟會、朝聘、宴享，凡屬軍國大事，政治要端，莫不行之以禮樂，實即當時勤勞操作與休閒娛樂之凝合結晶。此乃中國人生一特性。雖曰「禮不下庶人」，然如冬獮、春漁，貴族、平民集體舉行，既以表上下之親和，亦以習武備戰。治社會史者，苟於中國古禮細加闡尋，則知中西人生理想之大不同所在矣。

又兩軍交戰，個人之死生，集體之存亡，決於片刻，此乃何等大事！然讀左傳，晉楚城濮、邲、鄢陵三大役，乃及其他戰事所載，在兵刃交戰中亦多有禮，參插有許多休閒娛樂成分之種種雅事嘉話，尤見中國人生之特殊性格與其特殊面目，非如西方小說家描述戰事憑空想像之所能及。在中國，戰鬥人生亦幾如一種禮樂人生，乃形成為一種極上乘之文學人生，亦即藝術人生。非有文化傳統之極深積累，又何克臻此高雅之一境？

中國之為「四民社會」，遠在春秋初年即見有「士」之一階層出現。而孔門儒家在春秋晚期最見特出。論語鄉黨篇纖屑記載孔子之日常生活，其他十九篇中，亦幾於每篇有之。孔子乃中國一大聖人。「聖」乃指整體全人生言，非指其一特殊面。西方人對人生無此觀念。周濂溪言：「士希賢，賢希聖。」乃希其全人生。大思想、大哲理，終屬人生之一方面、一部分，憑此即成為西方一哲學家。如康德、如盧騷，或嚴肅、或浪漫，均不得奉以為人人之準則。北宋張橫渠正蒙，頗似西方一哲學書，同時二程議之，謂其乃「苦思力索所得」，非由整體全人生之自然體驗中來。此一分辨，涵有極深意義。象山、陽明亦猶嫌伊川、晦翁過具學者氣味，與親切之日常人生若有隔，而在理學中別創其理論與風格。明初吳康齋、陳白沙，學奉程朱，亦重日常人生，皆似一詩人、隱士。惟康齋嚴肅，白沙放任。但兩人之人生，皆即操作即娛樂，亦休閒亦勤勞，不失自古相傳禮樂人生之精詣。凡此皆與西方哲學家不同。

墨子兼愛，摩頂放踵利天下為之，近人擬之於耶穌「十字架精神」。然耶穌教人靈魂上天堂，墨子則上法天，下法古人中之禹，僅為個人人格力追上乘，自我作犧牲，享受則在他人，與西方宗教信仰大相異。但其惟務勤勞操作，不圖休息娛樂，整體全人生僅趨一邊，非禮非樂，終非中道。故莊子非之，謂墨翟人格固為大群所仰慕，然非人情所堪，烏可奉為人生之準則？

楊朱為我，拔一毛利天下不為，近人又擬之於西方之「個人主義」。然為個人計，拔一毛乃小損失，利天下亦於己有大報償，即專論個人功利，亦何樂不為？實則楊朱乃專論私人人格，不作功利打算。此亦中國一種有所不為之「狷」。若謂墨翟所教為一種「禮」，則乃一種非樂之禮；若信楊朱之道為一種「樂」，斯乃一種非禮之樂。孟子謂墨無父，楊無君。中國人為整體全人生著想，則必有家有國，有父有君。既有己，必有人。有愛亦必有敬。斯之為「禮樂精神」。故中國人對上帝鬼神，有禮亦必有樂；專為個人獨居，有樂亦必有禮。此之謂中國之「禮樂人生」。周公制禮作樂，夏商之際已遠有其淵源。

楊墨之後，莊周老聃道家繼起，亦如楊墨，不言禮樂，消極無為更近楊朱。但亦能於休閒娛樂中不廢勤勞操作，而旁通於儒。孔孟儒家之積極有為，近似墨翟，但特重休閒娛樂，則旁通於道。中國後代人生，則兼采儒、道，樹立一大中至正之理想。中庸、易傳成書，當已在秦代，已指示其蘄嚮。要之，則亦以倡導整體全人生為主，與西方哲學之別於人生外求眞理者不同。

次論文學。詩三百後有屈原離騷。屈大夫忠君愛國，投湘自盡，離騷篇中所呈之文學人生，亦即禮樂人生。宋玉、景差慕師為文，勤勞操作，而非其整體全人生之暴露，乃始近於現代國人所稱重之「文學」，僅技術，非生命。漢賦亦欲追踵雅頌，但非但內容不符，而徒騁辭藻。揚子雲悔之，謂「雕蟲小技，壯夫不為」。故司馬相如實亦宋玉、景差之流。惟如長門賦等尚稍存古意，然以較之漢樂府所收民間作品，則尚非其倫。

最堪上承屈大夫之流風者，晉、宋間有詩人陶潛。誦其詩文，可想像其整體全人生。此即一禮，其作品乃一樂。陶潛為人，亦可謂儒、道兼融。其心性生命與其生活作品，亦合一無間。如是始謂中國文學之上乘，亦即中國人生一楷模。陶潛生平，有情志，無事業。言其情志，則田園飲酒；言其田園，則鷄鳴犬吠，五柳一松。其作品乃堪與屈子離騷上下媲美，則古今無異辭。屈原為仕宦中人，陶潛則隱逸中人；如諸葛亮，兼此兩型，高臥隆中，自比管、樂，隱逸中不忘仕宦。及其白帝城受託孤之命，軍國大事寄於一身，但仕宦亦一如隱逸。諸葛非文人，其出師表、誡子書，亦傳誦千古，無愧於屈、陶。既曰「鞠躬盡瘁」，又言「澹泊寧靜」。食少事煩，而一生如在休閒娛樂中，亦可謂儒、道兼融一人物矣。片語隻辭，凡此流露，亦皆得成為大文學。「一為文人，斯無足道」，自然流露斯乃眞文學，刻意為文則終為一文人。

即如樂毅報燕惠王書，後世奉為戰國時代第一篇文章，但樂毅非當時一文人。莊周著書入子部，今人謂之哲學書。司馬遷太史公書入史部，今人謂之史學書。而此兩書，則同為中國文學之冠冕。漢初賈誼，作過秦論，上治安策，皆屬政治文字。雖作鵩鳥賦，但後人終不稱之為一文人，然尊之為中國一大文學家，則絕無媿色。故在中國，「文人」與「文學家」乃大有差別。中國古代最高文學，皆出自非文人之手。宋玉、司馬相如始有意為一文人，然終不得成一高標準之文學家。東漢書始有文苑傳，而陶潛在宋書中入隱逸，不入文苑。及唐人修晉書，仍有陶潛，一若不列其人，即為晉書損色；然仍列隱逸，不列入文苑。則中國古人之視「文苑」人物，其意量輕重，亦由此可想矣。

此下在中國文學史上之第一流人物，為後人歷久崇奉者，如唐代之李白、杜甫、韓愈、柳宗元，北宋之歐陽修、蘇軾，南宋之陸游等，莫不以其一生之整體人生寫入其文學中，而其作品亦即為作者生平之寫照。故其文學之高下得失，乃胥視其作者之生平為人而定。杜甫為「詩聖」，李白為「詩仙」，儒、道高下，亦依以定；此皆在人品上。至於所謂「神、理、氣、味，格、律、聲、色」，亦盡在其中。此亦中國文學一傳統精神所在。故凡屬中國之文學家，並不以文為生。換言之，中國人之學，皆屬其人之品德，非其職業與行業。此如封建時代之農、工、商，其行業乃由官授，由公家廩給。其私生活則乃公職，非私業。中國社會中之士，實亦一公職，非私業。李、杜、韓、柳、歐陽、蘇、陸，莫不有公職，莫不有其生計安排。其文學寫作，則乃其閒暇生活之自由流露，乃其內在品德之表現發展與完成，絕不為其私生活之職業經濟打算而有此寫作。或譏韓愈受諛墓金，然此乃當時門第積習，此下亦因承不輟；較之今人一意罵祖，又何遽為非？愈亦豈為此而起八代之衰，為百世之師？非明乎此，則決不能知中國社會之特有情況，亦決不能欣賞中國文學之特有性格。中國歷代有書畫名家，亦豈如西方，有展覽會公開出售，乃始有其作品之成就？

中國社會亦有依賴文學為謀生職業者。放翁詩：

> 斜陽古柳趙家莊，負鼓盲翁正作場。死後是非誰管得，滿村聽說蔡中郎。

此負鼓盲翁之唱說蔡伯喈故事，也即一種文學生業。其事有似於西方，乃大為近代國人重視。其事雖在南宋，但已遠有淵源。最早當始於唐代，而漸盛於金、元以下。然元、明兩代之說部，如施耐庵之水滸傳，羅貫中之三國演義，亦多為其一生之休閒娛樂，而非為其身家謀生之一種勤勞操作。此則仍未脫離中國文學之特殊傳統。惟不為作者自己生平性行作表白，異於屈原、賈誼之所為；然言其寫作內容，則仍有傳統之遞承。

施耐庵避吳王張士誠之召，隱居淮北，其敍水滸諸英雄，既有「官逼民反」，亦有「民逼官反」。一面反對朝政之敗壞，一面亦不贊同江湖之作亂。大旨仍宣揚其對當身時代一己之意見。而羅貫中之三國演義，描繪歷史人物，縱其違失本真，有似負鼓盲翁之唱說蔡伯喈，仍存有一種文化傳統之大意要旨。通俗演化，使普遍民眾共得瞭解，其用心亦在公不在私。如其闡揚關公之為人，道義昭然，五、六百年來深入人心，有功社會，此不再述。如其描繪諸葛亮之綸巾羽扇，指揮若定，數百年後之京劇，其神情意態皆從羅貫中之演義來。如其坐街亭城樓上，一童一琴，彈弄泰然。城門洞開，兩老軍坐城門外，詼諧作態，而司馬懿大軍竟不敢進空城一步。此其表現出一種休閒娛樂之人生，眞可謂只應天上有，不在人間逢。中國歷代正史及各大家詩文集，幾許大人物，驚天地，泣鬼神，遭遇著絕大艱難曲折，而竟以孔明城樓上琴韻悠然之心情應付度過，以完成其品德與事業。表出之於小說與戲劇，則人人易知。雖不能符合於文化深處之高度修養與其境界，而小說、戲劇亦遂得由此而預於中國文學之林。

中國後代文人，又常分詠漁、樵、耕、讀。柳宗元詩：

千山鳥飛絶，萬徑人踪滅，孤舟簑笠翁，獨釣寒江雪。

此漁翁之生事艱窘，不見詩中，而其所處境界之夐絶塵寰，則供後世讀者想望無窮。其於樵、於耕，亦每見其如此。其於學者之讀，亦何獨不然？即如柳州之山水遊記，下至歐陽永叔之記醉翁亭，蘇東坡之賦遊赤壁，窮途潦倒，仕宦顛沛，遭遇人生中之大失意，而文中所表達，又豈非休閒娛樂之一種至高佳景乎？

隻身行役，本非樂事。而唐詩人張繼楓橋夜泊詩則曰：

月落烏啼霜滿天，江楓漁火對愁眠。姑蘇城外寒山寺，夜半鐘聲到客船。

江楓漁火，月落烏啼，山寺鐘聲，後人誦此詩，莫不心往，乃以不能同嘗此終夜對愁之苦味為憾事。又如杜牧詩：

清明時節雨紛紛，路上行人欲斷魂。借問酒家何處有？牧童遙指杏花村。

於是此清明之時雨，路旁之牧童，杏花村中之酒家，亦常在後人心中。路上斷魂，乃亦同所嚮慕。勤勞操作與休閒娛樂，既已渾化融成一體，人生之悲歡離合，乃不如常情之所分別。孔子曰「殺身成仁」，孟子言「舍生取義」，殺身、捨生，尚所不計，勤勞操作，更復何言？岳武穆之賦滿江紅，文文山之作正氣歌，其為大仁極義可無論；即詩人之對愁無眠，行路斷魂，論其心情，亦何嘗非孔門所唱修心養性之流風餘韻。中國詩中乃別有天地，別有人生，此則可與知者言，難為俗人道耳。

故中國文化有其傳統，有其端緒，歷史、文學皆然，而社會人生亦已盡在其中。近代國人慕尚西化，群認中國乃一如西方中古時期之「封建社會」，非可與現代歐美工商資本社會相比。於是遂認中國文學與其人物，莫非封建性、貴族性、官僚性，非現代所宜有。於是稱中國文學謂「死文學」，惟後世晚起之白話章回小說，尚稍近西方體裁，而書中之人物生活，則仍為要不得。一如今人之意，不僅中國已往舊文學乃死文學，中國已往舊人生亦不啻是一死人生，此下則需有大爐竈，另加製造。則又誰來任此？

近人尚猶推尊清代曹雪芹之紅樓夢，乃有所謂「紅學」興起。賈寶玉、林黛玉之相戀，若有近似於西方，然本不為中國人生所重，亦非曹雪芹著書用意之所在。詩、騷以下，歷代詩詞歌曲，亦多男女相戀；晚起之通俗文學，演義及戲劇中更多。余曾於論中國之悲喜劇中略抒其意。①即如蒲松齡聊齋誌異，盡以託之狐魅，而極富人情味。中國人生之可貴，正為其人情味之到處洋溢，不擇地而出。父子、君臣忠孝大節，則尤人情味中之更深更大者。詩三百，首關雎，夫婦一倫又豈男女相戀而止？賈寶玉與林黛玉，亦當從中國文化大體系、歷史大傳統、人生大理想、文學大宗旨中加以衡論，於此亦始見曹雪芹紅樓夢一書作意之所在。

提倡新文學，先當提倡新人生。西方人生固是一「新」，但亦只是一「異」。中西人生如此，文學亦然。西方新文學乃從其舊文學中來，中國此下有新文學，亦當從其固有之舊文學中來。若單論中西雙方之文學，則中國之變，實遠多於西方，此又不可不知。

元劇趙氏孤兒先傳入西方，德國文學家歌德甚加欣賞，謂其時我德人方在樹林中投石擲鳥為生。其實趙氏孤兒事起春秋，不在元代。此見雙方文化演進深淺之不同。英國莎士比亞與我明代歸有光同時而略晚。歸氏善寫家庭鄉間生活，瑣情細節，栩栩如生，至今讀之，猶如活躍紙上，尚能深入人

---

① 編者按：此指情感人生中之悲喜劇一文，收入全集丙編中國文學論叢中。

心；莎氏則生世不詳，至今在英國仍無定論。故中國文學乃作者之內在人生，而西方文學則作者與作品可以絶不相關。若謂人生乃一勤勞，文學乃一娛樂，在中國則兩者一體，在西方則兩者各別，亦即就歸氏與莎翁兩人之生平而可知。此非文學相異，乃文化相異。兩人苟易地而生，不知其兩人之作品又如何？

同時又有魏良輔，孤居樓上，二十年不下樓。此下兩百年間，紅氍毹上，亦歌亦舞，莫非魏氏之新腔，即所謂「崑曲」。甚至滿洲入關，此乃民族興亡一大關鍵，而社會上魏氏新腔，依然演唱不絶。「商女不知亡國恨，隔江猶唱後庭花」，即至近世，崑曲仍尚流傳，較之歌德與莎翁，影響深遠，當猶過之。今日國人則惟歌德、莎翁是崇是慕。誠使善得其神髓，在中國文學史上，亦可另放一異彩。但歸氏、魏氏，何必輕之鄙之，定要其作品死去？民族自由，豈果如此？

胡適之提倡白話新文學，曾有過河卒子一詩，以自喻其不後退之意。其實象棋卒子不僅過河不後退，未過河前亦不後退；抑且過河後猶得旁行，不如未過河時之只有前進。知象棋者多矣，但屢見稱述胡氏此詩，旨在通俗，終未聞有譏及於此者。今日國人批評古人則太嚴，批評今人又太寬。或以古人已死去，乃可肆吾自由；今人尚活在，則猶得稍有顧忌。如此心情，距文學意境已遠，可不再論其新舊之别矣。

近代「新文學運動」從「新文化運動」來，亦可謂是一種「新人生運動」。人生當會通各方面，非文學一項可盡。文學新舊亦不專在文言、白話上。胡適之白話文學史，其所舉材料，亦遠及漢、唐以上。其實中國文學至少已有三千年，焉得無新舊之分？離騷楚辭之於詩三百即是一新，兩漢辭賦又一新，建安以下又別為一新，此不詳論。但新舊非即是高下、是非之別；中西相異更然。中西同有新舊，西方非全新、全是，中國非全舊、全非。文學然，人生亦然。呱呱墮地，隨時有新人生加入，乃彌覺舊人生之可貴；否則舊人生要不得，則惟有自殺，再作呱呱。今日國人對我民族五千年歷史、文化、人生、文學，正在努力向自殺一途前進。而此七十年來之新文學、新人生，究在走向何處？此眞我今日國人所當警惕作深長思者。

本文主要在討論人生，亦即討論社會，歷史、文化、思想、文學皆所兼及；而勤勞操作、休閒娛樂之當融為一體，則尤本文要端所在，幸讀者善體之。

三六　生命與機械

（一）

中國以農立國，以耕稼為業。五穀百蔬，瓜果蟲魚，牛羊雞豚，無日不與生命為伍，亦無日不賴生命以為生。其四圍之生命，即其己之生命所依存。故其與四圍之生命，乃無不親之如家人，愛之如手足，以耕以耘，以撫以育。其視宇宙自然界，乃亦如一生命界。「天地之大德曰生」，凡屬生命皆從天地自然中來。春風夏雨，秋霜冬雪，土之培植，水之滋潤，自然界之護養群生，可謂無微不至。故其仰天俯地，亦如一家四鄰之和睦相依，以共維此生命。

生命時時變，節節變，大體有「生、長、成、熟」之四階段。方其生，即依其他生命為養；及其熟，則還以養其他之生命。故生命乃一大共體，絶無不賴他生而能成其為生者，亦絶無不以養他生為務者。故有「孤生」，有「群生」。一穀一蔬，皆獨有其生命，然無不群集以為生。孤生有熟有成，群生則相繼不絕。百畝之田，以養五口之家。生命必熟，即以奉養其他生命。而其孤生又必傳種再生，以達於無窮。人生亦如此，方其初生，及其既老，已不能自生，必賴他養以生。方其壯，則以己生養他生。不僅其居家侍奉父母有孝，撫育子女有慈，即其日常辛勞，操耒耜以耕作，其視田中禾麥，亦不啻如家人。人之養五穀，豈不亦如五穀之養人？則不僅一家、一國、一民族為群生，人之與禽獸草木同此天地、同此會合而相聚，亦不啻相互為群生。此生命乃為一大總體。孤生有死，群生則傳，世代緜延，日益擴大。孤生之死，只是此大生命中一小變化。此為耕稼人民共有一宇宙觀，共有一人生觀，即成其共有之生命觀。雖不明顯共有此觀念，實則潛藏有此共同一意想，即其民族生命之悠久演進而可知。

西方古希臘，乃一工商社會之都市生活。農業非其大群生活主要所賴，故郊野農民僅為「農奴」。工業與農耕不同，對象多屬無生物，富機械性，缺生命性。一斧一鑿，一尺一繩，一切物皆成材料，由我意向，經我製造，以供使用與玩賞。製造既成，乃由商人外出販賣，以其利潤供生活。故工商亦非一體，一「賣方」，一「買方」，雙方性質不同。賣方先逆探買方之意向，投其所好，然後有條件的出賣。故交易非友誼，乃不啻為有敵意，但可和平解決，不必以兵戎攘奪，如是而已。故交易雙方雖各得所欲，而相互間無感激、無懷念。故工商社會之與外界接觸，雖較農耕社會為廣大，而其心意間，則終存一種封閉感、孤獨感。大都市人群相聚，亦不存有一種和通感、親睦感。有孤生，無群生，與農村社會絕不同。

農業社會中之工業，為農業之副。最要如絲織，其侍奉蠶蛹，蒔桑採葉，待其產卵，照顧周詳，辛勤勞瘁，乃有過其侍奉己生者。故「農桑」並稱，其奉他生以還養己生，體貼周至，情意相似。又如陶業，燒土為窯，對象為無生物，與農桑若不同；然辨土性，則仍同其對有生物。人生出於自然，自然亦儼若一大生命。故陶業非如機械性之製造，亦可謂乃富生命意味，故其供日常應用，愈悠久，而愈生親切感。其販賣，亦與其他商品販賣意義有不同。

農人鑿井，為「桔槔」以取水，莊周道家乃謂其具「機心」，將有害於自然與生命。此一層，討論人類文化演進，不當不深辨。機心起於功利觀。自然醞釀出生命，生命依順乎自然，非由功利觀主使。中國人不言「功利」，而言「道義」，乃一本之自然與生命，而功利亦不能外於道義而自立。此為中國人文演進一重要原則。

中國商業起源亦甚早。然日中為市，以其所有，易其所無，交易而退，與西方之城市交易大不同。故商為農工之附屬，與農工之附屬於商，其意義亦大不同。不同深處，乃在人之心理上，在其對人、對物之觀念上。生命有其全體一貫性。其過程中，亦有種種變。必會合部分之變，從其全生命看，始得生命之眞意義與眞價值。若劃分全生命為各部分，各自切斷，單從每一部分之變分別來看，必失其生命眞實內容之意義與價值。如植物，先有根苗，然後有幹枝花果。故根苗在植物生命中，有大意義大價值。又如青蛙，初生為蝌蚪，僅為青蛙初生期之一變，非有獨立性。苟使不長成為青蛙，亦非可有蝌蚪之生命。

人類生命有一絕大冒險期，即其嬰孩與幼童期，遂使其此下之成年期有更大可能之變化。人文界可以卓然獨出於自然界，而與其他生物大相異，以自臻一妙境，正為其有一較長之嬰孩、幼童期。故嬰孩、幼童期之在人生全過程中，乃有其至高無上之意義與價值，亦莊老道家所謂「無用之用」。

孔子乃中國之至聖先師，自言：

十室之邑，必有忠信如丘者焉，不如丘之好學也。

孔子乃一學者生命，其生命即學問，學問即生命。其言「十有五而志於學」，至於「七十而從心所欲，不踰矩」，此乃自述其學問生命之進程，可謂自「自然生命」中創造出一最高理想之「人文生命」來。十五志學，即志於道；三十到五十，則修道；五十以下，則行道。孔子之道，即孔子之學；孔子之學，即孔子之全生命。而孔子之生命與其道與其學，皆自十五志學之一念來。第二、第三階段，整個學問生命，由「志於學」以達於「從心所欲不踰矩」，融貫為一。孔子生命可謂乃一最自然之生命，可為人人生命作模範，其可貴乃在此。至於嬰孩、幼童期，乃人類由自然進入人文一最先階段，孔子亦不例外，但孔子未詳言，今亦難作深論。

就一般言，人生嬰孩幼童期，苟無家庭，早投入自然環境中，向外奮鬥，早長成了許多應付自然的機智技巧，則人類亦將如其他動物一般，所謂「習與性成」，此下的一切即常困在此積習上，不能更有進步。惟其人類有此較為隔離自然環境之一段預備時期，遂為人文演進增加了種種可能性。

幼年如此，晚年又然。人到耄老，亦得有一人文環境，善加護視，使可遠離種種掙扎。至少在其心理上，可得一分恬淡安泰，自在不煩，少生憂傷。此一心理之在大群人文中，有益無損。抑且大群人文之獲有大啟發、大進步，實多從老年人來。果使老年入困境，生命無安全感，則無此影響可生。抑且未臻老年，其心已變，其影響人文界有損無益。故幼年、老年，乃人生中無用而有大用之兩時期。孔子言：

老者安之，少者懷之。

人之全體生命中，必求其幼有懷而老有安，乃可使其中年生命有一正當之展拓。此為中國人在人生全體過程之各階段中，各有其穩妥安排之大理想所在。

人之生命不僅當通歷其「全體」，又當融入於「總體」。個人生命有其全體性，而群體生活乃有其總體性。既不當從總體生命中單獨抽出個人生命來作考慮，亦不當從總體生命中抹殺個人生命來做安排。必面面顧到其生命之全體與總體，乃可使人類生命有一廣大高明之理想演進。

人生在嬰孩、幼童期，則總體生命主要在家庭。及其成年，男婚女嫁，結為夫婦，中國人稱之為「人倫之始」。人生必有「倫」，「人倫」即人之總體生命之所由以表現。自夫婦而有父母、子女，此為每一人生命總體之擴大。人類又必由家而有群有國，於是而有君臣、朋友，此為總體生命之更擴大。由是而有天下，乃始為人類生命總體之大全。更由是而有古往今來之延續，於是此總體生命乃傳達於無窮。故中國人言人生，乃由修身、齊家而達於治國、平天下，使人生總體生命獲得一好安排，而其基本則仍在人之個體生命上，故曰「壹是皆以修身為本」。

西方人則並不顧及生命之總全體，而單獨抽出其個體小生命，有所謂「個人主義」之提倡。迄於近代，又有「社會主義」之產生，其對生命，擴大觀點達於世界性，而及於生命之總體，但又抹殺了生命之個體。此皆違失了人類生命之自然性，無異生命之自殺。又在個體生命之全過程中，就其各階段而一一為之切斷分離，各視為一獨立性，此亦不啻乃一種生命之自殺。

男女戀愛，異性求偶，此亦生命過程中一應有之事，在全生命中有其意義與價值。若抽離為一獨立事項，則必失去其意義與價值，或將損害其生命之全過程。異性相戀之情感，實本自然。如飢思食，渴思飲，寒思衣，倦思睡，皆其生命對外在物質之需求，中國人謂之「欲」；人對人，則謂「情」。生命中有此情，乃求配偶；非為求配偶乃生情。中國人觀念，「情」由「性」來，但非凡情即性。婚嫁本於人之性，非可謂一本於人之情。換言之，婚嫁乃生命中一大事，而戀愛則不然。食、衣、睡眠皆當有一適可之限度，欲如是，情亦然。夫婦和好，有禮有法，而情更加深。故夫婦之情實非男女戀愛可比，此乃由自然進入人文一大關鍵。中國人以夫婦為「人倫之始」即此義。西方人重視男女戀愛勝過於夫婦結合，重欲勝於重情，更甚於重禮，亦中西文化一大相歧。

西方又言「戀愛自由」。飢思食、渴思飲，乃生命要求，非自由。能解飢渴即可，寧必嚴擇對象？戀愛亦有限，非儘得自由。父母之命，媒妁之言，其於對象，亦有一番客觀挑選，豈即違反於人性？西方文學過分渲染戀愛若神聖，今則自由離婚日增，一結一離，內心之激盪轉變，所影響於其生命之全過程者，難以想像估計。其他則更何言？

生命過程中有戀愛，又有鬬爭。動物禽獸皆然。人文社會則婚姻求安定，戰爭求消失。中國人言「止戈為武」。言其感情，戀愛屬「喜」，戰爭屬「怒」，而中國人則「哀」、「樂」尤在「喜」、「怒」之上；力戒「怒」，慎言「喜」。周武王「一怒而安天下」，但又言「哀兵必勝」，故在人文生活中，哀遠勝於怒。詩云：

琴瑟友之，鐘鼓樂之。

則樂又遠勝於喜。喜怒無常，最要不得。中國人分別喜怒哀樂之高下深淺，莫非有當於全體生命之意義與價值。西方人似對生命深處有所疏隔，事事物物僅重外面。哲學家探討人生眞理，專尚理智客觀，摒棄感情，一若其與眞理為敵。而文學家又特好言感情，又偏重喜怒，皆觸景而生。事過境遷，喜怒無常；哀與樂則深著而常存。

中國人之生命觀，大之為「通天人」，近之為「合內外」，故其宇宙觀亦為有機的。大自然乃一生命之大總體，此體即是生命一神靈，亦有其德性。人生即從此生命之大總體而出現，又歸入此大總體而長存。故在中國，只言「天」不言「上帝」，而「地」則可以配「天」。長宙廣宇中有天地，一陰一陽亦如自然之與人生，又如人生之有男女夫婦。死後靈魂，亦歸入總體化，天地即人類生命一大靈魂。故在中國文化中，無宗教，無上帝與天堂。

西方人必於自然與生命作分別觀。其視自然，則幾如一大結構、大組織、大機械。宇宙則為一非生命的、無機的。故西方有宗教，信有一上帝，在主宰管理此世界。無機中有一「神」，「唯物論」與「有神論」並存相濟。若此宇宙唯物無神，則此億萬種生命又將如何安排？生命亦是一自然，但究與無生物不同。西方哲學有「唯心論」，亦有「唯物論」。惟宗教則心、物雖有別，仍同在一世界；科學則專注意在物質方面作研尋，以求滿足人生之種種慾望。至如達爾文生物學，主從無生物中產生出生命，則生命豈不乃無中生有？又何來有如中國人所謂之「性靈」？故西方生物學仍是一自然科學，與宗教不同；而與中國人之生物觀亦大不同。

中國亦早有科學，惟中西科學之發展過程亦有不同。如醫學，中國人即常以一有機的生命體視人身。頭顱手足、心腹腸胃種種不同，然在同體中各有所司。故言生理、病理，皆主言「氣」。氣即有生命性。其言宇宙亦然。天地萬物全體中一氣運行，即屬有機的，即具生命性。西方人則無此觀念。

對日抗戰時，余在成都，有兩英國農業專家來考察灌縣都江堰水利工程。曾言中國農田施肥都用有機物，如河泥之類，盼加意保留；西方肥料用無機物，久則土質變，有損農作物，今乃知其害。余曾訪之金陵大學農系某教授，彼言西方人言如此，但吾儕仍當采西法。最近有日本京都某教授來臺告余，彼退休後築室湖濱，以種植自娛，試用東方舊習，以有機物為農肥，效果甚佳。中國之治病、施肥，皆用有機物。此即中國觀念信自然即具生命性一徵。而西方科學，則必在自然中盡量發展其非生命之一面。此誠中西文化傳統一大相異處，不得不深加注意。

西方人看人群社會，亦若一無機體，好言「自由」與「組織」。人群集居，生命之總體機能即潛伏其中，善為發揮，乃能以安以久；豈如一器物，可專以機械與組織來求其完成？中國社會尚「禮」，西方社會尚「法」。禮主利導人性，亦可謂乃有機的；法主防堵人性，屬無機的。西方社會組織皆由法，極權、民主皆然。工商企業，教會組織，皆憑法。馬丁路德之新教與後起之共產主義，亦皆憑其組織，即憑法以爭。故西方社會，不僅商場如戰場，即政治界、宗教界亦然。而耶、回兩教中古時期之相爭，乃至今不能平息。佛教具東方性，雖亦有分別，但無組織，無戰爭。人群自可有組織，亦見有力量，但無組織之力量，有時則更遠超於有組織之上。佛教來中國，至唐代禪宗，深入人心，掩脅全國，緜延達於千年之久，然亦非有特殊之組織。「棒喝」乃是一種機鋒，非鬬爭。

即言政治，西方亦重組織，近代政黨即其顯例。共產主義一黨專政，非組織，又何以建權力？中國秦漢以下，全國統一，皇位相承，但非有組織為之支持。細讀中國史，亦何嘗有所謂「帝皇專制」？中國傳統政治，其大群內部之共同生命性，實遠超於其外在之組織性之上。苟以近代西方之組織與功利觀相繩，則中國上古三代開始，禹之卒，中國人朝向啟而不朝向益，誠為在民權政治之發展進程上一大退步。但此乃出於當時群情之所向，此亦一種「民權」表示。政治當以「民情」為本，中國人言「民為邦本」即此義。

中國傳統惟曰：

尚德不尚力。

「力」須組織與機械，「德」則是一種自然。中國人常連言「德性」，性是生命的。生命同，性與德亦同，故曰「同德」。使人心服，乃是一種無形之力，乃一種有機力。西方哲學不言德；科學研究物理，在力不在德；宗教主原始罪惡論，亦不能有德。故中國人之德性觀，乃為西方人所無。

西方人言「知識即權力」，但知識只是生命中一項次要工具，非即生命。故知識可分門別類，無整體。由此知識生長出另一知識，故知識有進步。西方人對知識，又分「歸納」與「演繹」。歸納則是一組織，演繹則實是一變相之歸納。如言：

人皆有死，蘇格拉底是人，所以蘇格拉底亦有死。

其實「蘇格拉底亦有死」一語已包涵在「人皆有死」一語中，故可說是一種變相歸納。中國宋明理學家分別「德性之知」與「見聞之知」。見聞之知得之外，乃事物性；德性之知發於內，乃生命性，其重要乃遠過於見聞之知。西方人只重見聞，不言德性。柏拉圖榜其門曰：

非通幾何學，勿入吾室。

幾何學乃機械的，無生命的；幾何學中所解答，實皆包涵在定律中，並無新意義生長。孔子曰：

過我門而不入我室，我不憾焉者，其惟鄉愿乎！

鄉愿「生斯世，為斯世也善」，無個性，不重一己之內德，即是不重其一己之生命。知識即見聞，而不能深切貼近於其內在之德性，則於自己生命無關，乃為孔子所不喜。西方人所重之知識，可以日變日新。中國人之知識，則於日變日新之自然過程中，更有一種內在生命日化日成之體性存在。由此形成雙方學術之相異。一重己心之修養，一重外在事物之運用。重外在運用，乃日趨於機械化，而生命則幾近於停息。今日之世局乃如此。

孔子問子貢：

汝與回也孰愈？

子貢曰：

賜也，何敢望回？回也，聞一以知十；賜也，聞一以知二。

聞一知二，限在見聞上，知其正面，即可推知其反面，此乃所謂「是非之知」。如知「人」，即知其他有生、無生諸物之「非人」。西方人言知識，於「邏輯」外又有「辯證法」。邏輯言歸納、演繹，辯證法則言正反同異。「甲」與「非甲」合為「乙」，「乙」與「非乙」又合為「丙」。如是求知，則純成為機械的、組織的，只見自然面，不見生命面。子貢之聞一知二，與相近似。顏淵之聞一知十，「十」是全體總體，惟「德性之知」能之。「心」與「物」，「自然」與「生命」，會通以為知。亦可謂子貢之聞一知二，其知在「量」上；顏淵之聞一知十，其知在「質」上。西方人之「功利觀」重在量，中國人之「道義觀」重在質，此亦中西文化一大相異。

顏淵又自言：

夫子博我以文，約我以禮。

「博我以文」，即見聞之知；「約我以禮」，則反之己身、己心，體貼之以自己之生命，乃可知其全體。雖若亦仍有限，而可得其會通。如嬰孩、幼童，不能知成年、耄老之所知。顏淵年未過五十，僅到孔子「不惑」而「知天命」之階段，未能到孔子「耳順」、「從心所欲」之階段。故曰：

如有所立卓爾，雖欲從之，末由也已。

孔子以一大聖人體段昭示於顏子之前，顏子知有此一境界，乃嘆無法企及。孔子則贊之曰：

吾見其進，未見其止。

其在川上則曰：

逝者如斯夫！不舍晝夜。

又言：

後生可畏，焉知來者之不如今？

則生命有止亦有進，故孔子學不厭，教不倦。「至善」只是一境界，雖可止，而「學」則乃是一生命，不可止。耄老有如嬰孩，孟子曰：

大人者，不失其赤子之心者也。

赤子當學，大人亦當學。生命相通，時代千古亦相通。後聖之學通於前聖，而學則無止境。豈如是非之與權力，乃可定於一時一事而有其所止乎？亦可謂東方人看生命，乃視其自幼到老之一段進程言；西方人看生命，則重由我與彼之一種比較言。一重「時間性」，一重「空間性」。亦可謂西方人不知有「生命之學」，故亦不知有此等境界之存在。

宋儒言「德性之知」，亦即猶孟子所謂不學而知之「良知」。陸象山言：

堯舜以前曾讀何書來？

但中國古人自始即知讀此一部有機宇宙天地大自然之無字天書，生命與大自然起共鳴，此即其「德性」。只讀詩三百首中之比興部分，即知中國文化之深根固柢即在此。孔子曰：

智者樂水，仁者樂山。

見於山之寧靜生育，其內心深處即有樂，啟牖感發乃其仁；見於水之流行滋養，其內心深處亦同有樂，啟牖感發即為智。人類生命德性中之仁、智，即從大自然中來。人類中有先知先覺，亦從大自然來，此之謂「德性之知」。如何培養牖啟此知，中國人之傳統教育精神即重此。

自中國觀念言，身、家、國、天下，皆同一生命之一貫相承，層層包容，通為一體。西方人則一意加以分別，其病乃由中國道家莊周所謂之「機心」來。如言「國」，乃必分別為「土地」、「人民」、「主權」之三者。人民之上，何以又必加一主權？非有人民，主權又何由生？必分人民、主權以為二，此可謂不自然之至。改言「人權」，人各有權，苟不相通，群又何來？乃言「組織」，以組織來運用此「權」，此之謂「機心」，既非自然，亦非生命，乃憑空創造以求運用此自然與生命。機心之要不得乃如此。中國人則言，「天時」、「地利」、「人和」，三者合而成國，此始是自然、人文之合為一體。故中國人言國，乃深具生命性；西方人之國，則只具機械性。人之為群，在德不在力。一切人事須從生命上著眼用力，若以機械來求駕御人事，則無往而可矣。

（二）

余一友，其女來北平投考協和醫學院學醫。一日，告余擬退學。問其故，言上解剖課，面對課桌上一屍體，心不能忍。余告以當改變己心，莫作一死屍看，只當一機器看，心變則自忍。踰月又來告，已心安。遂留校續學，十年後，成為一名醫。此即西方醫術不存生命觀一證。

西方心理學言，人之知覺、記憶全在腦。但無目何見？無耳何聞？無鼻何臭？無舌何味？無皮膚亦無痛癢。使此腦離此身，更何知覺？故依常識，知覺在身不在腦，亦未可謂之不是。記憶更難言。此身緜延數十年，使無時間積累，又何來有記憶？知覺與記憶乃生命中事，不盡在身，更不專在腦。但生命何在？豈不仍在身，亦在腦。使腦機能失靈，縱此身尚存，亦如已失去。

可知生命中實確有如機器之存在。生命乃有賴於此機器，而更有其超機器之存在。或言腦，或言身，皆可作一機器看。心亦身中一機器；但中國人言「心」，則非機器的。亦可謂「心」即「生命」，乃一超物之存在。此一存在非可具體指說，惟有心領神會，以心知心，更無他途可循。

今試再言心在何處？亦可謂在全身之綜合和會處，更可謂乃在超軀體以上之綜合和會處。西方人喜在具體中來加以分別，專就一事一物言，乃不得中國人所謂之「心」之所在。不得心之所在，斯亦不得生命之所在。不僅醫學如此，其他學術亦全如此，多分類各成專門，如文學、科學、哲學，自希臘開始即然。因此乃無當於人心，亦無當於人類生命之存在。

因此言西方歷史，希臘史、羅馬史、現代歐洲史，各自為體，在其內部決無一貫之相承。現代全歐洲形成數十國家，亦難和合為一。政治如此，社會亦然，亦各分別，無一超其上之綜合和會可言。中國則不然。

姑以「死」、「生」言，其實亦是一體。生必有死，而死則仍在生中。中國人言「生生」，即指生之不絕言。而西方社會則顯分死生以為二。「世間事凱撒管」，此言其生；「上帝事耶穌管」，此言其死；死、生顯有一大別。人生必有「男」、「女」，實亦一體，而西方人亦作分別看。某一西方學人言，穿皮鞋與穿拖鞋不同；男性生活如穿皮鞋，女性生活則如穿拖鞋。中國古人穿履，入室前，脫在戶外，履之內有襪，或厚腳套。履後變為靴。又有布鞋，日常所穿，可不多變。亦可謂中國布鞋乃中性的，男女無分別。

中國家庭男主外，女主內，男子自外歸，一家團聚。不僅夫婦和合，上有老，下有小，乃成生命一大和合。中國社會富生命性，家庭尤為社會之中心。農業社會日出而作，日入而息，夜間則一家人團聚，故農村亦為中國社會一中心；失卻此農村與家庭之兩大中心，即不見中國社會之特性。

西化以來，中國社會最大之變在女性。婆媳不再能同居，即變為一夫一婦之小家庭制。又婦女亦必離家工作，亦與舊時小家庭不同。中國社會之第二大變則在都市地位超農村之上，以前是都市附存於農村，此下則變為農村附存於都市。此兩者間，意義亦大不同。

中國人言「一陰一陽之謂道」，此「道」即指生命向前一大進程言，「陽」其明顯處，「陰」其隱藏處。陽指動，陰指靜；陽在外，陰在內。然中國人言「陰陽」，不言「陽陰」，即就生物進化言，亦先有陰性，後有陽性。幼稚知識亦先知有母，再進始知有父。陰為生生之主，而陽為其副。陽在外活動，乃以輔陰之在內生生。中國人言天地陰陽，其實天道亦有其陰面。中國社會之人生大道即在此。

原始人類，惟求謀生，乃能用「器」，如今人言「石器時代」、「銅器時代」、「鐵器時代」等。然器非生命。一如人之身，耳目口鼻、手足腸胃皆其器。器為生命之副，非生命之主，僅供生命之利用，非生命之本質；乃手段，非目的。由於器物之運用，乃分「職業」。職業亦供生命之利用，斷非生命目的所在。中國在戰國時，已成士、農、工、商之「四民社會」。農、工、商皆職業，「士」則可謂乃一非職業之職業。孟子曰：

士尚志。

孔子曰：

士志於道，而恥惡衣惡食者，未足與議。

是士不當以衣食為志，道則生命之大道，亦即人心所嚮往。而人各有心，苦不自知。詩曰：

他人有心，余忖度之。

能忖度此心，以詔導群眾，以共赴此人生之大道，士之大業乃在此。

漢代成為「士人政府」，士人從政，先由察舉，後有考試，選賢與能，為其要旨。是士人政府實即一種民主政治。惟西方民主尚多數，中國民主則尚賢、尚少數。故士人政府亦得稱為「賢人政府」，由社會中少數俊秀傑出之士，出而任之。西方社會中之教徒與中國之士略有相似處。學校本由教會設立，學校任教，亦非為謀生。而遞變至今，教授亦成一職業；學校在社會中，亦如一機器，有其特定之用途。今人群中各機構，皆各有使用，皆如一機器，則人群乃如一架大機器，無生命之眞實意義可言。

「生命」與「機器」有一大分別，即一有情，一無情。換言之，亦可謂一有心，一無心。人心之主要生命即在情，故人心即人情。人而無情，即可謂之無人心。人類心情之表現，或在空間，或在時間，皆在其綜合和會處，不得一一加以分別。又心情必在隱藏處，未可明顯指示；其可明顯指示者，乃「欲」非「情」。草木禽獸亦有情，其生命之表現，即在情。中國人言「修身」，實乃修此情。先之曰「齊家」，即修其對家人之情；擴之曰「治國」，即修其對國人之情；又擴之曰「平天下」，即修對天下人之情。家、國、天下，皆就「空間」言，謂之「行道」。又有「傳道」，則加入「時間」言。道可以亙古今而貫萬世，而皆自每一人當前之修身做起。故曰：

> 自天子以至於庶人，壹是皆以修身為本。

其實「修身」乃指「修心」言，指「心」之表現於「身」者言，本則在隱藏處。蘇軾詩：「萬人如海一身藏」，修身則貴在隱藏處修。千仞之木，亦必有本，深根固柢，人所不見；所見者，乃其枝葉之茂盛，花果之燦爛，皆由其本來。

今再約略申言之，「身」如一架機器，「人」則是一生命。無此身則無此人，但人與身終有別。中國人言修身，乃由各人自修己身，修己身以善為人。社會之根柢則在此社會之每一人，故每一人之自修其身，即為社會深厚培植其根柢。

中國人本不言「社會」。家、國、天下皆即社會，其本則在各個人，中國人稱之曰「己」，家、國、天下則其枝葉花果。老子言：

三十輻共一轂，當其無，有車之用。

車亦一器，構造極複雜，但其「用」則在車之「無」處，此即其和會綜合處，亦即其隱藏處。和會綜合無處可指，如「身」可指，「人」不可指，須從此「身」之和會綜合處得此「人」；亦可謂其「人」乃在「無」處。此社會之大生命，亦即在「無」處。專從「有」處求之，則必失其所在矣。

中國人之為學，主要亦在其「無」處。換言之，乃學其「人」，非學其人之「事業」與「作為」。顏淵學孔子，博文約禮，即孔子之所學。「如有所立卓爾」，乃即孔子其人。戰國百家並起，儒家之學在孔子，墨家則學墨翟，道家學莊周、老聃，名家學惠施、公孫龍，陰陽家學鄒衍，法家學申不害、韓非，農家學許行；雜家無其人，不得謂學呂不韋；縱橫家亦不得謂學蘇秦、張儀；小說家更無其人可學。故九流十家中，雜家、縱橫家、小說家，其學無主，實亦不成家。其他七家皆有所主，故亦相傳成家，而最大最久者，則惟儒、道兩家，而孔孟、莊老遂永為中國社會之宗師。

西方人為學乃學其人之所學，而非學其為學之人。西方之學術傳統，亦在其所學，不在其學者。文學、科學、哲學，各有傳統；實則以中國人觀念言，亦可謂非傳統。因中國人言「傳統」，其傳統必有「人」；西方則無此觀念。如學文學，讀莎士比亞書，可不知莎士比亞其人，即其例。故西方學術分門別類，各有專家，而無其綜合和會處。實則「專家」只為「個人」，非可謂之有「家」。中國則不然。司馬遷為太史公書，為後代史學鼻祖，而司馬遷自言其書乃學孔子之春秋。深一層言之，司馬遷亦有意學孔子其人。非學其人，又何以學其書？此乃中國人觀念。韓愈倡為古文，其實亦有意學孔子，故曰「並世無孔子，即不當在弟子之列」。故孔子乃為中國社會之百世師，即在其學之綜合和會處。學者學為人，即從其生命所在處為學，由小生命通入大生命，故其學乃得為百世師。

苟失其生命所在，則人之一身可分為頭腦、手足、胸腹、耳目、口鼻諸部分，地位不同，職司皆異。然則誰為此一身之主？西方醫學對人身亦各分科，有眼、耳、口、鼻各科，可以各擅專技，互不相顧。其他諸學亦然，政治、社會、經濟、法律、外交、軍事，亦各得成為專門。但一國之大政方針，豈能如此割裂拼湊，而謂可得一正確之方向？遇有爭議，則惟於會場上以多少數為定。政治然，社會尤然。社會乃人群大生命一集合體，其根柢所在，乃尤難言。

姑依馬克斯所分之西方社會言，希臘、羅馬時期為「農奴社會」，農奴低壓在社會之最下層，豈得以之來代表當時之社會？中古時期為「封建社會」，當時封建貴族堡壘乃高壓在社會之最上層，然整個社會則不盡在貴族堡壘之內，又豈得以此來代表當時之社會？現代則為「資本主義社會」，繼之則為「共產社會」。資本家亦高壓在整個社會之最高層，資本具體內容為財富，可以繼漲增高，於是西方人對社會乃有一進步觀。然財富之進步，豈即社會之進步？又豈即是人類生命之進步？自中國人言之，財富乃身外之物，不視財富為生命。共產社會只是把資本家的財富，分到無產大眾手裏。其分其合，實仍於生命無關，則又何進步可言？原始人類全是無產階級，豈得謂之乃進步？孔子曰：

貧而樂，富而好禮。

同一社會中，雖有貧富之別，而其樂、其好禮，乃見人類之眞生命，社會之眞進步。中西雙方，一重生命，一重器物，於此亦可見其相異。

中國人言社會，只有一分別，曰「有道」、「無道」。有道則治，無道則亂；亂而不救則亡。西方歷史，希臘亡，有羅馬，有中古封建時期，有現代資本主義社會，實可謂是亂亡相繼。今則英、法諸國亦已衰，倫敦、巴黎亦將仍蹈雅典、羅馬之覆轍。中國人言「鑑古知今」，觀於西方史之過去，亦可知西方史之將來。中國則自炎黃以來五千年，仍只是此一社會，枝葉花果或有變，至其根深柢固處則無變。

中國社會根柢首要則在「士」；而男女相較，則重女性。近代國人群譏中國為「重男輕女」，其言荒謬，余屢有申闡，此不詳論。老子曰：

天下有始，以為天下母。既得其母，以知其子；既知其子，復守其母，沒身不殆。

雌性、女性乃生命之始，雄性、男性則其子。大抵雄性、男性多在明顯處，供使用；雌性、女性則在隱藏處，為根柢；莊老道家所謂之「無用之用」。生命固貴有「用」，但更貴其能「藏」。孔子曰：

君子不器。

非主無用，乃不貴如器之徒供使用。稱子貢為「瑚璉」，瑚璉亦器，但藏在宗廟，不供人隨意使用，則有用若無用，故為器之貴。其稱顏淵則曰：

用之則行，捨之則藏。

是顏淵其人乃一有用之人，而非徒供人用，為一被用之人。「用則行」，是其有用；「捨則藏」，是其不為被用，所以為大用。其主要處在能修身。女性亦貴在修身，能務修其身以為不可用，乃為最上之用。此義又誰知之！

生命之用首在食。「民以食為天」，士之修身，則謀道不謀食；其為學，亦貴在志道、行道、明道、傳道。女性亦同然。而謀食為生，則多由男性任之。男主外，女主內，即由此。生命藏於內，身體顯於外，凡用其身，皆以保其生命，故曰：「既知其子，復守其母。」中國之士道，凡「修」首貴「藏」。諸葛孔明言：

苟全性命，不求聞達。

高臥隆中，自比管、樂。藏器在身，非誠無用；不求聞達，則貴潛修。同時如管寧、徐庶，皆知藏。近代國人競尚西化，只求表現，此義已失。乃謂中國之為士者，皆志在仕進，縈心利祿，一惟奉迎專制帝王之頤指氣使，為官僚則不啻為奴隸。其所想像，距五代時長樂老馮道尚遠。不讀書，而輕肆譏評，其荒唐淺陋又何足怪！

詩三百，關雎為首，曰：

窈窕淑女，君子好逑。

惟言君子求淑女，不言淑女求君子，「窈窕」亦言其深藏。中國言女性有「三從四德」，「三從」已別闡。「德、容、言、功」為「四德」。容不指色，窈窕亦即容。德、言、功則叔孫豹所謂「三不朽」，女性所同具。烹飪、紡織，衣食大端；相夫教子，為功尤大。德與言亦胥綜合和會，不能強作分別。故求人生大道真相，觀於中國之女性，即可得其梗概。儻專在大群外在事功上求，則女性轉不見其重要。中國人惟為深知人生大道，故重士，而士則無職業；又重女性，女性則藏於內而不外揚。能無業、內藏，乃始易保其性情之眞，既敦厚，又深摯。中國人文演進乃深賴此兩端。

中國農、工、商三業，又重農。農之求食，首在修身。日出而作，日入而息，春耕、夏耘、秋收、冬藏，稼穡艱難，首重勤勞；三年耕，有一年之蓄，則又重在儉；勤儉為修身之根柢。中國為士者，必出於農。唐代科舉，先須「家世清白」。三世為農，斯為「清白」。工商業皆不預。農人勤勞無貪求，安分守己，故生活易清白；商人向外牟利，則生活易陷不清白。中國人重農輕商，其中亦寓有人生大道。近人乃專以財富功利觀，謂農業社會乃一未開發之社會，進步而有工商，更進步而有機器。但機器可使財富進步，不得使生命進步，或轉使之退步。「知其子」不復「守其母」，而危殆隨之矣。

欲知中國社會眞相，試先求之中國之文學，尤要者在詩。古詩三百，首關雎，即詠男女夫婦。豳風七月，則詠農村。婦女與農村，乃中國詩主要題材所在；此下三千年皆然。又有田園詩人，如晉宋之際之陶潛；此下亦代不乏人。田園詩之外有山林詩：

問我何所有？山中有白雲。只堪自怡悅，不堪持贈君。

求之孔門，顏淵、曾點乃田園、山林詩人所宗。尚書曰：

詩言志。

志在顏淵、曾點，所言自不離田園、山林。田園詩多近儒，山林詩則多近道，綜合和會以求，則孔孟、莊老儒道兩家仍為中國社會所宗師。用而行，則廊廟朝廷；捨而藏，則田園、山林。故不親田園、山林，則亦無從認識中國人之眞趣所在。

田園、山林之外，又有邊塞詩。中國軍人盡出於農，不認識中國之農，亦無以認識中國之軍人。士則兼通文武，出在邊塞軍旅間，即猶在田園、山林中。此一義，不熟誦中國之邊塞詩，又何以知之？外此乃又有廊廟朝廷詩，乃獨無市區商旅詩。白居易琵琶行，潯陽江頭商人婦，乃可入詩；寧有一市井商人而入詩者？商不入詩，亦中國文化傳統一特徵。但亦有酒樓妓女入詩者，此當善求其意義。「商女不知亡國恨，隔江猶唱後庭花」，此其意義易求；獨以不知亡國恨責之商女，則其意義又難求。試觀史乘所載亡國之際，一國之人能知其恨者又幾人？非有遊客，何來此商女之唱？詩人亦自抒其恨而已，又何尤於隔江之商女？非融通生命大道，又何以誦中國之詩？

詩之後有詞，其體裁內容與詩亦略相仿。然詞為詩餘，其所詠亦轉益深藏。多在閨門之內，多在行旅之餘。「楊柳岸，曉風殘月」，詠在行旅，情在閨門，而能為一代之名詞。非深求，又何以誦中國之詞？今國人則一律謚之曰「死文學」，又曰「封建文學」、「貴族文學」、「官僚文學」。如「楊柳岸，曉風殘月」此七字，豈不仍在目前，而豈得謂之已死之封建貴族與官僚？

詞之後又有傳奇劇曲，主要題材仍不得離女性與家庭。其家庭亦多在田園、山林間。即帝王家庭，亦必田園化、山林化。如貴妃醉酒，如四郎探母，皆有園林。又如遊龍戲鳳，以一帝王，入市井一小酒店中，遇見一酒家女，此亦詩詞題材；戲劇一貫相承，其背後皆有一修身、齊家之人生大道存在。劇情反正離合，觀者自可會心。一帝皇之尊，一商女之卑，遊龍戲鳳，禮貌曲折，同一尋常人，同一尋常事。孟子曰：

梓匠輪輿能與人規矩，不能使人巧。

詩詞平仄聲韻有規矩，戲劇亦同有規矩，一啟口，一發聲，一舉手，一投足，到處有規矩。演唱者惟於「規矩」中見「巧」。「規矩」實即生命之本質，道家稱之曰「自然」，儒家謂之是「天命」。孔子「五十而知天命」，即是知此規矩。「七十而從心所欲不踰矩」，乃始是生命全在規矩中。「大巧若拙」，孔子晚年，乃到達此境界。此非外面安設些規矩，以強加之生命之上之所能比。

希臘以商立國，弄巧營利，不如農業之耕耘、收藏顯有規矩。中國社會婦女與農民，皆能不失規矩。為士者之修身明道，則亦必納己於規矩中。一切學問皆然，文學亦無不然。今日國人競慕西化，文學如小說、電影，以男女自由戀愛為題材；亦必別開生面，出奇制勝，緊張刺激，為人意想所不及；必求曠天地，亘宇宙，可以一遇，難以再遘；失生命之自然，無規矩之可循。即當前文學一門，亦可識中國社會古今一大變。

或以為社會必「求變求新」以達於「時代化」。不知每一社會皆必有變有新、有其時代化。以中國史言，堯舜禪讓，湯武革命，下及春秋戰國，兩漢、魏、晉、南北朝、隋、唐、宋、元、明、清，莫不各有其時代化。蒙古、滿洲異族入主，中國社會亦依然有其時代化。但雖屢變，而終不失其為一中國社會。不如西方史，希臘、羅馬、中古時期以迄現代，前一時代化為烏有，後一時代乃告興起。故中國史乃一生命之時代化，而西方史則為舊生命變成了新生命，時代變而生命亦變。而今日國人心中之「現代化」，則實為「西方化」一代名詞。老子曰：

知和曰常。

中國社會重在求「和」，故變而不失其「常」。西方社會重在「爭」，故此起彼仆，乃成「無常」。今日西方已成為美、蘇相爭之局面，更何有往日英、法之常？今日國人亦以尊美、尊蘇相爭，而所謂「西化」，亦與兩次世界大戰時迥異。如此則「現代化」實即一「無常化」。老子又言：

善建者不拔，善抱者不脫，子孫祭祀不輟。

中國社會一部百家姓，西方社會無之，此亦一相異。

余曾遊南洋新加坡、馬來亞一帶，其華僑社會應自明初鄭和下西洋開始，此乃遠在哥倫布横渡大西洋之前。哥倫布僅以一葉扁舟達美陸，而自此西班牙、葡萄牙乃在大西洋上劃一界線，以分彼此兩邦向全世界開闢新徑之藍圖。不久而荷蘭、比利時繼起，又不久而英、法追隨其後。俄國彼得大帝失敗在前，德意志兩次大戰又失敗在後。然而目前之英、法又如何？比、荷、西、葡又如何？其間又何嘗不各自有其現代化？而如中國明代鄭和之下西洋，則大海船結檣連艕而去，較之哥倫布之西渡遠為壯盛，並連續七次，所航日遠，直達非洲，亦在歐洲人之前。但中國社會則依然如故，鄭和事，若無大影響；而移殖南洋各地之華僑，則日增無已，至今乃儼成為中國社會，不僅遠在英人移殖美洲之前，亦尚在西、葡南美移民之前。最相異者，中國僑民寄人籬下，所至即安，不爭政權。英、法帝國主義後來，遂高踞其上；而中國社會則依然如舊，仍不失為一中國社會；亦可謂亦經多次之現代化，而依舊不失其故常，故風遺俗，猶有超中國大陸之上者。

惟一大異，大陸重農，而移殖南洋者多務商，少業農。其最守舊者則為女性，故家庭完好，子孫相承，祭祀不輟，迄今無大變。又尊士，僑民多閩、廣籍，開設私立學校，必往上海延攬江、浙籍人去任教。其惟一憾事，則國內西化之風已盛，往為師者，每携帶西化觀念俱去，幸未能驟改其舊習。此乃余三十年前之所見，今則又經現代化，則不知其詳矣。

南洋華僑外，又有美國三藩市華僑。初以勞工赴美，迄今亦歷一百三、四十年，可謂已達五世之久，而中國之故風遺俗亦多存在。民國七十年來，中國大陸力求開新，而舊金山華僑則仍多守舊。紐約市亦有華人街，其他美國都市同有數十百家中國人集居，亦多保留有中國社會之舊狀。「禮失而求諸野」，今國人競求變求新，求現代化，而遊覽美國，華僑轉多較中國本土為落後，亦是一奇。

最近美國「太空梭」之創始，可謂現代化最新一目標。然美國外，繼起者惟蘇維埃，英、法諸邦無意追隨，則現代化亦自有其限度。抑且今之所謂「現代化」，乃在機器，非在生命。生命待機器而化，機器則別有其根柢。非得有如美國之財富，又烏來有太空梭之創造？蘇維埃則犧牲生民衣食以為之。然老子又言：

物壯則老，是謂不道，不道早已。

太空梭不十年亦將臻於老化，西方科技進展當如此。中國人言：

人惟求舊，物惟求新。

中國社會主在人類生命本身上發展，故得有炎黃以來五千年之舊。西方社會主在器物資本上發展，生命本身轉居其次；生命表現，亦僅在器物、資本上。如一工廠，其重要表現，亦惟器物、資本，多數勞工無表現。但如太空梭，豈非亦造於勞工？太空人亦可謂即勞工。圍觀其起飛與降落者，可多達數十萬人；其他全世界人，則全在電視中略覩其形象，或在電報新聞中略聆其消息。故今日之現代化，可謂已全落入機器，而人類生命之本身似已不復足道。然苟無生命，何來機器？惟機器之享受，雖曰歸於多數人，而機器之創造，則終必歸於少數人。今日之言現代化，則惟求多數之享受有機器生活而已。中國人言人生享受，則如父慈、子孝，齊家、治國、平天下，均屬生命，不屬器物。今日言享受，則惟器物、資本之相爭，他復何有？

老子又曰：

含德之厚，比於赤子。

赤子知和不知爭。竊恐兩百萬年前原始人類之赤子，亦復如是。中國人則善保此赤子之心。西方人求變求新，方其為赤子，亦如在天堂；及其中年，乃如入戰場；及其晚年，則如在墳墓。視人如物，則亦宜其老而早已矣。耶穌以「原始罪惡」言人生，今日科學昌明，世界進化，乃證耶穌之言不虛。本此而言現代化，則恐非末日之來臨，無他途之循矣。「現代化」之意義豈果如此？竊願有意治中國社會史者之有以闡其說。

三七　共產主義與現代潮流

馬克斯共產主義思想，不數十年，影響全世界，勢力之大，可謂前無倫比。但其主張「唯物史觀」，則實一大問題，豈能遽視為定論？人類歷史千端萬緒，而馬克斯所注意者，實只經濟一端，其他尚有政治、教育、宗教信仰等各大問題，馬克斯似乎並未顧及。豈能專據一端意見，來改造此世界？豈不成一極不可能之空想？

馬克斯當時亦僅據其在英國倫敦之見聞，而提出其主張。認為資本主義社會發展達於頂點，乃可有共產社會之產生。苟其無大資本家有產階級，則何來有勞工無產階級。馬克斯認為歐洲在「資本主義社會」之前，尚有中古時期之「封建社會」，乃及更前希臘、羅馬時期之「農奴社會」。其說是非且不論，但馬克斯並不認農奴為無產階級，亦不認封建貴族為有產階級。當知馬克斯之所謂「有產、無產階級」，乃專主同一工廠中之廠主與勞工言。果其社會並無工廠林立，即不可謂有此兩階級之存在。故馬克斯之共產主義，乃從其工業生產之「剩餘價值觀」立腳，非謂貧人可以分富人之產乃謂共產。稍讀馬氏書，其義即易知。

所未及。

俄國列寧乃借端於馬氏之說來從事推翻俄國之帝王專制。此乃一種政治革命，與馬克斯意見大有距離。在歐洲歷史上，政治乃另一端，別有其來歷，又別有其趨向。此當分端討論，而為馬克斯注意所未及。

歐洲史發端於希臘，論其政治，則為城邦型。希臘一半島，地區狹小，而城邦林立，迄未形成一國家。馬其頓崛起，乃始立國。羅馬繼之，以羅馬一城市兼併意大利半島，又兼併地中海四圍歐、非、亞三洲廣大土地，而成為羅馬帝國；其中心基點則仍在羅馬。是則羅馬建國仍本源於希臘之城邦，擴大成國，非合各城邦共建一國。在歐洲文化傳統中，論其政治，可分「希臘」、「羅馬」之兩型，一為城邦自治之「民主政治」，一為向外侵略之「帝國政治」。此下仍承此兩型而演變。

中古封建時期，則僅一「社會」形態，無「政治」可言。迄於現代國家興起，全歐洲分立為數十國，此則仍是一希臘型，不過稍加擴大而已。又繼之以海外殖民，乃始蹈襲羅馬型，而有殖民帝國之產生。其先為葡萄牙、西班牙，繼之以荷蘭、比利時，又繼之以英、法。此可謂歐洲政治史乃希臘、羅馬兩型並存之顯證。

惟其希臘乃歐洲文化大傳統之始祖，故歐洲人雖主向外擴展，而至今仍是數十國並列，難以融合，亦難加兼併。惟其在歐洲文化大傳統中尚有羅馬為之繼宗，故各國間多主海外兼併，而殖民帝國紛起。其間尚有一問題值得注意者，歐洲人海外殖民，實仍從希臘型之重視商業來。而羅馬型之武力侵略，則僅為之副。歐洲人又有一種安土重遷之心理，不慣與異族人和平共處。希臘人雖歷世經商海外，而終必回歸希臘，仍為一希臘人。此一心理，迄今無變。羅馬人亦如此；近代英、法人亦無不盡如此。

美國人移民新大陸，北美十三州已集為一大群，離英自建一國，此即希臘型之心理。否則只要求英政府減稅，平等相視，豈不可仍永為一國？其他如加拿大、澳洲，聞風繼起。英帝國只能在海外統治異族，而同為英國人則盡歸分裂，此為歐洲文化之希臘根柢，無可否認。

又美國十三州不斷向西擴展，而印第安人則屠殺殆盡，此亦歐洲人不易與異族人和平相處一特徵。英國人對印度惟求統治，不求安居，從政經商，終必回歸。數百年來，英國人留居印度，成家傳代者極少，可謂無之。其在香港亦然。香港本一荒島，倘英國人不斷停居，迄今百年，香港早可成為英國之一部分。但迄今百年，英國家庭定居香港者，可謂絕少其例。

此一心理遠自希臘起，商人自居為供方，對象則屬求方；自居為贏方，對象則屬輸方。供求、贏輸之間，乃自尊而卑人。故希臘人永為希臘人，雅典人永為雅典人，直迄近代英國人永為英國人，法國人永為法國人。不僅如此，愛爾蘭人永為愛爾蘭人，蘇格蘭人亦永為蘇格蘭人。又不僅如此，美國為十三州聯邦，至今擴大為五十州，仍為一聯邦，各有政府，各有憲法。歐洲人重分不重合，其趨勢有如此。

而在同一政府下，又必分黨相爭。中國人言「群而不黨」，群主「合」，黨主「爭」。歐洲人則不分黨以爭，即不能合成群。重我輕人，常稱之為「自我主義」或「小我主義」，今稱「個人主義」。

政治權力方面如此，社會經濟方面亦然。耶穌、馬克斯均猶太人，所唱導皆一「世界主義」，非歐洲人所自有，而其道乃大行。就實論之，耶教與共產主義仍亦以「個人」為本。靈魂上天堂，財富平均分配，仍皆以個人為起點，亦仍以個人為歸宿。

歐洲人信奉耶教，而政教分離，宗教不當影響其政治。近百年來，歐洲資本主義國家，亦非不採用馬克斯共產思想，如各工廠皆許勞工組織工會，爭取報酬；政府則推行社會福利政策，年老退休及失業者，皆予養護。此等在各國皆已成為共同性，而各國之政府則依然是分裂性、獨立性。

列寧在俄國推行共產主義，下及史太林，而性質乃大變，政治權力更重於社會經濟。乃以共產政策來推行其帝國侵略，依然承續帝俄時代之大傳統，分裂性仍重於和合性。第一次、第二次世界大戰以來，近四十年，第三次大戰已如箭在弦上，一觸即發，此見歐洲大傳統決非耶教與馬克斯思想之所能取代。此為歐洲文化大趨勢，深值認識。

馬克斯共產主義本主「分富於貧」，亦可稱為是一種「共富主義」。列寧則一轉而為「合貧求富」，此當稱「共貧主義」。如何合貧求富，則須政治力量，與馬克斯之專言經濟者已不同。至史太林則又轉為「合貧求強」，此尤大不同。而經濟衰退與經濟不景氣，實乃發自富國，即工業先進國，即資本國家。可見共貧雖不易，而共富則更難。就社會求共富尚易，就國際間求自己一國之獨富則更難。孔子曰：

富而可求也，雖執鞭之士，吾亦為之。如不可求，從吾所好。

又曰：

富與貴是人之所欲也，不以其道，得之不處也。

又曰：

不義而富且貴，於我如浮雲。

又曰：

邦無道，富且貴焉，恥也。

西方社會上自希臘、羅馬，下迄近代英、法、美、蘇，始終以求富求貴為目的。中國人則必主仁義，不求富貴。孔子之所謂富貴不可求，乃屬自然天道。富者不三、四世，或四、五世即衰；貴亦然。例證顯然，不詳舉。故曰：

遺子黃金滿籯，不如一經。

又言：

自古無不亡之國。

此可謂之深識明見矣。西方宗教信仰靈魂上帝天堂，豈不亦億兆斯年，恒常不變，更何富貴之堪求？故中國傳統文化，家必求齊，國必求治，此為與西方大不相同之處。

商業必分供求、贏輸。今日之工業先進國家，為供方、贏方；而工業落後國家，為求方、輸方。事勢轉變，非可預測。姑舉一例，如皮鞋、汽車，皆為人生「行」之一項所需。但皮鞋易得，汽車難求；而皮鞋獲利微，汽車獲利昂。工業先進國家乃不造皮鞋，競造汽車。亦可稱皮鞋為必需品，汽車則為奢侈品。貧國以競買汽車而更貧，致於不能再買，而經濟不景氣則更見於工業先進之富國。

又且工業先進國不僅不造皮鞋，競造汽車，又更競造軍火。如坦克車、巡洋艦，如潛艇，如飛機，其出售獲利，又更甚於日常交通運用之汽車。工業落後之貧國亦以競買此等軍火而更貧。但更貧後可以不買，而經濟之不景氣與衰退，則反易見於工業先進之富國間。

求方、輸方已無力求輸，供方、贏方乃貸款濟之。以今日之科技進步，而人生日進於奢侈，以至於軍火殺伐之成為商品，則更由奢侈而轉進於罪惡。至於唱導此等奢侈與罪惡，而使人生陷於不得一日安者，則為工業先進國。如是則經濟之不景氣與衰退，就全世界人類大群言，乃福非禍。而今日之所謂經濟景氣與經濟旺盛，則實為人類之禍而非福，而其不可久之勢亦甚顯。

故今日之世界，實非一資本主義與共產主義相爭之世界。雙方各謂消滅對方，世界可躋於和平，實為一種皮相之論，亦非誠實語。內心所存，爭富爭強，以小我為中心，政治社會種種禍害皆由此起。專就社會經濟言，苟上有好政府，均富不難，均貧亦不難。惟就政治言，求均權、均貴則難；就國際言，則更難。主要在人心之「均」與「和」。不尊己而輕人，不重我以輕彼，勿爭「人權」，僅講「人道」。父子爭權，則無孝慈之道，僅得有小家庭；夫婦爭權，則婚姻破壞，惟可男女同居。人道不立。而求取政權則惟結黨相爭，但論多少數，而賢德、是非皆所不計。以如是之政治，而推之國際，則爭富爭強，商業戰爭之上，繼以政治戰爭。「希臘型」之上，又繼之以「羅馬型」。自歐化言，世態千變萬化，要之，不外此兩型。而馬克斯乃卑淺言之，專為貧者爭均富，則宜乎歆動一世得多數之樂從。今乃謂天下之亂由此起，一若共產主義為天下之禍源。然果使百年前無馬克斯其人者出，豈天下即能遽歸於平治？稍知歐洲史，宜見其不然矣。

今人好言「平等」，不好言「貴賤」，但商業所爭在物品貴賤。多數人能買決不貴，惟少數人能買始貴。是商業乃重少數，不重多數。殺人利器最貴，憑以交易，則商業盛，斯人無噍類。

植物花草亦有貴賤。商品貴難得，中國人最貴梅、蘭、竹、菊，皆易得，所貴則在其品格。動物亦有貴賤，西方動物園必畜獅、虎猛獸，中國則稱麟、鳳、龜、龍為「四靈」，皆不噬人。莊子言鳳鳥「非梧桐不止，非練食不食」，其所貴在此。龜之生最易足，而又最壽，故在四靈之內。是中國人所貴於草木禽獸者，皆寓人生教育意義，其貴賤人者亦在此。

寒食節始於介之推，乃晉文公出亡一從者。文公返，賞未及，之推恥自言，奉母隱介山。文公燒山求之，竟不出，致焚死。中國人貴之。讀漢書古今人表，帝王少得列上品，多下品，則帝王非所貴。又如宋徽宗好繪畫，又擅書法，實一藝術家，但為帝王，乃不獲人稱道。斯則平民易貴，居政治高位則難貴矣。臺灣有吳鳳，僅為一通譯，其人乃更貴，即鄭成功若不及。使一臺灣總督，能防止高山族殺人，職責所在，亦無足稱貴矣。

又中國人貴師，孔子為師，自行束脩以上無不誨，非以收學費為教。顏淵死，其父欲乞孔子馬以為之槨，孔子不之與，其同學乃助其父厚葬顏淵。孔子曰：

鯉也死，有棺而無槨。回也視予猶父，予不得視猶子也。非我也，夫二三子也。

此下至戰國為大師者，來學轉得給養。中國貴師道乃如此。如「市道交」，則又何貴之有？中國此風，西化新式學校起乃變。

又如平劇，觀三娘教子，無不貴其家人老薛保；觀西廂記，無不貴其丫頭紅娘。為人自有可貴處，而不在其富與貴。

惟社會可以無巨富，政治不能無高位。中國人言「君一位，臣一位」，此亦階級。馬克斯言階級，僅只貧富，故曰「有產」、「無產」。政治上之權位上下，馬克斯所不論。若分「無權」、「有權」為階級，而出於鬥爭，此豈馬克斯之意？故西方論學，貴「專」不貴「通」，否則其弊不堪言，如列寧、史太林之於馬克斯即其例。今國人必連言「馬列」，政治、經濟混為一談，不僅不識列寧，亦為不識馬克斯，乃兼失之。故今日西方人所嚴斥，乃在史太林以下；而中國人所慎防，則當在馬克斯以前。此尤關心人道而論世者所宜深知。易繫辭言：

乾知大始，坤作成物。

馬克斯所論，如「唯物史觀」、「階級鬥爭」，皆就其當時之所成。有坤無乾，其為淺識，無可深責。

最近如石油之產銷，足以影響一世人生之榮悴與安危。古代無石油，豈不同樣有人生？人本有能，今乃稱如石油等品為「能源」。馬克斯之唯物史觀，本由觀於當時倫敦商業資本主義之情況來，亦待此下商業資本主義之繼續發展而加以證成。果使經濟不景氣，不再復蘇，商業資本主義不再生長，則馬克斯之唯物史觀與共產主義亦將隨以消失，豈非人類福祉？

第二次世界大戰，蘇俄共產與英、美列同一陣線。蘇俄勢力東來，亦美國所引。中國共黨崛起，英、法首加承認。迄今凡屬歐洲資本主義國家，幾無不承認共產中國，甚至美國亦然。美、蘇對抗，西歐諸國亦各有取捨，並不一意偏袒美國。可見資本主義國家，無分敵友，惟爭一「利」。今法國政府中亦有共產黨加入，故謂當前為「自由世界」與「共產世界」之爭，實屬皮相之論。所謂自由世界，主要在自由通商，一國受其利，他國蒙其害。共產國家乃閉關自守，不與資本國家自由通商。繼之則以核子武器為雙方鬥爭之最後工具，如是而已。「鬥爭」乃西方傳統，商業爭富，必繼以武力爭強。則經濟不景氣，爭富之風衰，或轉為治本之道。

農、工、商三業分別，人盡知之，惟業農則必「天」、「人」合作；業工則必「物」、「我」同規；此皆易有一「和合心」，而又自給自足，不分敵我。中國人自古在農工社會中，物質生活到處同然。故遇異地人，易生同類感，相親相和，結為大群。上有賢德，助成其大群之結合，則群尊為非常人，至於累世不忘。立德、立功、立言之「三不朽」，即由此來。其言「夷狄」，則多指畜牧、漁鹽之群。如驪戎，亦姬姓，又有姜戎，非同姓，同目為「諸夏」。故孔子曰：

微管仲，吾其披髮左衽矣。

故「中國而夷狄則夷狄之，夷狄而中國則中國之」。苟其生活習慣同，斯亦一視同仁矣。此即所謂「人文化成」，重「道統」尤過於重「血統」。其言商，則曰：

日中為市，致天下之民，聚天下之貨，交易而退，各得其所。

則此交易乃兩利，非分敵我。以己所裕，易人之裕，遂使己無不足，人亦無不足，如是而已。故於農工俱足之餘，乃有商。漢代以下，乃採賤商政策，如鹽、如鐵，後世如漕運，凡公用所需，政府皆加管制。並禁商人進入仕途。武裝軍備，亦絕不經商人之手。要之，一國維持，絕不賴於商，可謂與歐洲人走了絕相違異之兩路。

希臘內不足，始經商。供之在我，而取、不取之權則在人，而又為我之所必爭。故「個人主義」與「人權觀念」，古希臘已開始。而人權觀則必分敵我。我有權，逼人不得不取，斯為商業之上乘。所謂「出奇制勝」，商戰與兵戰亦無異。故「經商心」易啟「作戰心」，希臘型之後又易起羅馬型。近代科學發展，此兩型乃益見進步，而人道亦益不易立。中國人言「人道」，乃本之農工業，商業居其次。歐洲人則倒轉為「商工農」，不言人道，惟言人權，必分敵我，難期和合。此乃其大相異處。

然則處今世，當何以為人，何以成家為群而立國？又何以謀國際和平，而臻於一大同太平之天下？此恐惟有如中國，置商於農工之下。此則非有深心達智、厚德仁道之人，不足以當唱導之大任。

此則中國「四民社會」，「士」居其首，要義所在。

現代科學發展，果使各安於農工業，以求家給人足，事亦不難。「西化」已遍全人類，無不知爭平等、爭自由。只歐洲人不再侵犯他人自由，則平等亦即在目前。商業資本主義消退，則共產主義亦不復存在。即就當前情況，亦未嘗不可盼此世大同太平之來臨。經商勿爭利，從政勿爭權，亦和平即在望。吾往古至聖先賢之崇言高論，可漸待闡申，亦勿煩今日國人之必加駁斥鄙棄矣。如此之好景，我惟有拭目以待，企足以竢，又復何言！

三八　道德與權力

今人競言「自由」、「平等」與「獨立」。其實人生是多方面的，若各別分開，則千端萬緒，但其在人生總體上之意義與價值，則總不能說平等。

專就人身生活言，五官、四肢、百骸、七竅，各有其作用。目司視，重對色；耳司聽，重對聲；但各在全身生活上始有其意義與價值。視生活發展而有繪畫，聽生活發展而有音樂，繪畫、音樂則成為藝術人生。但藝術人生不全憑耳目，亦僅只是人生總體中之一部分。其所有之意義與價值，須憑其在總體人生中之意義與價值而定。獨立分離，則其意義與價值便不見。

手能持，足能行，其在人身總體生活中，亦各占地位。手足殘廢，使日常生活不健全，但其人仍有一整體生命。耳目功能較近「心」，其在生活上之地位高；手足不能與相比。故手足殘廢，不如耳聾、目盲之更多損失、更可憐憫。

近人儘說平等，又儘想出人頭地，分別人生各部分活動作比賽，如種種運動會。但就人生理想言，應可說有藝術人生，卻不能說有運動人生。西方有藝術家、運動家，運動與藝術，似乎成為一種分別觀。人生之意義與價值，乃亦隨而變。

運動會比賽，在爭勝敗優劣。競爭群情所喜，但出席運動會者，則只少數，多數人環而觀之。少數中得勝，已成出人頭地；萬眾懽呼，在得勝者之心理上更感滿足。但就其人之全人生論，其意義與價值究何在？逢場作戲，偶一為之，亦非不可。今乃成為人生一目標，一專業。方幼年時，即全部精力加以訓練演習。但過三十、四十，即須退出運動場，尚有下半生又將奈何？其回顧前半生，則如一夢。若以獲取獎金，換來下半生溫飽，則其前半生，亦僅是一手段，或似一貨品，不得謂是眞人生。人生相處，理當相親相敬。作一拳王，或可致人於死地，則更要不得。黃金與頭銜、名利當非人生之所求，此一義，今人又誰知之？

最近有世界奧林匹克運動會，乃引起美、蘇等國之國際衝突。許多運動員競起反對，謂政治不當干預運動。是猶不啻謂運動人生可以超出政治人生，而有其獨立之地位。但每一運動員，亦必兼具一國籍。近代人群爭自由，但尚未有一無國籍之運動員。個人自由，不當侵犯他人之自由；而在大群中，則必有其不自由處。至於個人內部自起衝突，則又何以完成其個人？

「個人主義」乃起於西方之商業社會，所爭有其共同目標，一曰「財」，一曰「權」，為富為貴。財利不平等，乃轉而爭權力之平等。爭則必有勝負，而勝者終屬少數。多數不得意，乃另求發洩，如運動會之花樣，層出不窮，即其一例。但此種發洩，反以提高其求爭求勝之心情。發洩亦即是一成長，非解消。求爭求勝之心愈趨強烈，禍亂迭起，乃使人生共向於無意義、無價值之途徑而邁進。當前世局之可憂，其本源即在此。

人生決不是「個人」的，而有其總體，即「群」。亦如五官、四肢、百骸、七竅，同屬一「身」；夫婦、父母、子女，同屬一「家」；列國則同在一「世界」、一「天下」。各有其地位，即各有其意義與價值；總體相通，即決不能各自獨立、平等與自由。故個人在群體中，一如水滴之在川流，亦如各細胞之同在一身，各有作用，各不可少；而其意義與價值，則在全身，不在各細胞上。

家為群中之小者。夫婦和合，百年偕老；有子女，有孫曾，可以遞傳而不絕。一家之內則人人平等，又各有其獨立與自由。如父為慈父，子為孝子，就人之內在德性言，豈不各自自由、平等、獨立？故曰「妻者，齊也」，又曰「齊家」，夫婦平等，一家之人亦相聚平等。若子女不孝，父母不慈，則其家散。夫婦亦必相愛敬，其相互間之自由、獨立當有限，否則即不成家。故一家生活在「和」不在「爭」。

家為小群，國則大群，乃有政府。中央、地方，文武百官，各有職司，猶身之有耳、目、口、鼻，亦同稱為「官」。職司有大小，地位有高低，然同屬一政府，於不平等中仍屬平等，但不得各自獨立、自由。生命乃一自然，目視、耳聽，中國人謂之「自然之性」。「性」乃一大生命，身之視聽乃生命中分別一功能。人身乃一自然生命，其有群，則成為一「人文生命」。人之在群，各有職司，共為一體。此由人之「性」，即人之「德」，故又合稱「德性」。孔子曰：

志於道，據於德。

人群大道，必本於各己之德。老子則曰：

失道而後德。

又曰：

六親不和，有孝慈；國家昏亂，有忠臣。

不先有人性之孝，何來有六親之和？不有忠，何來有國家之平治而不昏不亂？老子重自然，輕人文，意態偏激，終不如孔子所言之中正。

西方重「個人主義」，昌言「人權」，謂由人權結合乃有群。故家有「母權」、「父權」之別，國有「神權」、「君權」、「民權」之別。盧騷民約論謂人之有權，乃由天賦。由人群授權於君，乃有君權。則君權不得凌駕於人權之上。西方人尚「權」，中國人尚「德」。權必爭之外，德則修之內。此乃中西文化精神之大不同處。

言人權，則家與國乃人生外在一組織，即不啻對人生一束縛。自由與束縛爭，乃尚「法」。然法由何來？故西方政治必爭立法權。而其權又必在多數，不在少數。民主政治之大經大法乃如此。君民結合，有法有爭，夫婦亦然。爭法爭權，則一家蕩然。國際間乃無法而必出於爭，則天下蕩然矣。

中國人稱：

「自由、平等、獨立」，乃相爭一口號，而人道亦蕩然矣。

天生民，而立之君。

天地生人，有其性，有其德，則自能有群。有群則必有君：「君者，群也」。人之有群有君，人文大道亦由自然來。君在政府中，亦一位一職。此下尚有多位多職，則政府亦一群。故家國同是群，忠孝同是德。德由天生，亦須人為。而人為必合於天道，此為中國人理想。

人性非無「爭」，主要則在「和」。「和」之意義與價值則更大。如人之一身，相互間亦有爭，而必以和為主。家、國、天下皆然，而每一人為之中心。故修身為齊家、治國、平天下之本。修身乃修其德性，使和而不爭。所謂政治，政，正也；治則平也。何以能正而平？則在「明德」以「親民」。故齊家、為政均尚德。天德、王道，不言權利。「王」、「霸」之分，即尚德、尚力之分。人同此德，故能使人心悅而誠服。力則必出於相爭。孔子曰：

君子羣而不黨。

又曰：

君子無所爭。

西方民權政治必結黨以爭，不待修身，亦不重道德；惟黨爭之上必有法。中國則道以待君子，刑法治小人。此又中西之相異。

人群大道，非限於政治一項。中國傳統政治，選賢與能，廣羅社會人才，以組成此政府。而人才賢能則必待教育。故「道」尤重於「君」，「君道」之上又有「師道」，為君者亦必有師。孔子為「至聖先師」，中國歷代帝皇莫不知尊孔子。君道行於政府，師道則行於天下之大群。中國人言「天下」猶在「國」之上，故「道統」必尊於「治統」，而師道則決不尚權力。

西方人又謂「知識即權力」；中國則師以傳「道」，非以傳「知識」。道亦須知，而知識非即道。西方人憑「知識」向外求「眞理」，中國人則內求之「德性」以明「道」。孟子告曹交：

子歸而求之有餘師。

又曰：

聖人先得我心之所同然。

則道在人心。中國人言道德若先天，西方人言知識則在後天。孔子之言道，有非人人之所知，但亦以先得人人之同然。故中國人言學，先德後知；西方人則知識為重，德性乃所不言。

人性亦喜自我表現，又喜高出人上。中國人教人表現高出人上者，亦在其德性，不在其知識。知識而違於德性，則亦同為小人。德性人所同有，知識則可獨出。故德性乃平等，可自由，可獨立；知識不平等，乃成為一權力。中國人只爭在己之德性上，不爭外在之權力，乃以成其和。

德性尤必見於群，如仁義、忠信皆是。「獨立不懼，遯世無悶」，必遠離於權力、財富舉世所爭之外乃能然。伯夷餓於首陽之山，而獲萬世之同情。孔子稱伯夷為仁人，乃言其德性，非言其事業。其身獨立於一世之外，而其心仍常存於萬世之所同然，中國人稱其人曰「聖」。西方則人世間無此等人之存在。

中國人重德性，亦可謂乃是另一種「個人主義」。德性天賦，此為大同；但亦因時因地而人各異。故子路、顏淵不能盡同於孔子，禽滑釐不能盡同於墨子，老子更不能盡同於莊子。故德性雖平等，可自由，而必有其獨立性。孔子曰：

古之學者為己。

乃求獨立以自成其一己。又曰：

為仁由己。

則己之處大群，求能為一君子，即多得與人相同處。又曰：

富不可求。

富則必求異於人以見。故德性乃為至廣大、至悠久之個人主義，而爭財富、爭權力則為短暫狹小之個人主義。近代人務求之外面之財富、權力，乃愈見己之不獨立、不平等、不自由。盡力以爭，所爭仍在外。眞所謂「道在邇而求之遠」，南轅而北轍，其終將何所達而止？此以成當前之悲局。但反而求之，道固猶在，則亦無足悲觀。

孔子常「仁」、「智」並言。後儒以「仁、義、禮、智、信」為「五常」，後起陰陽家乃以「五常」配「五行」。人生原始當先有仁，人生演進乃繼有智。是仁在先，智在後，有仁乃有智，不仁則智又何途之用？今大體言之，中國人尚仁，西方人尚智。故中國人重道義行為人物，西方人重物質功利事業。中國史聖賢迭起，輝煌照耀。「高山仰止，景行行之。雖不能至，心嚮往之。」其文化乃仁者之靜而壽。孔子言：

智者樂水，仁者樂山。

如山巍然，屹立常在，萬物滋生，蘊藏無窮，而山則仍然是一山。西方史如水流前進，「逝者如斯」，後浪推前浪，僅見波濤洶湧，而涓滴若無預。事業則愈變而愈新，功利則日擴而日大，其文化傳統或可謂乃智者之動而樂。事業變，人物乃無足追憶。求其舉世共尊，千古常在，則惟耶穌一人。但耶穌乃猶太人。抑且耶穌之見尊乃因其在天國，不在塵世。西方人物多以事業傳，如哥侖布橫渡大西洋，其平日為人，則無可稱述。莎士比亞創為樂府，其人有無，尚難尋究。其他率類似。要之，重「事」不重「人」，即重「功利」不重「德性」。中國如大禹，治水乃其功業；其子方呱呱，三過其門而不入，乃其德性；功業無可詳述，而其德性之一端，乃千古傳誦不絕。又如關羽、岳飛，事業則失敗，其品德則尊為「聖」。近代國人乃謂中國崇拜「失敗英雄」，不知事業失敗，乃其德性之完成。文天祥、史可法同然。孔子言「殺身成仁」，孟子則曰「捨生取義」。所取所成為仁義，所捨所棄則屬其人之生命。中國人之教人有如此。

又如三國時曹操，政治、武功之成就外，文學亦卓越。然後人則崇拜諸葛亮，不崇拜曹操。同時又有管寧，並無事業，而後人崇拜，或有尤超諸葛亮之上者。至如吳泰伯、虞仲，伯夷、叔齊兄弟，則更不待言。中國女性，劉向列女傳以下，歷代正史所載，難以數計，皆無事業，而以德性見尊。故中國人生，宜可以「壽」稱。一人之生，可傳數千年，常在他人心頭口頭，筆下歌下，追憶不輟，稱道無窮，豈不可謂之壽？即讀百家姓家譜亦可見。若論「樂」，則壽即是樂。女性如孟母、歐陽修母，乃及其他節烈，就其景況言，豈不悲多樂少？然就其心情言，則仍是一樂。「人不堪其憂，回也不改其樂」，此等處皆似之。中國人之樂，樂在其德性，不在其事業。周濂溪教二程「尋孔、顏樂處，所樂何事」，皆不在飲食起居生活上，亦不在事業上，而在其德性上。近人謂西方文學重悲劇，實則西方人僅在生活上尋樂，而悲劇則涉及德性，乃以補西方人生之不足，故西方人重之。在中國則偏重德性人生，全部歷史人物，幾乎無不具有悲劇性。惟此種悲哀，乃為眞樂、至樂。「春蠶到死絲方盡，蠟炬成灰淚始乾」，試問人生到此境界，究竟是悲是樂？當知「孔顏樂處」，亦正在此等境界中。人生自有其心嚮往之、欲罷不能之一境，此即情味無窮，又何必強加分別其為悲為樂？眞人生即眞樂處，而勤勞操作，自在其中。即尋不到眞樂處，而勤勞操作，仍不能免。故曰「民生在勤」，「君子無入不自得」，「小人閒居為不善」，其理亦在此。若謂西方歷史多悲劇性，則中國歷史實多喜劇性。壽即是樂，五千年相傳不輟，生命日繁，非有喜樂何以得此？

中國人尚仁，亦兼重智。西方人尚智，則並不兼重仁。此如高山峙立，外觀無水，內實涵水，不崩不裂，叢樹灌木生焉。而且山靜無爭，水則流動有爭，無堤防，則泛濫橫越。故讀中國史，實覺人生可樂；讀西洋史，則時時有虞有防。孔子歌：「梁木其摧，哲人其萎」，可為中國人寫照；耶穌之上十字架，則為西方人寫照。故孔子不言復活，非其悲；耶穌言復活，非其樂。

今日國人爭慕西化，到處尋樂。獨立、平等、自由，若為人生三大樂處。夫婦和合，何必爭獨立？父慈子孝，何必爭平等？出門則警察林立，讀報則罪案羅列，又何再爭自由？不仁不智，人生樂處又何在？中國人言「人倫」，言「相人偶」，言人與人相處，乃不爭獨立、平等、自由。披閱一部中國史，廣土眾民，相生相長，以有今日，豈非人生一大樂事？其由道德，抑由權力來，幸吾國人其回頭深思之。

三九　道義與功利

（一）

孔子曰：三人行，必有吾師焉。擇其善者而從之，其不善者而改之。

孟子曰：舜之居深山之中，與木石居，與鹿豕遊，其所以異於深山之野人者幾希。及其聞一善言，見一善行，若決江河，沛然莫之能禦也。

中庸言：

天命之謂性，率性之謂道，修道之謂教。

人文本於自然，人類文化演進亦自然之一途。天賦人性，有善有惡，但亦有由惡向善之可能。故三人行，此兩人之善惡由比較而自見，第三人則於兩人中擇善去惡，即是人文演進之大道。堯舜為中國上古大聖。陸象山言：

堯舜以前曾讀何書來？

然學問不限於書本，舜居深山之中，其聞善言，見善行，亦可有學有進。人文演化如是。上引論、孟、中庸三章，可謂盡之矣。

子在川上，曰：

逝者如斯夫！不舍晝夜。

此章可謂乃孔子之人生哲學，如詩之賦而比。人生如水流，為善去惡，由是至彼，其前無已，其道不竭。中國文化自皇古有巢氏、燧人氏，下至犧、農、黃帝、堯、舜，以至於禹、湯、文、武、周公、孔子，循是以下五千年迄於今，傳統不絕，如水流之逝，中國人稱之曰「治」。率性而行，其心自安。長治久安，乃見人文演進之無窮。細讀一部中國二十五史即如是。

歐洲人天性若與中國有別，其文化演進亦與中國異。希臘亡，有羅馬，有中古時期之貴族堡壘，又有現代國家興起，而有當前之美、蘇對立。同一水流，但非治水之流，乃屬「潮流」，今稱「時代潮流」。前潮後潮，波瀾洶湧，起伏無常。自中國觀念言，乃動亂，非治平。就西方現代國家興起之一時期、一階段言，遠自葡萄牙、西班牙遠航大西洋，海外爭霸，分全世界為兩部分，荷、比繼之，下迄英、法；陸上爭霸，又迄於德意、英法，第一次、第二次世界大戰，直迄於當前之美、蘇對壘。歐洲民族常此數十國並列，兵戈相爭，迄無寧日。西方文化三、四千年演進率如此。此與中國之長為一民族國家，惟見生齒日繁、疆土日擴之大一統局勢相比，豈非一人文演進之大相異？

立國形勢如是，其他學術思想之演進亦復類是。依照中國人觀念，學術思想之進步，當在國家社會之長治久安、太平無事中。故中國人言治學猶言治水，當和平前進。其前進則平正通達，非如波瀾之洶湧，潮流之起伏。

孔子一日與子路、冉有、公西華、曾點同坐。孔子言：「平日言無知我，儻遇知者，當如何？」

子路言治軍，冉有言理財，公西華言外交，各有所擅。曾點鼓瑟不言，詢之，謂：「異乎三子者之撰。」促之言，曾點捨瑟曰：

暮春者，春服既成。冠者五六人，童子六七人，浴乎沂，風乎舞雩，詠而歸。

孔子嘆曰：

吾與點也。

孔子非不欣賞三子者之各有所擅，然既懷才不遇，其心已不平不安。一旦遇機得逞，又或有偏有激，不能達於平正和順之境，非能如孔子之所謂「游於藝」。如水流有木石阻塞，下流即多激蕩，失其平暢。故學者亦貴先正其心，其學乃得平正通達。有宋理學家，於孔子「吾與點也」之意深有契悟啟發，可參究。

孔子讚顏淵曰：

用之則行，舍之則藏，惟我與爾有是夫！

顏子「一簞食，一瓢飲，在陋巷。人不堪其憂，回也不改其樂」。顏子之樂，樂在其能以孔子為師，學孔子。顏子曰：

仰之彌高，鑽之彌堅；瞻之在前，忽焉在後。欲罷不能，既竭吾才，如有所立卓爾。雖欲從之，末由也已。

此「欲從末由」之嘆，實即其學而不厭之樂之所在。顏子又曰：

夫子博我以文，約我以禮。

如治軍，如理財，如外交，皆孔門博文之一端，故能「用之則行」。約之以禮，則出處、進退、辭受之間，自有道義可循。孔子為魯司寇，墮三都，不成而退。儻必欲行其志，則當如西方政客之反抗與革命，而中國人則謂之非禮。孔子之去魯赴衛，仍求行其道。及其失志於衛，又困於陳、蔡之間，乃曰：

道之不行，已知之矣。

乃歸魯以老。然孔子曰：

人不知而不慍。

又曰：

七十而從心所欲不踰矩。

顏子之居陋巷而不改其樂者，亦猶孔子之此心。

中國自古即以農立國，但問耕耘，不問收穫。其生勤勞，乃是「道義」，非屬「功利」。其為學亦然。雖講究治平之大道，其心有伊尹之「任」，而亦有伯夷之「清」與柳下惠之「和」。孔子聖之「時」，即任、清、和之隨其時宜而互發。西方人自古即以商立國，功利觀念充塞胸中，有功利，無道義；影響及其學術，乃至於政事。自希臘人已然，演進迄於今，人生惟多刺激、多問題。一切學術思想，乃為消弭刺激，解決問題，特富功利性。上引子路、冉有、公西華之志，略與相似；與曾點之意則大相背。換言之，亦可謂中國學術思想重情感，而西方則重理智。中國人乃本於其情感而生理智，西方則必排除情感乃見理智。

中國人非無刺激、無問題，主要皆從內心情感來；西方人之刺激與問題，則主要多在外面物質對峙之形勢上。故中國人言學，主要曰孝弟忠信；而西方人則曰富曰強。一重內情，一重外力，相互間大不同。

諸葛孔明教其子曰：

澹泊明志，寧靜致遠。

方其高臥隆中時，「苟全性命於亂世，不求聞達於諸侯」，可謂澹泊、寧靜之至矣。劉先主三顧之於草廬之中，遂許以馳驅。及輔劉後主，乃曰：

鞠躬盡力，死而已矣。

是諸葛一生，皆由劉先主友情刺激所生動。

徐庶母被拘於曹操，徐庶告劉先主：「本欲與君同事者，乃此心；今此心已亂，請辭君別。」遂去曹操營。終其生，乃再不見徐庶之一言與一行。如諸葛亮與徐庶之故事，大可發明孔子「吾與點也」之用心。儻諸葛亮、徐庶專以討伐曹操為其出仕用世之大業，則決不如今傳之諸葛亮與徐庶。

南宋岳飛，其母以「盡忠報國」四字刺其背，飛父子同死風波亭獄中。宋高宗所以一意信從秦檜謀和，乃為受金人威脅，將放縱欽宗南返，使其不得安於帝位。及岳飛死，國人莫不以為冤，高宗後乃悔悟，讓位與其子孝宗。故大學言齊家、治國、平天下，壹是皆以修身為本。「修身」即修其「心」。諸葛亮、徐庶、岳飛三人，事業皆無成，而此三人之心，則長在後世人心中。人心有「清」有「和」，如伯夷、柳下惠，豈必以伊尹之「任」為心？中國文化傳統之傑出於其他民族之上者乃在此，五千年來之永為一民族國家之長存而日大者亦在此。此之謂「道義心」，非「功利心」。

若為功利心，企業家贏利，勞工即集體罷工求增薪。企業家歇業，諸勞工亦失業，則豈不以罷工求歇業？美國首先以核子武器戰勝日本，今日乃受蘇維埃核子武器之威脅。故富更富，強更強，吾道一以貫之，爭富爭強無止境，乃至無一日之安寧。以前然，以後當無不然。

今之日本，最為舉世一富國，其要在於經商，出口勝於入口。然使舉世經濟不景氣，入口皆減，日本之出口豈能獨增？蘇維埃以核子武器凌逼群敵，然使群敵盡屈服，核子武器亦無所用，又何以長此稱強？羅馬帝國征服四鄰，而帝國亦隨即崩潰。富者即敗於其富，強者即敗於其強。往迹昭然，豈不足戒？

今再約略言之，「道義」可從貧弱中轉富強，「功利」轉可從富強中轉貧弱。中西史跡昭然，不煩縷舉。不幸西方歷代學術思想多具功利觀而不悟。姑舉宗教一項為例。耶穌一日講道，聽者告以其母其姐亦來聽。耶穌謂：「孰為吾母？孰為吾姐？女老者皆吾母，女長者皆吾姐。」耶穌自稱乃「上帝獨生子」，則耶穌本不認己有父，此又不認己有母與姐。上帝教義本出猶太人，謂猶太人當有上帝相救。耶穌則謂上帝不獨救猶太人，乃當救一世人。是則耶穌心中，不僅無家人特出，並又無其同族猶太人特出。耶穌心中，舉世人盡皆一罪惡，信教得救，乃有「世界末日」；則其視舉世人，亦有如其他猶太商人之視一切財貨諸物，其無人與人之一番情感可知。故信耶教，崇拜上帝，僅求登天堂，仍是一種功利觀；不如中國人，從「尊天」觀念中生出一種人與人相處之道義觀，而達於舉世之治平。西方大學，最先即從教會來，則西方知識界之不重人生道義亦可知。

余有一美國友人盧定，本北歐瑞典人，移居美國，曾為耶魯大學歷史系主任，喜治非洲史，不直西方帝國主義。在香港酒席上告余，彼欲為一書，專寫世界人類一切罪惡禍害，皆從人群社會中知識分子來。余告以中國殊不然，一切人類相處相安之治平大道，皆由學者發明提倡。尤其如儒家孔孟，更為特出。如西方史實，可如彼意著一書，特不當舉以概中國。中西文化不同，主要正在此。而當前國內學術界則多主張西化，亦正如盧定所譏，多足以增禍亂，非可以期治平。青年從中學生起，其心中已不知積有若干刺激，若干問題。絕不問自己當如何對人，惟求他人當如何對我。亦知求知己，能賞自己長處；但不問如何親近人，只求如何對付人。人生如陷群圍中，只求自由、平等、獨立，而無中國人積古相傳家、國、天下，父母、兄弟、夫婦、君臣、朋友之五倫觀念。如此處世，自無道義可言，只有功利可商。

孔子曰：

質勝文則野，文勝質則史。文質彬彬，然後君子。

此猶今人之言「人文」、「物質」。中國重人文，西方重物質。中國人之視物，甚至亦尊之、親之同於人，故曰「衣冠文物」。衣冠亦「物」亦「文」。人為萬物之靈，而禽獸中亦有麟、鳳、龜、龍「四靈」。詩與易涉及物者何限？西狩獲麟，孔子乃以作春秋。孟子曰：

民為貴，社稷次之，君為輕。

都邑山川，古蹟名勝，天時、地理、人和，非有物，又何以成家、國、天下？大學言「格物致知」，橫渠西銘言「民胞物與」。文質彬彬，乃人群和合大道，故曰「然後君子」。近人或譏中國為「多神教」，其實盈宇宙一自然，即一大神體。人文仍在自然中，宜其多神。豈如西方只上帝一神，凱撒事凱撒管，上帝棄置不管，則宜其禍亂相乘，而末日之終必降臨矣。

西方之重物輕人，商場、戰場皆可見。英人之 Civilization，德人之 Culture，皆從物質方面言。最近發明之電腦機器人，豈不皆是物？故中國人對物皆論「品」，西方則論「量」。甚至治平大道，選舉會議，亦論量，重多數；中國則「善鈞」始「從眾」。如是則西方文化其重物精神，豈不仍上同於皇古原始野蠻人？而中國則為文化傳統最悠久一史國，孔子之言可謂信而有徵。

然則此下人類如何轉移重點，能在人文方面著眼用力？其道則甚簡。首當重人情，知率性之為道，知「自然」與「人文」之和合而無間。孟子曰：

養心莫善於寡欲。

加重人情，減輕物欲，則庶乎近之。

(二)

孔子言「用行捨藏」，儒家為學重在人群相處之治平大道，故「學而優則仕，仕而優則學」，仕學兼營，乃有出處、辭受、進退之禮。顏子曰：

夫子博我以文，約我以禮。

人文治平大道皆屬「文」，如言「夫子之文章」；孔門四科最終為「文學」，治軍、理財、外交、內政一切諸端皆屬之。捨而藏，則稱文學。師弟子相傳如一家，可以永世不絕。戰國時代稱為「家言」。今稱西方學者為「專家」，有行無藏，不待用於政治，與中國之家言大不同。如「哲學」，本其一人思想著書立說，即以行世。亞里斯多德言：

吾愛吾師，吾尤愛眞理。

其師柏拉圖早亦著書立說行世，亞里斯多德承之，亦如其師。哲學非政治，故僅言「眞理」。儻亦一守師說，依樣葫蘆，則不自成家。故西方專家之學，正如西方父子分財，各成一小家庭；非如中國大家庭制，子孫對其父祖以述以尊，世世相傳，始謂成家。故中國貴「守舊」，西方貴「開新」，此為中西雙方學術上一大異。

中國人之「道」，貴在用世。時代不同，則道亦有變。孔子曰：

如有用我者，吾其為東周乎？

故學道貴能用世，非為世用，故曰「君子不器」。孔子曰：

道之不行，已知之矣。

不行則藏，所藏乃其道。不用吾道，乃為捨我。西方人重才藝不重道，才藝乃方法技巧，僅求供人用，最要如科學。不適用、不時髦，則為不成學。中國長生家言，實亦如西方之科學。但他人不信，已可獨守獨行。西方文學如小說、劇本，乃亦如商品，必討他人歡；不時髦則廢棄，非可藏。中國文學則必藏有作者之生命與個性，故亦可謂以文學作品藏其己。如屈原離騷即是。宋玉則僅慕效其師之為文，非有藏，故不如其師之成家。揚雄早年為辭賦，晚而悔之，曰：

壯夫不為。

乃為太玄、法言，始有己可藏。故曰：

後世復有揚子雲，必好之矣。

柳宗元雖不昌言如韓愈之願為人師，但其為文亦有藏，與韓無大異。其他中國文學，上乘名作皆有所藏。

今言哲學思想，儒有「用行」、「捨藏」之兩端，墨家偏於「用」，故曰：

非禹之道，不足謂墨。

禹治洪水，十三年在外，三過其門而不入，腓無胈，脛無毛。墨則視人之父若其父，用世之心太過偏切，非盡人所堪。道家則惟主「藏」。楚聘莊周為相，莊周辭以願為塗中曳尾之龜，其不求用世有如此。老子則並其人之詳而不知。易傳、中庸以道家言加入儒學，亦並其作者而不知。故此下中國傳統，乃儒、道兼融，儒為主而道輔之。

東漢如嚴子陵，垂釣富春江，其人應屬儒，而大似道。三國諸葛亮「苟全性命於亂世，不求聞達於諸侯」，其人亦儒而道。西方之學非深本於人性，如柏拉圖、亞里斯多德，所思所論，皆在其一身生命之外，讀其書，非可得其人。全部西洋史，一切科學、文學皆然。即如宗教，亦可謂耶穌信己為上帝獨生子，實與耶穌之己無關，道在其父上帝，不在己。與中國人之言孝道，道即在子，大不同；並尚不如中國墨子，視人之父若其父，而孝道則仍在己。故非上十字架，即無以見耶穌精神。西方人重客觀，全部西方史一切人事，皆依著於身外之物質上，即己身亦一物質。亦可謂有物無人，故其人生，乃有變無常，有行無藏。

中國社會之「士」精神，隨時有進退。最墮落，在晚唐及五代十國時期。宋代士道復興，已在開國後五、六十年間。清代人著宋元學案，濂溪學案前諸人皆是。最先胡安定，次孫泰山，次范希文，而實當以希文為最要。范希文生已在宋開國後三十年，父早死，母再嫁，後父朱姓，希文年長復姓范，讀書蘇北長白山一僧寺中，斷虀畫粥，晨去暮歸。考試得秀才，即以天下為己任，「先天下之憂而憂，後天下之樂而樂」，其語見於岳陽樓記。是希文初未意獲仕進，而已志在天下，亦可謂如伊尹之任。及其任宰輔，兩子僅一袍，不得同出外。又創設「義莊」制，使同族中孤兒寡婦皆得育養。千年來此制偏行全中國，實為中國農業社會一共產制度，影響之大莫與比。

又有胡瑗，讀書泰山棲眞觀道院，在蘇、湖創辦書院，其事已詳予他著，此不贅。與希文兩人，一仕一不仕。清儒為學案，首胡瑗及孫復，次乃及希文。實則希文長孫復三歲、胡瑗四歲；因看重隱退講學者更過於出仕從政者之上，故如此。其實就當時情況論，則希文之貢獻與影響，不亞於胡瑗。此下如司馬光隱退十九年著資治通鑑，其對後世之貢獻與影響，又遠勝於王安石之為相行新政。但其時貢獻影響後世更大者，則莫如周濂溪，為一小縣令，而著通書、太極圖說一小篇；又與二程兄弟短作兩夕之談。此見用行捨藏，各適其時，相互間實無輕重高下之分，不必只以捨而藏者為高，以用而行者為下；亦不必以用而行者為幸，捨而藏者為不幸。「一陰一陽之謂道」，此皆天道之流通，不須斤斤計較於其間。

惟如最近世之新會梁啟超，不幸而幼年即從師於康有為，名滿朝野，未及六十而死。其晚年實迭有契悟。其為國風報，實已遠勝於其先之為新民叢報。初僅知有「新民」，次乃知有「國風」。其在抗袁運動中，又能知晚清曾國藩之足可師承處。其後又知在野為師，自稱二十年不再有意於出仕，此則亦近於知「捨之則藏」之一途矣。其在南京講演，有提倡中國崇尚禮治之說。及其為歐洲戰役史論又歐遊心影錄兩書，與其幼年之醉心歐化者大異。又能發「老子不出孔子前」之論，乃中國學術思想史一創古未有之大發明。惟其最後為近三百年學術史，則仍未脫早年從師康氏之影響，此誠大可惋惜之事。但其為歐遊心影錄，則足可證明其思想之已有變，而惜其不壽，未能更有所深入。

以梁氏如是不世出之奇才，而惜其幼年從師康氏。此如韓非、李斯，亦誤從師於荀卿。使顏淵不得孔子為師，則不知其成就當如何。師道之可尊乃在此。故千古人才，其「性」則賦於天，而其「才」則成於師。師道之可貴乃如此。然而即就梁氏之一生，已足開示吾人以無窮之契悟，則在吾人之善自反躬以求。如梁氏，其對當身則貢獻小，而損折實大。近百年來之新風氣、新潮流，災禍未知所終極者，則梁氏之影響實更大更廣於康氏。此則誠近代史上一大堪惋惜嗟歎之事。

故中國社會之重士重在「道」，不重其為「器」；在能用世，不在其用於世。故曰「君子不器」，又曰「大器晚成」。此則其能藏，終貴於其能行；其行於當身，終不如其更能行於後世。此則已成中國傳統文化中一常識。所謂實至而名歸，蓋棺而論定，其中皆有精義，所當深究。

㈢

中國人常「才」、「德」連言，猶其「道」、「器」連言。德屬形而上，才則形而下。德則相和通，才則相分別。德則藏之內，才則顯之外。德為心對心，才則物對物。故尚道義則必言德，尚功利必言才。中西文化相異正在此。

余嘗謂西方人重「事」，中國人重「人」，實則重事即重其才，重人乃重其德。如堯、舜、禹之世，禹為治水長才，但使無堯舜，禹何得自竭其才？禹亦非無德，其子啟方生呱呱，禹三過家門而不入。又其父殛於羽山，禹豈不孝不慈一意以功業自顯之人？則其為德之厚，亦誠難言之矣。非有此德，亦無以自竭其才。而中國人志在尊德性，乃並薄功業而不談。故多言尊堯舜，少言尊禹。叔孫豹「三不朽」，「立德」在「立功」、「立言」之上，此為中國古人一絕大見識，並世其他民族莫能逮。孔門四子言志，子路志在治軍，冉有志在理財，公西華志在外交，皆分別專門之才。獨曾點「冠者五六人，童子六七人，浴於沂，風乎舞雩，詠而歸」，無志事功，乃見其德，而孔子與之。孔門四科，「德行」為先，「言語」、「政事」、「文學」為副，此皆尚德次才之意。孔子曰：

古之學者為己，今之學者為人。

「為人」即須才，而「為己」則見為德。自此以下，凡有為有迹可見，皆歸入於才；而無為無迹可見，乃歸本其德。諸葛亮謂：

苟全性命於亂世，不求聞達於諸侯。

是矣。而後世尤必以管寧為三國第一人才，則中國人重德輕才之證，由此可見矣。孔子問子貢：

汝與回孰愈？

子貢曰：

賜也，何敢望回？回也聞一以知十，賜也聞一以知二。

此正才與德之辨。聞一知二，乃其才；聞一知十，則其德。孔子自謂「雖百世可知」，乃即孔子之德。德在內，天之生人百世皆然；得之己，則百世可知矣。聞一知二，則對物之才，如知前則知後，知東則知西，能知成斯知敗，能知直斯知曲。子貢在孔門，乃以才勝；而顏淵則以德勝。觀於此章「回賜孰愈」之論，誠子貢評論人物「方人」之至言矣。今人則方震於西方人之才，又何以衡量測度中國人之德？則宜其讀古書而全不知其所云矣。孔子曰：

述而不作，信而好古。

不為己尚德，則又何所信而述？信則當知反己以求。信即信其己，斯能信及人而有述。今人果知反之己，又認為要不得，必求變；則試問天之生我，又豈如今西方電腦之類之所能變？故古之學者為己，亦貴其能自信於己而不變。孔子之當其世而不變，宜亦於此求之。孔子又謂子貢亦器，但惟為「瑚璉」宗廟之器，非家常日用之器。又謂其「不受命」，義旨誠深矣。儻今人亦知畏天知命，則亦何有核子武器之發明？

當年美國兩度投原子彈於日本，可以預知美、日戰事之勝敗，但何能知四十年後之美日？又何能知更四十年後之世界？則所謂「聞一以知十」者，豈今日自然科學之所謂知者之所能及？今日全世界方群騖於為西方自然科學之知，乃至舉世人盡不知世界明日之究將為如何之世界，則孔子之所謂「雖百世可知」，豈非乃大愚欺人之妄言！

今再進一步言之。才實為一「應付」，而德則為一「領導」。事之來，必有才以資應付；事既過去，人生仍當向前。但外面事來則甚複雜，故才必分門別類，各尚專門，不相會合。西方人自古希臘起，即重才不重德。即如哲學、文學，以至宗教，實亦皆重才不重德。故人生必分別相爭，而不能和合成群，直至於今依然。中國人尚德，乃以一和通合一之性之才能來領導人，得於不知不覺中不斷進步，乃有今日。故「平天下」觀念，惟中國人有之。其他民族能事止於「治國」，而平天下則無其意想，其本亦在此。故中國人重視政治人物，重視帝王地位，而豈得以西方「君主專制」四字妄自菲薄。

舉世人不忘禹往年之大德，而求有以報之，此亦曾子之所謂「慎終追遠，民德歸厚」，亦可以見中國國民性之厚德於一斑，而又豈「權力」一語所得羼列其中？是則不明人心，不尊古人之德，又烏足以談前古之史事？即湯之「東面而征，西夷怨；南面而征，北狄怨」，亦何嘗不見當時中國國民性之厚德。今人必以秦代以後兩千年為中國一帝王專制政治，亦見近代國人之德薄，不足以繼承往古之傳統。

法國人重拿破崙之事功，而忘其為人。凱旋門之雄峙於巴黎，斯即見東西方人心理之相異。儻以倫敦西敏寺較之法國凱旋門，亦見英國國民性，尚較厚於法國。而英、法兩國在近代西方史上之成績，亦居可見矣。

然則當今之世，欲躋一世於太平，得免武力兵燹之爭，得免貧富有無之爭，而相和相安，以度此一世，其大本亦當建基於中國傳統「無為」與「為己尙德」之學。改「國民教育」為「普通教育」，或「人本教育」，則使世人盡有志於為一「人」，不止為一「國民」，不止為一「民族分子」。必有「中國而夷狄則夷狄之，夷狄而中國則中國之」之觀念，則庶乎近之。此則希有德者能暢發其大義，以待世人之共信，其庶或有福於世人。

四〇　創業與垂統

有「垂統」必先有「創業」，有「創業」則不盡有「垂統」。就西方歷史言，希臘、羅馬垂統已絕。即現代國家如英、法諸邦，能否常有垂統，亦在不可知之數。西方人重創不重垂，創斯為新，垂則舊矣。競尚趨新，不尚守舊，此若為西方文化之特性。中國則不然。

中國重垂統，若尤過於創業。「業」之可貴，亦在其能有「統」。如「治統」，中國政治乃遠自四千年前之唐堯、虞舜，直垂至於四千年後之清末。今日國人言中國政治，率好言秦以下，而不詳言秦前、秦後之分別。自堯舜以迄周末，一王在上，諸侯封國在下；自秦以下，一王在上，其下不復有諸侯封國；然其為治之道則一，非有異也。故「治統」即「道統」，「道統」之在上則為「治統」，在下則為「學統」。學統中有儒家，自孔子至今二千五百年，此統未絕；有道家，莊老以來，亦踰兩千年未絕；其他百家諸子，無不有垂統，惟久暫有別而已。故中國學人重「傳統」。

家世亦有統。孔子一家，傳至今超七十世。此非孔子一家為然，中國人尊孔，乃獨尊此一家以作榜樣。宋以下有百家姓，趙、錢、孫、李，周、吳、鄭、王，莫不有家譜。遠溯數千年前，枝葉紛披，一脈綿延，家史乃與國史媲美。國史乃其大一統，家史乃其各分緒。由國史創興出家史，由家史會合成國史。惟中國文化之家與國乃有如此之分合與異同。

中國人之重史，其好古守舊，乃其天性，為功為罪不在人。中國乃一大陸農國，在黃河、長江南北東西方數千里間。五口之家，百畝之田，到處所見皆同等相似，無大差別。故使中國人認為此世界乃大同而小異。生斯世，則為斯世之所同。又農業必依仗於天時，春耕、夏耘、秋收、冬藏，在天有四季之變，但不失其四季之常。又使國人認為此世界乃在小變中有大常。變不失其常，所變小，所守大。故中國人非不知變與異，乃若終不如其「常」與「同」之可守而可信。此則中國人所謂之「天人合一」，乃人生大道之所在。

西方地形，割裂破碎，錯綜複雜。既非大平原，亦無大河流。居民各自困處在一小區域內，出境所見多異多變。氣候跨寒、溫兩帶。若在中國，不啻遠自貝加爾湖以北，南達彭蠡、洞庭。故其所遇天時亦無常。雖亦有農業，皆分在各小區，互不相聞。商業都市則大群聚居，家各相異。出外貿易，一切行為，又得隨時隨地而變。除俄羅斯天寒地凍，自有一範圍外，其他各地則惟知有異有變，不知有同有常。中國人大同至常之天地觀，在西方人心意中，則不見其存在。此亦自然所限，無足深怪。

於是而西方乃有耶穌教之信仰。惟有上帝，乃亙古今遍四方而不變。但耶穌言上帝事由他管，凱撒事凱撒管，則天上、人間仍加分別。直逮羅馬帝國崩潰，凱撒不再管世間事，人心所向，求耶穌之凱撒化，於是乃有羅馬教皇之出現。但教皇非即耶穌，人間世亦終為天時地理所限，「神聖羅馬帝國」之夢想難以實現。人間仍要有新凱撒來管理，而政教之爭，乃在西方歷史上興起。政在人間，尚異尚變；教在天上，始有同有常。人間則在生前，天上乃在死後，則無怪西方之終不離於一多異多變之人生。

中國人生主同主常。舉頭在上之天，已降落人間。好好做人間事，即不啻如在天上。堯、舜、禹、湯、文、武，乃凱撒而耶穌化，故曰「克配上帝」。而如西方般的宗教信仰，在中國文化中，遂失其地位，不可得而存在。魏晉以下，中國轉入衰世，佛教適自印度傳來。印度之天地，又與中國及歐西不同。處在熱帶，林間摘果，即可充飢；身披一衲，即可禦寒；可不需農、商業，所憂則只在此身之生老病死，轉瞬眼前，無可擺脫。釋迦則既不重視人間，亦不重視天上，認為根本一切皆空，則生老病死亦不為患。佛教大意如此，皆據人間實事言，不據對天之空想言。此一層，卻與中國人心理大體相同，於是佛教在中國，一時乃大行其道。

然中國之天時、地理，終與印度不同，人間亦各相異。及唐代再轉盛世，佛教中乃有禪宗特起，即心即佛，卽身卽佛，立地成佛，佛即在當下現前之吾身吾心中。推言之，佛即在現前人生中，不在天上，即在人間。「一切空」，轉成「一切有」，「一切實」。由同時佛教中之華嚴宗言之，則「事理無礙」轉成為「事事無礙」。又由同時之天台宗言之，則「一切空」乃「一切眞」，「一切假」，「一切中」；「一心三觀」，所變只在此一心。故天台、禪、華嚴三宗，皆是中國佛學，與印度原始佛學有不同。此亦由中國之天時、地理、人和來，與印度終有其不同。故「出世成佛」，轉成為「現世成佛」，又轉成為「即身成佛」，宗教亦化入人文，而相通為一體。如此亦可稱為乃一種「人文宗教」。中國亦早有科學，惟亦當稱為一種「人文科學」。討論中國文化者，此層不可不知。

由唐代之新佛教，轉入宋代，乃有「理學」之興起。中國之學術思想，遂又成一大一統局面。佛教乃盡化入中國傳統中，而成為中國人道至常大同之一部分，多相通，少相異，有所變而終不變，有所異而終不異。此誠可見中國文化獨特精神之所在。故創業必求有垂統。非有垂統，則中國當成佛教化。今則佛教終成中國化，中國文化力量乃有若是偉大之成就，是亦大足矜尚矣。

中國人創業必求垂統。如農業，百畝之田，父子相傳，可以百世；其他工業亦然。工業為農之副，本由農業分出。如陶業，亦世代相傳，故古有陶唐氏。「唐」者，搪塞其外而中空，陶器即然。其部落中之酋長，為其他部落酋長公推為共主。其時中國或尚未發明有文字，不知當時每一人如何取名。後人傳述，乃姑名其酋長曰「帝堯」。「堯」字上从「垚」，乃為累土之象；下从「兀」，乃一高出而能轉動之器。垚在兀上，陶業從事即如此。此酋長乃以其共主地位，讓於另一部落之舜。舜為有虞氏，「虞」乃掌山澤之官，常巡行山澤草間，當時亦視為一工業。「舜」本草名，其弟名「象」，則乃山澤間一獸，性善良，易受教，不似獅虎之難馴。舜弟亦終成為一善人。則舜與象之取名，或亦後世傳述其事者姑託名之而已。舜父「瞽瞍」，雙目有病，非其本名。

堯使鯀治洪水無效，舜殛鯀於羽山，又命其子禹繼父業。「鯀」乃大魚名。「禹」則乃一大蟲，當亦水族動物。然則鯀與禹之名，亦以其父子以治水為業，後世取以名之。在當時則有其人，或無如後世相傳之名。吾友顧頡剛，由此「禹」字生疑，創為古史辨。不知遇古史有疑，當就其時代善為解釋，不當遽以疑古為務。儻中國古史盡由僞造，則中國人專務僞造，又成何等人？此豈不別生一甚大問題，令人無可回答。或謂中國古史乃一部神話。但中國古人亦非好作神話，仍與中國國民性不合。明屬人文社會事，中國人信而好古，本之傳說，而姑為之假託一名。則中國古史之異於神話，亦顯然可知。宋代陸象山有言：

堯舜以前曾讀何書來？

其時不僅無書，疑亦無文字。今故為之猜測如此，不知其有當否，則待國人衡定之。

自堯舜又推而上之，有黃帝軒轅氏，又上有神農氏、庖犧氏，更上有燧人氏、有巢氏，凡此均不得謂無其事、無其人。但其人名則顯由後人假定，非前世眞有。故中國古史乃顯屬歷代傳述，非神話，非僞造，其故事亦少穿插。如大禹治水，豈不絕少想像穿插之故事？而其所穿插，則如「三過其門而不入」之類。故中國之上古史，乃以特見中國文化與民族心情之一斑，豈其他民族之神話僞造可相比擬？

堯舜在中國邃古時代，諸部落之共主亦當時一高位，何以堯竟以讓之舜，舜又以讓之禹？堯舜禪讓遂成為中國古史一嘉話，永為後人所仰慕。此因中國天下大，居其間，凡事可讓，讓之人而仍有其自身及其後代之地位；西方天地小，居其間者惟有爭，無可讓，讓則何以自容？在西方辭典上，乃無一字堪與中國「讓」字意義相當。此亦中西文化一大不同所在。

再推說之，中國古代商人，亦由官設職，世世傳襲。商人之祖先名「契」，乃「券契」之「契」。最早商人疑不用契。則商先之契，殆亦後人假託名之，與姬姓之祖「稷」，姜姓之祖「神農」相同。故在中國古代，農、工、商凡百諸業，皆世襲相傳。故後代凡有創業，則必求有垂統。其風至春秋時猶然。如齊桓公有臣管仲、鮑叔牙，「管」氏治樂器，「鮑」氏治皮革，此亦世代相傳之業。管仲、鮑叔牙，乃由其業中脫身為士。其後，士之為業，亦世代相傳。孔子亦一士，其後人亦世代相襲為士。直至西漢孔安國，世為士，皆有名字可考。如顏淵、曾參，皆隨其父在孔子門下，此亦世代相傳以「儒」為業。於是中國社會，乃有士、農、工、商之四業。有創必有垂，其中乃有甚深甚妙之精義。姑以余一人生平所歷，微小一例，來加說明。

余幼居無錫蕩口鎮，家宅前門有一酒釀鋪，已歷數十年，酒釀味美，冠絕一鎮。每晨一大缸，未及傍晚即銷售一空。鋪主夫婦有三子，年皆二十許，每日下午各挑一擔，出街分售，不到薄暮，亦空售而歸。每年秋，添製一缸糖芋奶，亦美味，三子亦分擔出售。年以為常。其家老幼勤奮安詳之生活情況，常在余心。余年長，經驗多，乃知此家之保泰持盈，只求細水常流，維持此一生活水準於不敗不壞之地，不求擴大發展，此亦創業不忘垂統之一種精神。

余後移家蘇州，城中有稻香村、采芝齋兩著名糖果店，兩舖駢列，門面皆不大。時京滬鐵路已開始，顧客麕集，朝晚不斷。此兩店皆有數百年歷史，或云起於清初，或云傳自明代。蘇州糖食小品馳名已久，此兩家招牌日老，而門面依然。因念此與滬口酒釀舖實同一精神，保泰持盈，不求無限向前，此亦我中華文化傳統一特徵。

又有一慶裕堂老藥舖，亦盛名久傳。藥材來自四方，皆須精選精鍊，又須善保善藏，此為藥舖信用，可使購者安心。此藥舖又發售一種膏藥，聞係一江湖走方郎中所授，每年按時製造，求者自遠而至。但膏藥銷售，本為藥舖增加信譽，不為求利，乃從不增價。因念中國江湖多有祕方絕技，不輕傳人，必慎擇傳者，或僅傳一人，垂統不絕如縷，此亦有深意。多傳則不勝防，或牟利，或爭名，漸傳而漸失其眞，反以誤人害世。故創業又必慎謀其垂統。湖南有「辰州符」，能趕死屍回家。在途四、五日，其屍步行如常，一到家門即氣絕倒地。對日抗戰時，有兩美國人親訪此術，邀兩術人赴美，以廣傳授，許以巨額美金。兩人拒絕，謂受此術時，曾誓言乃以濟人，非為牟利，若背誓言，術恐不靈。此若迷信，實涵至理。凡事必具一心靈作用，非其心，則失其傳。語大語小，無以異也。則垂統當守舊，又何譏之有？

蘇州以園林名，獅子林創自元代，拙政園創自明代，留園在城外，創於晚淸。內容各別，各擅勝場，皆成一極高藝術境界，使遊者生遺世之感，發思古之幽情，可以再至三至，屢至常至，不生厭膩。其他唐宋以來名園故迹，無慮尚一、二十處。又如虎丘，僅近城一小丘，南朝生公說法之「千人石」，已歷千五百年上下，來者不期而生思古之幽情。但僅山坡一小茶樓，可容數十人。儻亦效今俗，闢為觀光區，多加增飾，儘廣招攬，圖眼前一時之利，則決不能保此千古常垂之統矣。

故蘇州在中國歷史上成為一商業都市，遠超兩千年之久，其實則藝術集中。自微小一糖果、一食品起，上至名園古蹟，使居者常置身在一藝術天地中。實乃居者所集合創造，而得永垂千古，舉國涎羨。一部中國史，皆可舉此一地推之。凡事凡物，各有其恰到好處一境界，常守勿失，不再求創新。亦可謂中國人心理，重視垂，更過於其重視創，故惟中國文化乃有傳統可言，甚至達五千年之久。而今國人乃輕忽視之，一若平淡無奇，又轉生厭棄之心，豈非一索解無從之奇事？

中國人言：「上有天堂，下有蘇杭。」余童年常有修理家用金屬品之行腳商來村中，都掛「張小泉」招牌，乃杭州一家有名刀剪鋪。及去杭州，城中見有一街二、三十鋪，盡懸「張小泉」招牌，並都懸有「只此一家，並無分出」的另一招牌。此或是不肖商人冒名頂替，否則由張氏一家分出，宜可註名二房、三房，三代、四代諸分別。又其他諸街，亦極多與此相似。同一鋪名，可達十數家。此誠是一種惡劣風氣，但仍從舊傳統看重垂統一觀念來。一若舊家世、舊招牌則必更有價值，他人亦不敢輕加非議。但何以杭州一城此風特盛，則余未加詳究。杭州乃南宋舊都，何以政府對此等事置若罔聞，亦可見中國人重視垂統一觀念有如此。若在西方重商尚爭之社會，商品必有註册商標，使人不得假冒。但又醖釀出另一種心理，一切商品，總是新的好，舊的差。求異求變，求創新，求進步，如張小泉舊招牌便成最要不得。試問此又豈是事理之公？此亦可謂「楚固失之，齊亦未為得」矣。

但杭州的西湖則不然，此是中國歷代傳統一大名勝。唐代有白堤，宋代有蘇堤，循此以下釋回增美，續有新建，成為千五百年以來一集體創業。此則創業與垂統，乃融成為一體。以眾名勝，成一總名勝，積新成舊，垂統亦同即是創業。到今已完成為一最佳、最大之名勝，此可謂乃中國一種最高藝術結構，為中國文化傳統中所特具的一種藝術表現。最近西方風氣傳來，即亦隨之有破壞。在西湖邊上創建了一所藝術學校，高樓聳立，全採西方式建築，鬥爭性掩滅了融和性，四圍風景盡受威脅。十景中之「平湖秋月」一景，雖只水邊小小一亭，而規劃周至，令人體味無窮。自藝術學校興建，此一小亭即全無風景可賞。又湖邊有詁經精舍，在自然風景中增添了人文歷史之回憶，大可留戀。後又興造西湖公園，公園是新的，精舍是舊的。但爭新，不守舊。自然風景中抹去了人文精神，風味大異，全無深度可言。若循此以往，興改不已，西湖可以面目全新，而精神則一非往舊，無可追尋。今日全國名勝，乃至全國人文舊統，大體盡然。知創不知垂，弊害如此。一切創實非創，僅乃追隨他人腳步依樣葫蘆，此誠良堪嗟歎矣！

中國舊都北平，又是一集體創業，千年垂統盡納其內。即如小小一白切肉舖，招牌膾炙人口，至少亦有百年以上之歷史。中國飲膳，亦一藝術，至今為全世界人所共認，所貴亦在其有垂統。又如昆明有一米線舖，以一小舖面，擅名全城，外省人來，必一賞其異味。余鄉無錫，以肉骨頭馳名。但標準美味，僅城中一家。於家門口每晨僅售一鍋，九時至十二時即罄。相傳其鍋底留有原汁，已歷百年之上。北平一煮羊肉鍋，亦如此。昆明此米線鍋，亦如此。中國地大，家傳一、兩百年之珍味者尚多。昆明又一家售火腿月餅，遠方爭購，中秋前後一月間，即閉門謝售，謂讓同業同霑利市。在其閉門期間，則航銷京、滬各地，利市不減，而美譽益盛。中國向稱「信義通商」，無義則何信？不求暴利，不博虛名，不務廣告，不爭宣傳，貨眞價實，深藏若虛，乃決無如西方資本主義之出現，此亦中國文化一特徵。成都有豆花，亦如昆明之米線。佛寺尤精製，有遠起唐代之佛寺，其煮豆花，當亦遠有垂統。常熟虞山佛寺筵席精美，亦遠非市區素食店可比。中國工業製造多成藝術品，亦在其世代相傳，有垂統；商業亦臻藝術化之境界。烹飪工而兼商，亦成為至高一藝術。而中國文化傳統之富有藝術性，亦可由此為證。

民初新文化運動，有「打倒孔家店」之口號。「孔家店」三字雖屬生造，亦具意義。中國學稱「家言」，亦貴垂統。孔門七十弟子，遞傳以至子思、孟子，此謂成家。莊老之衍為道家亦然。此兩家遞傳迄今已逾兩千年。司馬遷曰：

究天人之際，通古今之變，成一家之言。

使非明天人之際，通古今之變，烏得成一家之言，而永久垂統不絕？中國學術思想凡成家言，乃亦一集體共創之大業。垂統亦如創業，前後相承，儼成一體。使無孟子，則後世所傳之孔子亦必有異。使無程、朱，則孔、孟此下傳統又必有異。使無班固，則司馬遷史學之傳亦當有異。使無歐陽、司馬，馬、班史學之傳又必不同。使無李、杜、韓、柳，則古代詩、騷、辭賦之成為中國文學者，亦將必不如今日之傳。使無後起之桐城、陽湖，則李、杜、韓、柳亦有異傳。故學術史上一家，亦如商業中一店，非有垂統，何成創業？今日則人人盡求創業，無統可垂，又何業之存？日新又新，須成一舊。政府有朝代，有守成乃見有開創，使無守，何來創？人人競求開新，則一切舊皆必閉歇消失於無形。人生限於一空，則末日自將來臨。故西方在科學開新中，必有宗教之守舊，兩者對立，亦合成一體。新文化運動，打倒孔家店，專主科學、民主，乃不同尊西方之宗教，則無舊又何以見新？中國有平劇，本屬新興，乃成舊傳。余幼年知有譚鑫培，後知有梅蘭芳、程硯秋，姓名相傳，歷數十年，亦各弟子相傳，音韻依稀，風格猶然，尚不聞在菊壇中昌言創造進步。今則風氣已非，不能再有譚、梅等名角出現。同時如大學教授，亦競創新說，不提舊傳。不待其死，亦不待其退休，其門弟子即已群起代興。講臺精神可謂新興不已，各自創業，各無垂統。全人生之意義與價值，只在求變求新中，而後起之青年，乃為惟一可望之角色。但轉瞬亦為老成，即無典型可言。只有新門面，更無老招牌。孔家店該打倒；百家姓中任何一家店面，都該打倒。社會一切商場化，而商場則不得成為資本化，僅求眼前暴利，商人亦有新無舊，則一國一民族之生命，又何所寄存？孟子曰：

亦義而已矣，何必曰利？

今日之人生，其大義亦僅在一「新」字，利害在所不計。打倒孔家店，仍沿孟子語格調，豈即此之謂新乎？

中國文化已歷五千年，自當為一舊文化。當前如美國，僅兩百年，自當為一新文化。如蘇維埃，僅五十年，更當為一新文化。人生自幼童乃至成年，豈不群望能為一八十、九十之老人？寧得以幼童稚齡即為人生之準則，而八十、九十之耄老，則即當摒棄？豈必立國達於幾何年，而其國必亡，其社會則必變滅無存？誰定此準則？誰為之證明？又誰加以信仰，以傳授之於吾今日之國人？

伊朗為回教民族，王位傳統已達一千五百年，此與吾今日國人所仰慕之西方國家亦有別。最近以石油驟增國富，乃亦引起內亂，王位傳統中絕。其國人言，日產石油五百萬桶，達二十年，油藏即罄。故欲減少產量，以為久遠計。今試問石油豈立國之本？往年無石油生產，何以早得有伊朗之存在？而多產驟富，則適以增亂。乃有人能不圖近利，而遠為二十年後謀，則亦近代所少有矣。姑以美國言，科學發明，資本雄厚，舉世莫比。然人生日常必需品，多賴國外輸入；輸出則多殺人兵器，如飛機、潛艇、大砲、坦克之類，但即美國日常用品所賴。試問二十年後，殺人利器充塞全世界，世界將是一何等世界？而美國又是何等一美國？又美國乃是今世民主政治之標準，其國內黑人日增，已有人出而競選副總統。儻二十年後，果有黑人總統出現，那時之美國又將是何等一美國？而今美國人乃只爭目前利害，不考慮二十年乃至二百年後事。果照中國人意見，眼前二十年可讓步，二百年後事卻當顧慮，絕不放鬆。此因中國天地大，不爭空間爭時間，不爭眼前爭身後，所以商業資本主義亦不在中國滋長。其他中西文化相異，實難屈指計數。中國史有統可垂，有成可守，烏得蔑棄而不問？

（一九七九年八月十三日中華日報。）

四一　帝王與士人

中國文化有一特徵，即自西周開國，周公制禮作樂，列國諸侯貴族階級，無不受詩書理想之教育。迄於東周，左氏傳所載春秋時代君卿大夫遺聞逸事，嘉言懿行，隨在可證。孔子始在社會講學，百家繼起，戰國諸君，尊賢養士，其風益熾。秦漢一統，封建改為郡縣，乃有「士人政府」之成立。受教育之士，未必全上政治舞臺，多數隱淪在下；從政受職，亦有高卑；但政府禮賢下士之風，則相承不輟。雖帝王宰相，其對卑職下僚，乃至遁退在野者，亦多崇敬，史不絕書。直迄清代之末，古今一貫，其風猶存。近代國人，則多斥自秦以來兩千年政治傳統為「帝王專制」，然即以此一政風，加入思考，可知君尊臣卑，乃政治制度所宜然；而士貴王賤，亦中國文化傳統中一特殊觀念、特殊風氣，有非晚近國人高呼「民主政治」者之所能想像。下文偶舉數例，恕不能詳。嚐鼎一臠，亦庶略知其味。

漢高祖以一泗水亭長，略如當前偏縣小鄉一警察派出所所長。其人本未受良好教育，遇人戴儒冠，則取而溺之。其無禮如此，亦乃表現其一種反抗心理。及其得天下，嘗過魯，乃以太牢祠孔子墓，則其心中已受尊儒感染可知。晚年暱戚夫人，欲易太子。呂后用張良策，卑辭厚禮，為其子惠帝邀致商山四皓，年皆八十餘。一夕，四皓從太子見高祖，鬚眉皓白，衣冠甚偉。高祖怪問之，四皓答。高祖驚謂：

吾求公等數歲，公等避逃我，今何自從吾兒游？

四皓對：

陛下輕士善罵，臣等義不受辱。太子仁孝，恭敬愛士，故臣等來耳。

事畢，高祖召戚夫人，曰：

我欲易之，彼四人輔之，羽翼已成，難動矣。

遂為戚夫人楚歌，曰：

> 鴻鵠高飛，一舉千里。羽翮已就，橫絕四海。橫絕四海，當可奈何？雖有矰繳，尚安所施？

漢高祖畢生在戎馬中，躍登開國皇帝之大位。晚年誅戮功臣，韓信、彭越雖擁廣土強兵，曾不厝懷慮間；乃於此隱遯山林四老人，獨躊躇崇重，爽然自失，內心充滿了一種無可奈何的壓迫感，縱以兒女私情，亦不得不翻然改圖。此種心理，實大值後代國人之玩味。

漢文帝召見賈誼，誼年二十餘，文帝大賞異之，欲不次超遷。絳、灌諸功臣言：

> 雒陽少年初學，專欲擅權。

文帝不得已，出以為長沙王太傅。歲餘徵見，宣室對語，至夜半，問及鬼神事，文帝不覺自移其座席近賈誼。語罷，曰：

> 吾久不見賈生，自以為過之，今不及也。

又拜為所愛少子梁懷王太傅。梁王出獵，墜馬死，賈誼亦愧怍而卒，年僅三十三。文帝孫武帝，又召賈誼孫二人任用之，位至郡守。其一賈嘉，最好學，昭帝時列為九卿。此見文帝之不獲任用賈誼，乃為異世所同情。故武、昭皆著意擢用賈生之後人，而史官又備載其事以傳，又何「帝王專制」之足云！

東漢光武帝，以王莽時一太學生，起兵光復漢室。一時太學同學如鄧禹等，攀龍附鳳，位登宰輔。嚴光獨變名姓，隱身不見。光武心念舊遊，圖其形貌遍國求之，得於會稽釣澤中，安車徵至。光武親幸其館。又引入宮內，論談舊故，相對累日。因問：

朕何如昔時？

光對：

陛下差增於昔。

夜留共臥。欲官之，不屈。歸耕富春山。此一故事，千古流傳。西漢商山四皓，已老年，尚屈赴太子之召。嚴光與光武同學，光武有天下，嚴光尚年壯，慕為巢父，而光武終物色得之。同榻留宿，情同手足，乃竟放歸。光武在帝位十七年，復加特召，光竟不至。八十卒於家。光武傷惜之，詔下郡縣賜錢穀。中國自秦代亡，而上古封建貴族之王室遂以消失。兩漢之興，皆以平民為天子；而光武猶能不忘其早年士人修養之情意與風範。明、章繼承，家風家教，益明益顯，較之西漢惠、文二帝猶有過之，而無不及。則「帝王專制」之制度又何由而來？

郭泰亦一太學生，獲見河南尹李膺。膺時名高海內，士被容接，名為「登龍門」。乃忘其名位，而與泰友善。泰後歸鄉里，衣冠諸儒送至河上，車數千輛。泰惟與膺同舟共濟，眾賓視之，以為神仙。自郭泰事，稽之上古，下考後代，中國政府之帝王卿相，以及社會中之士人，其身分階級，可分可合，若即若離。故曰：

> 作之君，作之師。

又曰：

> 天、地、君、親、師。

則在全國人心中，「君」、「師」並尊，而士人之為師，抑猶有高出於為君之上者，如孔子之為「至聖先師」是已。即如漢文與賈誼之宣室夜話，如光武與嚴光之宮內共臥，如李膺與郭泰之同舟濟河，彼等當時之心情意態，豈不從政者忘其尊嚴，而在不自覺中，一如同為一士人？故中國傳統政治，其中央、地方之政府，盡由士人組成，當名為「士人政府」。士人則代表民眾，帝王世襲，則利便於廣土眾民一大國之一統。而為帝王者，亦必深受士人之教育。其中所涵蘊之精義，則有難於詳申者。一誦史乘，事證俱在，亦可不煩詳申矣。

下及三國，天下已亂，但從政階層與士人階層之融和會合，沆瀣一氣，則更深更甚。曹操為漢相，劉備奔逃流離，窮而歸之，操表以為左將軍，禮之愈重，出則同輿，坐則同席。一日，操從容謂備曰：

今天下英雄，惟使君與操耳。

備方食，失匕箸。於時正雷震，備因謂操曰：

聖人云：「迅雷風烈必變」，良有以也。一震之威，乃至於此！

兩人皆一世梟雄，此番對話，固是充滿了不同尋常之心情與機變。但其相與之間，亦皆不失一種書生本色。今人讀史，其自身已遠離了中國傳統所醞釀之士人風情，則對此故事，亦將難以體會其當時之眞味。及備去荊州，聞諸葛亮名，三顧於草廬。時亮年二十餘，躬耕於野，固是絕無所表現，而備以漢朝左將軍之尊，並為舉世群雄所重視，而不惜三度枉駕，乃始得見。兩人從此情好日密。備自稱得遇諸葛，如魚之得水。及備永安病篤，召亮，屬以後事。謂曰：

若嗣子可輔，輔之。如其不才，君可自取。

又為詔勅後主曰：

吾亡，汝兄弟父事丞相，令卿與丞相共事而已。

此等處，豈當以政治體制看？以君臣身分地位看？惟若以中國傳統讀書人間之相往還視之，則尋常可解。

兩晉以下，門第鼎盛，士人階層與政治階層間更形混一。抑且士階層之氣勢地位，尤見為凌跨在政治階層之上。元帝東渡，登尊號，百官陪列。命王導升御牀共坐，導固辭，至於三四，元帝引之彌苦。導曰：

若太陽下同萬物，蒼生何由仰照？

帝乃止。若謂秦漢以來，中國政治已走上了「帝王專制」一途，則何以到此又忽然冒出門第來，有此「王與馬，共天下」之形象。大抵南朝諸帝，其朝位固猶踞百官之上，其君臣間之尊卑倒置，則率可以此為例。

下及唐代，復覩統一盛運，唐太宗尤為中國歷史上一傑出英明之帝王。高祖武德四年，寇亂稍平。太宗為天策上將軍，留意儒學，於宮城西作文學館，收聘賢才，杜如晦、房玄齡等十八人，並以本官為學士。分三番，遞宿閣下，給以珍膳。每以暇日，訪政事，討論墳籍，榷略前載，無常禮。命閻立本圖像，使褚亮為之贊，題名字爵里，號「十八學士」。在選中者，天下慕向，謂之「登瀛洲」。此在當時，一方面固是一政治集團，亦可稱為一革命集團，而在同時則顯然是一士人集團。治中國史，討論中國文化傳統及政治體制者，於此從政階層與士人階層之融和無間之一特別形象，誠不可不深加注意。及玄宗開元時，亦仍於宮中含章亭別有十八學士，繪其圖像，皇帝御製贊。嘉話流傳，迄今猶有知者。顧何以於中國古人重視社會群士勝於朝廷百官之此一番遺意，乃漫不加省？言政治則必曰「專制」，言社會則必曰「封建」。惟求以西方名詞，強自誣蔑中國歷史，必求證成中國兩千年來之傳統政治為無一是處而後快，斯誠不知其用心之何在矣！

宋以下，門第衰絕，群士皆以白衣進，而士之在政府，其氣勢地位乃益進。姑舉神宗一朝之情勢為例。神宗亦宋代有志大有為之一好皇帝。惟其當朝有新舊黨之爭。此為士階層之爭，而為帝王者亦無奈之何。王安石在英宗朝，已名重天下，士大夫恨不識其面，朝廷常欲授以美官。神宗為潁王時，韓維為之講論經義，神宗稱善。韓維曰：

非維之說，乃維友王安石之說也。

神宗即位，乃召安石。初入對，神宗問：

方今治當何先？

安石曰：

陛下當以堯舜為法。

神宗曰：

卿可謂責難於君矣。朕自視眇然，恐無以副卿意，可悉意輔朕。

安石遂大用。觀其一時君臣對話，固皆不失傳統書生氣味。研究一民族之文化，於此等千古相傳神情之常然處，不當不更加以深切之體會。

司馬光與王安石同負盛名，神宗即位，首擢為翰林學士。光力辭，曰：

臣不能為四六。

神宗曰：

如漢制詔可也。

光曰：

本朝故事不可。

神宗強之，竟不獲辭。在當時神宗意，亦惟知重士尊賢。王安石、司馬光同是當時一名士，在神宗心中，同占重要地位。神宗之重視此兩人，亦由當時群士之公論，神宗固別無私意存其間。此下新舊之爭，則更非神宗所預知。司馬光既不贊同王安石之新政，而神宗則一面信任安石，一面亦仍欲重用光。光曰：

> 陛下徒榮以祿位，不取其言，是以大官私非其人。

於是神宗終不能不許光之退，然仍不願其離去，乃許其設局繼續編修資治通鑑。司馬光不願居汴京，欲遷居洛陽，神宗仍許其以局自隨。光居洛十五年而書成。劉恕、劉攽、范祖禹，皆許隨局編修。二劉皆有官位，許以原官隨光。獨祖禹僅登進士甲科，未仕，乃寧願犧牲仕途，亦隨光在洛十五年。及通鑑書成，光乃薦祖禹為祕書省正字。祖禹之得仕，乃違反於當時之政治體制。其時安石尚當國，尤愛重祖禹，乃祖禹竟不往謁。凡此等事，皆當時政治階層中事，但必當從士人階層中之傳統風氣中去求瞭解。若專以政治言，則此等事皆與規章法制無合。惟有深曉於中國文化傳統中士階層之風氣習尚，則上自帝王宰相，下至卑官隱逸，同此一矩矱，同期於趨赴，無足深怪。故劉安世嘗言：

> 金陵亦非常人，其質樸儉素，終身好學，不以官爵為意，與溫公同。但學有邪正，各欲行其所學，而諸人輒溢惡，謂其為盧杞、李林甫、王莽。故人主不信。

則當時之黨爭，明係士階層中一學術思想問題。故劉安世謂其邪正有別，而宋神宗則雙方兼重。司馬光在當時，儼然以政府之政敵自居，而神宗始終優禮不稍衰，此又豈「帝王專制」之謂？故凡有志研討有宋一代之政治情勢者，與其求之帝王之身，實不如求之當時之群士，更易直捷明瞭其一切癥結之所在。今日國人，於中國社會四民之首之一士傳統，既漫不經心，則無怪其論中國文化之一切無當情實，則謂中國乃一「專制政治」與「封建社會」，其又何怪？

王安石在神宗初年，為經筵講官，又爭坐講之制。其意謂，論職位則君尊而臣卑，但講官所講者「道」，帝王亦當尊師重道。於是安石坐而講，神宗立而聽。神宗對安石之益加尊信，此一事宜非無影響。此亦帝王之尊士，自有其歷史傳統，不得謂乃以助長其專制。安石後，程頤以布衣為講官，亦爭坐講。正言厲色，又時有諫諍。時文彥博為太師平章重事，侍立，終日不懈。上雖諭以少休，不去。或問頤：

君之嚴，視潞公之恭，孰為得失？

頤曰：

路公四朝大臣，事幼主不得不恭；吾以布衣職輔導，亦不敢不自重。

同時司馬光、蘇軾輩，則皆疑頤之所為。今試以現代人目光評論，又豈得以王安石、程頤為正，而文彥博、司馬光、蘇軾之遽為不正乎？評論一件事，宜可有正反兩面之意見。即如文彥博、司馬光、蘇軾諸人，彼等豈亦贊許帝王之專制？歷史事件，又豈得不精心細究，而輕以意氣加以評判？

在中國歷史上，開國之君與其同時之士最疎隔者，在前為漢高祖，在後為明太祖；而明太祖尤甚。但歷代開國，士儒之盛，唐初以外，亦首推明初。明太祖對士人，亦多方羅致，無所不用其極。洪武十五年，國學成，行釋菜禮，令諸儒議之。議者曰：

孔子雖聖人，臣也，禮宜一奠再拜。

太祖曰：

聖如孔子，豈可以職位論？昔周太祖如孔子廟，將拜。左右曰：「陪臣，不宜拜。」周太祖曰：「百世帝王之師，敢不拜乎？」遂再拜。朕深嘉其不惑於左右之言。今朕敬禮先師之禮，宜特加尊崇。

儒臣乃定其儀。

嘗竊謂西方政教分離，上帝事由耶穌管，凱撒事由凱撒管。「神聖羅馬帝國」，乃中古時期教會中一幻想。故在西方政治自成一集團，不如在中國，政治集團即同時為一士人集團。中國歷史有孔子，非宗教主，而為歷代帝王所共尊。中國傳統政治歷代取士標準，亦必奉孔子儒術為主。「政統」之上尚有一「道統」。帝王雖尊，不能無道無師，無聖無天，亦不能自外於士，以成其為一君。明汪仲魯朱文公年譜序所以謂：

師道之立，乃君道之所由立。

但明太祖既得天下，乃私欲尊「君道」於「師道」之上，而遂罷廢宰相制。清初，黃宗羲明夷待訪錄倍加訶斥，以明太祖之廢宰相為大不道。

近代國人，必斥秦以下歷代政治為「帝王專制」，則孔子亦不得辭其咎。故民初新文化運動，盛倡民主，「非孔」亦題中應有之義，故有「打倒孔家店」新口號。惟論語、春秋，其書俱在，是否提倡「帝王專制」？二十五史及三通、九通諸書亦俱在，是否其一切制度及其故事皆為「帝王專制」？義理、考據，兩皆明備。若必以「帝王專制」作定讞，則此諸書，惟有棄置不讀。本篇所舉，乃屬隨手拈例，無當於九牛一毛，亦僅姑妄言之。非必欲迴護中國傳統政治，然亦足資必欲鄙斥中國傳統政治者作一參考。

（本文原名皇帝與士人，刊載於一九七六年七月十日、十一日聯合報，收入本集時易今名。）

四二　風氣與潮流

「風氣」二字乃一舊觀念、舊名詞，為中國人向所重視。近代國人競尚西化，好言「潮流」。「潮流」二字是一新觀念、新名詞，為中國古書中所未有。此兩名詞同指一種社會力量，有轉移性，變動不居。惟潮流乃指外來力量，具衝擊性，掃蕩性，不易違逆，不易反抗，惟有追隨，與之俱往；而風氣則生自內部，具溫和性，更具生命性，自發自主，自有其一番內在精神，不受外力轉移。然則吾今日中國社會，如何能適應外來潮流，而不隨以俱去，猶能善保其生命內力與固有的獨立精神，使風氣與潮流得相與引生而長，實為當前最宜看重之一要點。

中國古人言風氣，請舉孔子為例。論語孔子曰：

君子之德風，小人之德草。草，上之風，必偃。

孔子生在兩千五百年前封建社會尚未崩潰之時，其言「君子」，指在上層貴族言；其言「小人」，指在下層平民言；而其主要則在「德」字。「德」指人之「德性」，為人人所同具。孔子言，在上君子之德性如一陣風，在下平民之德性如一叢草。風東來，則草西偃。風西來，則草東偃。社會風氣之易成易變有如此。

孔子又言：

道之以政，齊之以刑，民免而無恥。道之以德，齊之以禮，有恥且格。

可見轉移社會風氣，主要不在其上層之政治與刑法。政治刑法雖是一種力量，但此力量可求避免，而不生媿恥心，於其心可無所轉移。故政治與刑法之力實有限。惟能以在上位者之德性為領導，而具體化，成為一種上下彼我共行之禮，則受者內心自生感動。不夠此標格，會自生一種媿恥心，能不別加限制而自生限制，不別加壓迫而自感壓迫，自能到達此標格。

故中國人言政，不重「法治」，重「禮治」。此為中國文化自古相傳一特性，歷兩千五百年而不變。西方社會中稍具此力量而與中國略相似者，則為宗教。不尚權力，更不待刑法，進教堂唱詩膜拜，有似中國之禮樂。而耶穌之十字架精神，亦可謂尚德不尚力。其所表現之力，乃出自耶穌內心之德。耶教傳布亦近二千年，徧及歐洲全社會，此亦一種「道之以德，齊之以禮」，而信教者自有一種「有恥且格」之風。其力量不仗政治，不仗刑律，可勿論。所異者，西方政教分，中國則政教合。而宗教所最後歸宿則仍為上帝之力，而非耶穌之德。中國則崇尚人類共同之德性，雖曰賦之自天，但所重近在人，不遠在天。在中國文化中，並未產生宗教，然亦同具一種信仰。惟其信仰之主要目標，則在人之德性，即在上位者亦無以自外，故其精神有與宗教相異而實同之處。孔子雖非教主，而永尊為「至聖先師」，其一種德性教育之力量，實即近似一種宗教力量。

中國人言「風教」，言「風化」，社會風氣乃由一種教化來。注意及此乃能來研究中國之社會史。晚清曾文正有原才篇，開首即曰：

> 風俗之厚薄奚自乎？自乎一二人之心之所嚮而已。

人才自社會善良風俗培育而成，而善良風俗則從其社會中一二人之心之所向來。曾文正所生之社會，距孔子時，已逾兩千年，社會形態已大變，而曾文正所言，亦與孔子意無大相異。試以歷史事例為證。

中國政治風氣之敗壞，莫過於三國時代之曹操與司馬懿。社會風氣之敗壞，則莫過於唐末與五代。宋興，有胡安定、范文正，而風氣復歸於正，一時人才輩出。此風氣之厚薄非由於一二人之心之所向而何？蒙古入主，有文文山、謝叠山、黃東發、王伯厚。滿清入主，有史可法、顧亭林、李二曲、王船山。政權移於上，而社會風氣則堅定於下，依然一中國人之中國社會，無可搖移。此無他，亦由於一二人之心之所向而已。曠觀古今中外，此惟中國始有之。古希臘、古羅馬乃及現代之西歐，宜皆不能相比擬。此乃中國文化之特可自傲處，非其他民族所能想望。

西方重多數，中國重少數。多數尚力，而少數則尚德。以力服人，非心服也；以德服人，乃使人心悦而誠服。不尚德，乃始轉而尚力。多數壓迫，乃若潮流之洶湧；少數主持領導，有同情心，有感召力，乃為大衆所歸往，始成一理想之風氣。中國社會風氣之堪貴乃在此。現代西方雖科學昌明，而宗教則依然尚在，彼中有殷憂其文化之没落者，亦惟以復興宗教為念。可見人類社會不能專尚科學與物質文明立國，即西方人亦自知之。

近代中國，則惟有一孫中山先生，堪當少數中之尤少數。其唱「三民主義」，首「民族」，次及「民權」。「民權」當由「民族」來，非摶集多數人即得成為「民」。而民族精神其深厚基礎，則保存於少數，亦惟遞禪闡揚於少數。故中山先生有「知難行易」之論。「不知不覺」而行易者屬多數，「後知後覺」已屬少數，而「先知先覺」則更少數中之尤少數。故中山先生之革命過程亦分三階段：一曰「軍政時期」，次曰「訓政時期」，最後始曰「憲政時期」。中山先生所理想之憲政，實必由民族傳統文化之精神來，當稱之曰「民族憲政」，既非向外襲取，亦非多數能創。故中山先生心意中之國民代表，不僅被選舉者當先經考試，即操有選舉權者，亦必先經考試。此等主張，今日國人皆不敢明白稱引。何者？西方論政重多數，潮流所趨，既不深知，自難違抗耳。

今日國人，觀其體膚毛髮，則儼然仍是炎黄嫡系；論其心情好惡，則盡歸現代化。其實今日國人之所謂「現代化」，即屬「西化」。就歷史實況言，中國五千年來，非不時時有其現代化。孔子即周公之現代化。中山先生在近代，亦即周、孔之現代化。現代化貴能化其自我，而非化於他人。故中國宜有中國之現代化，而非即中國之西化。如今日國人之所謂現代化，則不過為時代潮流沖捲而去之一較好名詞而已。故中國之古人，即吾儕之祖宗，則必加鄙棄；中國之後生，即前代之子孫，則首貴留學。「行易」則在中國，「知難」則付之外洋。故中山先生其人，則必比擬之於華盛頓；其所創之「三民主義」，亦必比附之於林肯之「民有、民治、民享」，乃始有其意義與價值。

中國人言道統、治統，必曰：

作之君，作之師。

並不期望之於人人。中國人言政治，必歸之「選賢與能」。而其選舉權，則下不操於民眾，上不操於帝王政治領袖，而別有其客觀之規章與職位。中國人言生活，亦不專為物質生活與私人享受。中山先生三民主義中之「民生主義」，其言明白具在，亦豈林肯之民享一項可相比擬？今日臺灣人乃有從事「臺灣獨立運動」者，其意即自謂乃追隨美國十三州獨立之腳步。判定是非之權威在國外，在此權威下，則一切言論行動各得自由。若言平等，則古今不平等，中外不平等，惟時代潮流之馬首是瞻。吾國今日之社會風氣，非此而何？蔣公乃為此而提倡「文化復興運動」，但吾國人則仍以當前之社會風氣為應，則又其奈之何！

孔子不得中行而與之，則曰：

必也狂狷乎！

則又曰：

過我門不入我室，我不憾焉者，其惟鄉愿乎！

今日國人，就其在中國社會言，則崇洋排己，有似於狂狷；就其在外國社會言，則捨己從人，皆為一鄉愿。惟為「洋鄉愿」，國人仍所崇重。故當前之中國社會，實已變成一洋社會。其名猶是一中國，其形象則全成一洋象，較之蒙古、滿清入主時，可謂已天壤相別。此誠時代潮流之所迫，又何風氣可言？潮流乃外在一種力量，風氣則成自內在之德性，由我為主，非在外力量之所能操縱。但德性出於共同之天賦，實屬多數；而權力則必掌於少數人之手。故中國傳統實為眞重多數。此又難於以名言分析之。

孟子曰：

經正則庶民興。

經者，正常大道，乃樹人立國之大本所在。此非多數所能知，然多數亦必由之以行。故孔子曰：

民可使由之，不可使知之。

此「不可」，非「不欲」。顧亭林亦有言：

天下興亡，匹夫有責。

此責亦在少數，非每一匹夫盡能負其責。苟欲負其責，則必學顧亭林、范文正，乃知周、孔之為人。如演平劇，一跑龍套、一打鼓手，同需負責，但譚鑫培、梅蘭芳則仍需深厚培養。今必求每一匹夫之同負其責，則宜天下之日趨於亡而不可救。

經不正，民何由？奉公有貪汙，居恆恣奢淫，此乃一種歪風穢氣，為國法所不容，刑律所當先。若欲正人心，興風氣，首必及此。然正本清源則別有在，當求之於正常之大道。惟此乃我國人之舊觀念、舊信仰，又為當前之時代潮流所不容。不知今日國人賢者，其終何去何從？國人今方討論改革社會風氣，漫談及此，以供賢者之參考。

四三　自然與人為

近人率稱西方近代科學為「自然科學」，其實西方近代科學主要在反抗自然、戰勝自然、征服自然，乃一極不自然之手段。如自來水，大城市中皆填塞河道，另裝水管，即三、四十層高樓皆可輸送上達，顯屬「人為」，決非「自然」。電燈發明，經千次以上之試驗始成，至今轉夜為晝，通宵達旦，光明照射，亦出人為，非自然。自有電燈與自來水，乃有現代之大都市，此亦出人為，非自然，更可知。

又西方自羅馬時代即有噴水池，至今各地林園，幾乎到處皆有。中國則築石為假山，如元代蘇州有獅子林，至今尚屹立如舊，尤為奇特。假山較近自然，噴水池則顯見人為。以此為例，可謂其餘皆然。

深論之，人為必本於自然，而自然中亦必演生出人為，兩者不能嚴格劃分，然終不免於有輕重之偏。東方偏自然，西方偏人為，此乃雙方文化一相歧。姑就氣候曆法言，地球繞日運行，同此自然，同此歲月。而計時、計月、計歲，則可有不同。西方用陽曆，一年十二月三百六十五日，年年如此，每年只有一天之差，此即顯見其重人為之跡象。中國用陰曆，一年亦分十二月，但以空中月光為準，月圓為一月之中，其他如上弦、下弦、晦、朔，皆以月光定，其與自然若更親切。惟分年有閏月，則稍似不自然。

中國最先有夏曆，其次有殷曆、周曆，歲首相差各一月，但同為陰曆。孔子曰：

行夏之時。

以春、夏、秋、冬四時言，則夏曆更自然。殷曆以十二月為歲首，周曆以十一月為歲首，皆在冬，不在春。冬、春、夏、秋，則為不自然，故孔子主用夏時。以太陽之運行論，日南至宜為一歲之首。中國人亦言「冬至夜大過年夜」。兼顧季節及農事，則夏曆歲首若最為自然。西俗又特重耶誕，雖與冬至相近，然其重人為不尚自然之意，則更顯。

又中國分二十四節氣，亦最重自然。以三月三為上巳，五月五為端午，六月六為浴佛，七月七為牽牛、織女兩星相會，八月十五為中秋，九月九為重陽，則因農村人事辛勞，故多擇春秋佳日，供其休息娛樂。而配以端午、重陽等名詞，則若人事必追隨於自然，而又必附會之以歷代人文故事，則若休閒娛樂之更富自然性。西方城市工商之尋求休閒，從事娛樂，假宗教之名，七日得一假日；又增週末，則每七日得兩日假。此等規定，亦顯屬人為，非自然。中國則五日、旬日一休沐，亦似較近自然。

推此言之，一尚自然，一尚人為，事無大小深淺，到處可見。如文學，中國人謂「詩言志」。人心有志，出言成詩，此亦一自然。西方如荷馬史詩，沿途歌唱，博求聽眾，事同商業，則屬人為。故其題材多戀愛、戰爭、神話、冒險等外在故事，而張皇誇大，聳動聽聞，則更見為不自然。神話為玄古人類之自然所有，但亦可張皇誇大，離情離理，失其自然。

中國古詩三百首，亦有戀愛、戰爭、神話，但一出於自然。如：

期我乎淇之上矣。

此亦言戀愛，然僅止於此。又如：

昔我往矣，楊柳依依。今我來思，雨雪霏霏。

征人遠戍，有涉戰爭，然亦僅止於此。生民之詩：

履帝武敏歆。

此明是神話，然亦僅此而止，更不張皇誇大。周公、孔子以後，神話漸消。墨子言「天志」，莊老言「自然」，皆無神話成分。屈原離騷始有之。但離騷乃忠君愛國之辭，神話非所重。近人乃從詩、騷中，挑出其神話成分，亦可得數十百條，擬之西方，則如小巫見大巫，不相倫類。漢、魏以下，詩體大變。孔雀東南飛、木蘭詩，皆如小說，可以演成戲劇。然後來此等詩體絕少。孔雀東南飛本言愛情，木蘭詩本言戰爭，而兩詩敍述，則皆偏重在家庭倫理方面。此可徵中國詩之特性，亦即中國民族特性、文化特性之所在。

唐詩有：

> 閨中少婦不知愁，春日凝妝上翠樓，忽見陌頭楊柳色，悔教夫婿覓封侯。

又有：

> 打起黃鶯兒，莫教枝上啼，啼時驚妾夢，不得到遼西。

此兩詩亦兼涉戰爭與戀愛，而吐詞含蓄，乃深入人心，傳誦不輟。若亦小說化、戲劇化，則事變感人轉不如性情感人之深切。中國詩特性正在此。近代國人乃謂中國詩文不昌言戀愛、戰爭，為封建禮法所限，認為其不自由、不自然。不知戀愛、戰爭特草昧時期之自然；發乎情，止乎禮義，不務戰爭，乃進入人文時期之自然。人類之從自然進入人文，乃人類一大自由，進化一大自然，又安得以戀愛與戰爭為人生終極之止境？

西方自史詩外，又有小說、戲劇，皆主戀愛、戰爭，力求張皇誇大。於戀愛、戰爭外，又有神話、武俠、冒險、偵探等。但眞實人生中，此等事極少見。乃又有創為寫實體之文學，而寫實終非寫實，仍必張皇誇大，否則無以刺激人，廣號召，即不成為文學。故西方文學終屬人為，非屬自然，亦宜可知。

中國人言：

目擊道存。

張皇誇大非可「目擊」，即失眞非「道」。中國文學則貴能抒情寫意。人生情意無窮，然人同此心，則亦同此情意。人能深入此大同中，獨自抒寫，迥異尋常，此乃是文學家大本領、大手筆。故曰：

文章本天成，妙手偶得之。

此妙手之偶得，乃始為文學家能事所在。但非深入自然，則亦無可有此偶得。故中國文學不重在外面事務之描寫，而小說、戲劇乃不得為中國文學之正宗。唐人元微之有會眞記，乃當時言情寫實一小品，不能躋於文學之上乘。元代乃有西廂記，始成小說，可演為劇本，實則從會眞記來，一如搜孤救孤之從史記趙世家來。此皆張皇誇大，而近代國人則必認此等乃始為中國之新文學。明代又有西遊記，始近似於西方之神怪小說。但元明興起之小說劇本，皆非中國文學之正統，在中國文學史上乃後起一旁枝。近人乃必崇奉此等作品，認為到此中國乃有眞文學之影子出現。而認為以前文學皆「死文學」，必如此乃始是「活文學」。不知在人生中，事變皆易死去，情意則可長存。中國文學重情意不重事變，正亦常求其能成為一種活文學。此則近代國人或尚未深知之。

人類思想亦即人生一自然。日有所思，夜有所夢。孔子夢見周公，則日必思之。孔子又曰：

學而不思則罔，思而不學則殆。

孔子自稱「好學」，則決非學而不思。孔子之於「學」於「問」於「思」三者，乃相互融洽會通一體。下及墨翟、莊周諸人皆然。「思」必見於「行」，行必本於思，行與思同歸一體，故不得單獨稱孔子、墨翟、莊周諸人為一「思想家」。要之，學問、思想、行為三位一體，齊頭並進，中國學者則皆然。專務思想，此惟西方哲學家為然。此亦先有一番張皇誇大之心情寓其間，乃以思想為人生一項最大學問，終身以之，而其與當身、當代之日常人生親切行事反不顧及。於是西方之哲學與文學乃同為專門，同出人為，於人生中之學問、行為轉多不自然處。中國人從事學問，皆從其當身、當代日常人生親切行事之實際需要，有情意，有思想，一本自然，而不加以人為之過分張皇與誇大。故在中國學術史上，多「通人」，少「專家」。不僅無哲學家，亦可謂無思想家。張橫渠著正蒙，程明道猶言其乃苦思力索所致，非自然所得。西方則好言「創造」，力求自我表現，必別標一格，以求異於他人。此又中國尚自然、西方務人為之一例。

故儻謂一部中國思想史，古今幾千年來，先後相承，只就前人所認幾項大題目、大綱領上，不斷推闡體認，極單純，但亦多變化，如一老樹，冬季枝葉凋零，而根幹依然；西方則如雜樹叢生，雖亦蒙密鬱勃，然無巨幹大本，不能有老樹之參天。又譬之水，中國如長江、大河，眾流匯歸；西方則不擇地而出，各成斷港絕潢，即有大湖巨澤，亦無朝宗於海之大觀。即譬之史乘，中國古代封建上有一中央政府，西方封建則各擁一堡壘而止。故西方學術思想，於哲學外，仍得有宗教；中國則無哲學，亦無宗教。近代國人譏中國如「一盤散沙」，守舊，不進步。但趨新尚異，只是花樣多，未必是進步。中國人信古好學，西方人則重自我表現。中國文化寓有極深厚之時間性，西方文化則重在空間之擴張。西方亦有自然，但不如中國乃為「人文化成」之自然。中國亦有人為，但天人合一，內外合一，乃成為一種極天真、極自然之人文。此乃其大異所在。

歷史記載人事，亦一種自然之學。中國歷史遠古即有，西方歷史則極為遲起；既重現實，則前代人生有所不顧。羅馬帝國崩潰，乃啓後人之驚訝。何以偌大一帝國，竟爾一蹶不振。於是乃旁搜遠索，網羅一切零散材料，編排比次，寫為羅馬帝國衰亡史一書。西方之有史學，可謂肇於此。但史學記往事，須求眞實，不當張皇誇大，尤其記一國之衰亡，更無可張皇誇大處。於是遂繼起有文學、史學之爭。中國則詩有雅、頌，宗廟歌唱，文學亦即史學。司馬遷成史記，為中國正史二十五史之開山祖，其書之文學，亦卓絕千古。文學通於史學，中國人並不以為異。馬遷有言：

究天人之際，通古今之變，成一家之言。

是乃馬遷之一番歷史哲學。文、史、哲三學在中國，乃可渾然一體，不得顯為劃分。此下不詳論。西方文、史、哲為學，則可各自獨立，相互不顧。故中國學問，和而不爭，一若皆本於自然；西方學術間，則爭議紛起，盡出人為，違於自然。

重學重問，則其心中常有他人之存在；重自我表現，則其心中常有一自我，求標新立異，跨越他人，以成就其一己。故西方自有史學，亦即分門別類，紛歧百出，政治史、社會史等，難可縷舉；其在中國，則社會之上必有一政府組織，政治之下必有社會基礎，上下一體，無可劃分。即如先秦時代，諸子百家興起，豈非當時一大事？但究該劃入社會史抑政治史，豈不轉成一難題？漢初社會又變，史記有貨殖列傳、游俠傳、儒林傳。若此三者盡歸入社會史，則仍必并入政治史，乃見當時之眞相。若謂儒林傳宜歸入政治史，則貨殖、游俠又何一不與政治有關？合而觀之，始成史學；分而成書，則一鱗片爪，眞相難明。

又如魏、晉、南北朝、隋、唐門第鼎立，此又中國社會一大變。然若將門第歸入社會史，則各朝正史又將如何寫？今人則謂中國古人不詳知社會史，不知中國社會史已盡融入正史中。今人必以西方眼光讀中國書，則宜其有此誤解。佛教東來，下迄隋唐，此又中國社會一大變。宋代理學興起，書院講學，直迄明清，此又中國社會一大變。釋氏出家逃俗，正史中只約略道其情況，山林僧侶之思想行事，則別以專史詳之。宋明理學家，仍如漢唐之儒林，正史不得不詳。若專寫中國社會史，豈可只詳釋老，更不提儒學？又豈可一并付闕，則不成為中國之社會史。又如宋代之「義莊」，以及宋代之「鄉約」等，皆歸入社會史，則以前之門第，此下之書院講學，又何得不列入？書院講學列入，則如東漢馬融、鄭玄等，俱當列入，而洙泗孔門早當列入；其他當列入者又何限？推類求之，必將見其扞格而難通。

中西社會不同，斯歷史記載亦不同。國人儘可不通希臘史，而徑讀柏拉圖、亞里斯多德之書；亦可不通中歐史，而徑讀康德、黑格爾之書；但豈可不通春秋、戰國史，而能通孔、墨諸子書？又豈可不通漢史，而徑讀董仲舒之書？不通宋史，而徑讀程朱之書？故專治哲學，在中國學人中，即為不通。因此中國無「哲學」與「哲學者」之專稱。

近代國人，寫中國社會史，乃將端午競渡、中秋賞月等，盡量納入。不知此乃社會風俗，而在中國，風俗與教化，又融為一體。風教間，文學又是一大項目。詩經有十五國風，楚辭有九歌，兩漢有樂府，魏晉以下有世說新語，唐代有太平廣記，宋代有宋稗類鈔，元明之際有元劇、有水滸傳，明代有金瓶梅等，此等皆文學書。又如清初顧亭林有天下郡國利病書，非文學，而實為明代社會經濟一部主要參考書。其他有關社會問題之書尚多。不通正史，此等皆無可詳論。今人讀大學歷史系，即不理會文學；又治社會史，即不理會歷代正史，又不通歷代之教化風俗，又或將社會史與經濟史相混淆。要之，歷史乃一大整體，不會通以求，則眞相難得。此乃一極自然之事。多為之分門別類，則出人為，非自然。

西方又有經濟史，特為最近國人所重。中國以農立國，國之本在民，民以食為天。「敬授民時」，乃古代政治一重要項目。又井田制度，受田者既非「農奴」，而授田亦非西方之「封建」。又兼有庠序之教，俊秀得進為士。秦漢以下，井田制度廢，而輕傜薄賦，俊秀皆得經選舉考試入仕。其他如農田水利，更為政治一要項。史記河渠書，歷代漕運制度，清初胡渭禹貢錐指所載之歷代治河防災政策，何一不以農業經濟為重？其他工商業，自漢代鹽鐵政策以下，相承有一貫之政策。通商惠工，而不使走向資本主義之途徑。考論中國經濟思想與經濟制度，捨棄正史，則無所本。漢代如晁錯，唐代如陸贄，其所抱之經濟思想與經濟政策，莫不一一與當時之現實政治息息相關。但在中國，乃無特出之經濟學與經濟學者，正如其無特出之政治學與政治學者；社會學亦然。融通協合，不再多有分別，則其無一部專門經濟史，固亦宜然。

中國經濟無不與社會政治有其緊密之相關。如顧亭林天下郡國利病書，網羅晚明各地經濟情況，分別撰述，而追溯淵源，有遠至數百年千年之上者。故治中國經濟史，不重在年代分別，而尤重在地域之分別。中國疆土廣，生產富，工商業各具地方性。利病得失，既相通，又相別。政府之各項制度總其成，又以社會風氣立其基。故如經濟，必當由通學，不得為專家，即讀顧氏此書而可知。

故治中國史，又必通疆域輿地之學。漢書有地理志，唐有元和郡縣志，宋有太平寰宇記，明有一統志。輿地疆域之學，遂或從史學中獨立，而有若與史學並駕齊驅。各地疆域志，自魏晉以下已極盛，惟其書多失傳。至南宋，有吳郡志，類此者當可二十種左右。此下愈興愈繁，分省、分府、分縣，莫不有志。下至清代，如吾鄉有泰伯梅里志，此乃與無錫同城之金匱縣所轄之一部分，東西南北各不踰二十里之一小地區，乃自吳泰伯以下三千年來，社會經濟、人物文化，靡不畢載，乃成為一最小型之地域史。下至一山、一寺有志，一書院有志，風俗經濟，人物文化，莫不歸入，融為一體。此亦本之自然，非出人為。西方一多瑙河，一萊因河，既非長川巨流，兩旁又疆土分裂，諸國駢立，此皆違背自然，事出人為之證。故西、葡、荷、比，各自立國，不能合併。甚至如英倫三島，英格蘭、愛爾蘭、蘇格蘭，雖同為一國，猶必分疆裂土，各有其獨立之鴻溝，此尤西方史不自然一明證。

西方人群尊耶穌，必分天堂、人間，生前、死後以為二，此亦為一種違反自然之信仰。又必共推一教皇，乃有馬丁路德之新教興起。新舊教相互衝突，遂成西方史上一大事。而新教中又宗派繁興，分歧百出，幾於難可指數，此又一不自然。中國佛教寺院林立，分宗分派，亦在疆域上。如禪宗有南嶽、青原之東西分峙，臨濟之北方特起，此亦形勢自然。儻亦必推一佛教皇，以為一舉世之宗主，則縱無爭端，必多弊端。人為之不可久，亦自然趨勢所必至。余又論東西方之音樂，亦一重自然，一本人為，已詳別篇，①不再論。其他類此者尚多，俟讀者推類求之。

其實此一東西文化之大分別，乃從農業、商業來。中國以農立國，故崇尚自然；西方古希臘即以商立國，乃重人為；其相異處，人人易知，不煩詳論。而工業則界在兩者之間。中國「農工」相連，即如歌舞，亦屬工，故又連稱「工藝」。中國一切工業皆趨向於藝術化，實則乃「天人合一」化。而西方則「工商」連言，乃日趨於機械化，而唱歌跳舞等則不謂之「工」。藝術必求精製，若係人為，而忽視其本源之同本於天，亦出自然。機械則求贏利，亦若自然，但實一出人為。此中奧義，恕不具申。

（一九七六年二月二十二日中國時報副刊，原題為自然與人工，發表後又有修改，收入本集改題今名。）

---

① 編者按：先生別有略論中國音樂一文，已收載全集甲編現代中國學術論衡。

四四　組織與生發

西方社會重「組織」，中國社會重「生發」，此又東西文化一大歧點。西方古希臘乃一商業社會，人生分為兩截，經商乃手段，贏利尋樂始是目的。故其工作必帶有一種功利觀。城邦林立，不易團結；海外活動，蹈履風波，妻離子別，死生莫卜，家庭觀念遂滋淡漠，易生一種個人主義；「悲莫悲兮生別離」，又易帶一種悲觀主義。

他鄉異國，投人所好，此乃一種揣摩心理；機械變詐，不以深厚之同情為基礎。還鄉享樂，如文學，如戲劇，如藝術，如跳舞、運動之會集，都在大群中尋找個人樂趣。內外分隔，各重其己，不在於群；又轉瞬即變，貴能當前爭取，不計前，不計後，無長久之時間觀。但每一人終須在群中生活，此群則總是個人的、功利的、分散的、暫時的。如何來維持此群，則端賴於有組織、有法律，這又是外在的。人生須在此外在束縛中來謀求個人的功利與娛樂。

法律組織力量薄弱。馬其頓起，希臘即告崩潰。羅馬於商業外，注重軍人之武力結合，乃有帝國創興。而羅馬法亦為此下歐洲人所稱道。帝國崩潰，封建貴族堡壘紛峙，終不能組成一國家。其時宗教盛行，各求靈魂上天堂，亦屬個人主義。而「凱撒事由凱撒管」，宗教信仰，其勢單弱，乃有教會組織。故西方宗教，不如中國社會之禮樂，亦仍是西方社會一形態，一組織，乃必附帶有法律。苟非法律與組織，即不能維持此信仰之存在。

文藝復興，城市工商業又復起。現代國家建立，其組織又變。然個人主義之本源則仍無變，乃又產生出近代之「民主政治」。但仍必有政黨組織。要之，有組織必生有分裂，亦惟有分裂乃始有組織。西方社會，乃可謂實一分裂性之組織，亦可謂乃一組織性之分裂，如是而已。

現代科學興起，商業益盛。大企業、大工廠、大公司，各有其組織，而個人主義則亦日益猖狂。「自由、平等、獨立」之口號，乃舉世瀰漫。要之，則是個人與組織爭，組織與個人爭。宗教信仰、國家政治、社會經濟，莫不皆然。科學乃為其相爭之武器，其他各項學術思想則為之助陣。此誠近代西方世界不可避免之一大悲劇、一大厄運。

其實人生分先、後兩截，內、外兩面，自原始人類已然。出離洞居，以漁以獵，圖果己腹，此為其生命之前一截；及其返洞閒暇，漫向洞壁繪畫雕刻，或月夜洞外，歌舞作樂，此為其生命之後一截。而其顯分內外，則人人易知，不煩論。漁獵轉為畜牧，此為人生一大進步。牛羊成群，同遊如友朋之好，同時即是一種娛樂享受。人生之前後兩截、內外兩面，不啻融成一片，豈非一大進步而何？所憾者，逐水草而遷徙，穹廬流徙，無可寧居。及其轉為耕稼，而人生又獲一大進步。

農業人生之進步有兩端：一在其有定居；再則耕耘收穫，可免游牧人群之日務宰殺，以成全其內性仁慈善良之德。日出而作，日入而息。其於五穀，生之育之，若撫嬰孩；長之成之，若侍老人。而俯仰天地，一心同德。苟不與天地參，亦無以成其業。故農耕民族，「一天人，合內外」，亦辛勤，亦娛樂，其生命乃可無先後、內外之分。水旱荒歉，則三年耕有一年之蓄，九年耕有三年之蓄。曰「勤」曰「儉」，有生產，又有積蓄。子孫百世，不盡顧其前，乃亦顧其後，而始有一種「悠久」之生命觀。鄰里鄉黨，率土之濱，亦莫不同此一生命，於是乃又有一「廣大」之生命觀。抑且業農不盡為己，亦以為人，故決非個人主義。天地生五穀，不專為農人。業農亦不專為己。孔子曰「仁」，曰「知天命」，「罕言利，而與命與仁」，實已道盡農業人生之意義與價值。中國儒家思想，實本農業人生，一而二，二而一，非有他也。

農業之外，又輔以工業。蠶桑紡織，陶冶為器。一家織，一家陶，衣服居住，利及他家。自無而創有，為私亦為公，並在工作中帶娛樂性。工、農性質同。百工繁興，乃日中為市。各以所有，易其所無。交易雙方，商得同意，故曰「商」，非由第三人居間為商。有登壟斷而望者，孟子譏之。此後乃有第三人居間為商，又有貨幣為媒介，商人乃可掌握貨幣以為生，不漁獵、不畜牧、不耕耘、不製造，而乃可獲大利，超漁獵、畜牧、耕稼、製造之上。於是遂又回復到原始兩截生活、內外兩面之人生。惟商人重利輕離別，則其家庭生活，較洞居人為不如。此則又為人生一大變。雖在人生中若有大進步，而亦有大退步之另一面。不定居，此其一。心多機巧，投人所好，斲人性，傷人德，有所不顧。獲大利而求娛樂，亦以斲己性，傷己德。此其二。商業之有害人生者在此。

中國古代，早有商業。然始終以農、工為本，商業為末，本末分明，故商業乃未見其大害。後代中國人則言「信義通商」，講「信」則不務欺騙，尚「義」則不重私利，商業乃亦不以個人功利為本。凡屬公利，則不許私營。商人並受政治統制，不許進入仕途。選舉、考試，商人皆擯不在其列。祖先曾有經商者，乃謂之「家世不清白」。故商人之在中國社會，乃為「四民」之末。中國人之輕商有如此。中國人僅重謀生，不重營利，此為中國社會一特色，亦即中國文化一特色。

中國人又言：

利者，義之和。

大群人生必主「和」，即個人人生亦主「和」。夫婦為人倫之始。禽獸之生命延續，乃一「自然」；人類之生命延續，則屬「人文」。西方重男女戀愛，為夫婦之始，仍屬個人主義。中國主夫婦和合，融成一體，為成家之本。禮者，體也。故夫婦和合，有禮有樂，成為人生一新「體」，但非如西方人所謂之「組織」。父子易代，亦有禮，先後亦合成一體，而樂亦寓其中。此皆從「生命」言。個人乃一小生命，夫婦、父子各相為倫，乃成大生命。「生命」則必有一種「生發」作用。夫婦生育子女，乃由夫婦一倫生發出父子一倫，由已有生發出未有，從舊有生發出新有。詩曰：

周雖舊邦，其命惟新。

湯之盤銘曰：

苟日新，日日新，又日新。

五穀一年一新，人生則可以日新月新。成群為國，亦可常新。此乃一民族之大生命，推而至於天下並世各民族，亦無不然。

故中國人言修身、齊家、治國、平天下，皆從生命內部生發來，不從外部組織來。中國乃一「宗法社會」，群體日擴，主要在其內部生命之生發，不重在外部之組織。自部落社會進至於諸侯封建，又進而至於郡縣一統，政治體制之日益擴大，亦由內部生發，不由外部組織。近人亦知中國人群乃由「禮治」，非「法治」。此言甚允。中國人僅稱「君位」，不言「君權」。「位」以「禮」言，「權」則以「法」言。居君位，當盡君職。為君者而求擁有權，必先掌有軍。但中國秦漢以下，中央衛兵額數少，邊陲戍卒多。戰事平，統帥回朝，有爵而無位，乃絕無軍權可言。唐代府兵，分佈全國，而關內占少數。宋代傭兵制，亦多在地方。明代衛所，略如唐代之府兵，同亦分在地方，不集在中央。唐、宋、明三代之兵部尚書，乃文職，並不由帝王直轄。皇帝既不擁兵，又何得而有專制全國之權？元、清兩代，外族入主，乃特有蒙古、滿洲之部族兵，以防漢人之動亂。但其他制度，則一承中國，無可改動，仍依前朝。要之，中國自秦以下兩千年，絕非一「軍人政府」，亦無「帝王專制」制度之存在。一讀通典、通考諸書自知。

再言法律。歷代律文，皆可詳考。制定法律，亦政府專職，而皇室無其權。律文大意，親親、尚賢。君位自當尊，君權則有限。君位世襲，可免爭端，而亦無傷於一國治平政治之大體。中西法律用意大不同，乃由其社會與政府之不同來，此篇不詳論。

唐以下，有「吏、戶、禮、兵、刑、工」六部尚書，迄於清，千年未有變。吏、戶、禮乃為政之「體」，兵、刑、工則為政之「用」。六部之上，則尚有相位總其成。「王室」則與「政府」分，政府內部和合成體。職位之別，則如一身之有五官四肢。故政治實同人類一生命體，乃由其生命生發出組織，非由組織可以產生出生命。

近代西方民主政治，「立法、司法、行政」三權鼎立。「國會」代表民意，與「政府」相對立。而司法院則評定其兩敵體之爭。行政則美國由總統、英國由首相一人掌握。三權之分，乃由組織。而此組織，則非生命。則可謂西方民主政治乃無生命的。若謂其生命在民眾，則民眾與民眾又必分黨以爭，則仍是組織，非生命。生命乃一「和」，豈有一內部分裂相爭之體，而得成為一生命體？

美國總統之下有國務院，實即外交部。中國外交屬禮部。孟子曰：

仁之於父子，義之於君臣，禮之於賓主。

中國國際關係亦尚禮，禮則與仁、義相配合，則國與國，亦當如父子、君臣之融合為一體。此乃見生命之大。故一國一政府之在天下，亦如一身之有五官四肢，同在一大生命中，又豈當分權以相爭？近代世界各國皆由組織來，而國際則獨無組織。天下無一大生命，則列國生命又烏得相安而長存？

中山先生之「五權憲法」，參酌中西，主要乃主「權在民」，而「能在政」。行政、立法、司法、考試、監察五院，一歸「治權」，不屬「民權」。惟「國民大會」選舉總統，始屬「民權」。而「選舉人」、「被選舉人」，其資格皆須經考試院衡定。此不失為中國傳統「尚賢」政治之用心。漢代有御史大夫，唐代有門下省，宋代有諫院，明代有六科給事中，皆司監察之職。有考試、有監察，而政體仍屬合一，何待於競選與司法之必分權以相爭？

故知中國傳統政治自有其一套內在精神。換言之，此亦一種生命性能之表現，不斷綿延、不斷發展，此可謂之乃代表民心、民意，而始有此一種生發。如父母教子義方，子女幼稚無知，其生命前程正由父母代表作主。學術生命亦有其傳統，後生無知，正待為師者之督促領導，代表作主。政治亦然，蚩蚩者氓，正待聖君、賢相之代為作主。父子一體，師生一體，君民一體。中國人稱「天、地、君、親、師」，每一人之小生命，皆有一大生命為之代表作主。人文生命亦當由自然生命為之作主。今則因果顛倒，乃由各個人之小生命自我作主，爭派代表，監督指揮；則為之君、為之師者，轉為之僕為之從，又何政治、學術之理想可言？為父母者，又豈能先徵胎兒同意，乃始生男育女？為師者，乃豈能先聽學生意見，以教以誨？為君者，乃必得聽從民眾決奪遵以為政；意見分歧，則必服從多數。則一身之頭腦，必尊重於五官四肢互相分裂中之大部分，而定其趨向，又何以為頭腦？人之處群必相爭，其處宇宙萬物亦必爭。今謂「征服自然」、「戰勝自然」，乃有人生之前途。則人生本出自然，亦即自然；戰勝、征服自然，人生豈不亦將被征服而敗下陣來？當知個人小生命，終不得與大群乃至宇宙之大生命爭。故生命終由生發而來，非由組織而成。尚「德」不尚「力」，此誠人生最主要一大原則。

撒克遜人遠涉重洋，開闢新大陸，此本撒克遜人生命體之一大發展。北美十三州獨立，自創新國，則乃由發展而分裂，由分裂而敵對，從此英、美兩國再不能和合成為一體。又如加拿大、澳洲，亦皆由撒克遜人分散發展而各成國。此皆分裂乃有組織、組織即成分裂之一證。其他西歐各國之海外殖民莫不然。即西歐本土亦各國分裂。今則大敵在前，各國仍不能和合。只從外面組織，即斷絕其內部生發之機。苟能從內部生發，則自無另加以組織之必要。其病害則仍從商業來。故其開展中即有限制，成功中即寓失敗。其實商必以農為本，古希臘之經商，亦即以農奴為之本；近代資本主義之帝國，亦仍以殖民地之農業為之本。生命之寄託，在外不在內，在人不在己，則何得有此生命之常存？

農業民族，生生世世，永在生命親接中，乃知生命之深義。孔子曰：

志於道，據於德，依於仁，游於藝。

人生大道必以生命所天賦之「德性」為根據，即「仁心」為依歸。德與仁，即在其生命之內部。修身、齊家、治國、平天下，人倫、政治，禮樂、工商，人生各業，皆屬「藝」。惟從內部生命根基上出發，則生生不已，可以游泳自在，濟其深而達於遠。人生百藝本屬相通，亦得和合成體。長江、大河，達於海洋，實皆水滴之集合和會，流動不居，不待組織，而自成為江河。中國傳統文化，即依此形象而前進。五千年來一部廣土眾民之大歷史，又誰與倫比！

學術思想方面，亦可用「組織」與「生發」兩觀念來作東西雙方之分別。西方重向外，注重純理性之客觀探求，人生情感擯而不論，謂是「主觀」。哲學如是，科學亦然，皆摒去人事，而向外面自然界求；其實即宗教亦外於塵世而求之天堂。則宗教、哲學、科學，此三者，皆同一向外，非有內在生發，均不能善盡其指導人生之功能。既不能單從一方面來指導，又不能把此三者組織為一。而實際則取決於人生當前之利用，乃為一種純功利的，至少是以當前功利為主，其距客觀之純理性則甚遠。

中國人則認為人生眞理應從人生內部生發，不從人生外部求。再進一步言，人生眞理應向自己求，不向他人求。親切眞實，易於從事。人生有此「身」，更有此「心」。身屬「物質」，心屬「精神」。物質乃一「自然」，精神則發於「人文」。自然、人文，本屬一體，有其分別性，但亦有其和合性。西方人認精神、物質為二，雙方應有一組織。中國人則主精神從物質來，仍然和合。再言「心」，西方人分作「智、情、意」三面，惟純理性乃屬「眞理」。中國人則認智、情、意三者合一，即「心」即「理」，毋寧由情感生發出理性，而純思辨即非眞理。故西方必分「知」、「行」為二，中國則主「知行合一」。而行為實即是智情意三者之和合而產生。孔子「仁」、「智」兼言，仁偏情感，智偏理性，由有理性，而情感始得表現到恰好處。故眞理不在哲學之思辯組織上，而在人生之行為上。此種行為，乃由人之「德性」。「德」本於「性」，而性則是人生行為不斷生發之眞來源。

西方又有「經驗主義」，仍重人生外面種種經驗，組織成為一眞理。此種眞理，仍是一種認識性，仍待一種純理性之智慧來探求。孟子曰：

盡其心者，知其性也。知其性，則知天矣。

由「知性」透到「知天」，則仍是一種生命性之生發。盡心、知性、知天，一貫相承，只是一種生發，決不是一種組織。而「盡心」工夫則已兼行為，亦非一種純理性之探索。

西方哲學、宗教、科學，此三者既相分別；此外又如文學、政治學、法學、社會學等，亦分門別類，各有專家。大學中分院、分系，盡向廣大外面分別探求。大學則亦如一組織，而實無組織。儻能有組織，則院系分別上，當更有一會通所在。故組織亦只是外面一形式，不能成為內在一生命。

中國各項學術思想，則多自人生實際行為及其生命中生發而來。如文學，古詩三百首，豈不即生發於當時之實際人生？風、雅、頌皆然。不瞭解於當時之政治與社會，即無從瞭解此三百首。屈原離騷，亦自屈原之實際人生及當時楚國之政治情況來。近代國人又認文學應具獨立性，則如樂毅報燕惠王書之類，皆因事而發，豈不得稱之為文學？而中國傳統文學，其原有地位乃可一掃而空。

又如莊周書，內篇七篇，斷然為中國文學之無上妙品，此豈莊周有意為一哲學家，又兼為一文學家，乃得有此成就？又如司馬遷太史公書，其文學之美，有口皆碑，亦豈司馬遷有意為一史學家，又兼為一文學家，乃得有此成就？實則莊、馬之哲學、史學、文學，皆從二人之內心來，亦即二人之生命來。故知「人」當知「心」，而知人論世，如屈原、莊周、司馬遷，皆當就其時代與其生平，而識其為人，深體其性情內蘊，及其眞生命之所在，而始得瞭解其所表現。此眞近人所慕拜之所謂「創造」，惟乃一種「生命創造」而已。但正其名，則應稱「生發」，不曰「創造」。

東漢以下，中國始正式有「文學」一名目。此下凡為一文學家，莫不從中國人文精神之長期生命中栽根立腳。故文中必有作者其人，無其人則亦無其文。但中國人又稱：「一為文人，便無足道。」此乃求「以文為人」，而非有意於「以人為文」。中國人在一切學問背後有一「人」，故其學問皆乃其人之生命生發，即由其生命發出學問來。西方一切學問，則皆可超離於學者其人而存在。從事學問，即所以成其人。無此學問，即亦無此人。故其學問皆從外面知識組織來，非由內部生命生發來。

西方學人之成就，可謂乃其人生命中之一番「事業」，不得即謂是其人之「生命」。如是則事業乃以功利為目標，而生命轉成為手段與工具。中國則生命乃目的，事業則為朝向此目的前進過程中之生發。組織則即是手段，亦為功利；生命自身之生發則為道義，非為功利，甚至亦不稱為事業。西方重事業，乃有組織觀、功利觀，而生命地位則為之退失；中國則重道義，輕事業，而生命之意義與價值乃益顯。此為中西文化相異絕大一要端。

西方醫學重解剖，亦即重人體組織，而此人體之全生命，則轉所忽視。重解剖乃重斬割，人體可斬割一部分，換進一部分，以革新其組織。如最新之機器人、電腦等，乃皆以組織代替生命。中國人則重人體中之生命，更過於其組織。「精、氣、神」皆對全體生命言，不對部分組織言。有生命乃始有組織，重衞生尤過於治病；其治病亦通全體以為治。

隨生命而自然生發者，有兩要項：一曰病，一曰死。但生生不已，乃為生命之眞生發。其病其死，則為其生發中之一附帶現象。生命之附帶，則為病為死，而無害其生生不已之眞生命。中國社會乃一生命生發之社會，故有治亦有亂，有盛亦有衰，有升亦有降，有進亦有退。通讀中國一部二十五史，在其大生命中，不少病、死之象。然病必復健，死必再生，無害其生命體之繼續發展而前進。

西方重組織，非生命，則病而死，乃不再健，不復活。故中國好言「常」，而西方好言「變」。中國則變而不失其為常，西方則即變以為常。中國又好言「同」，西方好言「異」。中國乃於同中見異，而仍不失其同；西方則求異中得同，其所重則仍在異。此亦其相異處。

四五　雅與俗

㈠

中國民族之歷史文化生命，緜亙五千年，不斷擴大，舉世無匹。其有關人生大道之理想與實踐，經多方斟酌調整，「尊德性而道問學，致廣大而盡精微，極高明而道中庸」，決非專拈片面單辭所能發其蘊奧。余曾論中國民族重群居，但絶不妨礙其個人特立獨行之抒展；又論中國民族重視人生之普通面，但亦絶不妨礙有關其個人超卓之表現。今再重提一義，中國人每分「雅」、「俗」，崇尚「雅正」，輕視「流俗」；此一觀念，似與其重「群居」，言「普通」、「尋常」，義相反而實相成。

小戴禮有言：

廣谷大川異制，民生其間者異俗。

漢書王吉傳言：

百里不同風，千里不同俗。

故「俗」必富地方性。拘閡於俗，實與重群居、重人生之普通面者有別。中國古人每言：「移風易俗」、「匡時正俗」、「拂世摩俗」、「化民成俗」，又言：「振風蕩俗」、「陶物振俗」、「鎮風靜俗」、「和人寧俗」，又言：「倍世離俗」、「拘文牽俗」；凡涉「俗」字，皆加鄙視。惟老子主：

小國寡民。使民甘其食，美其服，安其居，樂其俗。鄰國相望，鷄犬之聲相聞，民至老死不相往來。

果如此，決不能形成為一民族團體與文化傳統，並亦決不能求其擴大與緜延；與尚群居而言普通、尋常之義顯不同。莊子山木篇與老子抱不同意想，市南宜僚告魯侯：

南越有建德之國，願君去國捐俗，與道相輔而行。涉於江而浮於海，望之而不見其崖，愈往而不知其所窮。送君者皆自崖而反，君自此遠矣！

此言必遠俗乃能近道，捐俗乃能建德。離俗愈遠，捐之愈盡，而後道德之意始顯。

史記趙武靈王胡服騎射，告其臣下曰：

窮鄉多異，曲學多辯。齊民與俗流，賢者與變俱。

肥義之勸其君，則曰：

負遺俗之慮，無顧天下之議。論至德者不和於俗，成大功者不謀於衆。

蓋俗必限於地，限於時。既富區域性，亦限時代性。莊子秋水篇所謂：

井蛙不可以語海，拘於墟也；夏蟲不可以語冰，篤於時也；曲士不可以語道，束於教也。出於崖涘，觀於大海，乃知爾醜，將可與語大理。

故重群居與普通、尋常，譬之水，乃大海，非潢潦。仲長統所謂：

至人能變，達士拔俗。

「俗」與「群」不同。務功利如趙武靈王，唱為道德如莊周之徒，莫不知此。孔孟儒家教人不從流俗之持義，則尤峻而平，尤通而實，最為的當。

(二)

最先辨「雅」、「俗」者，起於詩。凡中國傳統論及音樂、藝術、文學，皆必辨雅俗。論語：

子所雅言，詩、書、執禮。

「雅言」乃指西周語，如今人言「國語」。「方言」則是鄉音俗語。凡大群相居，必當有一種普通語文，如歐西中古時期，亦共同使用拉丁語、拉丁文。現代國家興起，語言文字乃始日趨分裂，於是歐西諸邦，遂極難有融和合一之希望。在中國，則自西周封建，其時疆土已極遼濶，包有河、淮乃至長江流域，諸侯之朝聘盟會，必有禮，亦有樂。禮則「雅言」，樂則「雅音」。禮樂之用，主要在詩。文字、音聲皆尚雅，即是一種普通語言與普通文字，亦如西方中古時期耶穌教會之必用拉丁文、拉丁語。故在秦代郡縣統一之前，西周時代已有封建之統一，提倡尚雅實有莫大之影響。即從春秋時代列國卿大夫所取名字，亦可證其時采同一文字，有同一意義，並寓同一尊尚，此即文化統一明白可指之一例。

文字一成不易變，語音則易變，樂聲則更易變。孔子主「放鄭聲」。鄭聲先只流衍於鄭地，乃受各地之喜好而競相慕效。雖若通行，實係「俗化」。此猶婦女服裝，亦分雅俗。雅取共同一致，俗則各趨所好。戰國時邯鄲趙女，其服飾儀態，亦受各地之慕效，李斯稱之為：

隨俗雅化，佳冶窈窕。

其實趙女之「佳冶窈窕」，其得舉世之慕者，雖若已化而為雅，實則仍是邯鄲一時一地之俗而已。故齊宣王告孟子，亦曰：

寡人非能好先王之樂，直好世俗之樂耳。

先王之樂，可以通行於各時各地，歷久不變，故謂之「雅」；世俗之樂，則起於一地，盛於一時，不久而必變，故謂之「俗」。

中國傳統觀念，則貴「矯俗厲化」，須能矯其俗而化之於雅，不貴隨其俗而貌化為雅。隨其俗而貌化以為雅，論其實質則仍是俗。西方文化傳統，則正近於李斯之所謂隨俗而雅化，故多變。如婦女服裝，經三數年一變。即如音樂，在先有古典樂，繼起有爵士樂，經多數愛好，即風行一時；久則生厭，標新立異，花樣又變，格調更新，主要皆在投人所好。此之謂「時髦」，此之謂「潮流」，大眾隨之趨赴。孟子告齊宣王，提出「獨樂樂」、「與人樂樂」，「與少樂樂」、「與眾樂樂」之分別，而主要則在「與民同樂」，因曰：

今樂猶古樂。

此雖孟子所言，後人終不以為然，乃曰：

今樂古樂何同？當如孔子言，必用韶舞，必放鄭聲，乃始是為邦之正道。孟子之言，則屬救時之偶語。

孟子意，只勸齊宣王能與民同樂。果能此，則必知進而求人心之所同，則終必歸於雅道。限於一時一地之俗，非人心之大同，則終與雅道異。故中國人常連稱「雅道」，亦稱「雅正」。「正」即有「定」義，本於「道」始得定。

古人稱：

君子三日不廢琴。

又稱「雅瑟」、「雅琴」。琴瑟樂器，日常不廢，此亦一道。鍾子期死，伯牙終身不復鼓琴。此事流傳古今，亦成一佳話。伯牙擅琴技，為一大音樂家，但人不易知。中國人觀念，睎人能知音習琴，但不望人人能為一伯牙。不知音、不習琴乃俗人；知音習琴而必求為伯牙，亦未能免俗。悼念知己，心有不忍。若鼓琴專為求知於人，亦仍不免俗。鼓琴本以自怡悦，求如伯牙，乃在成名。怡悦在心，大群普通、尋常所當從事，不失為雅。伯牙之不鼓琴，乃為人生一大話題。人生貴能超俗自娛，自適其適，盡其所至，而得為一不世之人物。故人人可習音樂，但不必人人成一大音樂家。宋玉言，有下里巴人，有陽春白雪。此一喻，亦千古流傳。下里巴人多得附和，僅是俗；陽春白雪少獲知賞，始是雅。故欲知中國文化傳統，雅俗之辨，涵有深義，不容不知。豈得由比較多少數而即知？抑且鼓琴本為自怡悅，鍾子期死，伯牙心念知己，鼓琴而不悅，其不鼓琴固宜。至如論道講學，則孔子言：

人不知而不慍，不亦君子乎？

故顏淵死，孔子哭之慟，曰：

天喪予！天喪予！

而孔子之講學論道則如故，又豈得以伯牙為例？

論音樂必分雅俗，論其他一切藝術亦然；文學亦然。唐之初興，文章承續徐、庾餘風，天下祖尚，乃已成俗。陳子昂作感遇詩三十八章，始變雅正。文學「復古」，即是文學「開新」，亦即是由「俗」返「雅」。由俗返雅亦是變，但變而不失其常。其詩曰：

前不見古人，後不見來者。念天地之悠悠，獨愴然而涕下。

在子昂心中，正為知前有古人，又知後有來者，乃不欲以追隨時尚俗好為足，而有此愴然涕下之心情。繼子昂而起者有李太白，其詩曰：

大雅久不作，吾衰竟誰陳？

此亦一種復古呼聲。而太白之詩在唐代，顯然亦是一開新。惟中國文化傳統，開新必在復古中。蔑古開新，則必隨於時俗，不得謂之「雅」與「正」，亦即非「道」所在。李白同時有杜甫，亦以復古為開新。其詩曰：

山居精典籍，文雅涉風騷。

又曰：

風流儒雅亦吾師。

中國人必連稱「文雅」，而「雅」之一義必兼古。蓋「雅」必通於古今，「俗」則限於當世。後浪逐前浪，後浪起即前浪退。故尚俗則惟知當世，前無古，後無來，惟知變，不知常；若言有常，亦惟常陷於俗而止。此非中國文化之大理想所在。中國人亦常言「儒雅」，因儒學貴通古今以求常，故荀子有「雅儒」、「俗儒」之分，其實俗儒即不得為眞儒。

韓愈倡為古文運動，亦承陳子昂、李、杜古詩運動一脈而來。韓愈自言為之二十餘年：

始者非三代、兩漢之書不敢觀，非聖人之志不敢存。處若忘，行若遺，儼乎其若思，茫乎其若迷。當其取於心而注於手，惟陳言之務去，戛戛乎其難哉！其觀於人，不知其非笑之為非笑。如是者有年，然後識古書之正僞而黑白分。其觀於人，笑之則以為喜，譽之則以為憂。如是者亦有年，然後浩乎其沛然矣。

韓氏所言，實亦只辨一雅俗。「正」即雅，「僞」即俗。古書中亦有雅俗，惟其歷久而能傳，則必雅多而俗少。韓氏言：

志乎古必遺乎今。

「今」即是俗。韓氏之文，亦未能大行乎其世，直至於宋始大行。蘇軾謂其「文起八代之衰」，即指其能反俗以回之雅。俗必變，雅則始能正，垂之後以成其常。

推而言之，中國全部藝術史、文學史，乃至文化史之進程，亦莫非以此一義，貫徹始終。即在莊子，亦必言：

技而進乎道。

昌黎亦言：

愈之所志於古者，不惟其辭之好，好其道焉爾。

中國人言「道」字，即猶今人言「文化」。理想中之藝術、文學，必從全部文化中生根流出，亦必回歸於文化大體系中為其止境。此等理想，即在魏晉南北朝時代，亦同樣有之。陶淵明言：

少無適俗韻，性本愛丘山。

又曰：

詩書敦夙好，園林無俗情。

淵明之為人與其詩之備受後代愛崇，其主要即在此。其先曹植亦曰：

人主有所貴尚，出門各異情。朱紫更相奪色，雅鄭異音聲。

上自帝王所好，下至社會眾情所向，自中國傳統觀言之，皆不脫俗。林逋詩：

閒草徧庭終勝俗，好書堆案轉甘貧。

莊子亦言：

不為窮約趨俗。

故必甘貧乃能違俗。蘇軾詩：

可使食無肉，不可居無竹。無肉令人瘦，無竹令人俗。人瘦尚可肥，士俗不可醫。

又曰：

鳴蛙與鼓吹，等是俗物喧。

范成大詩：

竹枝芒鞵俗綱疎。

司馬遷史記亦謂：

今拘學或抱咫尺之義，久孤於世，豈若卑論儕俗，與世沈浮而取榮名哉！

是違俗必耐寂寞，薄榮名。此非達理慕道，無以躋斯。陸游詩：

窮理方知俗學非。

此皆辨雅俗。

(三)

會合中國古今各時代、各方面之共同意見，無不以媚俗為羞，脫俗為高。中國以一廣土眾民之大國，統一政府高高在上，君相之位，貴莫與倫。自秦以下兩千年，為士者，不論在朝在野，不論治亂昏明，要之，當有一番自立不屈之氣概，不為當前政權所掩抑。又其民阜物豐，從事工商業，易有成就，致富不難。然在社會上，亦終無豪商巨賈、大企業之得意興起，如近代西方之資本家。此正緣中國傳統觀念，富貴皆不能免俗，乃皆淡漠視之。此實中國傳統文化一項內在精神之所寄，所當特別提出，而繼之以深入之闡發者。

權勢所在，財利所集，則必為眾情所共赴。而中國傳統觀念，則深思遠慮，視之為畏途；防微杜漸，戒人勿近；而統以一「俗」字包括之。人既鄙恥其俗，則權勢財利，可於人群大道少所牽掣，而每一人之內在心情，乃可多有其自由發抒之機會，而不致為外面事態所沈溺。今再以中國歷史上學術思想之轉變言之。西漢以經學取士，迄於東漢，群目以為祿利之途，而民間之「古文學」，乃與朝廷博士之「今文學」代興。魏晉以下門第鼎盛，而佛教東來，高僧迭起，乃以出家為人生最高之嚮往。唐代禪宗如日中天，北禪成為兩京帝師，三朝法祖，而神會菏澤辨道，不啻公開向朝廷作翻案。厥後南禪掩脅天下，五宗七葉，全國皆南禪，而神會之名字與其著作，轉歸湮晦。最近始於巴黎重覯敦煌孑遺之孤本，乃知在當時有此一番驚天動地之大事。然何以南宗諸禪之祖師皆不樂予以稱道，遂使此事於短期間即歸消沉，若不復為人所知？此亦中國人觀念，鬨動熱鬧，喧張翻滾，大眾奔湊，一時甚囂塵上，皆不免於俗情俗態，而鄙夷視之；方外自屬尤甚。蘇軾詩：

屢接方外士，早知俗緣輕。

此見中國僧侶更不喜世俗囂張。今人乃以西方觀念讀中國史，遂認此事為不可理解。

又如唐代以詩賦取士，宋代易之以經義。然王荊公三經新義，亦招來同時之詬議。元、明、清三代，以朱子四書義取士，而當時群鄙之曰「時文」。姑不論其內容，政府所提倡，社會所群趨，即不免為俗套。今人又群以中國自秦以下兩千年，乃一「帝王專制」政府，一若惟帝王一時意志所向，即舉國遵奉，而不知其有大謬不然者。中國觀念中，又有「道統」、「治統」之分。道統屬於雅，此始可尊；治統則可雅可俗，果失雅正，即不為群所尊。故自古無不亡之皇朝，而孔子則永為中國人所尊。此可謂無統，必附於「道」以成統。則中國人論政治，實亦憑於其雅俗之辨以為判。

（四）

西方人似無中國所謂雅俗之辨，亦可謂有俗而無雅。如希臘各城邦各有其俗，但如何得為一希臘之大雅君子，則各城邦人士均無此想。如宗教，如科學，以及各項學術分派皆以成俗，非以成雅。耶穌之上十字架，以及羅馬耶教之地下活動，豈不皆以此俗反他俗？但及耶教風行，教會、教皇，蜂起轟立，便又有新教，起而反對。科學亦如宗教，其先在落寞中為人所不為，但其後則與宗教成為對立之兩型。如哥白尼之天文學，即遭教會壓制。其他大批科學家，亦幾乎莫不如此。馬丁路德與哥白尼，皆受囚禁；而伽利略則遭遇更酷。其實宗教、科學外，哲學亦然。蘇格拉底被判死刑。凡一俗起，即遭他俗之反對。此乃違時違俗，並非違理違道。班固漢書有言：

依世則廢道，違俗則危殆。

此兩語，在西方歷史上，表現得更鮮明。

事態時代化，習俗難返，流弊滋生，此一層，亦在西方史上表現得更清楚。即如科學，在今日之西方，豈不已成世俗化？尋求眞理之精神日減，供給俗用之趨向日增，其所以為學者已變質。姑舉愛因斯坦為例。初發表相對論，幾於欲索解人不得，此眞乃一種超俗之新理論。但原子能被發現，美國製造原子彈的曼罕頓計畫，究不能不說其亦由愛因斯坦所發動。要說明一個秩序井然的宇宙存在，此顯是一項眞理尋求；但變成為一項大量殺人之武器，終不能不說是一項世俗應用。最高宇宙眞理，一經世俗運用，而轉成為一項大量殺人之武器，可使人類在剎那間全歸絶滅。原子能的驚人力量，不得不謂之亦出於眞理。但今天人類的邁向原子時代，卻不能說其亦是一眞理，只能說其仍是一世俗。「眞理」與「世俗」間，豈不應有一分別？中國傳統觀念，力求提出「道」與「俗」，「雅」與「俗」，「正」與「俗」，「眞」與「俗」的一切分別，正為此故。惟其如此，故在中國傳統文化四、五千年的長期演進中，世俗力量，終不能過分得勢；在西方文化中，則正因此一分別未能鮮明提出，遂不免世俗力量時時上升。蘇格拉底、耶穌之遭遇，在中國史上固未見。而如愛因斯坦，雖不願接受「原子能之父」之稱號，但原子時代，究是由其開始。此亦可謂俗勢終於勝過了眞理。西方史上一切悲劇皆由此。

今天的中國人，一味西化，道俗、雅俗、正俗、眞俗之辨，不復關心，而且盡可能加以放棄與否認。儘求科學化，一若科學即是眞理，不悟羼進了世俗，則眞理可成為非眞理，抑且反眞理。今天的中國人，又甚至認為能供世俗應用，纔始是眞理。則如耶穌上十字架，當時其所宣揚，尚未為世俗接受信仰，豈得因此即認其為非眞理？又如愛因斯坦之相對論，是否當因其發展成了原子彈，乃始可十足認其是眞理？又如康德在十八世紀之末，寫了永久和平一書，主張有一個強大的國際聯盟來維持世界之永久和平；此一理想，至今已彌見為不失為人類和平前途一眞理，但此理想，迄今亦仍未能為世俗所好好接受與運用，又豈得即此而便認其非眞理？

(五)

上舉西方史上宗教、科學、哲學諸項來闡明中國傳統觀念中道俗、雅俗之辨之涵義，可會通於西方歷史之具體演進而無礙。此下試再舉藝術、文學為例以加說明。中國人辨雅俗，主要本在文學、藝術兩項，已如前舉。在西方歷史上，宗教、科學、哲學諸項，顯可援用中國道俗之辨來作說明，而藝術與文學，則西方人似乎更偏尚通俗一面，與中國傳統觀念中雅俗之辨更有距離。俗則必尚新，必趨變，無傳統可言。近代西方畫家如畢加索，在其中年以前，實於彼邦傳統畫法有甚深造詣；但晚年則畫風一變，大異往昔。在世俗眼光中，新與變，總覺可喜，而畢加索之畫遂更轟動。但循此以往，另有新畢加索繼起，仍必求變，畢加索亦仍必被遺棄。全部西方繪畫史全如此，全以能變能新轟動一時，但不久即又為後人之求新求變所棄，而棄之惟恐不速不盡。在中國傳統觀念下，則一畫家果能獲得同時及後人多數之愛好欣賞，自必有畫理、畫法寓其中。一為共通之理法，一為獨擅之技巧。若過分注重其前者，則理法不免成為俗。惟注意其後者，則理法雖創自前人，然可以為後世繼續發揚光大，成為傳統，而永垂不絕。司空圖曰：

超以象外，得其環中。

「象」亦稱「相」，屬外在；「環中」當屬「體」，乃內在。外在之相，與俗共見；內在之體，則作者一心之技巧，惟待知者知。固須內外共成一體，但西方則似偏重外，中國則偏向內。但中國人之重其內，亦有過於西方人之重其外。故在中國畫史上，歷代畫品非無變，但規模格局，比較近似守舊，只在守舊中不斷有開新；西方則在不斷開新中，到底亦脫淨不了舊。其不同只在此。孔子說：

鄭聲淫。

「淫」即指其太過滲進了俗的成分。俗聲、俗調一時成為風氣，最多只如李斯所說之「隨俗雅化」，究與雅聲有辨。俗情、雅意互為消長，苟不能超乎象外，即不能直探環中。明代理學家倡為「流行即本體」之說，究非眞言。果違本體，流行亦何足貴？故莊子屢言「技而進乎道」，而並不貴於道之流為技。繪畫與音樂皆如此。

文學亦然。韓愈倡為古文，「惟陳言之務去」，「陳言」即是俗套。韓愈又言：

> 樂也者，鬱於中而泄於外，擇其善鳴者而假之鳴。人聲之精者為言，文辭之於言又其精，尤擇其善鳴者而假之鳴。

韓愈於音樂、詩文一貫說之，鬱於中成其「體」，泄於外成其「象」。善鳴決非世俗。又曰：

> 人之於言有不得已。其歌也有思，其哭也有懷。聲出於口，皆有其弗平。

若俗情，則其所謂「不平」與「不得已」者皆甚淺，亦可謂無所思，無所懷，隨於眾以成俗。時俗既遷，風氣隨之。故其人苟習熟時俗，則天下靡靡，日入於衰壞，恐不復振起。又曰：

> 與世沈浮，不自樹立。雖不為當時所怪，亦必無後世之傳。

韓氏所論，皆從古今道統大本原處出發，不依世俗之毀譽從違為進退。後人稱其「文起八代之衰」。

若依當時俗見，則一部文選已足，而韓愈力求跨越，一意上追三代、兩漢，亦欲以復古為開新，亦甚讚陳子昂與李、杜。此雖韓愈一人之言，而全部中國文學史演進精神，亦可謂無逃其所指陳。

宋、元以後，戲劇、說部，驟興特起，如王實甫之西廂記，施耐菴之水滸傳，尤其膾炙人口，迄今不衰。然戲劇、說部，終不免以英雄、美女，戰爭、戀愛，為其主要中心題材；此皆於世俗大眾，有刺激、有興奮、有迷戀、有嚮往，為俗情所共湊，然究非人道大統本原之所在。渲染過分，近於孔子所欲放之「淫」，故終不得預於中國文學之正統。遠自詩、騷，下迄近代，在詩文、辭賦之正統文學中，亦未嘗不及於英雄與美女，戰爭與戀愛，然皆避俗而歸雅，亦不以為文學之中心題材。故「立言」得與「立功」、「立德」並稱「三不朽」。而又連稱「文化」、「文教」，凡言「文」，必不忘於「教」與「化」。猶如凡言「技藝」，必不忘乎「道」與「德」。故文藝必主於雅而忌於俗，此為中國一傳統觀念，亦中國文化一特殊精神之所寄。

今人慕效西化，崇尚通俗，好言「地方化」、「時代化」，獨避言一「雅」字，於緜延五千年之文化傳統，轉成廣土眾民之大一統國家之所以然，全不顧及。則茲篇所陳，亦僅拾古人餘吐，殊不值時賢一哂矣！

（刊載於一九七七年六月十三至十五日中華日報副刊。）